汉语母语测评史论

张 伟 ◎ 著

人民出版社

图书在版编目(CIP)数据

汉语母语测评史论/张伟 著.
—北京:人民出版社,2015.7
ISBN 978-7-01-015037-6

Ⅰ.①汉…　Ⅱ.①张…　Ⅲ.①汉语-母语-测试-评价-历史-研究
Ⅳ.①H1-09

中国版本图书馆 CIP 数据核字(2015)第 153567 号

汉语母语测评史论

张　伟　著

责任编辑: 孙　涵　王　淼
出版发行: 人民出版社
地　　址: 北京市东城区隆福寺街 99 号
邮　　编: 100706
邮购电话: (010)65210059　65210060
印　　刷: 环球印刷(北京)有限公司印刷
经　　销: 新华书店
版　　次: 2015 年 7 月第 1 版　2015 年 7 月北京第 1 次印刷
开　　本: 710 毫米×1000 毫米　1/16
印　　张: 20
字　　数: 280 千字
书　　号: ISBN 978-7-01-015037-6
定　　价: 43.00 元

序

刘永康

张伟精思附会的这部学术专著终于杀青了，我是一个先睹为快的虔诚的拜读者。"功到阔处深，天叫勤苦成"、"看是寻常最奇崛，成如容易却艰辛"，我想，用宋朝诗人叶适与王安石的这些诗句来评价这部论著，恐怕是再恰当不过的了。

这部论著并非一般性地研究汉语母语测评，而是把"汉语母语测评制度"作为"汉语持续不衰的发展力量"来研究，将其提升到使"汉语聚变成中华民族生生不息的精神"的高度米对待。作者认为，汉语母语测评"树立了世界上最为古老的'以言立国'的典范"，"在'政教合一'、'言事合一'、'文道合一'的汉语测评中彰显母语价值，强化汉语特性。几千年来，'汉语立国'的测评思路，使汉语发展和国家昌盛水乳交融，塑造了古老而年轻、稳定而活泼的中华民族"。这一评价并不是对汉语母语测评功能的凭空抬高，而是依据历史事实进行的符合逻辑的推论，"汉语立国"的结论也并非危言耸听。汉语是中华民族文化的载体，是历史的中国人与现实的中国人主观精神积极活动的产物；而汉字作为书面化的汉语，它和人类其他文字一样，是记录本民族语言的符号系统。每一个方块汉字都是昭示汉民族历史文化嬗变演进的活化石，都生动活泼地坦承着汉民族的文化心理，具有数千年历史的决决汉字，简直就是一部流动着的汉民族心理学史，它无处不形象地显示着、缩影似地传导着整个汉民族传统的认知方式、思维模式、价值取向、行为方式等文化心理特质。汉语因民族而产生，民族因汉语而生存，国家因民族兴旺而富强，本书中的"以言立国"并非夸大其词。中国数千年的汉语母语测评制度的确活化了文字，发展了汉语，对中国文学文化发展的影响也是不言而喻的。在科举时代，语言文字的形式精巧成为普遍的审美心理，唐诗宋文的繁荣与这种审美追求有着直接的关系。唐人重文学，以诗赋取士，这就把唐诗推向了我国文学史上的一个巅峰。宋朝的王安石取消诗赋取士，代之以经义取士，即摘取经书原文句子或段落作为题目，让考生以议论的方式阐发其要义，这就影响了那个时代议论性散文的发展，并演化成以后的八股文。科举考试的内容是儒家经典，"六经皆史也"，文学取士往往与史学取士并驾齐驱。重视历史、重视传统的文化心理也由此得到强化，中国史学的发达也与此密切相关。

本书对汉语母语测评的研究立足现实、追溯历史、放眼未来，比照中外、贯通古今。从纵向看，自尧舜时代一直写到当今；从横向看，自国内一直写到国外；从内容看，包罗测评的形式、内容、体系、测评方法、考试类型、价值取向、主要功能、基本特点、测评的是与非、测评的兴盛与衰落、能力指向与评价标准、试题命制与答卷评析、测评关注点的变迁、测评的未来与诉求。特别值得一提的是，作者把研究的视角由国内拓展到国外。一面强调测评要坚守汉语的文化特色，一面提倡中西测评文化的融合与超越，既重视对我国传统经验的分析与改造，又重视对外国先进理论的研讨与吸收。这样的研究视野，使这部著作具有了较高的学术价值。中国研究汉语母语测评的不乏其文，但这些研究或者只涉及某一阶段，或者只涉及某些方面。像张伟这样，将其摆在整个历史文化大背景中来考察汉语母语测评现象的起始与归趋，使我们看到历史上政治、经济、文化、 教育等各个方面与测评的千丝万缕的联系，还真是前少古人、后启来者。

本书对汉语母语测评的研究能够透过现象看本质，能够抽象出历史的规律，表达出颇有见地的观点。比如在分析了整个汉语母语测评史之后，在"汉语母语测评的未来诉求"部分，作者在总结历史的基础上作出结论："悠久而富于变化的汉语母语测评，体现了中华民族'汉语强国'、'汉语兴邦'和'汉语立人'的测评取向，这些取向彰显了汉语母语测评的民族使命、汉语素养、科学精神与文化融合等追求，未来的汉语母语测评应在传承这些取向的基础上，大力促进民族使命、汉语素养、科学精神与文化融合这四大要素的有机整合。"这个由鉴古观今得出的结论，可谓大开大合，为现在和将来的汉语母语测评指出了前进的正确方向。

本书的论述始终坚持一分为二的观点，对古今中外的测评能辩证地识别其利弊得失、好坏优劣，既不盲目地一概否定，又不毫无区别地兼收并蓄。在汉语母语测评方面，现在要超越过去，将来要超越现在，固然要继承本民族的东西，吸收外民族的精华；然而，这种继承与吸收不能盲目照搬，既不能食古不化，又不能食洋不化，这就需要对古今中外的测评进行识别、区分、筛选，取其精华，弃其糟粕，本书清醒地注意到了这一点。比如对古代科举制度的研究，作者摆脱了若干年来强烈的政治功利性批判，更多地付诸于理性审视，在对其功过作客观的历史分析中吸取其文化营养。又比如对现代西方和中国语言模型的建立与发展，著作在肯定其"不断提高语言测评的科学化程度"的基础上，又指出："语言能力的表现具有一定的模糊性，难以像自然科学一样精确测量，语言测评的科学性只是一个相对的概念，它必须符合语言能力的表现特点，如果盲目追求测评结果的精确度，而不顾及语言能力的表现规律，表面上具有较强科学性的语言测评形式，往往会降低语言测评的科学性，这是未来的汉语母语测评必须慎思的问题。"对于西方的"一元整体"测评模型，一方面肯定其"强调了语言能力的不可分割性"，另一方面又指出其局限性，认为"它的研究视野依然局限在'纯语言'范畴，只不过要求测试者从整体上关注语言的语法属性，强调语法属性在整体语言情境中的运用，未能拓展语言的承载功能，对语言的文化、社会价值重视不够"。以上这些论述很好地避免了片面、偏激、走极端的测评研究倾向。

这部书为当今的母语教学以及中高考测试内容改革提供了多方面的借鉴。下面只能略举几例加以说明。这部书使我们明白：古代汉语母语测评本质上是一种选官制度，它与教育制度有着千丝万缕的联系。在一个官本位的社会里，一旦官位与学识结合起来，必然形成对教育的极端重视，对知识分子的重视。尤其是后科举时期，科学制度与学校制度的结合，对于当时政府和社会力量办学，起到了很大的推动作用。而科举考试的标准化、多样化在教学形式与内容上促进了学校教育的规范，这在一定意义上提高了教育质量，更好地普及了文化。就个体而言，刻苦读书，力求上进，成为一种文化心理和文化传统，母语测评在这方面发挥的作用是不可低估的。由此想到：当今推行素质教育，实施新课程步履十分艰难，原因固然很多，但中高考这根指挥棒在导向素质教育、引领基础教育课程改革方面若能加大力度，定会提高素质教育的有效性。这部书论及秦代把语言能力与办事能力结合起来考查，形成了"言事统一"的汉语母语测评架构，这就启迪我们：当今的语文教学应注重应用，加强与社会发展、科技进步的联系，加强与其他课程的沟通，能在生活和其他领域中正确、熟练、有效地使用祖国语言文字，以适应现实生活与学生自我发展的需要。在课堂教学中，要把语言运用的训练和阅读、写作、口语交际的教学恰当地结合起来。今天的中高考语文命题，更应该在这些方面对教学做出导向，也就是要重视考查考生在学习和生活中需要具备的基本言语能力，考查其在模仿中根据需要创新的实用语文能力。这部书论述了汉代以"儒家经典"为主要内容，注重汉语母语测评的思想教化功能，指出"中国古代的汉语母语测评从一开始就注重考查语言的文化属性和社会属性，无论是尧舜禹时期的评价，还是科举制后的对策性文章，都注重试题与考生所作文章的思想性、文化性和社会价值"，这就使我们更加明确：当今的母语教育要充分体现工具性与人文性的统一，要着眼于全面培养学生的语文素养。中高考命题要渗透三维目标，在关注学习过程和方法、注重双基和语文学科主要内容的基础上，渗透情感态度价值观教育，发挥考试的教育功能。虽然考试不同于教育过程，思想觉悟也很难通过中高考这样的选拔性考试分出等级，但命题应该坚持"考试也是学习的思想"，考试同样存在弘扬什么、批评什么的价值导向，同样存在培养正确情感的问题。一道充满教育意义的试题，在考查学生知识与能力的同时，也会使学生在答题中领悟和感受到理想、信念、精神和道德的教育，试卷应该是智力因素与情感态度、价值观等非智力因素的统一。这部书还谈论了汉代察举考试注重过程性评价与终结性评价的有机结合——察举重过程性评价，纸笔考试则属于终结性评价——实施的是"'测'、'评'结合"模式。这就告诉我们：当今的语文评价也不能只有终结性评价，还要增加过程与方法的评价。语文的学科特点决定语文教学必须重实践，重过程，即重视语言的活动和交往、语言的运用和实践过程。离开了实践和过程，就难以使语文知识内化为语文能力，难以养成良好的语言行为习惯。"过程与方法"的评价包括：课堂参与、阅读习惯、表达习惯、学习方法、课外学习等。本书谈到："为了验证过程性评价的可靠程度，汉代加入了多样化考试这一环节。汉代的考试有笔试、口试和试用考查等。笔试和口试往往以策问为主，'显问以政事经义，令各对之，而观其（人），（文）辞定高下也。'"这又使我们看到当今语文中高考仅以笔试测评的片面。笔试只能考查阅读与写作能力，很难考查考生的口语交际能力。在以考定教的负面影响下，口语交际教学在中学语文教学中被严重淡化、弱化、边缘化，即使有这种教学也往往是一种花瓶似的摆设。我们的母语考试为什么就不能像英语考试那样加一点听力测评？目前香港高考的汉语母语测评就一直坚持了听力的考查。这部书为当今和将来的母语教学以及中高考测试内容改革提供的借鉴远不止以上这些。囿于篇幅，我们只好管中窥豹了。

本书还分析了汉语具有"选贤"、"明道"、"治邦"、"知人"等功能。前科举时期的汉语母语测评以这四大汉语功能为基础，通过"测"、"评"结合等多种方式，以"询事考言"为载体，发挥了汉语母语测评的"选贤"、"明道"、"治邦"和"知人"等功能，中国历史上正是依靠这种测评方式建立起了文官制度。事实是，这种依靠汉语母语测评建立起来的文官制度，对东西方许多国家民主制度的建立都施加过积极影响。中国科举既然能被西方人作为民主政治制度的营养来吸收，当今民主制度的改革难道就不能从中国古代的汉语母语测评中吮吸其精津美汁吗？当今时代，国家选拔公务员，任用各级各类干部，为什么就不能从中国古代的母语测评中剔除其封建性的糟粕，吸收其民主性的精华？

张伟是我的学生，现在又是我的同事，更是我的朋友。明朝谢榛诗云："忘年尔我重交情，论事相同见老成。"我在同张伟一道相处的过程中，屡屡因"论事相同"而深感其人品高尚和做学问的"老成"，我俩也就渐渐结为重交情的忘年之交。所以，对于张伟在学术上取得如此辉煌的成就，我打心眼里高兴与羡慕。"百尺竿头须进步，十方世界是全身。"我相信，张伟绝不会满足现有的成绩，我期待着他诞生更新的更为辉煌的教育科研成果！

Contents

目　录

序 1

绪　论 1

第一章　前科举时期的汉语母语测评 21

　　第一节　汉语母语测评的萌芽 22

　　第二节　汉语母语测评的雏形 33

　　第三节　前科举时期汉语母语测评的历史贡献 40

第二章　科举时期的汉语母语测评 49

　　第一节　科举时期汉语母语测评模式的建立、发展与废止 50

　　第二节　科举时期汉语母语测评的命题特点与答卷评析 84

　　第三节　科举时期汉语母语测评的当代启示 99

第三章　20世纪前半期的汉语母语测评 113

　　第一节　时代变革与汉语母语测评的现代转型 114

　　第二节　汉语母语测评现代化的艰难探索 130

　　第三节　汉语母语测评现代转型的贡献与局限 144

第四章　新中国"十七年"的汉语母语测评 159

　　第一节　汉语母语测评的时代要求与发展历程 160

第二节 "十七年"汉语母语测评的主要特点……………………………173

第三节 "十七年"汉语母语测评的历史意义与价值反思……………186

第五章 新时期的汉语母语测评……………………………………………201

第一节 汉语母语测评的时代诉求与改革历程………………………202

第二节 新时期汉语母语测评的变革趋向……………………………227

第三节 新时期汉语母语测评改革的热点与难点……………………244

第六章 汉语母语测评的未来诉求………………………………………259

第一节 汉语母语测评的民族使命与国家价值………………………260

第二节 母语测评的汉语特性与素养评价……………………………265

第三节 汉语母语测评的科学精神培育与科学化追求………………286

第四节 汉语母语测评的文化融合与当代超越………………………294

后 记 ……………………………………………………………………308

绪论

　　有人说，汉语是中国的第五大发明，是世界上使用人数最多的语言，使用人数和应用范围至今仍呈逐年上升趋势；也有人说，考试才是中国的第五大发明，因为中国在世界上率先确立了"以考测人"、"以试用人"的人才选拔制度，这种选人理念、思路和制度影响了西方乃至整个世界，至今仍有极强的生命力。这些论断说明，汉语和考试是中华民族对世界的重大贡献，研究几千年来不断发展的汉语母语测评，既是对古人智慧的虔心解读，也是对现代语言测试的冷静反思，更是对中华民族世界性贡献的一次礼赞。

　　汉语母语测评，是把汉语作为母语，以母语性质、功能、特征等为依据，遵循汉语特质与母语的社会属性，对汉语母语使用者掌握的汉语知识，运用汉语的能力、态度、成效等进行的考核与评价。汉语母语测评有广义和狭义之分。狭义的汉语母语测评是对母语使用者的汉语知识储备情况、汉语文化的了解程度、汉语使用能力的考查，考查的重点是汉语知识、汉语文化及其运用能力，关注的核心是语言的表层结构与深层内涵。广义的汉语母语测评是以汉语为基点，充分考虑汉语的个人发展功能与社会带动价值，把汉语作为促进个人成长、民族承继与社会兴替的重要工具，既考查汉语知识、汉语文化与汉语运用能力；也考查某一汉语现象或汉语经典折射出的社会现实、文化传统、民族精神、民族特色；还从母语使用者听、说、读、写汉语的行为与水平考查其内心修为、文化底蕴、民族认同，及其以言导行、以言促行、言行合一的"修身齐家治国平天下"的能力等。广义的汉语母语测评主要包含四方面内容：一是狭义的以语言为主的测评，强化语言能力的考查；二是言行互生的语言内化能力考查，即汉语经典与文化要义是否转化为被试者的血肉，是否成其内在精神，是否对其外在行为有较大影响；三是母语文化代际传递能力的考查，即是否理解了汉语文化的实质，把握住了汉语文化的精粹，能否有效传译、传播和传递汉语文化；四是母语的国家治理功能考查，即能否利用母语凝聚和培育国家精神，发挥母语在国家治理中的社会引导、育人化人、净化风气、营造氛围等功能。在评价形式上，可以是口试或笔试；也可以是言行的点滴观察及其影响的评估；还可以是自我评价与社会评价等多主体、多形式的结合。从我国的汉语母语测评历史看，前科举时期和科举时期主要是广义的汉语母语测评，自语文单独设科以来，狭义的汉语母语测评逐步成为主体；但无论广义还是狭义，汉语母语测评都是汉语文化中的一道独特风景，对中华民族的发展与中华文化的传递起到了不可低估的作用。

汉语母语测评对中华民族意义重大，但却命途多舛，自隋朝正式建立科举制度以来，始终伴随着兴考与废考的论争。朱元璋即位之初大兴科举，可他很快发现，科举选拔出来的一些人无治世之能，于是废除科举，改为推荐录用人才；但他没想到的是，即使法令严明，推荐录用人才的制度依然滋生出无穷的社会腐败，致使选拔出来的官员多为"很有背景"的庸才；停考近10年后，朱元璋再次下令恢复科举。无独有偶的是，曾国藩在攻下太平天国的都城天京后，大书"明经取士"、"为国求贤"的贡院匾额，恢复了停考10年的江南乡试，这次乡试于1864年12月2日正式举行，由传统的"秋闱"改成了此次的"冬闱"，士子们奔走相告、踊跃参与，当年便有两万余人参加考试。百余年后的1977年，废止10年的高考在邓小平的亲自主持下又一次恢复，也是在冬天举行，恢复高考的消息如一声惊雷炸响在神州大地上，举国欢腾，当年便有570万人报考。

汉语母语测评的兴废与起落，既与人们对母语测评功能的认识、测评质量的高低和汉语母语教育改革密切相关，也与中华民族的文化发展紧密相连。国人使用和推进汉语母语测评的进程，就是引领人们在汉语文化中行走的过程。"人在显性、隐性和技术性这三个文化层次上运行。在任何情况下，这三种层次都同时存在，但在任何特定的时刻，总是其中一个层次占主导地位。层次之间可迅速转换，对这些转换的研究就是对变迁过程的研究。" ①本书从史论的角度研究汉语母语测评，旨在探索五千多年来汉语母语测评在不同文化层次中穿行与发展的变迁过程，由此明晰汉语母语测评的民族功能与文化复兴的重大使命，为当代汉语母语测评改革提供借鉴。

当代汉语母语测评改革任务艰巨。十八届三中全会后，高考改革的试点省市将汉语母语的高考分值从原来的150分提升至180分，引起了广泛关注。但如何才能提升增加30分后的汉语母语测评价值；如何才能通过高考这一指挥棒引导中国人民珍视传统精粹、延续中华文脉、凝聚中华精神、培育文化自信，实现民族复兴的中国梦，还是一个亟须研究的重大课题。

从目前的一些言论看，180分的改革构想似乎还没有体现出母语测评的应有价值。有的专家提出，增加的30分应主要用来考查小作文、语言基础和语言运用能力；另一些专家则认为，增加的30分应主要用来考查学生的质疑探究能力，培育学生的创新思维……这些主张有一定道理，但忽略了母语测评不可推卸的民族使命与国家责任。语言不是空壳，世界上没有所谓的"纯语言"，一种语言背后站着一个民族，一种语言的意义世界浸透着一个民族的精神旨趣，语言的最大功能是社会功能，缺失社会功能与国家责任的语言将堕落为"兽言鸟语"。

因此，真正有意义的汉语母语测评，不应只是用分数区分考生的言语技能，而应引导全民族发展汉语思维与汉语文化，维系汉民族的精神准则与文化血脉。只有这样，180分的汉语母语测评才能促使国人把汉语化为自己的"血

---

① [美]爱德华·霍尔：何道宽译，北京大学出版社2010年版，第186页。

肉"，在精神深处成为中华民族的一分子，并为实现民族复兴的"中国梦"贡献力量。

要真正提升汉语母语的测评价值，实现汉语母语测评的这一转变，需要认真研究几千年来中华民族在母语测评方面形成的优秀经验，在吸取祖先智慧的过程中创新测评理念、思路与方式，才能在历史血脉的延续中发挥汉语母语测评的应有价值。

一、汉语文化的复兴与母语测评功能的重新定位

十八届三中全会做出的《中共中央关于全面深化改革若干重大问题的决定》，要求"建设社会主义文化强国，增加国家文化软实力"，"巩固全党全国各族人民团结奋斗的共同思想基础"，"培育和践行社会主义核心价值观"。中华民族共同的思想基础是什么？社会主义核心价值观与我国传统文化的关系是什么？如何才能在传承历史的基础上建设社会主义文化强国？这是每一项改革都应思考和解决的问题，汉语母语测评改革尤其应该如此。

文化是一条看不见的河流，从源头处悄然而来，滋养着人类发展的河流两岸。中华文化是一条源远流长的大江大河，几千年来凝聚成的文化思想是这条江河的源头，失去了这一源头，中华民族的文化河流就会逐渐枯干，靠文化滋养的共同思想就会逐渐消散，社会主义核心价值观也会因失去必要的依托而成为"雨过地皮干"的空洞口号，"社会主义文化强国"的奋斗目标也会因中华文化河流的干枯而遥不可及。要建设社会主义文化强国，夯实国家的共同思想基础，让社会主义核心价值观变为全国民众的日常行为，需要在中华文化的源头上寻找养分与力量。

中华文化在源头处聚集、发展，逐步形成了中华民族的思想与精神，这些思想与精神的外显形式是民族经典。刘梦溪先生说："'六经'是中国文化的最高形态，马一浮先生说得好，'六经'的义理是和每个人的心性相通的，通过学习、涵咏，就是施以'六艺之教'，使'六艺之道'和每个人的心性、经验、体悟联系起来，化作每个人自己的思想，就可以使每一个人变成一个理性自觉的人。"[①]"六经"、"六艺"是汉语文化的集大成者，是中华文化的源头，滋养了无数代中国人，形成了中华民族几千年来的共同思想，培育了众多的有文化理性自觉的中国人。我国要建成社会主义文化强国，要在新时期形成

---

① 刘梦溪、杨晓华：《重建中华文化的信仰之维》，《新华文摘》2013年第9期。

国民的共同思想基础，需要回到源头上重新审视、复兴和科学传承汉语文化。

汉语母语测评与汉语相伴而生，既承载和传播了汉语文化，也成了汉语文化的有机组成部分，科学审视、论析和传承汉语母语测评文化，是民族文化复兴的重要任务。要完成这一任务，必须回到汉语母语测评的历史长河中淘沙拣金，在祖先的创举中寻求当代测评改革的大智慧，重新定位汉语母语测评的文化意义、民族价值与国家功能。

（一）"中国梦"的文化复兴要求与汉语母语测评的文化功能定位

党的十八大刚结束，习近平就在存放"中国记忆"的国家博物馆提出了中国梦；在第十二届全国人大第一次会议上当选国家主席后，系统阐释了中国梦。立足"中国记忆"，在"共商国是"的全国盛会上，向全国各族人民发出中国梦的号召，体现了新一代领导人立足中国历史、创造强盛中国的伟大决心。"中华民族是一个伟大的民族，创造了辉煌灿烂的中华文明。但进入近代以后，历经沧桑、历经磨难，每一个中国人、每一个炎黄子孙都更加懂得民族复兴的意义"，中国目前"已站在一个新的历史起点，进入一个新的历史时期，比以往任何时候都更加接近民族复兴的目标，实现民族复兴已是大势所趋"。[1]

但民族复兴的底座是文化，必须"坚守自己的文化理想、信念和原则，延续民族文化血脉，传承民族文化基因，巩固民族文化根基"[2]，才能形成中华民族特有的文化精神与文化符号。美国《新闻周刊》对世界上最有影响力的12个文化大国的20个文化符号进行了调查，中国的20个文化符号是孔子、汉语、故宫、长城、苏州园林、道教、孙子兵法、兵马俑、莫高窟、唐帝国、丝绸、瓷器、京剧、少林寺、功夫、西游记、天坛、毛主席、针灸、中国烹饪。被称为"万世师表"、"至圣先师"的孔子删定"六经"，开创了儒家文化，凝练了中华思想，被列为中国文化符号之首，由此可看出中国传统文化的主流及其对中华民族和世界的影响。

民族文化复兴的底座是语言。语言是一个民族的文化沃土，失去了这一沃土，民族文化就失去了生长的依托。孔子以汉语立教，用汉语表达思想，汇集和编订祖先们流传下来的修身齐家治国平天下之道，首次建立了汉民族的思

---

① 刘云山：《推动实现中国梦的强大力量》，《新华文摘》2013年第15期。

② 本书编写组：《〈中共中央关于全面深化改革若干重大问题的决定〉辅导读本》，人民出版社2013年版，第274页。

想体系。汉语是中华民族的身份识别，排在了中国文化符号的第二位。国以言立，言以国存，无言则国何由存？无国则言何所依？故国民必爱本国之言，本国之言必因国盛而长存。一个国家和民族总是与本国或本民族语言共荣辱、同兴衰，语言的衰亡预示着国家的颓败，国家的兴盛有助于本国语言的复兴。

汉字的产生埋下了中国勃兴的种子，汉语的发展承继着中华民族的文化基因。没有汉语就没有华夏民族，汉语消亡了，中国也就消逝了。"汉字像一条看不见的魔线一样，把语言不通、风俗习惯不同、血统不同的人民的心声，缝在一起，成为一种自觉的中国人。"①"汉语在几千年来始终保持着它的统一体，不曾分化为几种语言（像拉丁语分化为法语、意大利语、西班牙语、葡萄牙语、罗马尼亚语那样）。这种统一的语言经常把汉族人民团结在一起，成为今天的伟大的汉民族。"②实现中国梦，需要复兴汉语文化，发挥汉字、汉语的文化传译、传递与传播功能。

中国梦对汉语文化的复兴要求，需要汉语母语测评作出回应。在文化复兴的过程中，汉语母语测评应该承担怎样的责任？如何才能承担这一责任？这些攻坚性问题是摆在当代中国人面前的难题。要解决这些难题，需要在汉语母语测评史的研究中对汉语母语测评功能进行重新定位。祖先们历来把汉语作为修身治世的综合性工具，虽对语言表达极其考究，但没有把汉语作为一种纯语言进行测评，而是将其作为文化凝聚与文化理解、传播的工具，重点看其通经致用的能力。汉语作为独立学科以来，对语言本身的重视程度超过了前代，语言知识和汉语语法得到了空前发展，这些成果引进汉语母语测评，既给汉语母语测评带来了新的活力，也使汉语母语测评出现了"见言不见文"的倾向：语言知识和言语技能受到重视，但汉语文化却遭到不同程度的忽视，这种忽视在一定程度上助推了中华文化在当代的断裂危机。

实现民族复兴的中国梦，要求汉语母语测评从"纯语言"中走出来，充分发掘母语的文化内涵，体现汉语文化要义和民族文化精髓，重新定位测评功能，在语言能力的考查中强化民族文化的传译、传递与传播，突显汉语母语测评的文化功能。

（二）塑造国家形象的民族特性要求与汉语母语测评的民族功能定位

《中共中央关于全面深化改革若干重大问题的决定》提出了"扩大对外文

---

① 柏杨：《中国人史纲》上册，山西人民出版社2008年版，第357页。

② 王力：《汉语史稿》，中华书局2012年版，第31—32页。

化交流，加强国际传播能力和对外话语体系建设，推动中华文化走向世界"的任务，要完成这一任务，必须首先塑造具有影响力的国家形象。国家形象是国家软硬实力在世界各国人民面前形成的综合印象，这一综合印象以硬实力为基础，以软实力为保障。软实力是一个国家的所有民族的整体特征、精神风貌、价值追求、独特的生活习俗与生产方式等形成的综合体与影响力，其关键是这个国家的民族特征与独特魅力，失去了民族的独特性，国家形象也就失去了吸引力。

因此，塑造国家形象的根本目的是提升这个民族的整体形象。"目前，我国同世界上160多个国家和地区建立了文化交流机制，与149个国家签订了政府间文化合作协定，与97个国家签订了800多个年度文化交流执行计划，与近千个国际文化组织和机构进行文化交往"，还要"进一步拓宽渠道和途径，构建人文交流机制，鼓励社会组织、中资机构参与孔子学院和海外中国文化中心建设、承担人文交流项目"，①大规模的文化交往，需要形成中华民族的鲜明特征与核心话语体系。如果在众多的交流项目中各言其是，没有民族的个性特征与核心话语体系，则难以塑造出具有民族特性的国家形象。

要塑造具有民族特性的国家形象，需要在汉语文化的"核心地带"建构当代中国的话语体系，形成中华民族的独特话语。只有把中华民族的独特话语传播到世界的每一个角落，并得到他们的理解与认同，新的国家形象才能逐步得以确立。塑造国家形象的这一艰巨任务，需要汉语母语测评自觉承担筛选、建构、凝练和传播中华民族核心话语体系的责任，承担这一责任必须思考和解决如下问题：一是汉语母语测评应该体现中华民族的哪些特点，如何体现这些特点；二是民族话语体系的核心与精髓是什么，在测评时如何体现；三是如何通过汉语母语测评引领汉语母语教育，在汉语母语教育中培育民族意识，提升民族的认同感与自豪感。

要解决这些问题，需要借鉴祖先们的测评智慧。前科举时期没有设立"语言"学科，语言是个人成长、社会风俗、治国兴邦的有机组成部分，融入个人与社会发展的全过程。尽管没有语言学科，但我们的祖先却极其重视语言，"一言兴邦"、"一言丧邦"的语言价值观，把汉语母语测评功能提到了"汉语兴邦"的高度。科举时期，我国的语言研究有所发展，文字学、音韵学、书

---

① 本书编写组：《〈中共中央关于全面深化改革若干重大问题的决定〉辅导读本》，人民出版社2013年版，第268—269页。

法艺术受到关注，但除"字科"、"书科"外，汉语母语测评全部与治国兴邦结合起来，发挥了"凝聚精神、文化兴邦"的功能。自汉语母语单独设科以来，尽管名称屡经变化，但对"语言"的重视和考查却日趋明显，汉语母语测评主要定位在"语言能力"的考查上，汉语母语的文化、民族与社会功能逐步削弱。

塑造国家形象的民族特性要求，需要汉语母语测评重新审视自身的民族责任，结合当代中国特点，借鉴古人智慧，吸取历史教训，提升母语测评的民族功能。

（三）核心价值观的培育要求与汉语母语测评的国家价值定位

实现中国梦，塑造国家形象，需要培育社会主义核心价值观，"在全社会大力倡导富强、民主、文明、和谐，倡导自由、平等、公正、法治，倡导爱国、敬业、诚信、友善"[①]。培育社会主义核心价值观的策略之一，是涵咏汉文化经典，重拾缺位的传统价值，"传统价值的缺失，至少可以概括为敬、恕、和、耻这些基本价值的缺失。'五四'以后废除'读经'，我们最高的经典被废除了，这些基本价值也就失去了凭借，这是很大的损失"[②]，敬、恕、和、耻的基本价值，与社会主义核心价值观中的文明、和谐、公正、爱国、敬业、诚信、友善等一脉相承；敬、恕、和、耻等传统价值的流失，加大了社会主义核心价值观的培育难度。

要在承继传统价值的基础上培育社会主义核心价值观，需要阅读汉文化经典。"经典的价值流失之后，德范就不存在了。佛教、道教也解决不了这个问题。人的内在庄严失去了，自性泯灭了，没有敬畏，无所不为，无所不取，这多危险。"[③]要破除这种危险局面，必须强化汉文化经典的国家阅读与考查。瑞典语言学家高本汉论及汉语时说："这门语言几千年来一直独立存在，实际未受外来影响，它经历了自己特有的发展进程，从而构成了不同于市井俗谈的、华丽多彩的文学语言。那么，我们显然可以期望远远脱离在与英语同源的印欧诸语言中所习惯的一切，而进入一个奇异的世界。"[④]汉文化经典是用凝练语言表达出的中华民族的生活与意义世界，走进汉文化经典，就是走进了中华民族长期以来追求的价值世界，也只有走进了这样的世界，才能承继传统文化，培

① 刘云山：《推动实现中国梦的强大力量》，《新华文摘》2013年第15期。
②③ 刘梦溪、杨晓华：《重建中华文化的信仰之维》，《新华文摘》2013年第9期。
④ [瑞典]高本汉：《汉语的本质和历史》，聂鸿飞译，商务印书馆2011年版，第15—16页。

育国家价值。

我国的汉语母语测评从一开始就确立了"领悟经典思想，培育国家价值"的理念、思路与方式。自汉代以来，汉语母语测评以"四书五经"为基本内容，所有应试者均需熟读经典、读懂经典，以经典为据，思考修身齐家治国平天下之策。董仲舒和晁错等一批杰出人才，就是在"对策"中谈古论今、以古治今，才得到了皇帝的赏识。隋唐以后的科举制度，更是把儒家经典作为国家的核心诉求，无论是明经科、进士科，还是书科、词科等，都需要熟读、熟背、理解和运用经典；特别是八股文，需要考生把四书五经烂熟于胸，并以"圣人之口""代圣人立言"，这就要求考生走进圣人内心，体察圣人真意，并以"八比"方式表达出来。把考生的内在价值与言语能力融合在一起的考查理念与思路，既培育了考生的核心价值观，也形成了全社会各民族的国家价值。

社会主义核心价值观的培育诉求，要求汉语母语测评站在国家价值的高度，学习祖先的测评智慧。前科举和科举时期的汉语母语测评，树立了世界上最为古老的"以言立国"典范，我们的祖先把汉语发展与国家治理统一起来，在"政教合一"、"言事合一"、"文道合一"的汉语测评中彰显母语价值、强化汉语特性。几千年来"汉语立国"的测评思路，使汉语发展和国家昌盛水乳交融，塑造了古老而年轻、稳定而活跃的中华民族。近代以来的分科测试，在反传统中丢失了这一测评理念与思路，丧失了汉语母语测评的国家价值。当代汉语母语测评改革，需要在汉语母语测评的历史中寻回和利用这些经验，提高汉语母语测评的国家价值。

二、汉语母语测评的历史审视与当代困境

汉语母语测评要在新的历史时期承担实现中国梦、塑造国家形象与培育社会主义核心价值观的重大使命，发挥传承文化、彰显民族特性与提升国家价值的测评功能，既需要研究汉语特点及其发展，也需要审视汉语母语测评史，才能在历史长河中吸取经验教训、突破当代困境。

（一）汉语母语测评的历史审视

中国是一个重视考试的国家，《大英百科全书》说："我们所知道的最早的考试制度，是中国采用的选举制度（前1115年），以及定期举行的考试（前

202年）。"①公元前1115年是我国的商朝时期，事实上，我国测评制度的源头可以远溯到上古时期的尧舜禹时代，《大英百科全书》尽管把中国的考试制度缩减了一千多年，但中国仍是世界上考试制度建立最早、测评历史最为悠久的国家。梁启超说："世界万国中行此法最早者莫如我，此法实我先民千年前之一大发明也。"②

源远流长的中国考试与汉语密不可分，它以汉语为依托，又推动着汉语的发展。"汉字经历了长时期的发生、发展，到西周已经成为相当完善的文字体系"③；但是，"汉语文字的历史，我们可以上溯到六千年前的半坡文化时期"④，尽管此时的汉语文字还不够成熟，但它们已经运用于日常生活，随着"选贤与能"等社会风气的盛行与汉字、汉语的逐步完善，中国的汉语母语测评在尧舜时期就开始萌芽。随着汉语的进一步成熟和人才选用制度的逐步健全，汉语母语测评纳入了国家考试，成为凝聚民族文化、培育国家价值观和进行社会治理的重要手段。无论前科举时期、科举时期，还是废除科举后的汉语母语测评，都给我们提供了许多可供借鉴的经验与教训，在经验中吸取智慧，在教训中寻求突破，才能在历史审视中明晰汉语母语测评的改革方向，谋划具有国家战略价值的汉语母语测评改革方案。

我国几千年的汉语母语测评，可以分为"政教合一"、"言事合一"、"文道合一"与"学科至上"四个时期。

一是"政教合一"的"以言立国"时期，主要存在于传说中的尧舜禹时代。从尧帝开始，我们的祖先就在人才选拔中考查治国理政者的语言能力，这时的语言没有成为一门单独学科，而是治国济世的综合性工具，考查语言水平的主要目的不是单纯评判其语言能力，而是判断应考者利用语言治理国家的认识和水平，强化的是母语治世功能。尧帝考查舜时，以上古先贤流传下来的经典为统领，把日常言行与"五典"结合起来，通过口试和面试评价舜的理家治世能力。舜即位后，在考核各地官员的政绩时采用了这一理念。《尚书·舜典》记载，舜"五载一巡狩，群后四朝。敷奏以言，明试以功，车服以庸"，舜对各地官员每五年巡视考核一次，考核的基本内容有两项：一是口头汇报治理情况；二是结合口头汇报考察发展实绩，确定其是否"言行合一"，然后根据情

---

① 转引自杨智磊、王兴亚：《中国考试管理制度史》，中州古籍出版社2007年版，第1页。
② 梁启超：《管制与官规》，《饮冰室合集》卷二十三，中华书局1989年版，第68页。
③④ 黄德宽、陈秉新：《汉语文字学史》，安徽教育出版社2006年版，第3页，序。

况实施奖励。尧舜时期的基本模式是"政教合一"、"以言立国"，把对经典的理解、表达与治理国家、教化民众等言行统一起来，立足治世常道，"以言观心"、"以言察行"，突显了言语识才和"语言立国"的测评取向。

二是"言事合一"的"汉语立国"时期，主要存在于西周秦汉时代。西周形成了人才"贡举"制度，周天子要求地方向中央选拔、推荐人才，这一制度被称为"乡举里选"。《大明会典》卷七十八《学校》认为，"科举，本古者乡举里选之法"，把周代的乡举里选作为中国科举考试的源头；周代还"建立了典型的政教合一的奴隶制官学体系，形成了文武兼备的'六艺'教育"①。《汉书·艺文志》记载："《周官》保氏掌养国子，教之六书，谓象形、象事、象意、象声、转注、假借，造字之本也。"造字之法进入学校，为汉语母语测评提供了更加坚实的基础。此时的汉语母语测评特别重视"乐语"能力考察。乐语是乐经的一项内容，包括兴道、讽喻和言语等技能，在"乐语"技能的测评中，"以物喻事、引古刺今"的"兴道"技能，为科举中的汉语母语测评奠定了基础；"背熟文词、吟咏有韵"的"讽诵"技能也在后世的测评中得以运用；"直叙己意、答人论难"的"言语"技能，为后世的"策问"奠定了基础。但此时的言语技能测评不是单独进行，而是与"乐德"、"乐舞"协调推进，其目的是唱颂政治、教化人民，这种测评方式体现了"汉语立国"的测评理念。

春秋战国时期重视"文"与"言"的考察。春秋时期"文"的内涵和现在有较大差异，陈澧在《东塾读书记》卷二中说："古之所谓文者，乃诗、书、礼、乐之文。升降进退之容，弦歌雅颂之声，非今之所谓文也。今之所谓文者，古之辞也。""孔子所说的'文'，不单是语言、文字、文学，而是包括历史的、文学的、哲学的各种各样的古代著作，或简略的记载传录"②，当时的"文"是诗、书、礼、乐、经、史的综合体。春秋时期对"文"的测评，不局限于文辞、文采，而是兼顾"诗书礼乐经史"等诸多领域，其测评内容主要来源于孔子编撰的《诗》、《书》、《礼》、《乐》、《易》和《春秋》。孔子说："入其国，其教可知；其为人也，温柔敦厚，《诗》教也；疏通知远，《书》教也；广博易良，《乐》教也；洁净精微，《易》教也；恭俭庄静，《礼》教也；属辞比事，《春秋》教也。"③孔子以"六经"为内容，通过"温

---

① 郭奇家：《中国古代学校》，商务印书馆2007年版，第17页。

② 张隆华、曾仲珊：《中国古代语文教育史》，四川教育出版社1995年版，第47页。

③ 胡平生、陈美兰译注：《礼记•孝经》，中华书局2007年版，第177页。

柔敦厚而不愚"、"疏通知远而不诬"、"广博易良而不奢"、"洁净精微而不贼"、"恭俭庄敬而不烦"、"属辞比事而不乱"六条标准考查"六经"的学习情况，测查学习者"文"的发展水平。除"文"以外，还注重"言"的考查，"言"指言辞、言语、言论、辩说等。孔子对"言"十分重视，他曾告诫子路："名不正，则言不顺；言不顺，则事不成……君子名之必可言也，言之必可行也。君子于其言，无所苟而已矣。"①正因为君子"不苟于言"，所以他特别关注"言"的考查，"不知言，无以知人也"②，考查一个人的言论，可以了解一个人的德行。他在判定人"言"之时，"听"、"观"结合，认为"有德者必有言；有言者不必有德"③，只有观察其"言必信，行必果"的情况，才能判定其"言"的优劣。

秦始皇统一中国后，花大力气统一和规范汉字，建立低级官吏考试制度，把讽书、书体和公文作为重要考试内容，把汉语水平和解决具体事务的能力结合起来考查。汉代察举考试中的汉语母语测评分为两大类：一是文吏，主要测试书札、奏章等公文写作能力；二是儒生，主要测试其对经义的积累、理解与应用，"显问以政事经义，令各对之，而观其（人），（文）辞定高下也"④。当时对汉语母语测评产生重要影响的首推试经学，试经学在察举考试中主要由皇帝亲试，这种考试也分为两种形式：一是口试，皇帝提出问题，被试者口头回答；二是笔试，即根据皇帝提出的问题，被试者在竹简上提出对策。从《汉书》留存的对策文章看，汉代在察举中的汉语母语测评已逐步成型并走向成熟。如果说汉代太学的汉语母语测评注重儒家经典的识记、诵说与理解，察举中的汉语母语考试则注重儒家经典的理解、运用与表达，测评的核心是利用经典处理国家政事的能力，形成了"经典立道"、"公文行事"、"策论立国"与"赋文颂世"的测评模式，即通过诵读和阐释儒家经典，考查应试者立道立国的能力；通过公文写作，考查应试者处理具体事务的能力；通过策论写作，考查应试者的治国之术；通过赋文写作，考查应试者美饰国政与社会生活的水平，突显了"汉语立国"的测评理念。

三是"文道合一"的"文化立国"时期，主要体现在规范性的科举考试中。隋炀帝建立科举制度后，经过唐、宋、元、明的发展，到清代逐步衰落、直至废止。隋代秀才科主要考查实用类和文学类等文章的写作，注重文理兼

①②③ 杨伯峻：《论语译注》，中华书局1980年版，第133—134页，第211页，第146页。
④ 班固：《汉书•萧望之传》卷七十八，颜师古注，中华书局1975年版，第3272页。

美、文质俱佳，并把"文"排在了极其重要的地位。经学、书学、时务策、杂文和诗赋，构成了唐代汉语母语测评的主要内容。宋代是我国科举史上开科和取士最多的朝代，它首先在贡举考试中确立了乡试、省试和殿试三级考试制度，强调选取"经世之才"，范仲淹提出了"以策论优为上选，以诗赋优为次选；在诸科中，以通经旨为上选，以通墨义为次选。上选及第授官，次选可充作候选者，以备选拔"①的建议，突出了策论在取士中的重要作用；熙宁五年（1072年），进行了只考策论不考诗赋的贡举改革，"变声律为议论，变墨义为大义"②，把义理之学和策论之学推到了重要位置，强化了"通经致用"的人才选拔取向。为了规范义理阐释，王安石主持编撰了《三经新义》，作为统一教材与考试标准，亲自撰写了阐释经文大义的范文《里仁为美》，树立了经义试卷的标杆。明清时期重视经义理解与阐释，创制了八股文。科举时期，汉语母语测评的主要内容是对经典的识记、理解与阐释，同时加入策论、诗赋或时文的考查，尽管经典与文辞的测试分量在不同时期有不同要求，但从总体上看，历代统治者多采用"文道合一"的测评模式，这一时期汉语母语测评的主要目的，是考查应试者立国立人、明道明德、化文用文的能力，强调了"汉语立国"、"汉语明性"、"汉语塑魂"的汉语文化功能。

四是"学科至上"的"语言本位"时期，主要体现于废除科举后的汉语母语测评。废除科举制度前后，我国的新学堂和新学制开始建立，汉语单独设科，其名称为国文、国语、词章等，新中国成立后被称为语文，"文化大革命"时期也称为"政文"。这一时期的汉语母语测评由综合能力转向学科能力、由治世能力转向言语能力，侧重于语言知识和读写能力的测评，"汉语立国"、"汉语立道"、"汉语明性"、"汉语塑魂"的价值被削弱，学科至上的"语言本位"测评成了这一时期汉语母语测评的主要特点。

"以言立国"、"汉语立国"、"文化立国"的汉语测评理念，把汉语的母语价值发挥到了极致。祖先们推行的汉语母语测评制度，在客观上起到了维系中华文明、修葺炎黄子孙精神家园的作用。从中华民族的发展历程看，汉语母语测评对汉语文化的巩固与传承，对形成中华民族的独特精神与思想价值体系，起到了不可替代的作用。但是，近代以来的分科教学与分科测评，虽促进了语言本身的发展，但"为语言而语言"的测评取向却失去了母语应有的文化、民族与国家

---

① 蒋超主编：《中国高考史·创立卷》，中国言实出版社2008年版，第59页。
② 马端临：《文献通考·选举四》卷三十一，中华书局1986年版，第293页。

功能，如何全面审视母语测评史，克服分科教学后的测评弊端，是当代汉语母语测评改革必须解决的问题。

（二）汉语母语测评的当代困境

废除科举后，一些有识之士在国际化、现代化与科学化的潮流中进行了汉语母语测评的改革探索，取得了一些成绩，也引来了诸多争议。这些争议有的集中在题型及其分值的分配上，有的集中在语言能力的考查重点、考查形式与试卷结构的合理性上，有的集中在试卷选材与命题技巧上，有的集中在评卷的公正性、客观性与现代信息技术的运用上……这些争议多局限于语言知识、语言能力、命题技术、考试技术与评卷技术，纠缠于细枝末节和形而下的探讨，未能从文化、民族和国家发展全局思考汉语母语测评的改革走向。虽然争议不断，但能促进中华文脉延续、民族文化重塑、国家价值培育的高屋建瓴的建设性意见少之又少，致使当代汉语母语测评陷入了考试改革与国家战略、母语测评与文化重塑、汉语特性与能力重构的困境。

1.考试改革与国家战略。

十八届三中全会要求"推进考试招生制度改革"，"全国统考减少科目"，汉语作为母语和国语，考试地位得到强化。这一考试改革体现了党和国家切中时弊、高瞻远瞩的智慧和推进民族复兴、建设强大中国的伟大决心。近代以来，由于中国屡屡落后挨打，不少人从开眼看世界到卑躬屈膝于国外，全盘西化、崇洋媚外的思潮曾盛极一时，有人甚至提出了将汉语彻底字母化或西洋化的主张；一些学校不重视汉语及其文化教育，一些大学取消了母语教育课；一些语文课成了语言的肢解课和解题训练课；一些全国测试题大玩文字游戏，用看似聪明的所谓命题技巧让学生陷入了无聊的泥淖。相反，外语教育受到了至高无上的礼遇，外国文化被奉为至宝引进学校和教育机构，没有外语寸步难行，没有汉语母语的传承意识与能力却能走上金光大道，汉语在自己的国家沦落至此，不能不令国人悲哀。

党的十八届三中全会把外语作为基本工具，而不是像国语一样来对待，这对国人保持中华根基、自信走向世界具有划时代的战略意义，这对维护民族文化安全具有高瞻远瞩的改革价值。"当前，随着世界多极化和经济全球化深入发展，国际思想文化领域日益复杂，各种思想文化交融交锋更加频繁，给我国文化安全带来新的挑战。一些西方敌对势力把社会主义中国的发展壮大视为对其价值观和制度模式的挑战，一刻也没有停止实施西方分化战略，加紧对我进行思想文化渗透。互联网正在成为渗透反渗透斗争的主战场，一些西方国家利用其掌握的互联网先发优势、话语优势、技术优势，鼓吹所谓的'网络自由'，推行政治霸权、文化霸权、数字霸权，企图把他们的价值观无障碍地渗透到中国。"[①]摧毁一个国家的文化与价值观，首先是摧毁这个国家的语言和文化血脉；维护一个国家的文化安全，必须让这个国家的所有民众珍视本国语言、承继文化血脉。中国要维护国家安全，必须提升母语地位、延续文化血脉。新一轮的考试改革重视了中小学生的母语水平，增加30分的重要目的，是从国家战略层面强化母语地位，期盼高分值的母语测评能促进民族文化的复兴、提升全民族的文化自信，能促进青少年延续文化血脉，维护国家的文化安全。

这一具有国家战略地位的考试改革，值得所有炎黄子孙举手称庆。但是，高考改革后的汉语母语测评能实现这一国家战略吗？如何才能实现这一国家战略考什么、怎么考、怎么评价考才能维护国家文化安全、延续文化血脉？高考改革如何才能带动中小学的汉语母语教育，让语文课落实国家战略，承担延续文化血脉的责任？这诸多问题还没有清晰的答案，其中的攻坚性难题还需要聚合所有炎黄子孙的智慧，在汉语母语测评史的研究中寻求答案。

除高考改革外，被称为国考的还有公务员考试。近年来兴起的公务员考试热，让不少人在应对繁复的考试中耗费了不少精力，但这些精力有利于民族文化的传递吗？有利于所有应考者增强文化底蕴吗？中国几千年来在选官中建立的汉语母语测评制度，树立了国家价值，凝聚了国人精神，延续了文化血脉。今天的公务员考试有"以言立国"、"汉语立国"的战略定位吗？过五关斩六将的胜出者具有深厚的文化底蕴与儒家的治世治国理想吗？如果公务员考试选出来的所谓人才只有灵巧机变或圆滑世故，没有中华文化的主心骨，这样的公务员能为民族文化的复兴做出踏踏实实的贡献吗？公务员考试中的汉语文化测评如何才能在改革中体现国家战略、维护国家文化安全，需要制度设计者认真研究汉语母语测评史，从中吸取经验教训，才能突破考试改革与国家战略的这一困境。

2.母语测评与文化重塑。

国人参与的语文考试多是母语测评，中国人语文能力的主体应是汉语母语

---

① 本书编写组：《〈中共中央关于全面深化改革若干重大问题的决定〉辅导读本》，人民出版社2013年版，第273页。

能力。但是，综观现在的语文考试，重言语技能的多，重母语价值的少，使语文考试停留在了"语"字上，失去了自身的文化母体。失去文化母体的语言测评不是母语测评，而是以语言成分为核心的言语技能测评。1904年语文教育单独设科以来，语言能力受到了足够重视，无论是文言文向白话文的转变，还是语言、文学单独设科，都体现了对语言知识与语言篇章的关注。受"回到语言本身"的思潮影响，不少人对语言的研究越来越精细，开始局限于语言的某一点，注重解决语言发展中的微观问题，母语文化以及母语教育的核心指向反而被忽视。汉语母语测评受此影响，逐步陷入了语言技能及其篇章解读的"深水区"，削弱了母语测评价值，造成了母语测评与文化重塑的困境。

"母语是一个民族的文化载体，也是一个民族的思想本体。母语文化是一个民族的精神之花。母语教育是一个民族文化传承和发展的'根'的工程和'花'的事业；通过母语学习将儿童的个体生命之流引入民族的和人类的精神之源，同时催发新时代民族精神的思维之花和语言之花。"[①]语文考试突显了这样的文化功能和思想本体，才能称为母语测评，但是母语测评中的文化重塑却面临着文化传承与文化创新、民族本位与文化融合两大难题。

一是文化传承与文化创新。中华民族虽以儒家文化为主流，但兼容并包的文化胸怀使得传统文化博大精深、百花齐放。随着时代的推衍，儒家文化也在不同的理学流派中形成了丰富的思想，马一浮先生认为中国所有思想的源头在"六经"，"六经"包含了民族思想与中国价值的所有义理，但从汉语母语测评的发展历程看，不同时代的不同注家对"六经"的注释不尽相同，各代使用的注本有差异，对义理的阐释有分歧，评卷标准也发生了多次变化，这种与时俱进的发展，使得儒家思想更加驳杂。面对浩瀚的中华文化，我们应该传承什么；如何通过汉语母语测评来传承？这就需要进行文化筛选。汉语母语测评中文化重塑的主心骨是什么？不同年龄、不同类别的汉语母语测评如何体现其差异？在差异中如何形成合力？要解决这些问题，需要建设文化传承的国家标准，形成国家文化的主流走向，形成中华民族在新时代的文化主流，才能在母语测评中实现文化重塑的目标。除了文化传承，还需要文化创新，如何在汉语母语测评中处理好传统与现代、历史与未来、应用性与基础性、科学与人文、高雅与通俗、普及与提高等关系？[②]传承传统文化时如何与社会主义核心价值

---

① 《徐冬梅谈儿童阅读与母语教育》，长春出版社2009年版，第2页。

② 参见杨河：《谈谈文化传承创新》，《新华文摘》2013年第17期。

观中的"三个倡导"相结合，让传统文化在塑造国家形象的同时成为时代生产力？还是亟待攻坚的难题。只有破解了这些难题，才能在母语测评与文化重塑的困境中成功突围。

二是民族本位与文化融合。人类已进入全球化时代，延续文化血脉不是复古，更不是故步自封，而应以贯通古今、海纳百川的气度引进来、走出去，才能在坚守民族根基、形成主流文化的基础上，吸取其他先进文化为我所用。汉语自古以来就有走出去的传统，"汉语自秦汉以后，由于汉族文化的先进，逐渐传入了外国，特别是日本、朝鲜和越南。日本语、朝鲜语和越南语都接受了汉语的巨大影响，向汉语吸收了大量的词汇，成为它们自己的词汇中的一个组成部分"①，除了汉语词汇影响他国，汉语文化更是得到了世界上许多有识之士的认同与践行。截至2012年5月，中国与世界100多个国家合作设立了350多所孔子学院和500多个孔子课堂，每年派出7000多名汉语教师和志愿者奔赴各地，汉语正以强劲的姿态在世界的语言园地里蓬勃生长，世界范围内的汉语水平考试（HSK）也发展迅猛。但走出去之后还得引进来，汉语在吸纳其他语言的过程中获得了自身发展；汉语文化在国际交融中丰富了内涵，塑造了新的形象。在文化融合的黄金时期，汉语母语测评如何才能挣脱"学科至上、语言本位"的桎梏，充分发挥文化融合的母语带动功能，让炎黄子孙与中华文化在纷繁复杂的世界中因汉语而活着，因母语而存在，这是汉语母语测评面临的重大课题。只有认真研究这一课题，在汉语母语测评史中寻求策略，才能在世界文化格局中实现更有价值的母语文化重塑。

3.汉语特性与能力重构。

汉语文化与汉语特性有关。"汉语至少有一万年以上的历史。殷墟甲骨文距离现代三千多年，但是，依照甲骨文字的体系相当完备的情况看来，如果说五千年前我们的祖先创造了文字，还算是谨慎的估计。在没有文字以前，早已有了语言。所以我们说汉语最少有一万年以上的历史，这句话毫无夸张的意味。"②汉语是一种历史悠久的稳固的语言，形成了简易、灵活、复杂等特点，构句、构段的基本方式是"意合"，和印欧语系有着较大差异，汉语能力的内核与表现和字母语言差距较大，具有鲜明的个性特征，汉语母语测评的能力建构只有体现这一特征，才能突显母语测评的精髓。

①② 王力：《汉语史稿》，中华书局2012年版，第681页，第680页。

但是，目前颁行的语文能力层级没有考虑到汉语特性。无论是1997年提出的识记、理解、分析综合、表达应用和鉴赏评价五个能力层级，还是2007年提出的识记、理解、分析综合、鉴赏评价、表达应用和探究六个能力层级，都是一般性的能力，既未能充分体现语言能力的特点，也未能体现汉语特性。新一轮高考改革要回到汉语的世界里测评母语能力，需要根据汉语特点重构母语测评的能力体系。这对汉语母语测评的研究者与实施者都提出了巨大挑战，如果不能在祖先测评智慧的创造性应用中直面这一挑战，汉语母语测评将难以突破当代困境。

三、母语测评的使命重建与改革基点

民族复兴，国家强盛，伟大中国梦的实现；实施国家文化战略，确保国家文化安全，都需要国人捍卫汉语及其沉淀的文化精华。测评是最为显眼的风向标与推动力，汉语母语测评的国家改革要成为整个国家学习和研究汉语、传承和发展中华文化的强大指向与动力，必须根据民族与国家的发展要求，重建汉语母语测评使命，找准汉语母语测评的改革基点。

（一）汉语母语测评的使命重建：汉语、文化、民族与国家的责任担当

中国母语承载的形态是汉语，母语测评改革必须研究汉语特性，剖析汉语学习能力和汉语素养的基本内涵与表现形式，根据汉语自身的特性及其素养要求确立考查的主体内容。在语言层面的考查上至少应包含四个方面：一是汉语学习过程、习惯、方法与能力的考查，这是引导国民持续学习汉语的前提；二是汉语知识、常识及其应用能力的考查，这是引导国民深入学习汉语的基础；三是理解、体悟、涵咏与鉴赏汉字、汉语的情感、态度与能力，这是引导国民感受汉语魅力、培育汉语自信的关键；四是汉语经典的解读、探究与创生的思维能力，这是引导国民把握汉语精华、吃透汉语义理、促进汉语发展的保障。只有立足这四个方面研究和改变现有的母语测评，才能重建母语测评的汉语使命。

母语传递的是文化。任何一种成熟的母语都能全方位记录母语使用群体的生活习俗、生产方式、思想追求与精神风貌，这些记录与实践构成了这个群体的主流文化。母语既能反映这个群体的文化形成进程与目前的基本状态，也能以多种样式表达着这个群体的未来诉求，这些进程、形态与诉求集中表现在各种各样的思想、史学与文学等著作中。汉语母语测评要考查国人的文化蕴含、传承、传译、传播与重塑能力，应强调四个方面：一是对中华文化常识及其演

进历程的了解、识记与应用能力进行考查，引导国民把握中华文化概貌，这是传承文化的前提；二是对中华经典的解读、领悟、评析与转化能力进行考查，引导国民在经典中感受、认同和应用文化精粹，这是传译文化的基础；三是对古今融通的文化创生能力进行考查，古为今用，古代经典与现代生活相结合，创生出新时代的文化作品，这是传播文化的关键；四是对中外融通的文化发展能力进行考查，立足母语文化，吸收其他先进文化，在中外文化的整合中发展母语文化，这是重塑文化的保障。汉语母语测评只有抓住文化重塑的这四个关键，才能承担起文化传承、传译、传播与重塑的使命。

母语文化反映的是一个民族的特性。中华民族的特点是什么？在未来发展中有哪些优势？如何彰显和利用这些优势？这些优势是如何体现在汉语中的，集中在哪些作品中？该如何呈现和表达？除优势外，还有哪些历史局限性？该如何批判性地吸收与发展？批判继承需要怎样的汉语思维与表达能力？怎样才能在母语测评中有效考查这些能力？研究和解决这些问题，是汉语母语测评承担民族使命的重要任务。

民族存亡的依托是国家。中华民族要强盛兴旺，必须建立强大的中国，塑造具有自身特点的国家形象。新时期的中国到底是一种怎样的形象？如何表达这些形象？这些形象的基本标志是什么？如何才能感受、理解、维护和巩固这些形象？这是汉语母语测评应该不断研究并解决的问题，只有解决了这些问题，汉语母语测评才能承担起国家使命。

汉语母语测评要实现使命重建，必须实现四个转变：一是从纯粹的语言学科中走出来，提升语言测评的母语文化功能；二是从一般性的语言能力中走出来，提升测评的汉语发展功能；三是从生活琐事与文字游戏中走出来，提升测评的民族复兴功能；四是从单纯表达自我中走出来，提升测评的国家战略价值。只有实现了这四个转型，才能重建母语测评的汉语、文化、民族与国家使命。

（二）母语测评的改革基点：在历史的长河中寻找改革智慧

站在汉语、文化、民族和国家的高度重建母语测评使命，并将其体现在国家测评或日常教育教学中，需要胆识、气魄与智慧。

首先是胆识和气魄。汉代"罢黜百家，独尊儒术"，将儒术作为学校教育和察举策问的核心内容，需要胆识和气魄；但正是这样的胆识和气魄，中国才开始走向天朝大国的主流思想建构，才为培育国家价值与国家精神创造了条件。隋代开科举，分科测试选拔人才，需要胆识和气魄，正是这样的胆识和气魄，才建构了影响长达1300年的官员选拔制度。在历代的进士科考试中，诗赋取士与经义取士争议不断，多次进行了大手笔的改革，正是这些富有胆识与气魄的争论和改革，才在汉语母语测评中形成了文道结合的基本思路。目前的汉语母语测评，碎片化、技能化、虚空化、矮化等现象不同程度地存在着，要站在汉语、文化、民族和国家的角度思考测评改革，需要重新进行整体谋划，从高考到公务员考试，从考试到学校教育，需要一以贯通、整体改革，这种综合性极强的一以贯之的整体改革离不开胆识与魄力。

但是，胆识与魄力不是随意妄为、胡乱蛮干，而是以研究为基础，从祖先那里借智慧。几千年的汉语母语测评史，无数先辈们的智慧探索，既体现了胆识与气魄，更凝聚了经验与智慧。历代帝王根据自己面临的社会治理挑战，以国考为改革突破口，谋划系统应对策略，既发展了文化，也形成了无数盛世，这些智慧值得炎黄子孙去体察、去深悟，以此寻找汉语母语测评的改革良方，才能推动具有国家战略意义的汉语母语测评改革。

从这一角度看，汉语母语测评的改革基点是汉语母语测评史。本书以史为据，辨析汉语母语测评的理念、内容、形式、标准的发展历程，梳理历代汉语母语测评的重大事件，在祖先智慧和世界先进文化中寻找汉语母语测评的学术谱系与汉语素养的构成，在史实、现实与未来的互动中建构汉语母语测评体系，为汉语母语测评改革提供新的高度与视角，是本书写作的初衷。

为了实现这一初衷，本书共分为六章。第一章回顾前科举时期的汉语母语测评，总结前科举时期的经验；第二章研究科举时期汉语母语测评的兴衰，探究科举时期的测评智慧与当代意义；第三章研究20世纪前半期的汉语母语测评，从中体察母语测评现代化的艰难探索与得失；第四章以新中国"前十七年"为内容，研究"文化大革命"以前母语测评的过渡性改革与成就；第五章概述新时期汉语母语测评改革的基本情况，探究母语测评改革的热点与难点；第六章则以汉语母语测评史为基础，建构未来汉语母语测评改革的基本方略，从古及今，以古鉴今，为实现汉语母语测评的使命重建提供历史的、现实的和未来的视角，为提升母语测评的汉语、文化、民族与国家价值提供多维度建议，为汉语母语测评学的建立奠定史论基础。

第一章

前科举时期的汉语母语测评

　　前科举时期，是指隋炀帝设立分科举士制度之前的汉语母语测评时期。汉语母语测评的基础是汉语的产生与发展。"汉字经历了长时期的发生、发展，到西周已经成为相当完善的文字体系。"[①]但是，"汉语文字的历史，我们可以上溯到六千年前的半坡文化时期"[②]，尽管此时的汉语文字还不够成熟，但它们已经运用于日常生活，随着"选贤与能"等社会风气的盛行与汉语文字的逐步完善，中国的汉语母语测评开始萌芽、兴起与发展，并形成了可供借鉴的当代经验。

---

①② 黄德宽、陈秉新：《汉语文字学史》，安徽教育出版社2006年版，第3页，序。

第一节
汉语母语测评的萌芽

汉语母语测评萌芽于尧舜、夏商周和春秋战国时期的人才选拔制度。从上古传说看，尧舜禹所处时代已经有了文字。《说文解字叙》说："黄帝之史仓颉，见鸟兽蹄远之迹，知分理之可相别异也，初造书契。"[1]《世本》、《荀子·解蔽》、《韩非子·五蠹》、《吕氏春秋·君守》等诸多典籍都记载了"仓颉作书"的传说，《淮南子·本经训》更是将其渲染成"天雨粟、鬼夜哭"的造字神话。不少学者、史学家和许慎的看法一致，认为仓颉是黄帝的史官，而黄帝在尧舜禹之前，黄帝史官创造的文字，必然留存于相隔不久的尧舜禹时期。从这些材料看，尧舜禹时代极有可能是有文字的时代。

有学者认为，当时的文字不能被称为汉语，而是汉语的前身——华夏语。"华夏族的多元混合的原始华夏语，可能经过了上千年的共存、竞争，然后逐渐发展为以黄帝族语言为主体的华夏语，即黄帝族语言逐渐成为当时许多部族的通用语"，"随着黄帝、尧、舜、禹等首领活动区域的扩大……以黄帝族语为主干的华夏语，便在中原地区、黄河流域、南下至长江流域（湖北、江苏）、西至青海、甘肃广为传播，几百年间，逐步发展成为各部族跨地区、跨部落交际、沟通的共同语言。至此，华夏语已成为凝聚远古中华大地华夏族的最重要的语言工具。"[2]随着夏、商、周的建立，华夏语进入成熟时期，"夏、商、周时期的华夏族语即汉语的前身，已经完全成形"[3]。

从华夏语的名称看，依托华夏语进行的测评不能称为汉语测评，但是，"晚期华夏语所显示的各种语言特征，与上古汉语已极为相似，人们有充足理由认定，它应属于汉语的范畴，或者说，它是原始汉语。""春秋战国时期，华夏语已发展为汉语，那时书面著述已相当丰富……"[4]因此，尧舜、夏商周和春秋战国时期的人才选拔，间杂有语言素质的考核，这些考核虽然不能称为汉语母语测评，但它却为后来的汉语母语测评埋下了发展的种子。

---

[1] 许慎：《说文解字叙》，文化艺术出版社2010年版，第4—5页。
[2][3][4] 郭锦桴：《汉语与中国传统文化》，商务印书馆2010年版，第407页，第410页，第415页。

一、尧舜时期人才考评的语言取向

我国现存文献典籍记录的最早的人才考评事件发生于尧帝时期，尧帝在选拔继承人时，把文化典籍、道德要义、人物品性和治家、理事、行政等能力结合起来考查；舜帝沿用尧帝的人才考评方式，这些考评包含了一定的语言能力，并形成了这一时期的语言取向。

（一）尧舜时期人才选拔框架

《史记·五帝本纪》就尧帝对舜的考评作了如下记载：

> 尧曰："嗟！四岳：朕在位七十载，汝能庸命，践朕位？"岳应曰："鄙德忝帝位。"尧曰："悉举贵戚及疏远隐匿者。"众皆言於尧曰："有矜在民间，曰虞舜。"尧曰："然，朕闻之。其何如？"岳曰："盲者子。父顽，母嚚，弟傲，能和以孝，烝烝治，不至奸。"尧曰："吾其试哉。"于是尧妻之二女，观其德於二女。舜饬下二女於妫汭，如妇礼。尧善之，乃使舜慎和五典，五典能从。乃遍入百官，百官时序。宾於四门，四门穆穆，诸侯远方宾客皆敬。尧使舜入山林川泽，暴风雷雨，舜行不迷。尧以为圣，召舜曰："女谋事至而言可绩，三年矣。女登帝位。"[1]

尧对舜的考评，主要采用了三种方法。一是根据日常表现进行推荐，实施"过程评价"。当尧询问部落首领谁能顺应天命接替自己的帝位时，部落首领认为自己德行不够，共同推荐了舜，舜能在父亲蛮横、母亲无知、弟弟傲慢无礼的情况下，与他们和谐相处，并引导他们走向正道，日常的点点滴滴体现了舜的才德。二是注重言行观察与社会实践。尧首先考查舜的"齐家"能力，将自己的两个女儿嫁给他，舜成功地教化了妻子，处理好了夫妻关系。三是"试舜五典"。后人关于"五典"的解说主要有两种：其一是"五教"，即"父义、母慈、兄友、弟恭、子孝"；其二是五部书，宋代学者王应麟认为"五典"是"少昊、颛、高辛、唐、虞之书，言常道"，[2]清代学者陆以湉认为"五典"是"三皇五帝之书"，"《三坟》、《五典》是

---

① 司马迁：《史记·五帝本纪》卷一，中华书局1975年版，第21—22页。
② 王应麟：《小学绀珠·艺术类·五典》卷四，影印文渊阁《四库全书》第948册，台湾商务印书馆1986年版，第456页。

也"，①无论对"五典"作何解释，尧的考查重点均是舜对社会"常道"的认识与理解。如果将"五典"理解为"五教"，则是面试其对社会伦理规范的认识与理解；如果将"五典"理解为"五部书"，则是考查舜对经典的理解与阐释水平，采用的方式是口试和面试。在"五典"测试合格后，尧让舜参与政务、接待宾客、融入自然、磨炼意志，观察其在不同领域的表现，考查其是否能将"五典"要义转化为治家、治国的能力。尧帝考核母语能力的框架如下图1-1：

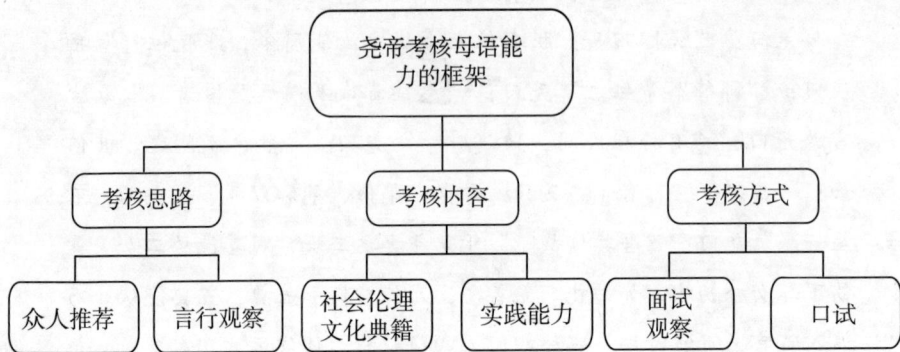

图1-1

舜帝考评官员的业绩时，各地首领要将自己的思考与所做之事条分缕析地表达出来，既要提出"治邦谋略"，也要概说主要功绩；既要抓住关键，简要概括自己的看法与业绩，也要表述得体、把握分寸，做到"言"、"功"统一，这就需要地方官员具有较强的语言能力。《尚书·大禹谟》记载了舜对大禹的如下评语：

> 帝曰："来，禹！降水儆予，成允成功，惟汝贤。克勤于邦，克俭于家，不自满假，惟汝贤。汝惟不矜，天下莫与汝争能。汝惟不伐，天下莫与汝争功。予懋乃德，嘉乃丕绩，天之历数在汝躬，汝终陟元后。人心惟危，道心惟微，惟精惟一，允执厥中。无稽之言勿听，弗询之谋勿庸。可爱非君？可畏非民？众非元后，何戴？后非众，罔与守邦？钦哉！慎乃有位，敬修其可愿，四海困穷，天禄永终。惟口出好兴戎，朕言不再。"②

舜帝对禹的评语集中在三个方面：一是治水的功绩，当上天降洪水示警

---

① 陆以湉：《冷庐杂识·三坟五典》卷八，中华书局1998年版，第411页。

② 江灏、钱宗武译注：《今古文尚书全译》，贵州人民出版社1991年版，第43页。

的时候，只有禹完成了治水的任务，所以禹"贤"；二是勤劳、节俭、谦逊的美德，舜认为禹能"克勤于邦，克俭于家"，不自满自大；三是不夸功、不争功，能实事求是地表述自己的功劳，"言"有分寸。舜帝对禹的"事"、"德"、"言"进行了评价，"事"是实践能力与功绩，"德"是社会伦理的垂范能力，"言"是对自我绩效的概括与描述能力，这三种能力是舜帝时期评价官员的重要内容。

在评价了禹的"事"、"德"、"言"之后，舜对禹提出了忠告，"人心惟危，道心惟微，惟精惟一，允执厥中"，人心很危险，道心很精微，一定要精研、专一，一心一意保持中道，才能为民众谋福利。要做到"惟精惟一"，不受其他力量左右，必须"无稽之言勿听，弗询之谋勿庸"，没有考证、不符合实际的言语千万不要听信，没有征求别人意见的谋略千万不要实施。最后他说："惟口出好兴戎，朕言不再。"嘴巴虽然能够说好说坏，但是我的话不会再改变了，这就是舜对待语言及其评价的态度。舜帝的人才考评框架如下图1-2：

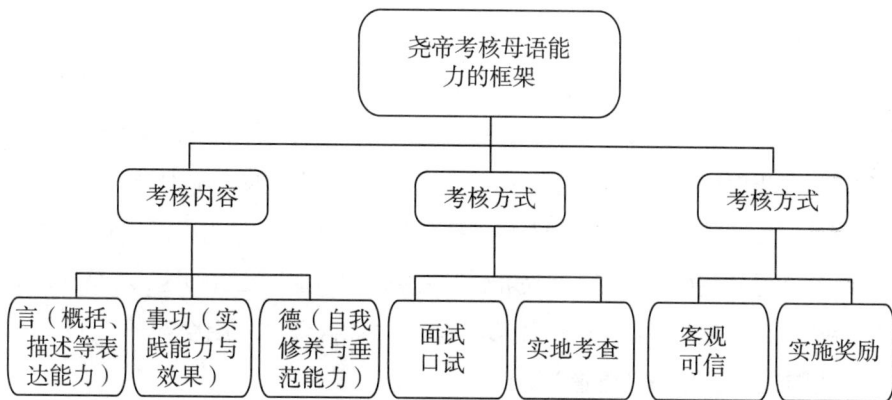

图1-2

和尧帝相比，舜帝突出了"言"、"德"和评价结果的利用，在语言能力的考查上提出了两项新要求：一是考查概括、描述和客观表达事实的能力；二是考查语言的德性承载能力，即通过语言表述展示人的美好德性，实现"言"与"德"的融合。

（二）尧舜时期人才考评的语言取向

这一时期人才考评的语言取向可从"唐虞禅让"的有关文献中窥见一二。1993年10月，湖北省沙洋区四方乡郭店村出土了《唐虞之道》（为战国楚竹书，原无篇题，篇题为整理者加），荆门市博物馆整理出如下内容：

> 夫圣人上事天，教民有尊也；下事地，教民有亲也；时事山川，教民有敬也；亲事祖庙，教民孝也；太学之中，天子亲齿，教民弟也；先圣与后圣，考后而甄先，教民大顺之道也。

> 尧舜之行，爱亲尊贤。爱亲故孝，尊贤故禅。孝之施，爱天下之民。禅之传，世亡隐德。孝，仁之冕也。禅，义之至也。六帝兴于古，皆由此也。爱亲忘贤，仁而未义也。尊贤遗亲，义而未仁也。古者虞舜笃事瞽叟，乃戴其孝；忠事帝尧，乃戴其臣。爱亲尊贤，虞舜其人也。禹治水，益治火，后稷治土，足民养生。（夫唯）顺乎脂肤血气之情，养性命之政，安命而弗夭，养生而弗伤，知（天下）之政者，能以天下禅矣。①

结合《史记·五帝本纪》和郭店楚墓出土的竹简看，"唐虞禅让"时期人才考评的语言取向集中在"常道"上。《史记·五帝本纪》认为"常道"集中于"五典"，而"五典"的具体内容则在上述文段中描述了出来。综合各种资料，尧舜时期的语言能力考核具有"领悟常道"和"践行常道"的特征。

1.以言立德，领悟"常道"。

"常道"，是能反映天地运行与人间常理的规律与准则。在"常道"中，首先是"公心"，"利天下而弗利也，仁之至也"，"身穷不贪，没而弗利，穷仁矣"，这是当时评价人才的首要标准。其次是"和德"，即能够促进社会和谐的道德品质，如"尊天"、"亲地"、"敬时"、"孝亲"、"悌兄"的"大顺"之德。再次是"民德"，即"足民养生"之德。"常道"蕴含的这三种德性，是"试舜五典"的重要内容，这一语言取向具有"以言立德，强化常道"的特点。

2.以言立行，践行"常道"。

为了把"五典"中的"三德"推行到整个社会，选出的人才必须具有"教民"、"足民"和"选民"的才能。"教民"，是把自己理解和主张的"常道"交给人民践行的能力。从上述文段看，"教民"的主要内容是"教民有尊"、"教民有亲"、"教民有敬"、"教民孝"、"教民弟（悌）"、"教民大顺之道"等；"足民"，是帮助百姓获得生存所需的能力，"（夫唯）顺乎脂肤血气之情，养性命之政，安命而弗夭，养生而弗伤"，才能"知（天下）之政"；"选民"，是选出有才能的人领导社会。尧舜时期的"常道"考

---

① 文字释读为李零所作，释读文中括号内文字表示残简，根据文义补录。

评内容如下图1-3：

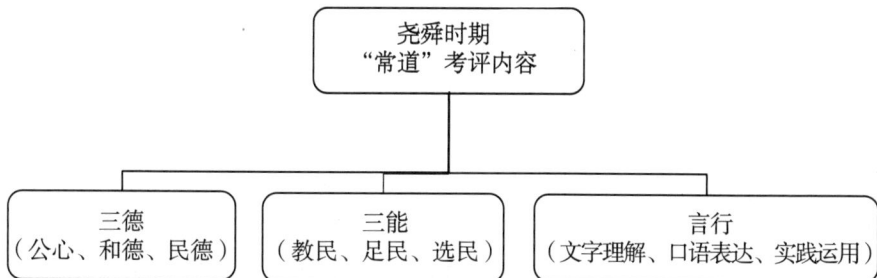

图1-3

在"三德"、"三能"和"言行"三部分内容中，"德、能"相辅相成，是考查的基础；"言行"则围绕"三德三能"展开，主要考核被试者对社会规范或文字典籍的理解认识、口头表达和实践运用能力。从尧舜时期"常道"的考评内容看，这一时期的人才考评主要采用"政教合一"、"德教合一"模式，尧舜把政治需求、行政能力、教化能力、言语能力融合在一起进行考评，为"以言立国"的汉语母语测评模式的建立铺垫了基础。

二、 西周时期母语能力的考评重点与层级

夏朝是一个崇尚武力的时代，选拔人才时一般不考虑语言能力；商代也缺乏语言能力的考评记载。西周形成了较为完备的人才"贡举"制度，周天子要求地方向中央选拔、推荐人才；再加之汉字的发展日趋成熟，对中华民族具有重要影响力的文化典籍也逐步成型，周天子对汉语及其文化典籍十分重视，在人才培养与选拔中强化了汉语母语能力的考评。

（一）西周时期母语能力的考评重点：乐语、书艺与典籍

《周礼·地官·大夫》将周代人才考核内容概括为"考其德行，察其道艺"，而母语能力的考核集中在"乐"和"书"两个方面。"乐"包括诗歌、音乐、舞蹈，"西周大学由大司乐主持乐教，以乐德、乐语、乐舞教育贵族子弟。所谓乐德，包括中和（言出自心，不刚不柔）、祇庸（见神示敬、揭示以礼）、孝友（孝顺父母、友爱兄弟）。所谓乐语，包括兴道（以物喻事、引古刺今）、讽诵（背熟文词、吟咏有韵）、言语（直叙己意、答人论难）。所谓乐舞，包括云门、大卷（黄帝乐）、大咸（尧乐）、大磬（舜乐）、大夏（禹乐）、大濩（汤乐）、大武（武王乐）等六代乐舞，也称六乐。"[1] "乐语"是

① 郭奇家：《中国古代学校》，商务印书馆2007年版，第30页。

融注德性的绘声绘色的语言表达，是有声语言、心灵语言和肢体语言的有机结合，西周对"乐语"技艺的考查，兼容了"言"、"德"、"行"多个方面。

除考查"乐语"外，西周还考查"书艺"。一是考查识字多寡。宣王时，太史编撰《史籀》十五篇，作为学童的识字教材，要求学童背诵天干、地支与甲子，学会书写，并进行考核。二是考查造字方法。对指事、象形、形声、会意、转注、假借等"六书"进行考查。

为了培养高级人才，周代在乐语和书艺的基础上还增加了古代典籍的考查。"顺先王《诗》、《书》、《礼》、《乐》以造士"[1]，考查造士阅读、理解和运用典籍的情况，考查结果作为是否晋升为"进士"的依据。

（二）西周时期母语能力的考评层级

西周在母语能力的考核上强调"循序渐进，综合考查"，《礼记·学记》对考核层级作了如下记载：

> 古之教者，家有塾，党有庠，国有学。比年入学，中年考校。一年视离经辨志，三年视敬业乐群，五年视博习亲师、七年视论学取友，谓之小成。九年知类通达，强立而不反，谓之大成。夫然后足以化民易俗，近者说服而远者怀之，此大学之道也。[2]

从上述记载看，西周的学校考核每两年举行一次，并且有明确的考核内容与标准。第一年是"离经辨志"，即能分清句读，理解经典意思，读顺、读断经典文句，明确学习兴趣，其核心是读书能力和兴趣指向；第三年是"敬业乐群"，即考核学生是否专心课业，是否能围绕所读科目深入钻研，是否与师生和睦相处，其核心是读书态度、深入钻研与合作能力；第五年是"博习亲师"，即知识面和学习视野是否广阔，是否养成了尊敬师长等良好习惯，其核心是课外阅读、知识视野与礼节、习惯；第七年是"论学取友"，即是否具有思考、讨论、讲述学问和在更广范围内交友的能力；第九年是"知类通达，强立不反"，即是否具有触类旁通和独立坚持的能力与意志。西周时期母语能力考核层级如下表1-1：

①② 胡平生、陈美兰译注：《礼记·孝经》，中华书局2007年版，第93页，第115—116页。

表1-1　西周时期母语能力考评层级

内容 年段	语言能力	学习能力	德性发展
第一年	诵读经典能力	自主读书能力	热爱读书
第三年	分析文句能力	合作学习能力	敬业乐群
第五年	课外阅读能力	拓展视野能力	尊重师长
第七年	讲述学问能力	深入探究能力	结交益友
第九年	融会贯通能力	综合发展能力	独立坚持

三、春秋战国时期"辩说"能力的发展与评价

春秋时期，群雄纷起，为了说动诸侯王采用自己的主张，游说之士日益增多，"辩说"能力得到高度重视。荀子认为"期、命、辨、说"是"王业之始"，主张"君子必辩"，认为"赠人以言，重于金石珠玉；劝人以言，美于黼黻文章；听人以言，乐于钟鼓琴瑟"[①]。但是，辩说是一项非常复杂的言语活动，要打动诸侯王，既需要高超的言说技巧，也需要治国的满腹韬略。为了在诸侯王面前辩说成功，荀子、墨子等提出了"辩说"的主要内容与评价"辩说"能力的主要标准。

（一）"辩说"的内容选择

荀子对辩说内容提出了如下要求：

> 是以小人辩言险，而君子辩言仁也。言而非仁之中也，则其言不若其默也，其辩不若其呐也；言而仁之中也，则好言者上矣，不好言者下也。故仁言大矣。起于上所以道于下，政令是也；起于下所以忠于上，谋救是也，故君子之行仁也无厌。[②]

荀子认为辩说的核心内容是"仁"。"仁"是古圣先贤的治世之道，君子的辩说必须遵循"仁"的要求，体现"仁"的思想，只有做到这一点，才能"小辩而察，见端而明，本分而理"，从小事中察明精微的道理，抓住事物的

---

①② 北京大学《荀子》注释组：《荀子新注》，中华书局1979年版，第59页，第62页。

头绪和本质明确发展规律，解决治理国家和争霸天下的问题，这样的辩说才能获得成功。

（二）"辩说"的言语技巧

荀子认为直接说理难以达到效果，辩说时需要旁征博引，但援引古代事例容易让人感到荒谬，引用现实生活中的事例又容易显得庸俗，辩说或言谈时的旁征博引要善于随着时代的变迁而变迁、社会的变化而变化：

> 凡说之难，以至高遇至卑，以至治接至乱。未可直至也，远举则病缪，近举则疾佣。善者于是闲也。亦必远举而不缪，近举而不佣，与时迁徙，与世偃仰，缓急，嬴绌，府然若渠匽、隐栝之于己也，曲得所谓焉，然而不折伤。①

除了"未可直至"、"与时迁徙，与世偃仰"的辩说技巧外，荀子还对言谈与辩说的感染力、说服力提出了如下要求：

> 谈说之术：矜庄以莅之，端诚以处之，坚强以持之，譬称以喻之，分别以明之，欣欢、芬芗以送之，宝之，珍之，贵之，神之，如是则说常无不受。②

荀子对辩说提出了两方面要求：一是态度，必须"矜庄以莅之，端诚以处之，坚强以持之"，要严肃庄重、正直诚恳、信念坚定；二是方法，必须"譬称以喻之，分别以明之"，要通过比喻或类比的方法让别人明白所说的道理，要用比较的方法让人明其差异，才能"发之而当，成文而类，居错迁徙，应变不穷"、"文而致实，博而党正"，③做到说话恰当、有条有理、分类清晰，才能应对临场变化，做到言论符合实际、话语干净利落。

（三）"辩说"的评价标准

墨子在《非命》篇中提出了"辩说"和言谈的评价标准：

> 故言必有三表。何谓三表？子墨子言曰：有本之者，有原之者，有用之者。于何本之？上本之于古者圣王之事；于何原之？下原察百姓耳目之实；于何用之？废以为刑政，观其中国家百姓人民之利。此所谓言有三表也。④

"有本之者，有原之者，有用之者"，是辩说或言谈的三条评价标准。墨

①②③　北京大学《荀子》注释组：《荀子新注》，中华书局1979年版，第60页，第61页，第63页。
④　张纯一注述：《墨子集解》，成都古籍书店1988年版，第230—231页。

子主张"考圣王之事",才能言之有本,因为古时圣王举拔孝子、尊重贤良、教诲人民、奖善止恶,后人的辩说或言谈应从中发现治世之道,帮助国家"利生"、"厚民";荀子也认为"凡言不合先王,不顺礼义,谓之奸言,虽辩,君子不听"①。有"本"还要有"原","原"是考察和探究社会现实,墨子认为好的辩说或言谈应由古及今、以古论今,做到"本""原"结合,才能把古人的治世经验转变为今天的治世财富。言论与辩说有"本"有"原"的目的,是为了有"用"。墨子主张:"今天下之君子之为文学、出言谈也,非将勤劳其惟舌而利其唇呡也,中实将欲其国家邑里万民刑政者也。"②君子写文章和发表谈话,不是逞口舌之快,而是要有利于国家、邑里、万民的刑法政务。只有做到了"有本"、"有原"、"有用","辩说"才能取得良好效果。

（四）"辩说"能力的评价方式

春秋战国时期的"辩说"能力主要有两种评价方式:一是对话式的活动,在活动中 评价"辩说"能力;二是"设问国家之患",在策问的回答中评价"辩说"能力。

1.在对话活动中评价"辩说"能力。

一是师生互问互答。"一部论语,有100多处提问,问仁、问礼、问政、问教、问知、问士、问耻、问行、问君子、问成人等等",③互问互答活动有利于自己或他人评价辩说能力。二是群众性的"辩说"活动。这一形式集中体现在稷下学宫的"期会"上。齐国兴办的高等学府——稷下学宫特别注重学子的言论活动,在校内定期举行学术报告会、演讲会和辩论会即"期会",通过"期会"上的学术报告和演讲,展示学术观点并进行评议,这一系列活动既有利于展示学子们的学术水平,也有利于表现和评价他们的辩说能力。三是外交活动中的游说。春秋战国时期,随着大国冲突的不断加剧,国家之间的外交活动日渐频繁,出现了许多游说之士,这些游说之士根据自己对天下大势的判断,提出治国主张,然后游说于各国,希望国君采纳他们的建议,这一游说活动既要求游说者具有治国的满腹谋略,也需要他们具有高超的辩说能力。

2.在"设问国家之患"中表现"辩说"能力。

"设问国家之患",是以治国中的重大问题或难题作为题目,要求被试者

---

① 北京大学《荀子》注释组:《荀子新注》,中华书局1979年版,第59页。

② 王焕镳:《墨子校释》,浙江古籍出版社1987年版,第305页。

③ 张隆华、曾仲珊:《中国古代语文教育史》,四川教育出版社1995年版,第49页。

提出有效解决问题的方略，"以知智谋之深浅"①和表达之功力。战国时期的"设问国家之患"主要采用面试方式，由国君听取被试者对所问方略的阐释，被试者在回答国君提出的问题时，既要组织好自己的语言，思考好表达的重点与条理，也要使自己的治国方略具有说服力。战国时期"设问国家之患"的典型事件是秦孝公面试公孙鞅。秦孝公即位后，广揽人才，"宾客群臣有能出奇计强秦者，吾且尊官，与之分土"②，秦孝公这一诏令的"设问"是如何"强秦"，要求应试者回答出"强秦"的"奇计"。"卫鞅闻是令下，西入秦，因景监求见孝公"③，第一次"历举羲、农、尧、舜为对"，被秦孝公判为"其言迂阔无用"，以失败结束。第二次"备陈夏禹画土定赋，及汤、武顺天应人之事"，被孝公评定为"古今事异，所言尚未适于用"，其结果是"麾之使退"。第三次改变"辩说"方略，直接提出治世主张与办法：

> 鞅入，孝公问曰："闻子有伯道，何不早赐教于寡人乎？"鞅对曰："臣非不欲言也。但伯者之术，与帝王异。帝王之道，在顺民情，伯者之道，必逆民情。"孝公勃然按剑变色曰："夫伯者之道，安在其必逆人情哉！"鞅对曰："夫琴瑟不调，必改弦而更张之。政不更张，不可为治。小民狃于目前之安，不顾百世之利，可与乐成，难于虑始。如仲父相齐，作内政而寄军令，制国为二十五乡，使四民各守其业，尽改齐国之旧。此岂小民之所乐从哉？及乎政成于内，敌服于外，君享其名，而民亦受其利，然后知仲父为天下才也。"孝公曰："子诚有仲父之术，寡人敢不委国而听子！但不知其术安在？"卫鞅对曰："夫国不富，不可以用兵，兵不强，不可以摧敌。欲富国莫如力田，欲强兵莫如劝战。诱之以重赏，而后民知所趋；胁之以重罚，而后民知所畏。赏罚必信，政令必行，而国不富强者，未之有也。"④

公孙鞅的第三次对答终于打动了秦孝公。公孙鞅在秦国的这次辩说活动持续了21天，既是历史上辩说时间持续最久的策问考查，也是殿试的雏形，虽历经曲折，但结局却十分完满。公孙鞅被任命官职后，颁布了定都、建县、辟土、定赋、本富、劝战、禁奸、重令等八项政令，造就了一个强大的秦国。

---

① 房玄龄注：《管子》卷八，载影印文渊阁《四库全书》第729册，台湾商务印书馆1986年版，第92页。
②③ 司马迁：《史记·秦本纪》卷五，中华书局1975年版，第202页。
④ 冯梦龙、蔡元放：《东周列国志》，人民文学出版社2011年版，第823—824页。

第二节
汉语母语测评的雏形

经过萌芽期的漫长积累，秦代开始初创母语测评的国家制度，规定学室弟子必须考试合格才能做官；汉代正式出现"考试"一词，"考试之法，合其爵禄"[①]，考试成了评价和升降官员的重要手段。秦汉时期国家母语测评制度的初创与发展，形成了我国汉语母语测评的雏形。

一、秦代汉语母语测评国家制度的初创

秦代汉语已较为成熟，为了巩固大一统政权，秦始皇规范文字、统一思想，初创了汉语母语测评的国家制度。

（一）统一文字，规范汉语母语测评内容

秦统一全国后，为消除春秋战国时期"言语异声，文字异形"[②]的混乱局面，开始统一全国文字。"秦始皇帝初兼天下"，"罢其不与秦文合者，斯作《仓颉篇》，中车府令赵高作《爰历篇》，太史令胡毋敬作《博学篇》，皆取史籀大篆，或颇省改，所谓小篆者也"。[③]面对文字、语音极其混乱的局面，李斯、赵高和胡毋敬根据秦始皇的指令，对"大篆"和"古文"进行改造，形成了"秦篆"。秦篆形成后，政府编制了《仓颉》、《爰历》、《博学》三本识字教材，这些识字教材四字一句，朗朗上口，成了全国"学室"（秦代郡县官学）弟子的必修课，必修课是汉语母语测评的重要内容。除统一全国文字外，秦代还确立了"秦八体"、"秦八书"，"秦八体"和"秦八书"是秦代的字形或字体，"一曰大篆，二曰小篆，三曰刻符，四曰虫书，五曰摹印，六曰署书，七曰殳书，八曰隶书"[④]，是秦代书写汉字的主要方式，形成了通行文字的书写样例，这对规范和统一汉语母语测评内容，具有划时代意义。

（二）统一思想，明确汉语母语测评的价值取向

秦代尊崇法家思想。韩非子认为"国无常强，无常弱。奉法者强，则国

---

① 苏兴：《春秋繁露义证》，株式会社中文出版社1973据清宣统庚戌刊本影印版，第128页。
②③④ 许慎：《说文解字叙》，文化艺术出版社2010年版，第19页，第17—22页，第22—25页。

强；奉法者弱，则国弱"①，秦始皇在历经战乱之后，认为国家要长治久安，必须以武力征服天下，以法治管理国民，采取了"唯法独尊"的治国方略，把全国思想统一在了"法家"之中，力求以统一的法制规范形成统一的社会行为，使全国人民"尊卑贵贱，不逾次行。奸邪不容，皆务贞良。细大尽力，莫敢怠荒。远迩辟隐，专务肃庄。端直敦忠，事业有常"②。为了实现这一目的，秦代采取了四大举措：一是兴官学，在郡县设置官学——"学室"，收"史"（低级文吏）的儿子作为弟子，把法令作为教育内容；二是设"三老"，设置乡官教化、引导、监督和管理乡民；三是禁"邪说"，非法家言论皆被废除；四是建立考试制度，将法令文案纳入考试。一系列举措之后，秦代形成的"法治"思想成了汉语母语测评的价值取向，贯穿于各级考试。

（三）规范考试，初创汉语母语测评的国家制度

秦代在统一文字和思想的基础上，建立了汉语母语测评的国家制度。秦朝《尉律》规定："学童十七已上，始试，讽籀书九千字，乃得为史。又以八体试之，郡移太史并课，最者以为尚书史。"③从这一规定看，秦代考试已成为国家制度，其测评内容集中在四个方面：一是背诵，根据主考官指定的内容背诵9000字以上，考查学童的积累情况；二是书写，考查"秦八体"的书写技能，包含识字情况；三是法律，考查法律条文的背诵与理解情况，以判断其从业能力；四是公文，根据文吏写作公文的要求，考查学童书写公文的能力。秦代汉语母语测评内容如下图1-4：

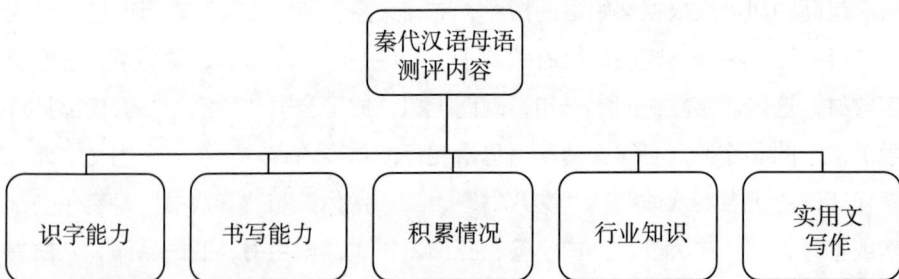

图1-4

二、汉代学校与察举考试中汉语母语测评模式的初步建立

汉代的母语测评集中体现在官学和察举考试中，这两种考试各有特点，共

---

① 李宝洤：《诸子文粹》，岳麓书社1991年版，第458页。
② 司马迁：《史记·秦始皇本纪》，中华书局1975年版，第245页。
③ 许慎撰、段玉裁注：《说文解字注》，上海古籍出版社1981年版，第758—759页。

同构成了具有汉代特点的母语测评模式。

（一）汉代官学中的汉语母语测评

汉代官学较为发达，形成了较为规范的考试制度。桓帝建和初年，下诏"诸学生年十六以上，比郡国明经，试，次第上名"[①]，以"明经"为内容，开始了学校的汉语母语测评。

1.以"儒家经典"为主要内容，注重汉语母语测评的思想引导。

汉初经过六七十年的"休养生息"，社会经济得到较大发展，但国家缺乏主流价值取向，思想难以统一。为了建立更加强大和更加巩固的汉王朝，形成国家的主流价值观，董仲舒提出了"罢黜百家，独尊儒术"的治国谋略，根据这一谋略，汉代太学的汉语教材是儒家经典，"十五入太学受《礼》，十六受《诗》，十七受《书》，十八受《易》，十九受《春秋》"[②]，弟子们在太学研读"五经"，应考"五经"，"五经"成为各级官学的必考内容，以此统一国家思想，形成国家的主流价值观，强化了汉语母语测评的思想引导功能。

2.以"三种能力"为重点，注重考查汉语经典的阐发能力。

汉代母语测评以"五经"为基本内容，重点考查"经典识记能力"、"经典理解能力"和"经典阐发能力"，要求学生背诵经典文辞、理解经典含义，并根据测试题目阐发经典要义。在考试程序上，首先背诵经典，然后口头阐释自己对经典的理解。除这三种能力外，东汉灵帝于光和元年（178年）在洛阳皇宫鸿都门内创办鸿都门学，教授弟子辞赋、小说、尺牍（书信）和字画，培养学生的辞赋文艺才能，鸿都门学的测评内容主要为诗赋、字画，考查学生的文辞表达能力。但是，因辞赋文艺不以"经义"为核心，士大夫"耻与为伍"，提出了罢除"鸿都之选"的主张，辞赋文艺在兴盛一时之后，未能进入汉语母语测评的主流。

3.以"三种方式"为载体，强化汉语经典的传承能力。

汉代主要采用三种方式考查母语能力：一是射策，"甲科谓作简策难问，列置案上，任试者意投射而答之"[③]，主考人根据儒家经典提出问题，把问题写在帛、纸或竹简上，由被试者抽答；二是问难，根据"章句家法"命制50个题

---

① [日]古典研究会：《通典·选举一》（北宋版）卷十三，汲古书院1980年版，第546—552页。
② 杨学为等编：《中国考试通史》卷一，首都师范大学出版社2008年版，第33页。
③ 范晔：《后汉书·顺帝纪》卷六，注引《前书音义》，中华书局1962年版，第260页。

目，由学生回答，回答得多并符合要求的取为"上第"；三是诵说，即背诵和口头阐释经典。汉代官学的汉语母语测评框架如下表1-2：

表1-2　汉代官学汉语母语测评框架

项　目	内　容
测评内容	《诗》、《书》、《易》、《礼》、《春秋》
重点能力	儒家经典的识记能力、理解能力、阐发能力（间杂辞赋文艺能力）
测评方式	射策、问难、诵说

（二）汉代察举中的"对策"考试与评价标准

汉代初期，人才选拔主要有征辟和察举两种方式。征辟是指征招有才学、有名望之人出来做官；察举是由各级官员推荐符合朝廷要求的人才，供朝廷任用。察举出来的人最初不需经过考试就可直接任官，历经一段时间后出现了"漫举而进"，"才高守道之士日退，驰走于有势之门日多"①的不正之风。汉文帝十五年（前165年）下诏："诸侯王公卿郡守举贤良能直言极谏者，上亲策之。"②要求推荐上来的人以书面形式完成如下题目：

昔者大禹勤求贤士，施及方外，四极之内，舟车所至，人迹所及，靡不闻命，以辅其不逮；近者献其明，远者通厥聪，比善戮力，以翼天子。是以大禹能亡失德，夏以长楙。高皇帝亲除大害，去乱从，并建豪英，以为官师，为谏争，辅天子之阙，而翼戴汉宗也。赖天之灵，宗庙之福，方内以安，泽及四夷。今朕获执天子之正，以承宗庙之祀，朕既不德，又不敏，明弗能烛，而智不能治，此大夫之所著闻也。故诏有司、诸侯王、三公、九卿及主郡吏，各帅其志。以选贤良明于国家之大体，通于人事之终始，及能直言极谏者，各有人数，将以匡朕之不逮。二三大夫之行当此三道，朕甚嘉之，故登大夫于朝，亲谕朕志。大夫其上三道之要，及永惟朕之不德，吏之不平，政之不宣，民之不宁，四者之阙，悉陈其志，毋有所隐。上以荐先帝之宗庙，下以兴愚民之休利，著之于篇，朕亲览焉，观大夫所以佐朕，至与不至。书之，周之密之，重之闭之。兴自朕躬，大夫其正

---

① ［日］古典研究会《通典·选举四》（北宋版）（第一卷），汉古书院1980年版，第417—421页。

② 班固：《汉书·文帝纪》卷四，中华书局1975年版，第127页。

论，毋枉执事。乌乎，戒之！二三大夫其帅志毋怠！①

从现有资料看，这是中国历史上较早命制的一道纸笔"策问"题。这一题目由四部分内容构成：一是求贤因由，题中阐释了古人有求贤美德，今人必须求贤的原因；二是需要回答的问题，要求考生对"朕之不德，吏之不平，政之不宣，民之不宁"等进行阐释或提出建议；三是答卷标准，"书之，周之密之，重之闭之"，要把自己的见解用笔书写出来，策略要考虑周密，并且要密封呈皇上御览；四是选士标准，要"明于国家之大体，通于人事之终始，及能直言极谏者"，能把握国家大势，知晓古今，深谙人事，建言献策。

在这次策问中，"对策者百余人，唯错为高第"②。晁错的对策汪洋恣肆，既具铺排之能，又切中肯綮。他根据策问中提出的问题，融古联今，观点鲜明地提出了自己的看法。根据诏策中提出的"明于国家大体"，他以"古之五帝"的"动静上配天，下顺地，中得人"为例，阐释并提出了"此谓配天地，治国大体之功也"的观点；根据诏策中提出的"通于人事终始"，他以"古之三王"的"莫不本于人情"为例，提出并阐释了"此明于人情终始之功也"的看法；根据诏策中提出的"直言极谏"，他以"五伯之臣"的"察身而不敢诬，奉法令不容私，尽心力不敢矜，遭患难不避死，见贤不居其上，受禄不过其量，不以亡能居尊显之位"为例，认为臣子的直言极谏应当"救主之失，补主之过，扬主之美，明主之功"；根据诏策中"吏之不平，政之不宣，民之不宁"，他以秦国的兴亡为例，提出了"为天下兴利除害"的观点；根据诏策中"悉陈其志，毋有所隐"，他以五帝的臣子为例，提出了"神明不遗，而圣贤不废也，故各当其世而立功德焉"的主张。晁错逐一回答"策问"中的问题，虽独立成段，但整个文章却一气呵成，从"配天地"到"顺人情"，从帝王到臣子，从古人到今世，事例充分，观点鲜明，义理严密，文采斐然。从晁错对策被"擢为高第"看，汉代评价优秀"对策"的标准主要有三条。

1.释经义之道。

晁错在回答："明于国家大体"的策问时，"对"了如下一段话：

> 诏策曰"明於国家大体"，愚臣窃以古之五帝明之。臣闻五帝
> 神圣，其臣莫能及，故自亲事，处于法宫之中，明堂之上；动静上配

① 班固：《汉书·袁盎晁错传》卷四十九，中华书局1975年版，第2290页。
② 班固：《汉书·袁盎晁错传》卷四十九，中华书局1975年版，第2299页。

天，下顺地，中得人。故众生之类亡不覆也，根著之徒亡不载也；烛
以光明，亡偏异也；德上及飞鸟，下至水虫草木诸产，皆被其泽。然
后阴阳调，四时节，日月光，风雨时，膏露降，五谷孰，袄孽灭，贼
气息，民不疾疫，河出图，洛出书，神龙至，凤鸟翔，德泽满天下，
灵光施四海。此谓配天地，治国大体之功也。①

在本段中，晁错融入了儒家经典对"先王"的推崇以及对天、地、人的基
本主张，把自己对经典的理解渗入对策之中。全文虽没有从儒家经典中直接引
用大量文句，但在具体内容的阐释中却处处渗透着儒家的"平天下"之道，如
后文中的"德泽满天下，灵光施四海"、"计安天下，莫不本於人情"等。以
"经义"为根本，以史实为准绳，将经义渗透到史实之中，使经义有了依托，
使史实有了明鉴，做到了事实与经义的高度统一。

2.论治世之策。

阐释经义的目的是为了提出治世之策，晁错在阐释经义的基础上，分析和
提出了治世的基本方略，他在回答"吏之不平，政之不宣，民之不宁"时，根
据前面"配天地"、"顺人情"的论证，提出了治理当今之世的策略：

配天象地，覆露万民；绝秦之迹，除其乱法；躬亲本事，废去淫末；
除苛解娆，宽大爱人；肉刑不用，皋人亡币；非谤不治，铸钱者除；通关
去塞，不尊诸侯；宾礼长老，爱恤少孤；皋人有期，後宫出嫁；尊赐孝
悌，农民不租；明诏军师，爱士大夫；求进方正，废退奸邪；除去阴刑，
害民者诛；忧劳百姓，列侯就都；亲耕节用，视民不奢。②

这些策略对当时及后世的社会发展具有重要意义，体现了对策文章的实
用性。

3.融"文实一体"。

"文实一体"，即文采与内容相辅相成，相得益彰。晁错的对策既注重
文采，也注重内容，较好地实现了文采与内容的统一。如在回答"直言极谏"
时，他写了如下一段话：

诏策曰"直言极谏"，愚臣窃以五伯之臣明之。臣闻五伯不及
其臣，故属之以国，任之以事。五伯之佐之为人臣也，察身而不敢
讹，奉法令不容私，尽心力不敢矜，遭患难不避死，见贤不居其上，
受禄不过其量，不以亡能居尊显之位。自行若此，可谓方正之士矣。

① ② 班固：《汉书·袁盎晁错传》卷四十九，中华书局1975年版，第2291页，第2292页。

其立法也，非以苦民伤众而为之机陷也，以之兴利除害，尊主安民而救暴乱也。其行赏也，非虚取民财妄予人也，以劝天下之忠孝而明其功也。故功多者赏厚，功少者赏薄。如此，敛民财以顾其功，而民不恨者，知与而安已也。其行罚也，非以忿怒妄诛而从暴心也，以禁天下不忠不孝而害国者也。故辠大者罚重，辠小者罚轻。如此，民虽伏辠至死而不怨者，知辠罚之至，自取之也。立法若此，可谓平正之吏矣。法之逆者，请而更之，不以伤民；主行之暴者，逆而复之，不以伤国。救主之失，补主之过，扬主之美，明主之功，使主内亡邪辟之行，外亡骞污之名。事君若此，可谓直言极谏之士矣。此五伯之所以德匡天下，威正诸侯，功业甚美，名声章明。举天下之贤主，五伯与焉，此身不及其臣而使得直言极谏补其不逮之功也。今陛下人民之众，威武之重，德惠之厚，令行禁止之势，万万於五伯，而赐愚臣策曰"匡朕之不逮"，愚臣何足以识陛下之高明而奉承之！①

从文章形式看，上述语段多用整句，具有赋的特征；从文章内容看，上述语段融古今之事，提观点、谈看法、说策略，不虚谈、不妄言，所列对策实际、可行，做到了"文实一体"。

经义、策略、文实，是汉代对策文章的评价标准，这一评价标准对后世的汉语母语测评产生了重要影响。汉代察举中的"对策"考试如下图1-5：

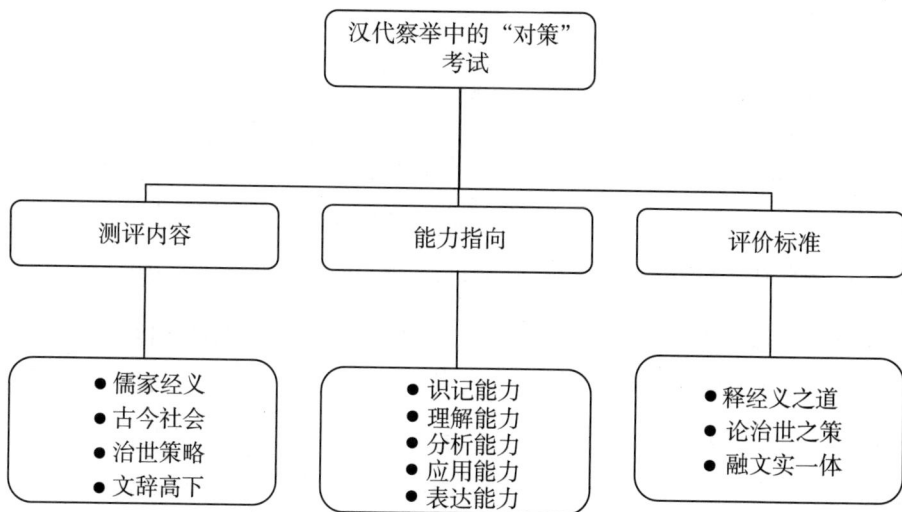

图1-5

---

① 班固：《汉书·袁盎晁错传》卷四十九，中华书局1975年版，第2291—2294页。

汉代的"对策"，是中国汉语母语测评史上具有开创意义的主观题，这些题目虽对考生的回答有一定限制，但答题者可以从多个角度回答出自己的真实想法，具有较大的灵活性与回答问题的空间，是我国汉语母语测评主观题的雏形。

魏晋南北朝时期的汉语母语测评基本沿袭了汉代的测评内容与方式，在战乱不断的时期，魏文帝沿用了东汉永寿二年的"五经课试法"，以《诗》、《书》、《易》、《礼》、《春秋》等儒家经典为考试内容，通过考查经典的记忆与理解，确定学生是否"通经"，然后根据"通经"数量授予相应官职。

南北朝时期的一些帝王也较为重视"五经"测试，如南朝刘宋政权的开国皇帝宋武帝亲自策问秀才，策问时主要提出五个问题，五个问题全都回答正确的列为上等，答对三四个的列为中等，答对两个题目的列为下等，一个题目都没答对的则不予录用。但是，南北朝时期是一个战乱四起、政权更迭频繁、权力中心不断转移的时代，受"九品中正制"的影响，汉语母语测评失去了应有地位；但随着"九品中正制"弊端的日渐显露，考试制度在隋代回归和发展，汉语母语测评也随之迎来新的生机。

第三节
前科举时期汉语母语测评的历史贡献

从尧舜时期的"常道"表达，到西周时期的考核层级，再到春秋战国时期的"辩说"能力和秦汉时期的国家测评，前科举时期的母语能力考核主要经历了三个阶段：一是"内容主体"时期，尧舜和西周时期重视经典内容的了解与理解，初步确立了母语考核的主要内容；二是"内容与技能"逐步兼具的时期，春秋战国时期的"辩说"，既重内容，也重技巧；三是国家测评制度的初创时期，通过国家制度的建立，规定了考查内容，明确了考查标准，拓展了考查形式。这三个发展阶段，勾画出了我国母语测评从模糊到清晰、从单一到丰富、从随机考核到规范性测评、从人才选拔考试向学校教育延伸的发展过程与历史贡献。

一、确立了母语测评的功能取向

功能决定价值，母语测评的不同功能定位，形成了不同的测评价值观。前科举时期的母语测评主要确立了"选贤"、"明道"、"治邦"、"知人"等功能，这些功能既与测评的源起密切相关，也与古人对汉语作用的认识高度一致。母语测评源于"选贤与能"的社会需要，是"选贤与能"的重要手段；先哲们认为语言最重要的功能是选贤、明道、治邦、知人，只有具备了这些功能的语言才可"大用"。

（一）选贤

"贤"本与财富有关，原意为多财，后指有德行、有才能。选贤，是指选出有德行有才能的人治理社会和国家。唐虞时期，"敷五教，正五刑，播百谷，典三礼，咨于四岳，明扬侧陋，询事考言"，"选贤任能"[①]，为了弘扬美好、摒弃丑恶、选拔贤能，先辈们采用"询事考言"的方式，查验其业绩，考核其言论，在"言事合一"的"考"与"试"中"选贤任能"。

从"考"的文字本源看，"考"是在已定形的事物中以横及的方式深入贯穿，即通过探查与之有联系的人、事、物，深入被考查者的内心。按照"考"字的本源要义，要完成"考"的任务，既要横向考查，通过走访被考查者周边的人、事、物评价其优劣；也要纵向探究，深入内心，考查其内在品性。从尧舜时期的能力考核看，"考"的方式不是"笔墨测试"，而是通过多种活动察人行为、观其功绩，以平时的言行确定其好坏优劣。"试"字的本义是"用"，《虞书》中说"明试以功"，即在具体情境与任务中考查能力。无论是"询事考言"的评价思路，还是"考"与"试"的文字学意义，都需要在人才选拔中综合采用多种评价方式，才能选出真正的贤能治理国家。

前科举时期的母语能力考核，通过倾听被考者对"常道"的表达、辩说与对策，查其言事之能力、知行之高下，选出名副其实的贤能，这一功能取向，为今天的汉语母语测评改革提供了新的思路。

（二）明道

言以明道，言化天下，这是先贤们对语言功能的基本定位。许慎在《说文解字》中说："盖文字者，经艺之本，王政之始，前人所以垂后，后人所

---

① ［日］古典研究会：《通典·选举一》（北宋版）第一卷，汉古书院1980年版，第363页。

以识古。"《朱子语类》更是明白如话地表达了语言的"明道"功能，在一百三十九卷中说："道者，文之根本。文者，道之枝叶。惟其根本乎道，所以发之于文，皆道也。三代圣贤之章，皆从此心写出，文便是道。"文就是道，读文就是察道，考文就是明道，因为"道沿圣以垂文，圣因文而明道"①。正是基于语言的明道功能，前科举时期的汉语母语测评没有过多关注语言本身，而是重在考查被试者利用汉语"明道"的能力。如尧舜时期的"常道"追求，春秋战国时期考查的"乐语"和"典籍"，西周时期的"大成"表现，汉代察举对策中的"经义"等，都强化了汉语"明道"的考查指向，都要求被试者利用汉语阐明天地、社会的运行规律与准则，陈述治国、治家方略，做到"心生而言立，言立而文明"②，强化了汉语母语测评的"明道"功能。

（三）治邦

治邦，即治理国家。汉语具有治邦功能，"一言可以兴邦，一言可以丧邦"，"鼓天下之动者，存乎辞"。汉语之所以具有治邦功能，除了承载天下常理，让人知晓治世之道外，还可以正名审分，形成相对稳定的社会秩序。荀子在《正名》篇中说："故王者之制名，名定而实辨，道行而志通，则慎率民而一焉。"尹文子认为："无名，故大道无称；有名，故名以正形。今万物具存，不以名正之，则乱；万名具列，不以形应之，则乖。"③汉语可以正名，正名才能治世，这就要求汉语母语测评必须重视语言的正名作用，以及由此生发出的治邦功能。前科举时期的母语测评，无论是"试其五典"、辩说之"三表"，还是察举中的策问，都突出了治邦功能。从汉代的策问题目看，多数都是治邦内容，汉代的一些皇帝在策问时，直接就治邦内容设问，如汉昭帝在策问"直言之士"时，直接提出"天地之道何贵？王者之法何如？《六经》之义何上？人之行何先？取人之术何以？当世之治何务"等问题，体现了前科举时期汉语母语测评的治邦取向。

（四）知人

知人，是指通过语言了解人的内心想法，并判定其品性与能力的过程。言语是内心的投射，"不知言，无以知人也"④。扬雄在《法言》中说："言，心

---

① ② 刘勰著、周振甫注：《文心雕龙注释》，人民文学出版社1981年版，第2页、第1页。
③ 参见《尹文子·大道上》，《百子全书》第五册，据扫叶山房一九一九年石印本影印，浙江人民出版社1985年版。
④ 杨伯峻：《论语译注》，中华书局1980年版，第211页。

声也；书，心画也。"从一个人的言谈可以看出一个人的品质，"诐辞知其所蔽，淫辞知其所陷，邪辞知其所离，遁辞知其所穷"[①]，偏颇的言论，知道它的认识不全面；过激的言论，知道它陷入了褊狭；邪曲的言论，知道它背离了正道；躲闪的言论，知道它理屈辞穷。言和文是人的一面镜子，通过言谈和文章，可以了解其内心，判断其贤能。前科举时期的汉语母语能力评价，就是通过"考言"的方式达到知人、选贤的目的。

通过言辞考查，探究人物内心，探析治世能力，把"言"与"心"、"言"与"能"、"言"与"行"结合起来考查，既避免了言语考查的空洞和琐碎，也强化了言语的个人特性与社会功能，实现了选贤、明道、治邦、知人的目的。前科举时期母语测评的这一功能定位，把母语能力考查上升到了国家战略，并采取了一系列措施，对突破"考试改革与国家战略"的当代困境具有重要的历史意义。

二、 形成了母语测评的初步框架

根据母语测评的上述功能定位，前科举时期在母语测评目的、理念、思路、内容、方式和标准等方面形成了初步框架。

（一）测评目的与理念：以言立国，母语兴邦

"选贤、明道、治邦"的功能定位，形成了前科举时期汉语母语测评"以言立国，汉语兴邦"的目标追求。尧考核舜对《五典》的理解与阐释，舜对各级官员的"询事考言"，都把言的考核融入了社会"常道"和立国兴邦之中。西周建立的学校母语考核层级，把"大成"作为最高追求，而"大成"者是熟悉经典、博习古今、通晓治国之道，并能为治国理想奋斗终生的人，这些人具有"平天下"的情怀与能力，是治邦兴国的栋梁。周代母语能力考查的核心，是通过"言"的表现判断其治世水平。春秋战国时期"辩说"的主要内容是"救世"、"兴邦"、"立国"，无论是孔子与弟子们的问答、稷下学官的"期会"，还是"强国之术"的阐释，都直指国家发展。秦始皇"讽书"和"书体"考试的最大目的，是选拔国家需要的中下级公务人员。汉代的策问，更是把汉语能力与治国能力结合了起来。汉武帝时，"对策"制度已逐步形成，董仲舒参加测试时，汉武帝命制了如下策试题：

[①] 《孟子》，中华书局2013年版，第57页。

朕获承至尊休德，传之亡穷，而施之罔极，任大而守重，是以夙夜不皇康宁，永惟万事之统，犹惧有阙。故广延四方之豪俊，郡国诸侯公选贤良修洁博习之士，欲闻大道之要，至论之极。今子大夫袖然为举首，朕甚嘉之。子大夫其精心致思，朕垂听而问焉。

盖闻五帝三王之道，改制作乐而天下洽和，百王同之。当虞氏之乐莫盛于《韶》，于周莫盛于《勺》。圣王已没，钟鼓筦弦之声未衰，而大道微缺，陵夷至乎桀、纣之行，王道大坏矣。夫五百年之间，守文之君，当涂之士，欲则先王之法以戴翼其世者甚众，然犹不能反，日以仆灭，至后王而后止，岂其所持操或悖缪而失其统与？固天降命不可复返，必推之于大衰而后息与？乌乎！凡所为屑屑，夙兴夜寐，务法上古者，又将无补与？三代受命，其符安在？灾异之变，何缘而起？性命之情，或夭或寿，或仁或鄙，习闻其号，未烛厥理。伊欲风流而令行，刑轻而奸改，百姓和乐，政事宣昭，何修何饬而膏露降，百谷登，德润四海，泽臻草木，三光全，寒暑平，受天之祜，享鬼神之灵，德泽洋溢，施乎方外，延及群生？

子大夫明先圣之业，习俗化之变，终始之序，讲闻高谊之日久矣，其明以谕朕。科别其条，勿猥勿并，取之于术，慎其所出。乃其不正不直，不忠不极，枉于执事，书之不泄，兴于朕躬，毋悼后害。子大夫其尽心，靡有所隐，朕将亲览焉。①

汉武帝在这一策问题中强调了"广延四方之豪俊"的目的，是"闻大道之要，至论之极"，要求应试者从"先圣之业"中寻找"百姓和乐，政事宣昭"、"膏露降，百谷登，德润四海，泽臻草木"的治世之要与治国之策，体现了"以言立国，汉语兴邦"的测评目的与理念。

（二）测评思路与内容：政教合一，言事一体

"政教合一"，是指国家的社会治理与教育、测评有机结合，社会治理是教育和测评的主要内容，教育和测评的重要目的是弘扬正气，提高社会中坚力量的国家治理能力，教育、测评与社会治理彼此促进，共同为社会的良性发展提供保障。"言事一体"，是指言辞和具体事件有机结合，言辞用来描述或概括已经或即将发生的具体事件，具体事件借助言辞来描述，"言"与"事"互为表里，"言"因"事"生，"事"以"言"立。

① 班固：《汉书·董仲舒传》卷五十六，中华书局1975年版，第2495—2498页。

"政教合一，言事一体"的汉语母语测评思路与内容，把母语能力融进"治世能力"进行考查，落实了"以言立国，汉语兴邦"的测评理念。尧帝在考查舜《五典》时，联系了他治家、处世、行政等诸多表现，把《五典》言论和具体事件结合起来考查，促进了"言"与"政"、"言"与"事"的统一，体现了"询事考言"的准则。舜帝对"禹"的评价是对禹所做之事的描述和概括，他忠告禹不要听信没有根据的言论，体现了"言事一体"的主张。春秋战国时期的"辩说"，更是体现了"政教合一，言事一体"的思路，公孙鞅向秦孝公言说帝道、王道失败，其重要原因是没有直指秦孝公关心的具体政务，辩说的内容虽然指向了国家的长远利益，但难以解决"现实问题"，被秦孝公斥为"迂阔无用"；但当公孙鞅呈献"伯术"，讲到"富国"、"强兵"等方略时，秦孝公"三天"无倦意。公孙鞅第三次"进言"成功，是因为他把"言"与"政"、"言"与"事"很好地结合了起来，所言内容能解决秦孝公的眼前之事，所献方略能促进国家变得强大，因而获得了秦孝公的赏识。汉代的策问沿用了"政教合一，言事一体"的测评思路与内容，皇帝在策问题中多列举国家政事中的"忧患"，要求应试者陈述具体的解决办法。董仲舒在论及治国之策应因时而变时，写了如下一段文字：

> 圣王之继乱世也，扫除其迹而悉去之，复修教化而崇起之。教化已明，习俗已成，子孙循之，行五六百岁尚未败也。至周之末世，大为亡道，以失天下。秦继其后，独不能改，又益甚之，重禁文学，不得挟书，弃捐礼谊而恶闻之，其心欲尽灭先王之道，而颛为自恣苟简之治，故立为天子十四岁而国破亡矣。自古以来，未尝有以乱济乱，大败天下之民如秦者也。其遗毒余烈，至今未灭，使习俗薄恶，人民嚚顽，抵冒殊扞，孰烂如此之甚者也。孔子曰："腐朽之木不可雕也，粪土之墙不可圬也。"今汉继秦之后，如朽木粪墙矣，虽欲善治之，亡可奈何。法出而奸生，令下而诈起，如以汤止沸，抱薪救火，愈甚亡益也。窃譬之琴瑟不调，甚者必解而更张之，乃可鼓也；为政而不行，甚者必变而更化之，乃可理也。当更张而不更张，虽有良工不能善调也；当更化而不更化，虽有大贤不能善治也。故汉得天下以来，常欲善治而至今不可善治者，失之于当更化而不更化也。古人有言曰："临渊羡鱼，不如退而结网。"今临政而愿治七十余岁矣，不

如退而更化；更化则可善治，善治则灾害日去，福禄日来。①

董仲舒以史为据，提出了"必变而更化之"的治国主张，得到了汉武帝的赏识。从上述文段看，汉代"策问"中的"言事"主要包括三个方面：一是评析古人政事，对古人治国得失进行剖析；二是分析目前情势，对社会现状提出看法；三是提出治国方略，就有关问题提出改进建议。

"言事"不能只言表面之事，而要在"事"中渗透经义。经义，主要指古圣先贤的言论及其内涵。汉语母语测评的"明道"功能，要求被试者根据"策问"内容，引用或阐释古圣先贤的言论。汉武帝第二次策问董仲舒时，提出了如下问题："盖闻虞舜之时，游于岩廊之上，垂拱无为，而天下太平。周文王至于日昃不暇食，而宇内亦治。夫帝王之道，岂不同条共贯与？何逸劳之殊也？"虞舜和周文王的治世之道各不相同，为什么都能使天下太平？被试者要回答这一问题，必须引经据典，阐释圣人治国方略的优劣高下。汉武帝在第三次"策问"董仲舒时，直接考问其经义："盖闻'善言天者必有征于人，善言古者必有验于今'。故朕垂问乎天人之应，上嘉唐虞，下悼桀、纣，浸微浸灭浸明浸昌之道，虚心以改。"询问董仲舒"天人之应"和"浸微浸灭浸明浸昌之道"，董仲舒必须依据《春秋》或《论语》等经义，阐释"天人之应"的内涵以及国家兴亡之道。

"政教合一，言事一体"的测评思路与内容，突出了汉语实用能力的考查。应试者要应对策问，需要秉承古圣先贤的谆谆教诲，用汉语阐明盛衰兴废之理，陈述治国治世之策，公孙弘在回答"仁、义、礼、知四者之宜，当安设施"这一问题时，先将"仁义礼知"进行定位："仁者爱也，义者宜也，礼者所履也，智者术之原也。""仁"是一种大爱，"义"是明辨是非，"礼"是一种行为，"智"是处理世事的方略，只有把握好彼此间的关系，处理好每一个方面，才能抓住"垂业之本"。策文观点明确、层次清晰、要点简明，且在每一个要点中提出了具体的解决办法，突出了策文的实用性，受到了皇帝的赏识。

（三）测评形式和标准：评测并举，文质兼具

随着"言""事"比重的变化，前科举时期的母语测评方式也在不断发展。尧舜时期，侧重考核被试者所做之事，"言"的考查处于次要地位，这一

① 班固：《汉书·董仲舒传》卷五十六，中华书局1975年版，第2504—2505页。

阶段"事"大于"言"，"评"重于"测"，主要采用日常评价与面试。商周时期以"言"论"事"，通过"考言"了解其事。春秋战国时期，辩说之士大量产生，不少读书人以"三寸不烂之舌""合纵连横"，诸侯王对人才的判断，多侧重于"考言"，这一时期的母语测评具有"言"大于"事"、"测"重于"评"的特点。秦汉时期的国力日渐强盛，教育日渐发达，母语测评制度日渐确立；汉代察举之初，重在"询事"，察举的最后一关是"考言"，"评""测"并重。魏晋时期九品中正制的推行，有"评"无"测"，多"事"少"言"，是汉语母语测评较为凋落的时代。

随着测评形式的不断丰富，测评标准开始建立，东汉初年提出了"德行高妙，志节清白"、"学通行修，经中博士"、"明达法令，足以决疑，能案草覆问，文中御史"、"刚毅多略，遭事不惑，明足以决，才任三辅令"的标准，[①]这一标准涉及德行、学问、法令、谋略等多个方面，在察举制中加入考试后，被试者需要通过策文体现自己的德行、学问与谋略，提出了"文质兼具"的评价标准。"文质兼具"，是指语言形式及其所表达的内容协调匹配。董仲舒在回答汉武帝提出的"何修何饬而膏露降，百谷登，德润四海，泽臻草木，三光全，寒暑平，受天之祜，享鬼神之灵，德泽洋溢，施乎方外，延及群生"等问题时，写了以下文字：

> 孔子曰："凤鸟不至，河不出图，吾已矣夫！"自悲可致此物，而身卑贱不得致也。今陛下贵为天子，富有四海，居得致之位，操可致之势，又有能致之资，行高而恩厚，知明而意美，爱民而好士，可谓谊主矣。然而天地未应而美祥莫至者，何也？凡以教化不立而万民不正也。夫万民之从利也，如水之走下，不以教化堤防之，不能止也。是故教化立而奸邪皆止者，其堤防完也；教化废而奸邪并出，刑罚不能胜者，其堤防坏也。古之王者明于此，是故南面而治天下，莫不以教化为大务。立太学以教于国，设庠序以化于邑，渐民以仁，摩民以谊，节民以礼，故其刑罚甚轻而禁不犯者，教化行而习俗美也。[②]

董仲舒援用孔子的话引出自己的观点，然后分析社会情势，提出了"教化不立而万民不正"的主张，并运用多种论证方法对这一观点进行论证，提出

---

①　司马彪：《后汉书·百官志》，应劭注引《汉官仪》，中华书局1973年版，第3559页。

②　班固：《汉书·董仲舒传》卷五十六，中华书局1975年版，第2503—2504页。

"立太学以教于国，设庠序以化于邑，渐民以仁，摩民以谊，节民以礼"的治世主张，内容实在、可行，具有明道、治邦、知人等功能；交替运用引用论证、比喻论证、对比论证和事例论证等，增强了文章的说服力；使用了设问、比喻、对偶、排比等修辞，语言凝练、优美，富有气势，做到了文质兼美。

前科举时期形成的这一测评框架，虽无法顾及汉语母语测评的方方面面，也没能完全体现本时期汉语研究的主要进展，如语言、文字、训诂、音韵等研究专著《尔雅》、《方言》、《说文解字》、《释名》、《尔雅注》、《方言注》、《声韵》、《声类》、《韵集》、《玉篇》、《四声谱》、《四声韵略》中的文字、音韵知识，没有专注于文字、音韵等纯语言技能的考查，但这一时期确立的母语测评功能和初步形成的测评框架，却抓住了语言的本质，直击语言的应用价值，把"言"与"人"、"言"与"事"、"言"与"国"、"言"与"政"结合起来，利用母语测评这一手段化人治国、兴教兴政，把母语测评的价值发挥得淋漓尽致，这对当代汉语母语测评改革实现文化、民族与国家价值提供了有益的借鉴。

第二章 科举时期的汉语母语测评

科举时期，一般指隋炀帝大业三年（607年）（一说隋炀帝大业二年）分十科举人，到1905年清政府下诏罢停科考的时期，其间共计1300年。在这1300年间，北宋停罢科考18年；元代两次罢停科举：第一次在北方停考77年，在南方停考35年，第二次停考8年；明太祖罢停科考9年。科举时期的汉语母语测评，在继承和发扬前科举时期优秀经验的基础上，根据时代需要，不断调整测评理念、思路、内容、形式和标准，形成了具有较强导向性与影响力的汉语母语测评模式，这些模式的固化与施行，既推动中华民族形成了自身的文化特质，也为提升汉语母语测评的民族价值与文化功能积累了宝贵经验。

第一节
科举时期汉语母语测评模式的建立、发展与废止

隋炀帝建立科举，唐代得以巩固，经宋、元、明的丰富与发展，到清代逐步僵化和衰落。"汉语母语测评"与科举兴废一脉相承，也经历了兴起、巩固、发展、衰落与废止的过程。

一、科举时期汉语母语测评模式的确立与巩固

科举时期的汉语母语测评模式确立于隋，巩固于唐。公元589年，隋文帝统一全国，于开皇三年颁布《劝学行礼诏》，提出"建国重道，莫先于学"①的主张；开皇九年颁布"学文"诏书，要求"有功之臣，降情文艺，家门子侄，各守一经"，"京邑庠序，爰及州县，生徒受业，升进于朝，未有灼然明经高第，此则教训不笃，考课未精，明勒所由，隆兹儒训"，②提出了"学文"、"学经"、"明经"和"考课"的要求。根据这一要求，隋代中央官学以儒家经典为汉语母语教材，学生可在《周易》、《尚书》、《周礼》、《仪礼》、《礼记》、《毛诗》、《春秋左氏传》、《公羊传》、《谷梁传》等儒家经典中分经研习，通习一经后，再选学另外一经，《孝经》和《论语》是所有学生的必修课。在此基础上，建立了较为严格的考试制度，初步形成了汉语母语测评模式。

（一）学校汉语母语测评模式的初步建立

隋代官学初步建立了学校汉语母语测评模式，这一模式包括日常考试、年度考试和结业考试三个部分。

1.日常测评。

隋代建立了定期旬试的日常测评制度。定期旬试，是指在每旬乙日测试学生对所习之经的掌握情况，"学生皆乙日试书，丙日给假焉"③，在每旬乙日考试完毕后，丙日放假一天，形成了"一月三考"的日常测评制度。考试内容和形式主要是读经和讲经，读经是以"试帖"即填空的方式考查学生是否熟读和

①② 魏征：《隋书·高祖纪下》卷二，中华书局1974年版，第46页，第33页。
③ 魏征：《隋书·礼仪四》卷九，中华书局1974年版，第182页。

记住了经典内容，学生每阅读一千字左右的经典，考官就将其中的字句遮住一处，让学生熟练地诵读出来。除了读经，考官还在两千字左右的经典内容中选出一条，考问学生对其意义的理解。

2.年度测评。

中央官学的年度测评也称岁考，即在每年年终考查学生本年所学。测评方式也是读经和讲经，并结合学生的每月考试成绩，评出每位学生本年度的学习成绩等第，作为奖惩依据。

3.结业考试。

隋代中央官学的学生"通一经或两经"后，可通过结业考试推荐入仕。结业考试既评定学生的整体学习情况，也为朝廷选拔官吏。隋代结业考试以儒家经典为内容，考试题目源自日常研习的儒家经典；测评形式以策问为主，笔试、口试结合；评价标准为"言之成理，各有所据"，形成了如下图2-1汉语母语测评模式：

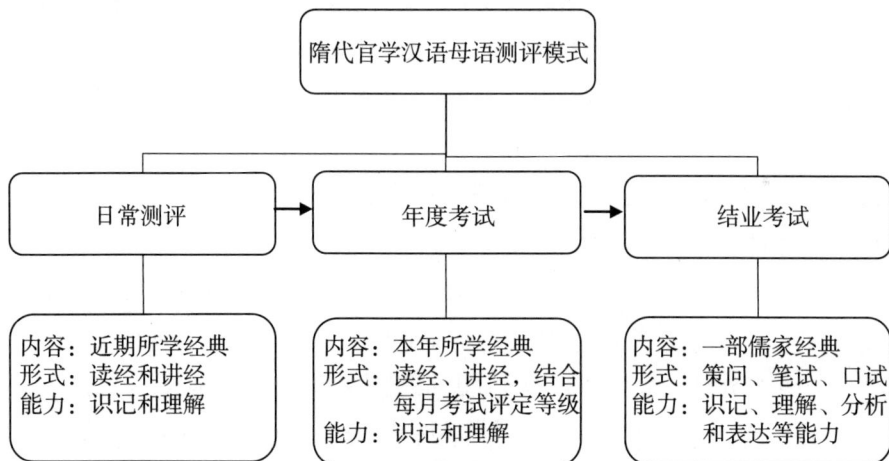

图2-1

（二）科举中汉语母语测评模式的初步建立

大业三年，隋炀帝下诏"十科举人"[①]，以孝悌有闻、德行敦厚、节义可称、操履清洁、强毅正直、执宪不挠、学业优敏、文才美秀、才堪将略、膂力骁壮十科选拔人才，创立了科举制度。科举制度是指"以个人报考、逐层筛选、定期集中、分科考试、考官评定、限量录取的方式方法来选拔国家官员的制度"[②]。在隋代举行的分科考试中，秀才、明经、进士、明书四科构成了汉语母语测评的

---

① 魏征：《隋书·炀帝纪上》卷三，中华书局1974年版，第68页。
② 杨学为等编：《中国考试通史》卷一，首都师范大学出版社2008年版，第168页。

主要内容，这四科的推行，初步建立了科举中的汉语母语测评模式。

1.秀才科的汉语母语测评。

隋代开"文采秀美"科，简称"秀才科"，主要考查"策文"和"赋"、"颂"、"铭"等写作能力。多以书面形式试方略策五道；需要复试的考生，则由主考官临时命题试其作文能力，如杨素复试杜正玄时，命其"拟司马相如《上林赋》、王褒《圣主得贤臣颂》、班固《燕然山赋》、张载《剑阁铭》、《白鹦鹉赋》"。评价标准是"文、理俱高者为上上（甲第），文高理平、理高文平者为上中（乙第），文理俱平者为上下（丙第），文理粗通者为中上（丁第），文劣理滞为不第"。①

2.进士科的汉语母语测评。

"炀帝始建进士科"②，进士科"帖一小经（《周易》、《尚书》、《公羊》、《穀梁》）及《老子》，皆经、注兼帖。试杂文两首。策时务五条。文须洞识文律，策须义理惬当为通。经、策全通为甲，策通四、贴通六以上为乙，以下为不第"。③从测试内容看，隋代进士科主要考查经典识记与理解、杂文、策文（时务策）三方面内容。杂文主要是赋、铭、颂等文体；时务策共五道，以当时的政治社会问题为主要内容命制题目。题型主要为填空（帖经、注）和作文；评价维度主要为"文律"和"义理"。

3.明经科的汉语母语测评。

明经，即熟悉经文，通晓经义。明经科"各试所习经书，文、注精熟，辨明义理，然后为通。考'帖经'，明经试两经，每经十帖，另加《孝经》二帖，《论语》八帖，每帖三字。每十帖通六帖以上，才能'策'。'策'题录经文及注解的意义为问，答题者须辨明义理，然后为通"。④89明经科考查的主要内容是"经典"，考生既要熟记经典，也要理解经义，只有背诵和读通所有经典，才能完成填空和策问题目。测试题型为填空和简答，填空30题；策问为"经策"或"墨义策"，策问题目出自经典，考生必须根据题目回答自己对相关经义的理解。在评价标准上，首先是"文注精熟"，填空题必须答对60%才能进入"策试"；其次是"辨明义理"，要根据经义回答考官提出的问题。

4.明书科的汉语母语测评。

明书，即熟悉文字。"试《说文》六帖，《字林》四帖。帖试后再口试。

---

① 杨学为等编：《中国考试通史》卷一，首都师范大学出版社2008年版，第175页。
② 杜佑：《通典·选举二》卷十四，岳麓书社1995年版，第178页。
③④ 张隆华、曾仲珊：《中国古代语文教育史》，四川教育出版社1995年版，第253页，第252—253页。

并通，然后试策。"①隋代开始了对汉字的专科考查。

隋代的汉语母语测评开分科测试之先河，综合秀才、进士、明经、明书四科，隋代科举初步建立了汉语母语测评的如下图2-2模式：

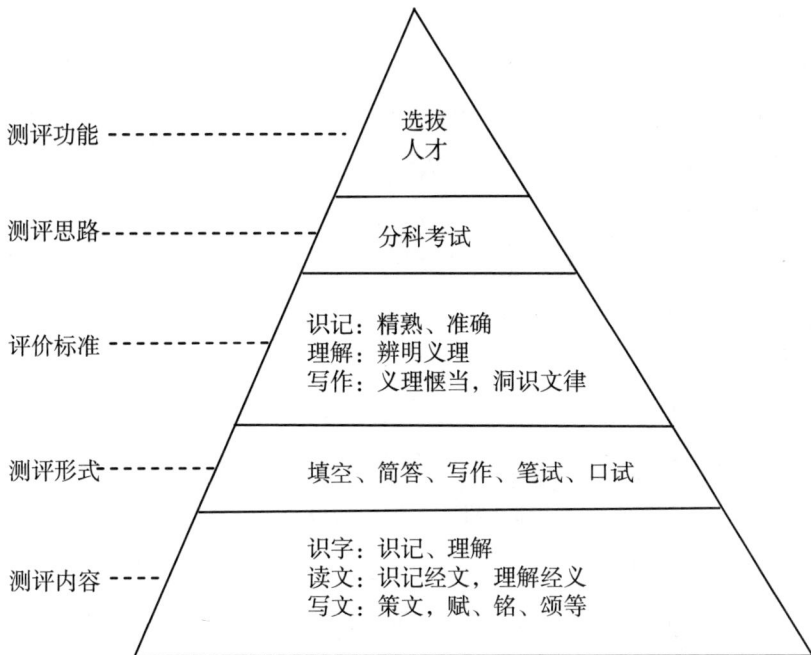

图2-2　隋代科举中的汉语母语测评模式图

（三）汉语母语测评模式的巩固

隋代建立的汉语母语测评模式在唐代得以发展和巩固。唐代中央官学设有崇文馆、弘文馆、国子学、太学、四门学、律学、书学、广文馆、集贤殿书院、内教坊、内文学馆、太史局、贵胄小学等，在考课上与随代相似，但内容更为丰富，规定更为细致。

一是在经学方面确立了11种教材。根据大经、中经、小经和旁经的分类，设置了必修课、选修课和公共必修课，分别规定了修习年限。大经为《礼记》、《春秋左氏传》，修习时间各三年；中经为《诗经》、《周礼》、《仪礼》，修习时间各二年；小经为《易经》、《尚书》、《春秋公羊传》、《春秋谷梁传》，修习时间各一年半；旁经为《孝经》、《论语》，修习时间共一年。大经和中经为必修科目，小经为选修科目，旁经为公共必修科目。开设道

---

① 张隆华、曾仲珊：《中国古代语文教育史》，四川教育出版社1995年版，第253页。

举科后，学校开始教授《老子》等道家经典。为了统一母语测评内容，唐代多次校订和统一汉语教材。贞观四年（630年）颜师古奉命考定五经，编著《五经定本》，作为全国通行的汉语经学教材；贞观十二年（638年），孔颖达奉诏率领颜师古等名儒编著《五经正义》，先在中央官学试用，后作为全国标准教材。唐文宗开成二年（837年），校订大中小"九经"，与《孝经》、《论语》、《尔雅》一起刻石于国子监，形成全国通用的十二经标准教材。[①]二是开设书学，教习汉字，训练书法。书学教材为《石经三体》和《说文》，《石经三体》刻有《尚书》、《春秋》和部分《左传》，每字皆用古文、小篆和汉隶三种字体刻写，以此教导学生弘扬儒训、训练书体，研习汉语发展，弘扬汉字书法，限修三年；《说文》限修两年。三是训练时务策、杂文和诗赋写作，以备科举之需。

唐代国子监沿用了隋代的"旬试"、"年试"、"结业试"制度，但在测试内容、形式和评价标准等方面有了更为详尽的规定。"旬试"主要采用四种测评方式：一是读经，要求学生准确、流利地读出考官指定的1000字经文。二是帖经，在所读的1000字经文中帖3字，要求学生将帖住的经文诵读出来。三是讲经，学生必须讲解出考官指定的经文2000字。四是问义，考官面问经义3条，学生口头回答，答对两条为合格。由于旬试过于频繁，学生压力太大，元和元年（806年）旬试改为"月试"。唐代的"年试"称为"岁试"："口问大义"10条，答对8条以上被判为上等，成绩优良；答对6、7条判为中等，成绩合格；答对5条及以下为下等，成绩不合格。唐代岁试间杂升学试，"诸学生通二经，俊士通三经已及第而愿留者，四门学生补太学，太学生补国子学"[②]，诸学生通二经，俊士通三经，"口问大义"合格后，可以升入高一级学校继续攻读。

除旬试、年试和结业试外，唐代国子监还设置了大成试，大成试是对高级儒学人才的考试。在每年明经及第的举子中，选择聪慧且具有发展潜力的人员参加入学考试：一是诵书，要求日诵一千言，以考查其朗读和背诵经典的能力；二是问义，即选择所试的经典问大义10条，答对7条为合格；三是策问，根据所习经书拟制经义策题10道，答对7道为合格。大成生学完四经后，由礼部主持考试，判断其是否能够毕业，测评方式和入学时大致相当，但在内容上有

---

① 黄仁贤：《中国教育史》，福建人民出版社2010年版，第170—171页。
② 欧阳修、宋祁：《新唐书·选举志上》卷四十五，中华书局1975年版，第1161页。

差异。在"试书"时，《孝经》、《论语》共试8条，其余各经分别试8条，隔一天考试一次，主要测查学生对所习之经的精熟程度；在"问义"时，考查10条大义，答对9条为合格；在"策问"时，以所习之经为范围，拟制10道策问题目，答对7道为合格。在通四经的基础上，学生还可要求"加经"测试，吏部根据所加经典，授予相应官品，如所试加经为《周礼》、《毛诗》、《春秋左氏传》和《礼记》，且考试合格，可以官加两级，其他加经在测试合格后，官品加一级。

唐代学校的汉语母语测评在隋代的基础上拓展了考试范围，增加了考试种类，进一步明确了考试方法和评价标准，巩固和丰富了隋代初创的学校汉语母语测评模式。

唐代科举初承隋制，但考试科目大大拓展，"其科之目，有秀才，有明经，有进士，有俊士，有明法，有明字，有明算，有一史，有三史，有开元礼，有道举，有童子。而明经之别，有五经，有三经，有二经，有学究一经，有三礼，有三传，有史科。此岁举之常选也。其天子自诏者曰制举，所以待非常之才焉"①。在这些科目中，汉语母语测评主要集中在常科考试中的秀才科、明经科、进士科、明书科、童子科、孝廉科、孝悌力田科、开元礼科、三礼科、三传科等，考试内容、形式和标准要求如下：

凡秀才，试方略策五道，以文理通粗为上上、上中、上下、中上，凡四等为及第。

凡明经，先帖文，然後口试，经问大义十条，答时务策三道，亦为四等。

凡《开元礼》，通大义百条、策三道者超资与官，义通七、策通二者及第，散、试官能通者依正员。

凡《三传》科，《左氏传》问大义五十条，《公羊》、《谷梁传》三十条，策皆三道，义通七以上，策通二以上为第。白身视五经有出身及前资官视学究一经。

凡史科，每史问大义百条、策三道，义通七，策通二以上为第。能通一史者，白身视五经、《三传》，有出身及前资官视学究一经，三史皆通者，奖擢之。

凡童子科，十岁以下能通一经及《孝经》、《论语》，卷诵文

① 马端临：《文献通考·选举二》卷二十九，中华书局1986年版，第271页。

十，通者予官，通七予出身。

凡进士，试时务策五道，帖一大经，经策全通为甲第；策通四，帖过四以上为乙第。……

凡书学，先口试，通，乃墨试《说文》、《字林》二十条，通十八为第。

凡弘文、崇文生，试一大经、一小经，或二中经，或《史记》、前后《汉书》、《三国志》各一，或时务策五道，经史皆试策十道，经通六，史及时务策通三，皆帖《孝经》、《论语》共十条，通六为第。①

从这些规定看，唐代秀才科、进士科、明经科、明书科在汉语母语测评的总体思路上与隋代保持一致，只是在具体的测评内容、方法和标准上略有差异，这些差异主要体现在两个方面：一是明经科考试进一步丰富和细化，设置了许多次一级的科目，有五经、三经、二经、学究一经，有三礼、三传、史科等，此外还包括童子科、孝廉科、孝悌力田科、道举科，这些科目以指定的"经典"为内容，考查应试者识记、理解、运用和阐释汉语经典的能力；二是吏部选士增加汉语母语测评，常科考试及第的各科举人，还要经过吏部选试才能授予官职，"择人之法有四：一曰身，体貌丰伟；二曰言，言辞辩证；三曰书，楷法遒美；四曰判，文理优长。四事皆可取，则先德行；德均以才，才均以劳，得者为留，不得者为放"②，先看体貌是否高大丰满，再看谈吐是否思路清晰、观点合理，然后测试书写水平，看其楷体字是否有力、漂亮，最后考查阅读案卷、推敲事理、决断案件、书写判词的能力。

书写判词的评价标准是文理优长，既注重辞采，也要有理有据。但随着科举及第人员的增多、官位的饱和，"选人有格限未至，而能试文三篇，谓之'宏词'；试判三条，谓之'拔萃'，亦曰'超绝'。词美者，得不拘限而授职"③，"文三篇"，即诗、赋、论各一篇，这三篇文章以文词高下为判定标准，对文词水平要求极高，特别是在诗赋写作上，要满足对偶、押韵和不重字等要求。大中十二年（858年），唐宣宗在审查博学宏词科的录用人员时，诗中用了重复之字的人全被黜落。根据官吏审案判案的要求，吏部选试强化了"判"的考查，设立了"拔萃科"，又称"书判拔萃科"、"书判超绝"，其考核内容

---

① 马端临：《文献通考·选举二》卷二十九，中华书局1986年版，第271页。
② 欧阳修、宋祁：《新唐书·选举志下》卷四十五，中华书局1975年版，第1171页。
③ 杜佑：《通典·选举三·历代制下》卷十五，岳麓书社1995年版，第186页。

是"试判三条",录取标准是"文辞优美",以判词文采定其高下,出现了过度重视文词表达、忽略"文理优长"的倾向,遭到时人批评。

开平元年（907年），朱温废掉唐哀帝，改国号"大梁"，唐王朝至此结束，中国开始了政权更迭、战争频繁的五代十国时期，这一时期的汉语母语测评多承唐制。由于战乱迭起，科举呈"式微"之态，这一时期的考试科目有增有减，与汉语母语测评密切相关的新增科目主要有九经科、毛诗科、百篇科等，考题容量和内容覆盖范围均有增加。九经科以"九经"为考试内容，起初考试难度较大，帖经120帖，墨义、泛义、口义60道，策5道，共计185道题。后唐时期题目数量减少，帖九经各10帖，共90帖；《春秋》、《礼记》口义各11道，共22道，取消了策试，共计111道题。后周广顺二年（952年）全用纸笔测试，墨义150道，三年后改为60道。毛诗科以"毛诗"为考试内容，墨义60道，主要考查经义理解能力，重在阐释经义。百篇科以诗歌创作为主要内容，一日内作诗一百篇及第，考查应试者的诗歌写作能力。五代十国时期，统治者频繁变动考试科目，考试内容主要集中在经文、经义、读音、策文、文体写作等方面；测评方式依然采用隋唐时期的诵读、帖经、墨义、口试、笔试、策问、写作；在题目数量、合格标准、经文要求、文辞水平等方面总体上低于唐代。隋代在科举中初创的汉语母语测评模式，经过唐代的发展和五代十国的强化，得到了很好巩固。

二、科举时期汉语母语测评模式的发展与完善

宋、元、明时期的汉语母语测评在随唐的基础上不断丰富和发展，其成就主要体现在学校汉语母语测评体系的完善、生员资格考试制度的建立、科举三级考试制度的固化三个方面。

（一）学校汉语母语测评体系的完善

隋唐时期初步建立的学校测评模式，在宋代进一步完善，历经元、明、清的发展，学校汉语母语测评体系逐步走向成熟。

1.小学汉语母语测评体系的建立与发展。

宋代在小学推行"三舍考选法"，"小学生八岁，能诵一大经、日书字二百，补小学内舍下等；诵二经，一大一小，书字三百，补小学内舍上等；十岁加一大经、字一百，补小学上舍下等；十二岁以上又加一大经、字二百，补

上舍上等。"①1054年京兆府制定《小学规矩》，对汉语母语的分等测评提出了如下要求：

> 第一等：每日抽签问学生所听经义三道，念书一二百字，练字十行，吟诵五言或七言律诗一道。每三日又考赋一首或四韵，看赋一道，看史传三五纸，内记故事三条。

> 第二等：每日念书约一百字、练字十行、吟诗一绝、对属一联、念赋二韵、记故事二件。

> 第三等：每日念书五七十字，练字十行，念诗一首。②

从《小学规矩》看，宋代小学的汉语母语测评具有五个特点：一是学考结合，考试内容是平日所学，目的是检查和促进平时学习；二是每日过关，每天都要进行一定形式的测评；三是形式多样，可以口试，也可以书面作业，还可以单独命制测试题目；四是测试内容形成序列，《小学规矩》将汉语母语测试分成了三个等级，在"民族经典"、"汉字书写"、"诗歌赋文"、"史实典故"、"对联"等五个方面建立了不同等级的测试体系如下表2-1：

表2-1　宋代小学汉语母语测评体系

内容 等级	测评内容	能力指向	测评形式	评价标准
第一等	经义、念书、练字、诗赋、史传、故事	识记能力、诵读能力、理解能力、书写能力、写诗作赋能力	抽签回答、诵读经典、平时作业	每天经义三道、念经典一两百字、练字十行、读诗一首、看史书三五页、积累三条。
第二等	念书、练字、诗赋、作对、故事	诵读能力、识记能力、书写能力、作对能力	诵读、写字、积累、作对	每天念熟经典一二百字、念诗赋一绝二韵、作对一联、练字十行、积累两个故事。
第三等	念书、练字、念诗	诵读能力、书写能力	读书、写字	每天读经典五七十字、读诗一首、练字十行。

宋代小学特别注重考查汉语经典的文化传承能力、汉语作品的诵读能力、汉字认读与书写能力、韵文对联的积累与写作能力、民族史实与典故的积累能力，为元、明、清时期的小学母语测评提供了样本。

---

① 范质、谢深甫等：《宋会要·崇儒二》，《续修四库全书》第777册，上海古籍出版社1995年版，第650页。

② 转引自杨学为等编：《中国考试通史》卷二，首都师范大学出版社2008年版，第88页。

　　元代小学的汉语母语测评主要延续宋代。明代小学的主要形式是社学，明代社学形成了更加完善的汉语母语测评体系，八岁以下的儿童，主要学习和测评《三字经》、《百家姓》、《千字文》、《训蒙集要》。在识字的同时，通过影格仿写临摹楷书，学习写字；在识字写字的基础上，开始学习诗歌，"初授以养蒙大训、四言五言"[1]；学习一段时间的诗歌后，开始讲书、读经，"先读《四书集注》、《孝经》、《小学》，次读《五经》传注、《周礼》、《仪礼》、《三传》、《国语》、《国策》、《性理》、《文选》、《八家文集》、《文章正宗》及应读史传、文集等书，依诸子读书法，用书程册子，人各一本"[2]；读熟规定的经典与史传文章后，开始对对子、写八股文和论策、表判、诏诰等实用文。明代社学的母语测评内容如下表2-2：

表2-2　明代社学汉语母语测评阶段发展表

阶段	科目	主要内容	测评能力
第一阶段	识字、写字	《三字经》、《百家姓》、《千字文》、《训蒙集要》	识字能力、写字能力
第二阶段	习读和测评诗歌、韵语、伦理	《小学》（朱熹编撰）	组句能力、韵语阅读与识记能力、丰富情感态度价值观的能力
第三阶段	读诵经典、史传	《四书集注》、《孝经》、《五经》传注、《周礼》、《仪礼》、《三传》、《国语》、《国策》、《性理》、《文选》、《八家文集》、《文章正宗》	经典诵读、识记、理解能力
第四阶段	对对子、八股文和应用文写作	对对子、八股文、应用文	对对联能力、八股文写作能力、实用文写作能力

　　清代社学和义学进一步明确了汉语母语的测评层级：先是《三字经》、《百家姓》和《千字文》，接下来是《千家诗》、《神童诗》和《鉴略》，最

①　魏校：《庄渠遗书·岭南学政》卷九，影印文渊阁《四库全书》第1267册，台湾商务印书馆1986年版，第850页。

②　道光：《遵义府志·艺文三·社学条规》卷四十四，载龚笃清《明代科举图鉴》，岳麓书社2007年版，第144页。

后是《四书》；依次考查识字写字、读背经典、练"对"作文等能力。清道光二十一年（1841年）后，社学和义学的汉语母语测评内容进一步丰富：一是读书讲书，每天清晨读背前一日所习之书，然后听师长讲书，听完、复述一遍后念一百遍，"初缓读，后稍急读，字句要有抑扬顿挫之节奏，四声要有高下低昂之准的（不熟再加一百遍）"①；二是写字，午后写字二张；三是属对作诗，在对对联的同时，试做五言绝句；四是作文，"每逢三八日作文，初一、十五日作史论及诗赋，草定一簿，每日自记行事、读书，及有所疑、有所悟，次早呈阅"②。

从宋元明清小学阶段汉语母语测评的内容与形式看，科举时期的小学母语测评已形成了较为成熟的体系和稳定的制度，无论朝代如何更迭，其测评内容与形式都没有多大的变化，这为小学阶段的文脉延续与文化传承创造了条件。

2.高等教育汉语母语测评体系的建立与发展。

高等教育，是指与小学教育相对，学生能够直接参加科举或授予官职的学校教育。宋代高等教育对汉语母语测评作了明确规定：

> 斋长、谕月书其行艺於籍，行谓率教不戾规矩，艺谓治经程文。季终考于学谕，次学录，次正，次博士，后考于长贰。岁终会其高下，书于籍，以俟覆试，视其校定之数，参验而序进之。凡私试，孟月经义，仲月论，季月策。凡公试，初场经义，次场论策。试上舍，如省试法。凡内舍，行艺与所试之业俱优，上舍上等，取旨授官；一优一平为中等，以俟殿试；俱平若一优一否为下等，以俟省试。③

宋代高等教育已形成了分等测评、分级递升和行艺结合等特点，这些特点集中体现在太学中。太学生和小学生一样实施分等测评制度，根据文化水平分为"外舍生"、"内舍生"和"上舍生"三个等级，初入学的称为"外舍生"，学习一段时间后经过考试升为内舍生，内舍生考试成绩优异者升为上舍生，不同等级的学生在测试内容、方法与标准等方面各不相同。测评时"行"、"艺"结合，"行谓率教不戾规矩，艺谓治经程文"。"行"是学生的日常学习行为，宋代的学行考查主要集中在学习态度、学习任务完成情况和言行修养三个方面；在考查方式上，斋长、学谕每月登记一次学生的行为表现，一季结束后送交学谕考查，学谕考查完后，过10天由学录考查，过20天由

①② 郭齐家：《中国古代学校》，商务印书馆2007年版，第186页，第186—187页。
③ 脱脱：《宋史·选举三》卷一百五十七，中华书局1977年版，第3657页。

学正考查，过30天由博士考查，再过30天由国子祭酒和司业考查；一年结束后，由国子祭酒和司业会同其他人评定学生本年度的学行等级，作为升舍的重要依据。"艺"指学业成绩，即"治经程文"的水平。

宋代高等教育中的学业考试主要分为私试和公试。私试是学校内部考试，每月举行一次，第一个月测试经义的识记、理解与阐释情况；第二个月测试"论"的写作；第三个月测试"策文"。在科举考试盛行诗赋的年代，学校也加强了诗赋能力的考查。公试由政府派官员到学校主持考试，每年测试一次，分两场进行，"初场以经义，次场以论、策"，第一场测试经义，考查学生阅读、理解与阐释经义的能力；第二场测试"策"、"论"的写作水平。此外，宋代还有季试和上舍试，季试属私试范畴，每季度举行一次；上舍试隔年举行一次，其规格和科举省试相同；太学生的毕业考试由朝廷派官员主持。详尽的考试规定，完善了宋代高等教育的母语测评体系如下表2-3：

表2-3 宋代高等教育汉语母语测评体系

测评思路	测评内容	能力指向	测评方式	评价标准
行艺结合，测评一体	行	学习态度的保持能力、保质保量完成学习任务的能力、日常言行	日常观察 多主体分层评价 集体讨论评价	行艺"俱优者为上舍上等……一优一平为中……一优一否或俱平为下……"。
	艺	经文识记、理解与阐释能力，策文写作能力，诗赋创作能力	贴经 简答 写作	

明代国子监沿用了宋代的升级与积分考试制度。明代国子监根据监生的文化水平分为六个学堂、三个等级：正义堂、崇志堂和广业堂属于初级；修道堂和诚心堂为中级，率性堂为高级。"凡通四书而未通经者，居正义、崇志、广业。一年半以上，文理条畅者，许升修道、诚心；又一年半，经史兼通、文理俱优者，乃升率性。"[①]明代国子监采用月考和季考方式，分上、中、下三个等级评定成绩。测评内容主要为四篇作文：本经义一篇，《四书》义一篇，诏、诰、章表、策、论、判等两篇。评价标准根据升堂的不同级别确定，升中级班的标准是文理条畅，作文要求条理清晰、语言流畅、文气舒展；升高级班则要

---

① 张廷玉：《明史·选举一》卷六十九，中华书局1974年版，第1678页。

求"经史兼通，文理俱优"，衡文标准进一步提高。率性堂采用积分考试法评价学生的汉语学习情况，每月举行考试，每个季度为一个循环，"孟月试本经义一道，仲月试论一道，诏、诰、表、内科一道，季月试经、史、策一道，判语二条。每试，文理俱优者与一分，理优文劣者与半分，纰缪者无分。岁内积八分者为及格，与出身"①，第一个月测试本经，第二个月测试政论文和实用文写作，第三个月兼考经义、政论和应用文写作。评判标准为"文"与"理"，"文理俱优"积1分，"理优文劣"积0.5分，每年积满8分才能给以出身，获得出任官职的资格；不满8分的继续留校学习，如果参加乡试，还需通过国子监的科考。

清代国子监也有堂课规定，每月初一由博士厅出题，考查全体学生的经义、经解和策论水平；初三，六堂助教自行命题测试本堂学生；十八日由学正、学录出题考查"四书五经"文和诏、诰、表、论、判等应用文。除堂课外，国子监也有月考和季考制度，考试的主要内容为《四书》文、经义经解、策论、五言八韵诗等，由总理监务大臣和满汉祭酒、司业轮流命题，监生各次考试结果影响其在国子监的升级成绩。

从小学到高等教育，形成了较为完备的汉语母语测评制度，这些制度对测评内容、形式、标准、频度与出身的详细规定，构成了科举时期学校汉语母语测评体系的主体框架。

3.建立了小学教育和高等教育的衔接性测评制度。

这一制度形成于明代，明代社学学生要进入县州府等官学学习，必须取得生员资格；要取得生员资格，需要通过县试、府试和道试。通过县试、府试而没有通过道试的学生称为童生，童生必须继续参加道试，直到通过道试后才具有生员资格，所以生员入学考试也称童子试。

童子试中有关明代县试的汉语母语测评内容说法不一。一种认为明代县试主要考《四书》义、本经、论、策各一道；一种认为在《四书》中出题，考八股文两篇。从明代八股文的发展历程看，前期县试应主要考查经义和论策；八股取士制度形成后，主要以《四书》为命题依据，以八股文为形式，综合考查《四书》识记、理解、运用和表达等能力。明代县试要求先打草稿，然后誊抄，交卷时将草稿和誊抄卷子一并交至考官处。卷子用正楷誊写，并点断文中

---

① 张廷玉：《明史·选举一》卷六十九，中华书局1974年版，第1678页。

句子，不能涂改、添注或作其他记号，不能写错别字。不用正楷誊写，没有点断，或卷面涂改、错别字较多，考官可以不予录取。明代县试对考生的书写字体、卷面、标点和错别字等作出了严格规定，对学生的汉语基本功提出了明确要求。

明代童子试中的府试由知府主持考试，只有通过县试的考生才能参加。府试的测评内容与方式和县试大致相当。考生通过府试后才能成为童生或儒童，因此府试是考生较为重要的一次考试。再加之府试人数较多，录取名额有限，所以题目难度较大。如果参加府试的人数较多，本府考试地点无法同时容纳所有考生，就必须分批考试，并在几天内考完，同一地点的考试题目不能重复，难易程度又不能相差太大，这给命题者增加了难度。如有一次一个地方同时命制了四个作文题目："三十"、"四十"、"五十"、"六十"。这四个题目出自《论语》中的"三十而立，四十而不惑，五十而知天命，六十而耳顺"，考官利用《论语》中的一句话，命制了四个题目，命题思路一致，基本体现了题目命制的公平性。

明代道试又称院试，由各省提学道主持，只有通过府试的考生才能参加。道试通过后，考生才能获取生员资格。因此，道试比县试、府试更加严格。道试的测评内容、方式和县试、府试基本一致，只是命题范围扩大到了"四书五经"，题目难度进一步增加。

考生通过道试获得生员资格后，进入府州县学学习。府州县学的汉语母语测评主要分为月考、季考、岁考和科考，前期月考、季考内容主要以"四书五经"为依据，其考试形式主要是经义、论、策；八股取士制度形成后，测评内容主要为八股文和论、策、表、判、制、诰等实用文写作；到了明代晚期，测评内容主要为八股文。岁考是由提学道主持的考试，"先以六等试诸生优劣"，"一等前列者，视廪膳生有缺，依次充补，其次补增广生。一二等皆给赏，三等如常，四等挞责，五等则廪、增递降一等，附生降为青衣，六等黜革"。①测评时以《四书》为依据，以经义为准绳，以八股文和实用文写作为主体，"文理平通者为一等，文理亦通者为二等，文理略者为三等，文理有疵者

---

① 张廷玉：《明史·选举一》卷六十九，中华书局1974年版，第1687页。

为四等，文理荒谬者为五等，文理不通者为六等"①。科考又称科试，是生员能否获取乡试资格的一次考试。乡试是明代科举的起点考试，科考结果决定生员能否参加科举考试。科考竞争非常激烈，其测评内容、方式与评价标准和岁试大致相当。

生员资格考试和府州县学的各种考试，沟通了小学测评与高教测评，进一步完善了学校汉语母语测评体系。

（二）言语能力的考查进一步强化

随着文字学、训诂学和音韵学的进一步发展，科举考试对用字的精准、经义的考证和音韵的和谐等提出了更高要求，强化了言语能力的考查。这一考查取向集中体现在书学、词科、诗赋和实用文写作等方面。

1．"书学"要求进一步提高。

宋代的书学测评内容分为"字理"、"经义"和"书艺"三个部分。字理考查以《说文》、《字说》、《尔雅》、《博雅》、《方言》为依据，测试字形、字音、字义、字源等方面的知识；经义以《论语》和《孟子》为内容，也可考一大经；书艺主要考查篆、隶、草三种书体，篆书以古文、大篆、小篆为标准，隶书以王羲之、王献之、欧阳询、虞世南、颜真卿和柳公权的字体为依据，草书则"以章草、张芝九体为法"，并明确提出了书艺的评判标准："考书之等，以方圆肥瘦适中，锋藏画劲，气清韵古，老而不俗为上；方而有圆笔，圆而有方意，瘦而不枯，肥而不浊，各得一体者为中；方而不能圆，肥而不能瘦，模仿古人笔画不得其意，而均齐可观为下。"②宋代之后，书学的考试要求更加严格，书艺考查更趋成熟，留存了许多书法瑰宝。

2．"诗赋"取士的倾向明显。

"兴于诗，立于礼，成于乐"③，诗歌具有极其重要的教化作用；"诗，可以兴，可以观，可以群，可以怨"④，是社会治理不可或缺的重要元素。诗赋对言语技能要求极高，兼顾了文字、音韵等多个方面。将诗赋列入科举，既体现了祖先们对诗歌的社会教化与国家治理功能的重视，也体现了汉语母语测评对

---

① 杨智磊、王兴亚：《中国考试管理制度史》，中州古籍出版社2007年版，第441页。
② 脱脱：《宋史·选举三》卷一百五十七，中华书局1977年版，第3688页。
③④ 杨伯峻：《论语译注》，中华书局1980年版，第81页，第185页。

言语技能的高要求。唐永隆二年（681年）诏令"进士试杂文两首，识文律者，然后试策"①，"杂文"包括诗歌，其评价标准是"识文律"，"律"即音律，只有诗文符合音律要求，才能参加下一场考试。宋初至嘉祐二年（1057年）间，前期的考试内容为诗赋、帖经和墨义，诗赋各一首，帖《论语》10条，《春秋》或《礼记》墨义10条，重点测查考生的文学创作、经典识记和经义理解等能力，但帖经和墨义偏重于识记，考生难以分出高下，真正分出成绩等次的是诗赋。宋真宗时期增加策论，其考试顺序是先诗赋后策论，强化了诗赋的取士地位。

"诗赋之词，非学优才高不能当也。破巨题期于百中，压强韵示有馀地。驱驾典故，混然无迹；引用经籍，若己有之。咏轻近之物，则托兴雅重，命词峻整；述朴素之事，则立言道丽，析理明白。其或气焰飞动，而语无孟浪；藻绘交错，而体不卑弱。颂国政则金石之奏间发，歌物瑞则云日之华相照。观其命句，可以见学植之深浅，即其构思，可以觇器业之大小。穷体物之妙，极缘情之旨。识《春秋》之富艳，洞诗人之丽则。能从事于斯者，始可以言赋家流也。"②不少人认为诗赋比策问更能测出人的真实水平，因为诗赋的破题、押韵、用典、引经、咏物、述事、气焰、藻绘、颂政、歌物、命句、构思、体物、缘情等最能见其学识、心胸、才华等高下，所以诗赋取士、以"文"取人值得提倡。虽然诗赋取士备受争议，但在元代、明代、清代都不同程度地保留了这一测试内容，体现了母语测评对言语技能的重视。

3.词科进一步兴盛。

宋代词科源于唐代的博学宏词科，是宏词科、词学兼茂科、博学宏词科和词学科等的总称。熙宁罢诗赋后，科举所取之人不长于文辞，撰写实用文的人才缺乏。为了选拔"文学博异之士"，提高应用文的撰写水平，哲宗绍圣元年（1094年）设立宏词科。徽宗大观四年（1110年），宏词科改为词学兼茂科，从只注重"词"转为"文词"和"实学"并重，以选取"实学有文之士"。南宋高宗绍兴三年（1133年），将"词学兼茂科"改为"博学宏词科"，"学"放在"词"的前面，且加上一个"博"字，强调了知识面的考查，要求应试者博闻强记、拓宽知识面。理宗嘉熙三年（1239年），改为"词学科"，重点考

---

① 王溥：《唐会要·贡举上·帖经条例》卷七十五，载《四库全书》第607册，上海古籍出版社2006年版，第151页。

② 沈作喆：《寓简》卷五，载祝尚书《宋代科举与文学考论》，大象出版社2006年版，第191页。

查"文词",降低了"实学"和"博学"的要求。从宏词科到词学兼茂科，再到博学宏词科，最后变为词学科，科目名字的变化体现了朝廷对"文"与"学"关系的处理态度和人才标准的变化，这一变化直接影响了测评内容。宋代词学科的测评主要经历了如下变化：

表2-4

科目	测评内容	能力指向	测评方式	评价标准
宏词科	章表、露布、檄书、颂、箴、诫谕、铭、序、记	实用文写作能力、骈文写作能力	写作，共四题，分两场进行。三年举行一次。	箴铭100字以上，其余200字以上；符合文体要求；词理俱优者为上等。
词学兼茂科	章表、露布、制诰、颂、箴、诫谕、铭、序、记	故典把握能力、时事关注能力、实用文写作能力、骈文写作能力	同上	同上
博学宏词科	制、诰、诏、表、露布、檄、箴、铭、记、赞、颂、序	故典把握能力、时事关注能力、实用文写作能力、骈文写作能力	考前据十二种文体各拟作两篇，交学士院审核，合格者参加考试；共六题分三场进行。三年举行一次。	箴铭100字以上，其余200字以上；符合文体要求；实学、词理俱优者为上等。
词学科	制、诰、诏、表、露布、檄、箴、铭、记、赞、颂、序	实用文写作能力、骈文写作能力	共四题分两场进行；每年举行一次。	符合文体要求；文词至上，文墨超卓为上等。

从宋代词科的发展变化看，考试难度先是逐步提升，博学宏词科达到顶点，对"实学"、"博学"、"文词"均有很高要求。由于难度较大，应考者日渐减少，理宗嘉熙三年将博学宏词科降为词学科，废除了在实学和博学方面的要求，以文辞高下取人。词科在形式上强调"四六文"，宏词科要求"章表、露布、檄书用四六，颂、箴、诫谕、序、记用古今体，亦不拘四六"[①]。

---

① 范质、谢深甫等：《宋会要·选举十二》，载《续修四库全书》第781册，上海古籍出版社1995年版，第218页。

"四六"，即四六文，它是骈文的一种，多以四字、六字相间成文，所以称为"四六文"。刘勰在《文心雕龙·章句》中说："若夫句笔无常，而字有条数，四字密而不促，六字格而非缓。""四六"句式写出的文章，音韵和谐，朗朗上口，便于阅读，增强了应用文的可读性。宋代要求以"四六"骈文撰写实用文，"四六"高下是实用文的重要判断标准。

除"四六文"外，宋代词科还要求"古今"贯通，"古"是指用历代故典拟题，"今"是指用本朝之事拟题，宋代词科的拟题要求古今结合。如绍圣二年拟制的题目为《欹器铭》、《迩英阁无逸孝经图后序》、《诫谕三省枢密院修举先朝政事》、《代嗣高丽国进贡表》，在这四个题目中，前两个题目取自故典，后两个题目源自本朝故事。词学兼茂科也采用"古今体"命题，两篇用历史故事拟题，其余用本朝故事拟题，如政和元年（1111年）命制了《夏禹九鼎铭》、《唐集贤殿书院记》、《雄武军节度使开府仪同三司授侍中郎》和《代宰臣以下谢赐御制冬祀庆成诗表》四个题目，前两个借历代故事拟题，后两者借本朝故事拟题。博学宏词科则明确要求命制六个题目，分为三场，每场以"一古一今"命题，如绍兴八年（1138年），三场考试分别命制：《汉辅渠铭》、《观文殿学士提举醴泉观兼侍读授护国军节度使开府仪同三司江淮荆襄路宣抚大使制》，《汉城长安记》、《慰谕川陕诏》、《唐会要序》、《代宰臣以下贺收复京西路表》，要求考生就汉唐时期的历史故事写铭、作记、题序，对今事写制、诏、表，这种"古今"贯通的命题方式，要求考生博览群书、关注时事，熟悉相关文体要求，才能写出具有文采的优秀应用文。

宋代词科以"四六文"为基本写作方式，力求实现实用文写作与文学创作的有机结合，再加上"古今"之事，体现了宋代词科综合考查文体写作、文词表达和时事史实等能力的特点，用"四六文"写作应用文的考查方式，使应试者的言语技能得到了较大程度的发展。

4.新开"说书举"。

说书举是以讲说经书为主要考试内容的科目，发端于宋代天圣四年（1026年），朝廷下诏选拔通三经且能透彻讲说之人，这一制度沿袭至嘉祐二年（1057年）。说书举要求有三人证明应举者能讲通三经，并在考查十道大义的基础上，现场讲诵经典。因此，说书举主要考查三方面能力：一是经典识记能力，二是经典大义把握能力，三是讲诵能力，这三种能力均是汉语母语能力的有机组成部分。说书举对讲诵能力的重点考查，强化了应试者的口语能力，这对当代的汉语口语测评具有借鉴意义。

（三）完善了科考中的三级测评制度

宋代正式建立乡试、会试和殿试三级测评制度，元代沿用，明清进一步完善。明代乡试的汉语母语测评内容经历了两次变化，洪武十七年（1384年），朱元璋调整了乡试规定：

> 八月初九日第一场，试《四书》义三道，每道二百字以上；本经义四道，每道三百字以上。未能者，许各减一道。《四书》义主朱子《集注》。经义，《诗》主朱子《集传》，《易》主程、朱《传》、《义》，《书》主蔡氏《传》及古注疏，《春秋》主左氏、公羊、榖梁、胡氏、张洽《传》，《礼记》主古注疏。
>
> 十二日第二场，试论一道，三百字以上；判语五条；诏、诰、章、表内科一道。
>
> 十五日第三场，试经史策五道，未能者许减其二，俱三百字以上。①

这一次乡试内容的调整，要求考生围绕"四书五经"写7篇制义文；第二场写论说文1篇、实用文6则；第三场写经史策5则，共计19则文章，最低书写量在4000字以上。乡试题目要求"光明正大，切于人情物理"②，各地乡试根据诏令命制了不同题目。明正德十一年（1516年），浙江乡试命制了如下试题：

第一场

《四书》三道试题

1.仁者先难而后获。

2.喜怒哀乐未发，谓之中；发而皆中节，谓之和。中也者，天下之大本也；和也者，天下之达道也。

3.非其义也，非其道也。禄之以天下，弗顾也；系马千驷，弗视也。非其义也，非其道也。一介不以与人，一介不以取诸人。

《五经》各四道，以《礼记》为例

1.天道至教，圣人至德。庙堂之上，罍尊在阼，牺尊在西；庙堂之下，县鼓在西，应鼓在东。君在阼，夫人在房。大明生于东，月生

---

① 王世贞：《弇山堂别集·科试考一》卷八十一，中华书局1985年版，第1540页。

② 张萱：《西园闻见录·科场》卷四十四，载杨学为等编：《中国考试通史》卷三，首都师范大学出版社2008年版，第55页。

于西，此阴阳之分，夫妇之位也。君西酌牺象，夫人东酌罍尊。礼交动乎上，乐交应乎下，和之至也。

　　2.客爵居正，其饮居右，介爵、酢爵、亻巽爵皆居右。

　　3.乐由中出，故静；礼自外作，故文。

　　4.夫义者，所以济志也，诸德之发也。

第二场

论题

　　君正莫不正

诏、诰、表各一道，选答一道

　　拟汉令礼官劝学兴礼诏（元朔五年）

　　拟唐以姚元之为兵部尚书同中书门下三品诰（开元元年）

　　拟授衢州孔氏裔孙世袭五经博士谢表

判语五条

　　1.私并庵院及私度僧道

　　2.守支钱粮及擅开官封

　　3.收藏禁书及私习天文

　　4.私出外境及违禁下海

　　5.狱囚脱监及反狱在逃

第三场

策试题（因文字较长，仅举第一问）

　　问："帝王之道贵守成，继述之善先法祖，盖尝伏读我皇祖之训而有得焉。"曰："自古帝王以天下为忧者，唯创业之君、中兴之主及守成之贤君能之。"又曰："守成之君常存敬畏，以祖宗忧天下为心，则永受天之眷顾。"于戏言乎？考三王而不谬，俟百世而不惑者矣。三代以上，循唯此道。夏之启，商之戊甲，周之成康，卓乎不群矣。周之降，称汉、唐、宋。于汉吾得一人焉，曰文帝而已；宋吾得一人，曰仁宗而已。若唐之诸君，往往外身心，嬖宠佞，穷奢侈，灾被厥躬，而祸天下，皆不足与于斯者也。我国家由洪熙逮弘治，百余年矣，五宗继体，率皆存敬畏以不怠，忧天下而不遑，守成法祖，盖有以符三代者，重熙累洽，太平之盛莫加焉，职此故也。昔周公告成王无逸而详文祖，以耳目所逮也。尔诸生濡染圣化，孰有过于我孝宗敬皇帝者乎？修身之德本于敬，忧天下之志出于诚，敬皇帝无以尚矣。其缕言之，将以闻于上，为法祖宗成助焉。①

乡试的"《四书》义"为必做题；"《五经》义"则根据考生所习经典选择相应题组，上文给出的题目，则是修习《礼记》者的必做题。第二场中的实用文写作，是在命制的三个题目中选做一题。第三场的策题文字较长，每一道题目中包含的小问题较多，其命题方式与汉代策问大致相当。

会试的测评场次、内容、题目数量与命题思路和乡试一致，只是难度更大、要求更高、审核更严。会试文章总体上要求醇正典雅、温柔敦厚、明白晓畅，但由于三场考试的文体不同，在具体要求上略有差异。制义文章要求把握义理，阐发精微；论说文和应用文要有理有据，用语、用典要平实雅正；策文要关照古今，并提出自己的主张。

殿试是由皇帝亲自主持的考试，只考时务策一道，题目由皇帝亲自拟定，或由翰林院儒臣草拟题目后由皇帝钦定。无论谁拟制题目，题目均以皇帝口气措辞。如明嘉靖十一年（1532年），世宗皇帝拟制了以下试题：

> 朕唯人君奉天命以统亿兆为之主，必先之咸有乐生，俾遂其安欲，然后庶几尽父母，斯民之任为无愧焉。夫民之所安者，所欲者，必首之衣与食。使无衣无食，未免有冻馁、死亡、流离、困苦之害。夫匪耕则何以取食？弗蚕则何以资衣？斯二者亦王者之所念而忧者也。今耕者无几而食者众，蚕者甚稀而衣者多。又加以水旱虫蝗之为灾，游惰杂冗之为害。边有烟尘，内有盗贼，无怪乎民受其殃，而日甚一日也。固本朕不类，寡昧所致，上不能参调化机，下不能作兴治理，实忧而且愧焉。然时有今昔，权有通变，不知何道何以致雨赐时？若灾害不生，百姓足食足衣，力乎农而务乎织，顺乎道而归乎化。子诸士明于理，识夫时，蕴抱于内而有资我者亦既久矣，当直陈所见所知，备述于篇，朕亲览焉，勿惮勿隐。②

这一题目表达了世宗皇帝对国事的忧虑，面对"耕者无几"、"蚕者甚稀"、"水旱虫蝗"、"游惰杂冗"、"边有烟尘"、"内有盗贼"等种种忧患，国家应采取何种措施，才能解决目前危局，世宗皇帝要求应试者"直陈所

① 彭流等编：《正德十一年浙江乡试录》，载杨学为等编：《中国考试通史》卷三，首都师范大学出版社2008年版，第56—57页。

② 俞宪：《皇明进士登科考》卷十一，载杨学为等编：《中国考试通史》卷三，首都师范大学出版社2008年版，第98页。

见所知，备述于篇"。应试者必须根据世宗提出的这些问题，以1000字以上的篇幅，逐一提出化解之策，语言典雅、有史有据，才能进入甲等。

宋元明清的科举三级制，和隋唐时期的汉语母语测评相比，制度更加完善，层级更加清晰，内容更加丰富，形式更加多样，较好地发展和完善了隋唐科举形成的汉语母语测评模式。

三、汉语母语测评的程式化与母语测评制度的废止

科举时期的汉语母语测评经历了一段时期的发展与完善后，逐步形成了一种特殊的科举文体——八股文。八股文又称制义、制艺、时文、八比文、四书文等，其内容主体是"八股"，八股又称八比，"比者对也"①，比即对偶之意。明清时期的"八股文"多有变式，有只使用两比、四比的，也有使用十比、十二比、十四比、十八比乃至二十比的，但多数士子使用八比，所以统称八股文。八股文虽成型于明代，延之于清朝，但其源头却可以上溯至唐代。王夫之认为经义文源起于帖经，帖经重视经文识记与积累，不重视经文大义；王安石罢诗赋、墨经，以通经致用的测评思路要求考生撰写经义文，促使考生把握经文大义，吃透圣贤义理；这种经义文在明代成为八股文，八股文的流变体现了汉语母语测评程式化的发展进程。

（一）唐代：汉语母语测评程式化的发端

不少学者认为制义文发端于唐代。清代倪涛认为："帖经以试曰'试帖'，举人总括经文以应帖试曰'帖括'。唐调露二年，考功员外郎刘思立请帖经及试杂文。玄宗时，杨玚奏问，以孤经绝句请，今并帖平文后。举人乃总括经文类聚之，诵习以应帖试，谓之帖括，今缘以为八股制义之称。"②倪涛的观点代表了部分人的看法，因为八股文首先起源于测评组织者对经文的重视，唐代经文帖括，为后世考查经义奠定了基础。然而，这些说法只是从内容上追溯了八股文的缘起；从八股文的程式看，唐代在律诗律赋的测评中已经有了程式化倾向。"赋家者流，由汉、晋历隋、唐之初，专以取士，止命以题，初无定韵。至开元二年（714年），王丘员外知贡举，试《旗赋》。始有八字韵脚，

---

① 商衍鎏：《清代科举考试述录》，三联书店1983年版，第233页。
② 倪涛：《六艺之一录·器用篇》卷二百六十一，影印文渊阁《四库全书》第835册，台北商务印书馆1986年版，第570页。

所谓'风日云野军国清肃'……"①八字韵脚确立了唐代"赋格"，使赋的写作有了程式。下面是唐开元二年进士科第一名李昂根据"风日云野，军国清肃"八韵作的《旗赋》：

旗　赋

李　昂

　　遐国华之容卫，谅兹旗之多工。文成日月，影灭霜空。乍逶迤而挂雾，忽摇曳以张风。徘徊惊鸟，飞失断鸿。至若混羽旗以横野，则睹之者目骇；杂金鼓而特设，则见之者气雄。尔其誓将临边，兴师授律；拥豹骑而长往，指龙山而冲出。月阵联云，星旄斗日。回五翎以革面，挫三庭而屈膝。匪旗之佐彼军容，则何以沙场清谧。明明我君，四海无尘。立徽号，建鸿勋。为旗削蚩尤之迹，画蛟龙之文。信侔功于巢燧，谅比德于姜云。奄有天下，体国经野，览兹旗之财成，故可得而言者。俨孤峙以摽众，列广形而助寨。随时卷舒，任用行舍。不务功以伐谋，良有足而称也。徒观其进退缤纷，旖旄三军；可仰可则，光辉一国。輶示迷于指南，何登车而逐北？塞断连营，幸偶时清；对炭炭之台殿，问悠悠之旆旌。陵紫霄而风扫，逗碧落以云萦。摆帝楼之晴树，弄天门之晓旌。高则可仰，犯乃不倾。每低昂以自守，常居满而望盈。时亨大畜，于何不育。永端容于太阶，沐皇风之清肃。②

李昂的这首《旗赋》之所以位列第一，是因为他根据"风日云野，军国清肃"八韵，把国家之旗、军队之旗、帝王之旗等铺陈开来，内容丰富，文辞雄劲，用韵精当，换韵自然，一气呵成，符合主考官的音韵规定与律赋的程式写作要求。

"自太和（827年—835年）以后，始以八韵为常"③，律赋要求使用八韵，字数达三百五十字以上。一些研究律赋的书籍总结了赋句的诸多写作方法，如赋句写作中的"轻隔体"，要求"上有四字，下六字，若'器将道志，五色发

① 吴曾：《能改斋漫录·诗赋八字韵脚》卷二，载祝尚书：《宋代科举与文学考论》，大象出版社2006年版，第211页。
② 邓洪波等：《中国状元殿试卷大全》上卷，上海教育出版社2006年版，第21页。
③ 洪迈：《容斋续笔·试赋用韵》卷一三，载祝尚书：《宋代科举与文学考论》，大象出版社2006年版，第211页。

以成文；化尽欢心，百兽舞而叶曲'之类也"①，这些写作技巧从一个侧面反映出唐代律赋的程式要求。唐长兴元年（930年）学士院向皇帝上书，建议以《诗格》、《赋枢》考试进士。

除律赋外，唐代试帖诗也体现出了程式化特点。唐代试帖诗多为五言六韵，也夹杂有四韵、八韵。唐代试帖诗对用韵和平仄的要求非常严格，命题中的押韵要求可分为三类：一是以诗题中的某字为韵，命题者会在题目中注明，考生必须根据指定的字韵确立全诗的用韵，如《玉水记方流》要求"以流字为韵"；二是用题韵而不用题字，如窦常的《求自试》，则以"求"为韵，写下了"仙禁祥云合，高梧彩凤游。沈冥求自试，通鉴果蒙收。文墨悲无位，诗书误白头。陈王抗表日，毛遂请行秋。双剑曾埋狱，司空问斗牛。希垂拂拭惠，感激愿相投"的诗句；三是不用题字和题韵，主考官另行规定所押之韵。这些用韵的规定，在一定程度上强化了试帖诗的程式。

（二）宋代：汉语母语测评程式化的进一步发展

宋代汉语母语测评程式化的进一步发展，主要体现在律赋、律诗、论和经义文写作的程式化四个方面。

1.律赋律诗的程式化发展。

与唐代相比，宋代律赋的程式化要求更为严格，"凡赋限三百六十字以上成。其官韵八字，一平一仄相间，即依次用；若官韵八字平仄不相间，即不依次用。其违试不考之目，有诗赋重叠用韵，赋四句以前不见题，赋押官韵无来处，赋第一句末与第二句末用平声不协调，赋侧韵第三句末用平声，赋初入韵用隔句对，第二句无韵"②，对律赋的字数、用韵、平仄、认题、命意、炼句等提出了具体要求。除律赋外，宋代科举诗也进一步强化了程式要求，"省题诗自成一家，非他诗比也。首韵拘于见题，则易于牵合；中联缚于法律，则易于骈对；非若游戏于烟云月露之形，可以纵横在我者也"③。除音韵外，对各联写法也提出了明确要求，周兴禄对宋代应试诗的写作程式作了如下概括：

---

① 张伯伟：《全唐五代诗格汇考·诗格论》，载祝尚书：《宋代科举与文学考论》，大象出版社2006年版，第211页。
② 转引自祝尚书：《宋代科举与文学考论》，大象出版社2006年版，第218页。
③ 葛立方：《韵语阳秋》卷三，载何文焕：《历代诗话》下册，中华书局2004年版，第508页。

表2-5　宋代应试诗写作程式[①]

联数	名称	作法
第一联	破题	两句若对仗，需要工稳。也可参差而起，不作对仗。内容或直赋其事，紧贴题目；或借题兴起，下联方转到题目。
第二联	承题，又名额比	将首联破题中未尽之意补出，破承要将全诗的题目意义、字眼包含于中。
第三联	颈比	若前两联分举，此联则合写；若前两联合写，此处宜分开。文章要在此变换，句法不至重复，以体现出笔法之妙。
第四联	腹比	如八股文的中比，是全文最主要的部分，要切实明白，淋漓尽致，写得最圆满、最充分。
第五联	后比	补足上联之意，或体现余情，逐渐收勒全篇。
第六联	合题	或勒住本题，或放开一步，要言有尽而意无穷。

从上表看，宋代应试诗的写作注重破题、承题，强化额比、颈比、腹比、后比，力求在起承转合中阐释诗题，程式化明显。下面是苏轼嘉祐二年的应试诗：

丰年有高廪[②]

苏　轼

颂声歌盛旦，多黍乐丰年。

近见藏高廪，遥知熟大田。

在畴纷已获，如阜隐相连。

鲁史详而记，神仓赋且全。

春人洪蓄积，祖庙享恭虔。

圣后忧农切，宜哉报自天。

这首诗的题目出自《诗经·周颂·丰年》，原句是"丰年多黍多稌，亦有高廪"，其主旨是歌颂圣明时代与农业丰收，苏轼根据这一题目写了上述应试诗。第一联对仗工稳，既点出《周颂》主题和原句主旨，也紧扣诗题中的"丰年"，起到了破题作用。第二联紧承破题句，补充出诗题中的"高廪"，同时以"近见"和"遥知"描绘出大面积丰收的盛况，点出诗题意旨，渲染颂圣氛围，起到了承题作用。第三联继续承接上面两联，以合写的方式描绘出农田与高廪的盛况。第四联点出诗题出自《诗经》，盛况源自圣人所记，再次描绘

①　转引自周兴禄：《宋代科举诗词研究》，齐鲁书社2011年版，第33页。

②　周兴禄：《宋代科举诗词研究》，齐鲁书社2011年版，第26页。

"高廪"，将诗题发挥得淋漓尽致。第五联进一步发挥，写出了生活中的农人与祖庙中的先人，都在享受农业丰收的成果，从侧面深化了诗题。第六联提升诗题意旨，在歌颂圣主、与天同享中收束全诗，诗意高昂，主题精当。在用韵上，以题目中的"年"字为韵，用韵精准，平仄合宜，破、承、比、合，一气呵成，属于应试诗中的佳作。

2."论"文的程式化发展。

"论"主要考查应试者对源自经、史、子中的观点或论题进行论述的能力，是唐宋以后的重要考试文体。到了宋代，"论"的写作开始程式化。"论"文主要由四部分构成：一是"冒子"、"冒头"或"论头"，和八股文一样，"冒子"部分为破题、承题、小讲和入题，"小讲"是简单阐释题意，为后文铺垫，要求"简劲、明切、圆活、警策，不吃力，不费辞，不迂"；二是原题、讲题，"冒子"结束后，通过多种方式进一步阐释题目内涵及其缘由，并提出自己的核心观点，原题之后，要对题意作更为全面、更加深入的阐述，称为讲题；三是论证引申，即在原题、讲题的基础上，对论题进一步论证，可以引述事例，或换一个角度讲道理，也可补充题中没有说尽的题意；四是收束，照应、总括前文，深化题旨。下面这篇《山西诸将孰优论》，作于南宋前期，体现了宋代"论"文的程式化写作特点：

山西诸将孰优论

习俗之移人，虽贤者不能自免；于贤者不能自免之中，而挺然特异者，是未可以习俗之移者例论矣。（破题）

何则？习俗所积，士之气质迁焉。惟迁于习俗，故皆诱于其所长，而不知陷于其所短。其间能有所见，表立于品汇俦伍之中者，盖艰其人。（承题）

君子之论人，乌可以例取之哉！汉之诸将，山西之族居多。然风声气习，喜功名而乏器识，优于勇敢，而劣于涵养。（入题）

虽贤者犹化之，而无浑厚深沉之习，独充国、苏武二子挺乎其中，似非山西人物，班固立论不能抑扬之，而猥以例取。汉山西诸将孰优，微二子，吾孰与归！且论人于燕、赵，不当取其慷慨，而当取其深沉；论人于邹、鲁，不当取其浮华，而当取其忠朴。盖举世皆有，则有者不足贵；俗之所无，则绝无而仅有者，斯可喜也。（原题）

大抵湍水无纵鳞，风林无宁翼，三家之市无千金之子，其居使之然也。习俗移人，鼓舞变化，虽贤者堕其中而不自觉。齐人多诈，公孙洪（宏）儒者犹为之；楚人深于怨，虽屈原之贤，不能自免也。呜呼！孰谓山西风声气习，而有苏、赵二子者乎！

自秦之兴，功利之说一开于商君之齿颊，诗书礼义之泽斩然于李斯之手，士之雍容宽大之气又摧败丧折于始皇敲朴之下，其民安于战斗，狃于攘夺，颉颃相高，所欲奋角距而拈且噬者，到汉犹未泯也。贤如李广，以"敢"目之可也；贤如傅子，以"锐"目之可也；贤如辛子，以"介"目之可也，其深沉浑厚何有哉！数子之馀，益不足道。孰谓山西风声气习，而有苏、赵二子者乎！

夫充国以方隆之汉，毙垂尽之先零，振兵压境，虽以无道行之，灭此而后朝食，谁曰不可？武也衔命虏庭，其主欲折而臣之，以其碎首全璧之勇，死于一鼓，以寒毡裘之胆，似可快也。是何充国舒徐容与，以孩提视罕开之属，方休兵囤田，以厚吾之势，而弱其力，以徐俟其自定。武亦鲜腆倨傲，以虚舟飘瓦视单于之横逆，虽濒于死者数四，终不肯为匹夫匹妇之谅，泽乎其容，浩乎其气，不衰也。呜呼，岂惟山西，虽汉之诸将，孰有出于二人之右者乎！

为将之道，不忧其无功，而忧其贪功；不贵其敢死，而贵其能处死。故夫侥危幸衅，果于一决之怒，非国家之福；而养威持重，忠于君而不携贰者，真爱国之将也。孰谓山西之风声气习，而有爱国之将如斯人也哉！况天下之事，沮于群议者易变，而鼓于众人之口者易夺也。充国上囤田之计而破羌虏，诸将恶其成而乐其败者交至。武之在匈奴，李陵、卫律之徒劫刺耳语者非一人也。而二子视之若无，曾不加动，守之愈固，居之愈安，作之愈高。非其爱国之心出于天赋，孰能至是乎！（大讲）

孟坚作史不能轻重言之，噫！后世无君子之论，则二子亦山西人耳。（收束）①

作者在破题、承题和入题的"冒子"中，点出了山西诸将，并明确了本文的论述重点是山西诸将的优缺点。然后在原题和起讲部分层层深入论证，阐释了自己的观点；收束句简短有力，点出本文的新意所在与可贵之处，符合宋代

① 转引自祝尚书：《宋代科举与文学考论》，大象出版社2006年版，第222—224页。

"论"文的写作程式。

3.经义文的程式化发展。

"今之八股文，或谓始于王荆公，或谓始于明太祖，皆非也。案《宋史》熙宁四年，罢诗赋及明经诸科，以经义、论策试进士，命中书撰大义式颁行。所谓经大义即今时文之祖"①，胡鸣玉把王安石颁布的经义文称为八股文之祖，因为王安石颁布的经义文范本，已具备了八股文的雏形。下面是王安石撰写的经义文《非礼之礼》：

非礼之礼②

王安石

古之人以是为礼，而吾今必由之，是未必合于古之礼也；古之人以是为义，而吾今必由之，是未必合于古之义也。

夫天下之事，其为变岂一乎哉？固有迹同而实异者矣。今之人誾誾然求合于其迹，而不知权时之变，是则所同者古人之迹，而所异者其实也。事同于古人之迹而异于其实，则其为天下之害莫大矣。此圣人所以贵乎权时之变者也。

孟子曰："非礼之礼，非义之义，大人不为。"盖所谓迹同而实异者也。

夫君之可爱而臣之不可以犯上，盖夫莫大之义而万世不可以易者也。桀纣为不善而汤武放弑之，而天下不以为不义也。盖知向所谓义者，义之常，而汤武之事有所变。而吾欲守其故，其为蔽一，而其为天下之患同矣。使汤武暗于君臣之常义，而不达于时事之权变，则岂所谓汤武哉？

圣人之制礼也，非不欲俭，以为俭者非天下之欲也。故制于奢俭之中焉。盖礼之奢为众人之欲，而圣人之意未尝不欲俭也。孔子曰："麻冕，礼也，今也纯，俭，吾从众。"然天下不以为非礼也。盖知向之所谓礼者，礼之常，而孔子之事为礼之权。且奢者为众人之所欲而制，今众人能俭，则圣人之所欲而礼之所宜矣。然则可以无从

---

① 胡鸣玉：《订伪杂录·八股文缘起》卷七，影印文渊阁《四库全书》第861册，台北商务印书馆1986年版，第486页。
② 王安石：《临川先生文集》，《全宋文》第64册，上海辞书出版社、安徽教育出版社2006年版，第342—343页。

乎？使孔子蔽于制礼之文而不达于制礼之意，则岂所谓孔子哉？

故曰：非礼之礼，非义之义，大人不为。

释者曰："非礼之礼，若娶妻而朝暮拜之者是也。非义之义，若藉交以报仇是也。"夫娶妻而朝暮拜之，藉交以报仇，中人之所不为者，岂待大人而后能不为乎？呜呼，盖亦失孟子之意矣。

本文题目出自《孟子》，原句是"非礼之礼，非义之义，大人弗为"，意思是明达之士从来不按不符合礼仪精神的礼节和背离仁义标准的义行行事。这句话的深层意思是：不能只看礼义的表面，而要抓住其精神实质，才能在礼义与权变中做出体现礼义精神的事情来。王安石据此经义，第一段破题，点出礼义的变化；第二段承题，点明礼义的权变，阐释了题目内涵；第三段点出题目，引出下文，相当于入题；四五段则从不同角度对前面提出的观点进行阐释；六七自然段总结全文。从王安石颁行的经义范文看，宋代经义文已形成如下程式：一是"冒子"，包括破题、承题和入题等，即上文的一、二、三段；二是"正文"，即重点阐释经义的部分，即上文的四、五段；三是"收束"，照应前文、作结，即上文的六、七段。

（三）明清时期八股文程式及其文风的流变

宋代经义文不断演化，到明代形成了八股文；但明清时期的八股文也不是一成不变，而是不断演化和发展的。"天顺以前，经义之文不过敷演传注，或对或散，初无定式，其单句题亦甚少。成化二十三年，会试《乐天者保天下》文，起讲先提三句，即讲乐天，四股；中间过接四句，复讲保天下，四股；复收四句，再作大结。弘治九年，会试《责难于君谓之恭》文，起讲先提三句，即讲责难于君，四股；中间过接二句，复讲谓之恭，四股；复收二句，再作大结。每四股之中，一反一正，一虚一实，一浅一深。其两扇立格，则每扇之中各有四股，其次第之法亦复如之。故今人相传谓之八股。若长题则不拘此。嘉靖以后，文体日变，而问之儒生，皆不知八股之何谓矣。"①除文章格局和各部分详略不断变化外，文风与内容也不断调整，"明人制义，体凡屡变。自洪永至化治，百余年中，皆恪遵传注，体会语气，谨守绳墨，尺寸不逾。至正嘉，作者始能以古文为时文，融液经史，使题之义蕴隐显曲畅，为明文之极盛。隆万间，兼讲机法，务为灵变，虽巧密有加，而气体荼然矣。至启祯诸家，则穷思毕精，务为奇

---

① 顾炎武：《日知录集释》，黄汝成集释，秦克诚点校，岳麓书社1994年版，第594页。

特，包络载籍，刻雕物情，凡胸中所欲言者，皆借题以发之"①。

清代和明代一样，对八股文的要求也在不断变化。"入清以后，因圣祖好学术，知制艺之足以羁縻人士，乃益倡导；文章虽不足以超越前明，而在义理上实有进步；其演为考证之学，启朴学之风，迄乾隆朝之中叶而大振。"②从八股文的程式看，明代已将其固定，清代没有什么超越，但在"义理"、"考据"和"经文致用"方面却有较大发展。清代八股文不重新奇而重学术，体现了清人的治经态度。康乾时期，注重读书穷理，应试者必须在文中深度阐发义理，做到理正词雅。乾嘉时期，考据之风盛行，应试者必须注重典章物事的考证，力求"言之有据"。在此期间或其后，通经致用的风气逐步形成，特别是在嘉庆年间，一些八股文作者在经义的阐释中融进了自己的社会理想；道光以后，随着国门洞开，一些受西方文化影响的应试者开始把西方的某些观念融入八股，在一定程度上提高了八股文的"致用"水平。下面是清同治十三年（1874年）状元陆润庠作的八股文，体现了这一时期注重经文经学的学术之风。

五亩之宅树墙下　　八句

陆润庠

详养老于周政，帛与肉交足焉。（破题）

夫欲老者之衣帛，故蚕桑有专责也；欲老者之无失肉，故鸡彘有定数也。周政之养老如此。（承题）

尝读《豳风》一篇，懿筐、载绩，取以为裳；春酒、羔羊，用以介寿。此言美俗之成，非详养老之事也。乃若辨种植之宜，勤女红者责无旁贷；尽孳生之利，饶物力者数有常经。则不必考深衣之制，备贰膳之珍，而问耆艾于间阎，夫固已挟纩有资，而常珍无缺矣。（起讲）

试即文王之治岐以观其老养，夫老者之所急者，非帛与肉哉？（入题）

葛衣宜夏不宜冬，沤麻岂能卒岁？裘服宜表不宜里，獭独未即为温。老者而欲使衣帛，当思帛所自生矣。瞻桑柘于周原，而取斧取斨，无不载缫车而治茧，则其事有勤焉者也。蘩藋岂难以下箸，而哽咽在所宜防。麋鹿亦取乎编萑，而草野何能常给？老者而使无失肉，

---

① 方苞：《钦定四书文凡例》，影印文渊阁《四库全书》第1451册，台北商务印书馆1986年版，第3页。

② 卢前：《八股文小史》，载刘麟生：《中国骈文史》，东方出版社1996年版，第194页。

当思肉所由致矣。陈几筵于龠馆，而荷蓑荷笠，莫不求刍牧以来思，则其利有储焉者也。（提二比）

夫不有蚕桑乎？嘉树而植彼中原，或恐伤我稼穑，则于五亩之宅为宜。春风采叶之辰，墙以筑而无虞逾折，夏日称丝之地，妇有职而独任勤劳，杼轴非空，庶可慰我胡耇也，则足以衣帛矣。夫不有鸡豚乎？微物而不资蓄息，奚能佐我饔飧，则必无失其时为可。"桴粥"详《夏正》之册，五之而伏卵者多，"生豜"载《尔雅》之篇，二而胎生者众，旨甘可奉，庶得娱我高年也，则足以无失肉矣。（中二比）

吾乃由衣帛推之，而知老者之心，有欣然者焉。高堂之愿望多奢，曲植蘧筐，每乐课家人之生计，乃者夕阳散乱，或负曝而游沃若之阴，见夫缩版既成，条桑者应鸧鹒而出：浴川甫毕，饲桑者听戴胜而来，其欣慰于娣姒之承欢者，固不独纤缟之足以适体也，而养其身非即养其心哉？吾乃由非失肉推之，而知老者之意，有快然者焉。耄耊之精神犹健，牲牢埘桀，每乐睹物产之繁生。乃者日夕间观，或扶杖而数家珍之细，见夫率场啄粟，雌伏者哺雏而呼群：硕大蕃滋，豢养者放豚而入苙。其愉快于物类之咸若者，更不独食甘之足以属餍也，而养其志何啻养其口哉？（后二比）

合观八口无饥，而文王之民，犹有冻馁者乎？此所以为善乎！（收束）[1]

本文题目源自《孟子·尽心上》，原句是："孟子曰：'五亩之宅，树墙下以桑，匹妇蚕之，则老者足以衣帛矣。五母鸡，二母彘，无失其时，老者足以无失肉矣。百亩之田，匹夫耕之，八口之家足以无饥矣。'"这一题目所在章节主要讨论养老问题，陆润庠抓住这一经义，以八百余字详加阐释。本文具有三个特点：一是吃透经义。对孟子有关养老的问题深入剖析，从衣食到衣食来源，都进行了较为详细的阐释，体现了孟子有关养老的主张。但和明代八股文不同的是，此文在义理剖析与推论上更加详尽和深透，在义理的发掘上进了一层。二是注重考据。"尝读《豳风》一篇，懿筐、载绩，取以为裳；春酒、羔羊，用以介寿"，"'桴粥'详《夏正》之册：'生豜'载《尔雅》之篇"等，体现了清代八股文注重考据的特点。三是适当引申。本文在孟子经义之

---

① 邓洪波等：《中国状元殿试卷大全》下卷，上海教育出版社2006年版，第1990—1992页。

外，加入了自己对养老的主张，即"吾乃由衣帛推之，而知老者之心，有欣然者焉"，既关注老人的吃穿，也关注老人的心理感受，对经义的解读进了一层。

从唐代到清代，从诗赋程式到"论"文程式，再到经义文程式，千余年汉语母语测评的程式化发展，提高了汉语母语测评的能力要求。周作人在《中国新文学的源流》一书中说："八股文是中国文学史上承先启后的一大关键。……八股不但是集合古今骈散的菁华，凡是从汉字的特别性质演变出的一切微妙的游艺也都包括在内，所以我们说它是中国文学的结晶。"①在这一文学体式内，"苟有聪明才杰者，守宋儒之学，以上达圣人之精，即今之文体，而通乎古作者文章极盛之境。经义之体，其高出辞赋笺疏之上倍蓰十百，岂待言哉，可以为文章之至高"②。但是，程式化的母语测评思路却阻碍了汉语灵性的发挥，"诗无达诂"的汉语特性在严格的程式化中被削弱，影响了汉语的表达力与创造力，特别是在经义阐释与内容创新、程式要求与形式变化、儒经研习与知识视野、综合要求与难度适宜、内容限量与题目编制、选拔真才与抄袭模仿等方面存在着诸多矛盾，这些矛盾导致了八股文测评的历史局限与汉语母语测评制度的逐步废止。

一是经义阐释与内容创新的局限。八股文专注于经义，必须"代圣贤立言"，其重要任务是阐释经义。阐释经义必须立足经文和有关注疏，不能任意发挥，更不能脱离经文和注疏阐释己意，这就将士子的思想局限在了经文和注疏内。这一巨大的镣铐让许多读书人无法灵活应对；有的甚至钻进经文和注疏中，成了僵虫和呆子，内容无法创新，智慧难以激活。经文和注疏变成了绳索，死死勒住读书人，八股文也因此成了"腐文陈调"，受到世人诟病。尽管历代鸿学大儒对经义的阐释不断变化，从"三经新义"、"五经正义"到朱熹传注，对义理的阐释随着时代发展而有所不同，但经义阐释与内容创新的矛盾依然难以解决，士子们在经文阐释中缺乏创造活力，特别是清代文字狱的兴起，士子们在作八股文时战战兢兢，不敢吐露心声，陈词滥调进一步加剧，这在一定程度上影响了八股文的发展和汉语母语测评制度的活力。

二是程式要求与形式创新的局限。八股文注重程式，虽然正文部分不一定

---

① 周作人：《中国新文学的源流》，载胡适：《论中国近世文学》，海南出版社1995年版，第65页。
② 姚鼐：《惜抱轩文集》，沈云龙《近代中国史料续编》第六十九辑，台北文海出版社1979年版，第111—112页。

非是八股，可以两股、四股、六股、十股，乃至二十股，但它在破题、承题、起讲、入题等方面的繁琐要求与程式化规定，阻碍了士子作文的独创与个性，即使才华横溢者将八股文写得花团锦簇，但冒子、正文和收束部分也必须一丝不苟。于慎行在《谷山笔麈》卷八的《诗文》中说："著作之文，由制举而弊，同条共贯则一物也。何者？士方其横经请业、操觚为文，所为殚精毕力、守为腹笥金籯者，固此物也。及其志业已酬，思以文采自见，而平时所沉酣濡戴入骨已深，即欲极力模拟，而格固不出此矣；至于当官奉职，从事筐箧之间，亦惟其素所服习以资黼黻，而质固不出此矣。雅则俱雅，弊则俱弊，己亦不知，人亦不知也。"①长期的程式训练，削弱了士子形式创新的能力，阻碍了母语能力的进一步发展。

三是儒经研习与知识视野的局限。由于八股文的命题仅限于"四书五经"，士子们专习儒家经典，很少涉猎其他方面——"诸生荒弃群经，惟读'四书'；谢绝学问，惟事八股。于两千年之学问扫地无用，束阁不读矣。"②士子们不读其他的中国书，外国书更是被指斥为蛮夷之文。不少士子不愿了解国外动态，更不愿学习自然科学知识，将先进技艺称为"奇技淫巧"。人文精神缺少科学技术的支撑，在不断变化的现实面前不堪一击，心灵的力量与仁义道德抵挡不了具有高科技含量的坚船利炮，在国外科技突飞猛进的时代，只顾研习经典，而不拓展知识视野、改变知识结构，在强大的武力面前注定要走向失败。当封闭多年的国门被枪炮轰开之后，人们将所有怒气洒向了八股文，所以有了"八股亡国论"。国家的衰弱源自多个方面，但八股文学习中精专儒经与知识视野狭窄的矛盾，导致士子眼界偏窄，科学常识缺乏，却是不争的事实。

四是综合要求与难度偏大的局限。黎锦熙在《国语运动史纲》的序言中说："明初八股文渐盛，乃能与骈体、诗赋合流，能融入诗词的丽语，能袭来戏曲的神情，集众美，兼众长，实为最高希的文体。"③因此，八股文的写作素质是一种综合素质，它既需要考生识记经文、理解经典、把握义理，也需要考生具有丰富的想象力，并模拟圣人心理与口气"代圣贤立言"，还要求考生具有较高的文词表达与逻辑思维能力。"用八股偶比之格，出之以文理密察者"④，要做到这一点，语言功底和逻辑思维均不可偏废。"一字不协，满腹俱

① 龚笃清：《八股文鉴赏》，岳麓书社2006年版，第62页。

② 康有为：《请废八股试帖楷法，试士改用策论折》，载汤志钧编：《康有为政论集》，中华书局1981年版，第269页。

③ 黎锦熙：《国语运动史纲》，商务印书馆1934年版，序。

④ 钱基博：《现代中国文学史》，岳麓书社1986年版，第409页。

差；片语不谐，全篇俱失"的作文要求，让许多士子皓首穷经，仍不能得其奥妙。一些主考官在命题时，截搭题、枯窘题不断增加，作文难度进一步加大。综合性要求与题目难度太大的局限，致使不少士子对应试望而却步或费时过多，影响了士子的积极进取与全面发展。

五是内容狭窄与题目翻新的局限。由于八股文以"四书五经"为据，而"四书五经"的内容是固定的，但乡试、会试、省试等各级考试均从中命题，皇帝诏令题目不得重复，导致出题范围越来越窄，命题难度越来越大。为了避免重复，一些偏题怪题开始出现。如江南马世琪参加乡试，题目为"渊渊其渊"，无法下笔，交卷时信笔题诗："渊渊其渊实难题，闷煞江南马世琪。一本白卷交还你，状元归去马如飞。"①结果夺得乡魁。"渊渊其渊"，出自《中庸》第三十二章："唯天下至诚，为能经纶天下之大经，立天下之大本，知天地之化育。夫焉有所倚？肫肫其仁！渊渊其渊！浩浩其天！苟不固聪明圣知达天德者，其孰能知之？"意思是只有天下至诚之人，才能创制出治理天下的大纲大法，立起天下的根本，剖明天地化育万物的道理。如果这样，哪还会有偏倚呢？至诚之人诚恳醇厚，智慧浩瀚广博，胸怀宽广博大。如果不是本来就聪明，哪能懂得这一至诚之道呢？命题者只取了其中的一个短语命制题目，破题较难，写出好文章更不容易，致使马世琪的涂鸦之笔夺得乡魁，降低了取士的信度，失去了八股文的经义阐发价值与"以言立国"的测评真意。

六是选拔真才与抄袭模仿的局限。为了应试，坊间刊刻了大量的应试文章，猜题、背诵、抄袭、剽窃坊间文章的现象屡禁不止，尽管命题者不断提高"反猜题"能力，考场规则也更加严格，但套作、抄袭、仿作等顽症难以克服。到了清代中后期，仅凭文章已无法选出真才，八股文考试丧失了选拔真才的功能，这给八股文的生存和发展带来重创，废止八股文成了汉语母语测评改革的必然趋势。

随着母语测评程式化的进一步发展，废止八股文或经义文的呼声越来越高，尤其是到了清末，国外的坚船利炮摧毁了国家防务，野蛮的侵略者奸杀掳掠，熟悉儒家经典的士子和以儒家经典治国的政府无还手之力，国门洞开，丧权辱国，越来越多的人开始上书，请求变通或废除科举。1898年，梁启超上书

---

① 蒋超主编：《中国高考史·创立卷》，中国言实出版社2008年版，第106页。

《请变通科举折》，认为科举愚民、误国，要求变革科举。1903年4月，直隶总督袁世凯、湖广总督张之洞联衔上呈《奏请递减科举中额专注学校折》；1905年8月，直隶总督袁世凯，盛京将军赵尔巽，湖广总督张之洞，两广总督岑椿萱、周腹，湖南巡抚端方联合上奏《请立停科举推广学校并妥筹办法折》，光绪三十一年八月初四日，光绪皇帝发布废科举上谕："近日科举每习空文，屡降明诏，饬令各省督抚广设学堂，将俾全国之人，咸驱实学，以备任使，用意至为深厚"，"自丙午科为始，所有乡、会试一律停止；各省岁、科考试，亦即停止"，[1]绵延1300年的科举制度至此结束，与此相关的汉语母语测评也全部废止。

第二节
科举时期汉语母语测评的命题特点与答卷评析

题目是测评改革的风向标。当代的汉语母语测评要延续文化根脉、提升国家价值，促进文道融合、实现通经致用，需要在科举的命题经验中吸取改革智慧，通过命题创新实现汉语母语测评改革的国家战略。科举时期的测评题目在形式上较为单一，但题目内涵与价值指向却非常明晰，这给当代汉语母语测评的命题改革提供了借鉴。

科举时期的题目主要分为三大类：一是识记类题目，主要表现为"贴经"，要求应试者填补出贴住的经文；二是理解与阐释类题目，要求考生正确把握经文要义，并以口语或书面形式进行阐释；三是写作类题目，包括制艺文、杂文、应用文和策文等。在这三类题目中，对后世影响最大的是写作题，制艺文在"四书五经"中选取题目，后文将有详述；应用文主要根据公文写作的需要拟制题目，缺乏命题技巧；策题和诗赋等题目具有较大的命题空间，积累了值得借鉴的命题智慧。

---

① 转引自蒋超等：《中国高考史·创立卷》，中国言实出版社2008年版，第151—152页。

一、以教育、文化命题，提升汉语母语测评的文化价值

教育的功能是化人。唐代省试围绕"人"与"化人"命制诗题，如《国学试风化下》、《求自试》、《人不易知》、《言行相顾》、《行不由径》、《青出蓝》、《琢玉》等诗题，需要考生从人的发展、文化传承等方面组织内容，写出符合声律要求的诗歌。如唐贞元十五年（799年）的诗题"行不由径"，当年状元封孟绅作了如下一首诗：

行不由径①

封孟绅

欲速意何成，康庄亦砥平。

天衢皆利往，吾道本方行。

不复由蓬径，无因访蒋生。

三条遵广道，九轨尚安贞。

紫陌悠悠去，芳尘步步清。

澹台千载后，公道有遗名。

"行不由径"出自《论语·雍也》。子游做武城县令时，孔子问他是否发现了人才，子游回答："有澹台灭明者，行不由径，非公事，未尝至于偃之室也。"大意是澹台灭明不走捷径、不抄"小道"，如果不是公事，他不会私下来到住处找自己。后来用"行不由径"比喻为人正直，行动正大光明。

封孟绅根据这一诗题作了一首诗。首联"欲速意何成，康庄亦砥平"破题，意即为了办事速成而不择手段，即使是康庄大道也会变得不平坦。这一联告诉人们，做事要像澹台灭明一样，光明正大不抄"小道"。第二联"天衢皆利往，吾道本方行"紧承破题句，歌颂现在的社会四处是大道，有多种路径可以帮助我们达成心愿，办事不需抄"小道"。第三联"不复由蓬径，无因访蒋生"更进一层，既然社会光明，我们不需要像东汉蒋诩那样，去做隐士，而应积极为国家效力。第四联"三条遵广道，九轨尚安贞"，意指各条道路非常宽阔，供我们行走。"紫陌悠悠去，芳尘步步清"，小路已不在，帝都道上的车马来来往往，办事更可光明正大。最后一联"澹台千载后，公道有遗名"，再次扣题并警醒世人，我们都应像澹台灭明一样，光明磊落地做事，实实在在地做人。诗题出自《论语》，主要探讨有关人才的问题，封孟绅根据诗题的经典

---

① 邓洪波等：《中国状元殿试卷大全》上卷，上海教育出版社2006年版，第73—74页。

意义，结合目前社会政治清明与言路通达的现实，阐发题意，引导世人正直做人、磊落办事，发挥了"诗教"作用，达到了"化人"目的。

科举时期的题目除"化人"外，还强调文化传承。如天宝十年（751年）的诗题"湘灵鼓瑟"，出自《楚辞·远游》中的"使湘灵鼓瑟兮，令海若舞冯夷"。唐开元十八年（730年），主考官命制了《冰壶赋》，要求考生写作律赋，"冰壶"源自"清如玉壶冰"和"一片冰心在玉壶"等典故，应试者写作此赋时，需要把握冰壶的典故内涵与精神喻旨，才能在铺叙中切中题意，写出有深度的律赋来。唐开元二十六年（738年）《明堂火珠》诗题写的是建筑；唐大历九年（774年）的上都试题《元日望含元殿御扇开合》与下都试题《清明日赐百僚新火诗》属于节日类诗题；唐贞元六年（790年）的《观庆云图》、唐开成三年（838年）的《太学创置石经》、唐开成二年（837年）的《霓裳羽衣曲》等，属于人文活动类诗题，这些题目都要求考生具有较为深厚的文化底蕴。

唐贞元八年（792年）的律赋题目是《明水赋》。"明水"，源自《周礼·秋官》中的"以明鉴取明水于月"，意思是祭祀时要用铜鉴接取洁净的露水。明水，即祭祀时接取的露水，《明水赋》是以祭祀时需要的物品命制的。状元贾稜围绕明水的特征、祭祀功用等铺陈出了一篇律赋。

明 水 赋[①]

贾 稜

祭祀上洁，精诚克宣，伊明水之为用，谅至诚以为先。积阴以成符，嘉应于冥数。以鉴而取感，无私于上玄。将假以表敬，式彰乎告虔。皎皎泛月，瀼瀼降天。既禀气在阴，亦成形于夜。有无虽系于恍惚，融结宁随于冬夏。明者诚也，我则暗然而彰；水惟信焉，吾非倏尔而化。徒观其清宵雾敛，朗月轮弧。鉴清荧而类镜，水滴沥而疑珠。混金波而共洁，迷玉露而全无。感而遂通，配阳燧之为火；融而不涸，异寒冰之在壶。彼既无情，此何有待。始同方而合体，宁望远而功倍。故能佐因心于霜露，均润下于江海。有形有实，徒加以强名；无臭无声，孰知其真宰。是以昭其俭，洁其意。含水月之淳粹，脩粢盛于丰备。作玄酒而礼崇，登清庙之诚贵。嗤潢汙之野荐，陋甘醴之莫致。祀事孔明，其仪既精，无眹而有，不为而成。二气相临，

---

① 邓洪波等：《中国状元殿试卷大全》上卷，上海教育出版社2006年版，第60—61页。

本自蟾蜍之魄；三危莫比，殊非沆瀣之英。至道自玄而兆，醴泉因地而生。原夫月丽于天，水习乎坎。物有时而出，故方诸而夜呈；事有眹而因，故阴灵而下感。大满若冲，其来不穷。风尘莫染其真质，天地不隔其幽通。况国家崇仪衲祀，荐敬昊穹，方欲行古道，稽淳风。客有赋明水之事，敢闻之于閟宫。

"祭祀上洁，精诚克宣，伊明水之为用，谅至诚以为先"，开篇把"明水"与祭祀的内在联系——"精诚"、"至诚"点染出来，明晰了祭祀时运用明水的深意。然后以"明者诚也，我则暗然而彰；水惟信焉，吾非倏尔而化"为内核，层层铺排，渲染出明水的品质与祭祀时"行古道，稽淳风"的真意，深化了赋的主题，体现了贾稜的文化功底与由古及今的思考与写作能力，发挥了汉语母语测评的文化功能。

二、以国家大事和时事热点命题，提升汉语母语测评的国家价值

国家大事或是社会热点，或是治国兴邦的基本国策，不少命题者善于结合国家运行中的重大问题或时事热点命制试题，以引导考生观察社会现象，思考治国之策。如唐天宝四年（745年），主考官命制了"玄元皇帝应见贺圣祚无疆"的诗题，玄元皇帝指的是老子，乾封元年（666年）二月追奉老子为"太上玄元皇帝"，天宝二年（743年）正月加封"大圣祖"，考官根据这一时事热点命制了这一诗题。宋治平四年（1067年）宋英宗赵曙命制的赋题为《公生明赋》，以"公不偏党，明则生矣"为韵。这一题目出自《荀子·不苟》中的经典语句"公生明，偏生暗"，意即公正才能明察事理。"公生明"是治国之道，是所有治国者必须谨记的信条。状元许安世就此题写了一篇令人称赏的律赋。

公生明赋①

许安世

事欲无蔽，心宜尽公，既守正以宅志，遂生明而在躬。祛一意之党偏，不私乎物；照百为之情伪，周洞于中。若夫外交事变之繁，中固心诚之守，以谓虚己鉴物，则枉直昭晰，挟情适事，则是非纷纠。欲庶理之皆辨，舍至公而则不。中立不倚，始持正于群伦；旁烛无疆，遂致明于万有。无陂无侧，不阿不偏。非妄恶也，恶其众之所弃，非作好也，好其众之所贤。盖依违牵制者固已去矣，则明白洞达

---

① 邓洪波等：《中国状元殿试卷大全》上卷，上海教育出版社2006年版，第153—154页。

者乃其自然。百志惟宁，居绝倾邪之渐；五綦不乱，遂观昭旷之先。盖夫智因窒而后昏，性以私而有党。爱憎既绝，则真伪必审；取舍既平，则善恶不爽。抱纯正以中执，涵机灵而内养。所以主心善治，汤无蔽塞之忧，直道钦承，文有照临之广。岂不以湛静者人之性，偏暗者性之情。知静为本，故虚之则定；知暗为害，故去之则明。正厥心官，始闲邪而制物；发为智烛，终迪哲以通诚。大抵处有累之地者，莫不徇私；对无穷之变者，鲜能不惑。凡造理以非眩，由秉心之自克，得不保守天质，蹈行圣则。周而不比，无一曲之蔽情；静之徐清，有三知之入德。因知心乃物之鉴，公为职之衡。系各既屏，纯明自生。以之察己，则事至不惑，推而成务，则物来取名。是故君子养源，于以致忠邪之判；大人正己，岂徒无谵懑之行。嗟夫！有为者易失其本心，无惮者或迷于至理。故仟文党与以丑正，恭显庸回而嫉士。智尚昧于自保，识敢期于远视。惟夫以公正为心，明则生矣。

全文以"事欲无蔽，心宜尽公，既守正以宅志，遂生明而在躬"阐释题意，并作为赋文的总纲，在铺陈中阐明"大人"为什么会偏私，为什么要避免偏私，如何克服偏私等，最后以"惟夫以公正为心，明则生矣"作结，照应题目，呼应首句，强化了赋题主旨。这篇赋既体现了作者较强的语言驾驭能力，也能看出应试者深厚的文化功底与判断、评析和处理国家大事的能力。这样的诗题和赋题，有利于引导应试者关注社会生活与国家发展，实现母语测评与国家发展的有机统一。

以国家大事命题还体现在策题中。科举时期的策题一般分为经义策、时务策和方略策。经义策以经文为题，要求考生回答宣示有关经义、落实有关经文意旨的策略。时务策以具体的现实问题为内容，要求考生回答解决现实问题的主要办法。方略策要求考生围绕治国、治民、治军等提出治理方略，一般不出示具体的现实问题，而是就治国兴邦的大政方针询问考生。唐代省试和宋以后的殿试多考查时务策和方略策。考生对策时，要根据题目中的问题逐一回答，要引经据典、有理有据地剖析问题，并提出具有一定可行性的解决问题的思路与方法。策文评判标准有四：一是回答的针对性，回答的内容必须与题目中的问题吻合；二是内容的理据性，要善于引述经典言论和史实，以圣贤之言和先王之道为依据，提高文章的可信度与说服力；三是策略的可行性，提出的思路与策略要实在、可行，不荒谬、不虚诞；四是文辞的通达性，语言流畅、意思清晰、文理俱佳。从唐代至明清，策题命制与答卷要求总体上变化不大，但在题目数量、答卷字数和行文风格上略有差异。贞观二十年（646年），唐太宗李世民命制了如下两道策题：

> 问：惟尧则天，全颍阳之节；惟禹莫川，遂沧州之美。然则高洁之士，出于盛明，廉耻之宾，不生浇季。自皇唐受命，驱驾前古，贞遁不闻，风轨莫继。岂端操之范，独秘于往辰；将奔竞之徒，顿骋于兹日？缅怀长往，有懵深衷，伫听诸贤，以祛心疾。（第一道）

> 问：玄默垂拱，理归上德；法令滋章，事钟浇季。是以唐虞画象，四罪而咸服；姬夏训刑，三千而愈扰。故知胜残去杀，必在于弘仁；返朴还淳，不务于多辟。方知削兹三尺，专循五礼，幸陈用舍之宜，以适当时之要。（第二道）①

第一题为时务策，李世民根据当时社会"贞遁不闻，风轨莫继"的现实，要求士子献计献策解决这一问题。这一题目采用三段式命题方式："谈古人之美"＋"说当今不足"＋"询治理之计"。

题目首先谈先王尧、禹。"惟尧则天"出自《论语·泰伯》，原句是"大哉尧之为君也！巍巍乎！唯天为大，唯尧则之"，意思是伟大的尧能根据天的运行规律实施教化；"全颍阳之节"，即在尧的教化下，许由在颍阳隐居，成就了高尚士节；大禹丈量土地，沿着山脉测量设标，把中原地区变成了良田沃土，由于尧的盛德，出现了许由这样的高尚之士和大禹这样的勤勉之人。根据这一史实，李世民发出了"高洁之士，出于盛明；廉耻之宾，不生浇季"的感慨，浇季，即道德风俗浮薄的末世。观之今日，"贞遁不闻，风轨莫继"，高尚之士缺乏，勤勉之人不足，难道只有过去才会有这样的景象吗，今天该怎么办，李世民要求应试者提出解决这一问题的策略。

第二问综合了经义策、时务策与方略策。李世民先提出《道德经》中"玄默垂拱，理归上德；法令滋章，事钟浇季"的主张，然后叙述事实，得出结论："故知胜残去杀，必在于弘仁；返朴还淳，不务于多辟。"如果要遏制残暴的人，使之不能作恶，则需要弘扬仁义；如果要像过去一样，人民纯朴、社会安宁，法律就不能太多，我们今天该怎么取舍呢？这一命题思路是："概括经典主张"＋"概述史实现象"＋"做出明确结论"＋"询问治理策略"。概括经典主张属于经义策，询问治理策略属于方略策，结合当今时务，属于时务

---

① 邓洪波等：《中国状元殿试卷大全》上卷，上海教育出版社2006年版，第1—2页。

策。当年状元张昌龄根据策题写了如下一篇策文：

唐贞观二十年状元策文①

张昌龄

则天分命，箕山多长往之宾；浚畎劭劳，沧州有肥遁之客。是以北荒孤竹，甘草泽而轻周；南岳紫芝，甑林泉而耻汉。此盖为匹夫小节，未达汾阳之旨；独行幽姿，宁动少微之宿。岂若大风在梦，非熊入兆，下箕尾而称师，委旄头而作传？自大君有命，远顿天纮，尽岩穴之英奇，总濠梁之蕴轴，脱荷裳而袭朱绂，解薜萝而绾青绶。五尺童子，羞称荷蓧；三事大夫，耻观瓢饮。将使郑君谷口，擅不言之谣；曹相府门，多清净之化。方知圣人在上，真隐不获全其高；淳风所偃，幽贞不能固其节。麇卵得性，鳞凤所以呈姿；山林不天，风云以之通气。物既禀和而适变，士亦感类而相从。调饪自可怡神，烹鲜足堪养性。犹谓寒泉独善，未臻授受之仁；薪樗兼济，有助兴王之道，谨对。（第一道）

两仪亭育，蓄严刑于积阴；四序平分，降明罚于秋序。是知观象设教，圣人所以胜残；因物造端，懿后由其立辟。故妫川受命，士师陈九德之歌；瑶山载刑，吕侯训百锾之典。然则激扬神化，鼓舞皇偕，资粉泽而弘风，俟德刑而振俗，是故六辔在御，飞龙之驾可期；九罭不施，奔鲸之害斯兆。纵使业优倦领，道迈曾巢，齐饮啄于鹑居，绝往来于犬吠，犹未可长县三礼，永摈五刑，削兹噬嗑之科，专行忠信之薄。况今时推纂圣，运属升皇，犹劳丹浦之诛，尚漏青邱之罪。伯夷典礼，与猾夏而同科；司寇详列，共春官而联事。自可远稽九代，近命三驱，释刀锯于凶魁，休甲兵于原野。然后驰威象阙，展事天宗，继美娲黄，追风火燧。石渠未灭，岂得辄议寝刑；中岳既封，自可专循大礼。谨对。（第二道）

张昌龄根据李世民提出的问题，逐一作了解答，两道题的回答思路不完全相同。第一问属于时务题，张昌龄先对题目中的"惟尧则天，全颖阳之节；惟禹奠川，遂沧州之美。然则高洁之士，出于盛明；廉耻之宾，不生浇季"进行

---

① 邓洪波等：《中国状元殿试卷大全》上卷，上海教育出版社2006年版，第2页。

阐释，并引述史实进行论证，然后以"麕卵得性，鳞凤所以呈姿；山林不天，风云以之通气"作比，提出"物既禀和而适变，士亦感类而相从。调任自可怡神，烹鲜足堪养性。犹谓寒泉独善，未臻授受之仁；薪樵兼济，有助兴王之道"的治国思路与策略。由古及今，思路清晰，在譬喻中提出策略，有说服力。但策问针对现实的论述内容较少，提出的策略原则性强，操作性略显不足。

第二问的回答则首先阐释老子的主张，然后列举史实阐明这一主张给社会带来的好处；接着以"纵使业优倦领，道迈曾巢，齐饮啄于鹑居，绝往来于犬吠，犹未可长县三礼，永摈五刑，削兹噬嗑之科，专行忠信之薄"一转，提出自己的主张，即无论在什么时候，都不能只是"礼教"，也不能只是刑法，而要因时而变，处置得宜，"伯夷典礼，与猾夏而同科；司寇详列，共春官而联事"，礼教和刑法都是治世手段，只要能够促进社会祥和，用哪一种手段都是可行的。最后以"石渠未灭，岂得辄议寝刑；中岳既封，自可专循大礼"，再一次重申了自己的观点。第二问围绕"幸陈用舍之宜"回答，观点鲜明，有理有据，能给统治者以启发，且多用整句，词采优美，朗朗上口；但在礼教和刑法的关系处理上还没有提出较为具体的策略，不能不说是本篇策文的遗憾。

唐代策题主要采用一题一问的命题方式，题目数量较多，但每一问的指向较为集中，应试者逐一回答即可。宋代殿试策题的命制有一定变化：一是题目数量减少，但每一道题目包含了多个问题，应试者需要逐一回答，漏答者将影响其成绩等第；二是题目文字变长，命题者往往较为详细地阐释命题意图，字数多者达千字，这种命题方式虽然可以降低审题难度，但题目的阅读量偏大，应试者需要具有整体把握能力。下面是宋宝祐四年（1256年）宋理宗赵昀命制的殿试题：

问：盖闻道之大原出于天，超乎无极太极之妙，而实不离乎日用事物之常；根乎阴阳五行之赜，而实不外乎仁义礼智、刚柔善恶之际。天以澄著，地以靖谧，人极以昭明，何莫由斯道也。圣圣相传，同此一道。由修身而治人，由致知而齐家、治国、平天下。本之精神心术，达之礼乐刑政，其体甚微，其用则广，历千万世而不可易。然功化有浅深，证效有迟速者，何欤？朕以寡昧，临政愿治，于兹历年。志愈勤，道愈远，窅乎其未朕也，朕心疑焉。子大夫明先圣之术，咸造在廷，必有切至之论，朕将虚己以听。

《三坟》而上，大道难名；《五典》以来，常道始著。日月星辰顺乎上，鸟兽草木若于下。"九功惟叙，四夷来王，百工熙哉，庶事康哉"。非圣神功化之验欤？然人心道心，寂寥片语，其危微精一之妙，不可以言概欤？誓何为而畔？会何为而疑？俗何以不若结绳？治何以不若画像？以政凝民，以礼凝士，以《天保》《采薇》治内外，忧勤危惧，仅克有济，何帝王劳逸之殊欤？抑随时损益，道不同欤？及夫六典建官，盖为民极则，不过曰治、曰教、曰礼、曰政、曰刑、曰事而已，岂道之外，又有法欤？

自时厥后，以理欲之消长，验世道汙隆，阴浊之日常多，阳明之日常少。刑名杂霸，佛老异端，无一毫几乎道，驳乎无以议为。然务德化者，不能无上郡、雁门之警。施仁义者，不能无末年轮台之悔。甚而无积仁累德之素，纪纲制度，为足维持凭藉者，又何欤？

朕上嘉下乐，夙兴夜寐，靡遑康宁。道久而未洽，化久而未成。天变洊臻，民生寡遂。人才乏而士习浮，国计殚而兵力弱。符泽未清，边备孔棘，岂道不足以御世欤？抑化裁推行有未至欤？夫"不息则久，久则征"，今胡为而未征欤？"变则通，通则久"，今其可以屡更欤？

子大夫熟之复之，勿激勿泛、以副朕详延之意。①

此题长达七百余字，大问题中套着小问题，如第二段中包含了八个问题："非圣神功化之验欤？""誓何为而畔？""会何为而疑？""俗何以不若结绳？""治何以不若画像？""何帝王劳逸之殊欤？""道不同欤？""岂道之外，又有法欤？"最后一段中的"子大夫熟之复之、勿激勿泛"，是对答卷提出的要求，提醒应试者仔细斟酌，不要有过激言论，也不要尽是空泛之语。该科状元文天祥在对策中有如下一段文字：

臣闻天地与道同一不息，圣人之心与天地同一不息。上下四方之宇，往古来今之宙，其间百千万变之消息盈虚，百千万事转移阖辟，何莫非道。所谓道者，一不息而已矣。道之隐于浑沦，藏与未雕未琢之天，当是时，无极太极之体也。自太极分而阴阳，则阴阳不息，道亦不息；阴阳散而五行，则五行不息，道亦不息；自五行又散，而为人心之仁、义、礼、智、刚、柔、善、恶，则乾道成男，坤道成女，

①　邓洪波等：《中国状元殿试卷大全》上卷，上海教育出版社2006年版，第340—342页。

穹壤间生生化化之不息，而道亦与之相为不息。然则道一不息，天地亦一不息；天地之不息，固道之不息者为之。圣人出，而为天地立心，为生民立命，为往圣继绝学，为万世开太平，亦不过以一不息之心充之。充之而修身治人，此一不息也；充之而致知，以至齐家、治国、平天下，此一不息也；充之而自精神心术，以至于礼乐刑政，亦此一不息也。自有《三坟》《五典》以来，以至于太平、六典之世，帝之所以帝，王之所以王，皆自其一念之不息者始。秦、汉以降，而道始离。非道之离也，知道者之鲜也。虽然，其间英君谊辟，固有号为稍稍知道矣，而又沮于行道之不力；知务德化矣，而不能不尼之以黄、老；知施仁义矣，而不能不过之以多欲；知四年行仁矣，而不能不画之以近效。上下二三千年间，牵补过时，架漏度日，毋怪夫驳乎无以议为也。独惟我朝式克至于今日休。①

全文有一万余字，围绕"功效有浅深，证效有迟速者，何也"这一问题，提出了"天地与道同一不息，圣人之心与天地同一不息"、"所谓道者，一不息而已矣"、"分而言之，则道自道，天地自天地，圣人自圣人；合而言之，则道一不息也，天地一不息也，圣人亦一不息也"的观点，然后从天地运行、古今史实、当今圣王等不同角度阐释上述观点，在阐释中纵横捭阖，拢圣言义理、时事史实于笔端，赞扬了圣上的功绩，剖析了圣上忧虑的深层原因，视野开阔、功力深厚、主题突出、切中时弊，文章多用赋体语言，读来朗朗上口，达到了"文道兼美、文辞俱佳"的策文水准。在省略的一万余字中，文天祥就人才缺乏、兵力不强、虏寇之患、公道之门、社会变革等问题，从不同角度提出了较为具体的策略。全文植根圣贤之理、先王之道，直陈时弊，直抒情感，直叙策略，披肝沥胆，犹言未尽，集历代策文之大成，读来让人酣畅淋漓。主考官王应麟的评语是："是卷古谊若龟鉴，忠肝如铁石，臣敢为得人贺"；宋理宗赵昀赐状元文天祥的诗是：

> 道久于心化未成，乐闻尔士对延英。
>
> 诚为不息斯文著，治岂多端在力行。
>
> 华国以文由造理，事君务实勿沽名。
>
> 得贤功用真无敌，能为皇家立太平。②

---

①② 邓洪波等：《中国状元殿试卷大全》上卷，上海教育出版社2006年版，第342—361页，第361页。

文天祥据此拟作了如下答谢诗：

> 于皇天子自乘龙，三十三年此道中。
>
> 悠远直参天地化，升平奖美帝王功。
>
> 但坚圣志持常久，会使生民见泰通。
>
> 第一胪传新渥重，报恩惟有励清忠。①

"报恩惟有励清忠"，文天祥以他的才能和赤诚之心，为国为民，彪炳史册，足见策论命题的国家指向与选人功效。

三、以自然万象和多种景观命题，发挥汉语母语测评的生活引导功能

以自然万象命制题目，是科举杂文题的命制思路之一。在唐代省试诗题中，日、月、风、云，春、夏、秋、冬，山水植物，飞禽走兽等，都是命题对象。唐贞元十年（794年）以《冬日可爱》为诗题，状元陈讽写了如下一首诗：

冬日可爱②

陈 讽

> 寒日临清画，寥天一望时。
>
> 未销埋径雪，先暖读书帷。
>
> 属思光难驻，舒情影若遗。
>
> 晋臣曾比德，谢客昔言诗。
>
> 散采宁偏照，流音信不追。
>
> 余晖如可就，回烛幸无私。

此诗的难点在于写出冬日的"可爱"，首联"寒日临清画"和第二联"未销埋径雪"点出冬日，然后以冬日如画、寒雪苍茫、读书作诗、修身养性、心胸澄澈等写出冬日可爱，由冬景到人心，情景交融，使冬日之景有了生意，使漫天寒雪有了暖情，全诗的冬景活了起来，得到了主考官的称赏。除了写季节性景物，水果也可入诗，五代时期南汉乾亨年（925年）以"荔枝"为诗题，要求考生以此作诗。

唐宋时期，各种景观都可成为赋题的命制对象。首先是人文景观可以命制赋题，如唐开元七年（719年）的赋题是《北斗城赋》，以"池塘生春草"为韵。北斗城是唐代的建筑，以此为赋题，要求应试者叙写建筑的华美壮丽，以此抒发赞颂之情。自然景观更是赋题的重要素材，如唐大历十年（775年）东都

---

① ② 邓洪波等：《中国状元殿试卷大全》上卷，上海教育出版社2006年版，第361—362页，第66页。

的题目是《日观赋》，以“千载之统，平上去入”为韵。日出是常见的自然景观，观日加入了人的活动，以此为赋题，需要应试者发掘“日”的引申义，并抒发观日的题外之情。下面是状元丁泽写的律赋。

日观赋[①]

丁　泽

日之升也，浴海而丽天；岳之峻也，切汉而临边。登高者以致九霄之上，爱景者欲在万人之先。其所惟一，其仞惟千。伊风灵之有载，彼日观之存焉。夫其夜刻未终，曙色犹昧。彼穷高之极远，此有进而无退。未辨昏明，斯分覆载。屡闻鸣雁，犹阴沉而不睹。忽听晨鸡，即瞳眬而可爱。于是渐出旸谷，将离地维，岩峦既秀，草树生姿，气则赫赩，人皆仰之。其望也如烛，其照也无私。昔者帝王御宇，立极垂统。封禅及此成功，巡狩应其春仲。莫不登兹绝顶，遐烛大明。思煦妪之义，穷造化之精。以为日象一人之德，岳是三公之名。信王侯之设险，俾夷狄之来平。方今一德无为，三光有象。动植昭泰，神祇肸蠁。千岩瑞色，思效祉以爰升；万壑春云，欲入封而空上。客有才泛羽仪，心思骞翥。每积聚萤之志，难登望日之处。引领终夕，含情达曙。知烛照之有期，故踌躇而不去。重曰日有观兮，绝代独立；登之望兮，无远不及。何太阳之至精，莫不专于出入。

丁泽以日升入题，根据声韵转换，逐一写出人们期待日出、日出过程与壮丽景观，最后抒发颂圣之意，“其望也如烛，其照也无私。其者帝王御宇，立极垂统”、“重曰日有观兮，绝代独立；登之望兮，无远不及。何太阳之至精，莫不专于出入”等富有深意，把观日活动与颂圣结合起来，赋予观日活动以社会意义，体现了赋体写作“融事、景、情于一体”的要求。这些题目，有利于引导应试者关注自然万物，在自然万物中体悟生长与生活的力量，促进自己成长。

科举时期汉语母语测评的命题特点，为当代汉语母语测评彰显文化与国家价值提供了思路：在命题中从纯语言知识走向文化渗透，从简单的语言表达走向对国家与现实的关注，在文化、现实、自然与国家等多种问题的思考与表达中提高学生的修身齐家治国平天下能力，才能实现测评改革的国家战略。

---

① 邓洪波等：《中国状元殿试卷大全》上卷，上海教育出版社2006年版，第44—45页。

但是，科举时期的汉语母语测评模式及其命题逐步出现了僵化的特征。一是测评模式缺少变化和创新。从隋代初创科举以来，以后各代虽有所发展，但其测评思路、内容与形式没有多大变化。从测评思路看，绝大多数统治者奉守"经义取士"准则，在读经、讲经、阐释经义、运用经典的过程中考查应试者的通经程度、言辞能力与治世水平，应试者只有埋头于古籍，才能寻找到出路。为了读通必考经典，不少士子"两耳不闻窗外事，一心只读圣贤书"，除经典外，无暇旁顾，除考试规定的经典外，其他知之甚少乃至一无所知，尽管考试中的策问和实用文写作紧扣了现实生活与社会治理中的具体事务，但由于策问命题和实用文写作的模式化过于严重，备考资料泛滥成灾，一些士子不在鲜活的现实中阅读、领悟、阐释和运用经典，而是背诵大量范文应试，没有把握经典灵魂，缺乏结合时事运用经典要义治理国家的能力，通过测评选拔出来的一些人满口"之乎者也"，一肚皮荒谬绝伦，这种"经典独尊"的测评思路给汉语母语测评模式与国家的持续发展带来了消极影响。从测评内容看，历代几乎都集中于"四书五经"，这对形成国家思想、延续民族文脉起到了很好作用；但这些经典的内容毕竟有限，由于命题不能超出经典范围，到了后期，试题命制范围越来越窄，清代还规定各级考试不能命制重复试题，一些考官只好命制偏题怪题，孤经绝句开始在试题中大量出现，这种命题趋势，把士子引入了死胡同。从测评方式看，科考主要采用填空（贴经）和写作两种题型，写作能力虽然包括了经义文、实用文、诗词文赋和策问等多个方面，其间也进行了诗赋、策论孰先孰后、孰轻孰重的论争与改革，但总体上没有多大变化，几千年来不变的测评模式导致汉语母语测评日益僵化，失去了选贤与能的功能。明正德六年（1511年）状元杨慎曾对此作如下论述：

> 本朝以经学取人，士子自一经之外，罕所通贯。近日稍知务博，以哗名苟进，而不究本原，徒事末节。五经诸子，则割取其碎语而诵之，谓之蠡测。历代诸史，别抄节其碎事而缀之，谓之策套。其割取抄节之人，已不通经涉史，而章句血脉，皆失其真。有以汉人为唐人，唐事为宋事者，有以一人折为二人，二事合为一事者。……近日书坊刻布其书，士子珍之以为秘宝，转相差讹，殆同无目人说词话。

噫！士习至此，卑下极矣。①

碎化经典、纠缠末节、断章取义、苦背范文，以应试宝典中的"不变"文章回应命题者的"万变"题目，使统治者精心设计的考试失去了正向引导功能，特别是八股文进一步定型后，士子们埋头于八股文的程式、音韵，练习楷法，在一步步走向书呆子的同时，也使汉语母语测评走向了僵化与衰亡。

二是测评制度日渐严苛和僵化。清代制定了更加严格甚至苛刻的汉语母语测评制度与奖惩措施。如对士子答卷作了详细规定，并经历了如下变化：

顺治二年（1645年）规定：题目字句不得错落，真稿篇数不得短少，誊真不得用行草书，涂抹不得过百余字，卷页不得越幅、曳白及油墨污染。三场五策题，应写第一问、第二问、第三问、第四问、第五问，不得误写各题，违者贴出。又定，头场破题用"也"、"焉"、"矣"，承题用"夫盖"、"甚矣"、"乎欤"，起讲用"意谓"、"若曰"、"以为"、"今夫"，小结用"盖"，大结用"抑"、"大抵"、"嗟夫"等字，七篇相同。又二场表失书年号，及贺表、进表、谢表错误之类，犯者贴出。

雍正二年（1724年）议准：《五经》应试者，先另纳长卷。卷面填写"五经"字样，以杜绝场中冀幸凑助等弊。又从前《五经》应试者，其经文先写所习本经文在前，阅卷者易于揣度，嗣后不论所习何经，应依题纸经题次第挨写。

乾隆九年（1744年）议准：题目字句错落应贴者，必错而已改，落而又添，方可免贴。若题目错处未经改正，落处未经添注，及遗漏全题，而于夹缝添注，则较错落题字过多者为更甚，均应贴出。

乾隆三十三年（1768年）议准：嗣后举子应试之卷，如有率用省笔，及行文重字，作两点誊写者，虽非题字，亦将该举子议处。又奏准，嗣后举子于墨卷，自行点句勾股，俾对读得照式点句，则朱、墨卷不至舛错。②

这些规定涉及错字、漏字、字体、涂抹、改写、省笔、重字，甚至八股文

---

① 杨慎：《太史升庵文集·举业之陋》卷五十二，载杨学为等编：《中国考试通史》卷三，首都师范大学出版社2008年版，第247页。

② 光绪：《钦定大清会典事例·礼部·贡举·缮卷条规》卷三百四十四，载叶晓川：《清代科举法律文化研究》，知识产权出版社2008年版，第68—69页。

中各个部分的开头用字都作了严格规定，其要求与惩罚也愈来愈严。本应充满灵性的答卷过程，在繁复的规定与机械的执行中丧失了灵性，走向了僵化。

三是母语写作程式日渐强化。自明代创制八股文以来，汉语母语测评的程式化倾向日趋明显，特别是到了清代，八股文的程式要求更加严格。除程式要求严格外，不少题目既偏且怪，写作空间狭窄、不易入手，被称为枯窘题。"枯窘题的字数很少，大多数是从'四书五经'中摘取的一两个字，多也不过三四个字。如《弟子》、《樊迟御》、《侧又曰》、《冯河》、《五乡》、《其然》、《微生亩谓》、《来》、《居》、《伯达》、《龙》、《叟》、《度》"①等，这些题目初看不知所云，细看难以入手。如《狗吠》这一题目，源自《孟子·公孙丑》，其前后句是："夏后、殷、周之盛，地未有过千里者也，而齐有其地矣。鸡鸣狗吠相闻，而达乎四境，而齐有其民矣。"《四书章句集注》对此的解释是："此言其势之易也。三代盛时，王畿不过千里。今齐已有之，异于文王之百里。又鸡犬之声相闻，自国都以至于四境，言民居稠密也。"歌颂盛世、彰显王道的经典语句，被割裂为"狗吠"题目，应试者必须以此破题，才能符合要求。枯窘题的大量出现与程式化的严格要求，削弱了八股文的测评价值，"故八股行而天下无学术"②。清初思想家、教育家、颜李学派创始人颜元认为八股文坑害了学术、政事、治功与天下太平；黄宗羲大呼"举业盛而圣学亡"；康有为在《请废八股试帖楷法试士改用策论》的奏折中提出："中国之败兵割地也，非他为之，而八股致之也！"他认为八股文导致中国国力低下，割地赔款，丧权辱国。本意为提高汉语母语测评科学性的改革举措，发展到清代日益僵化，用这种方式推进的母语测评最后走向了衰亡。

---

① 龚笃清：《八股文百题》，岳麓书社2010年版，第177页。
② 颜元：《习斋言行录》卷下，载杨学为等编：《中国考试通史》卷三，首都师范大学出版社2008年版，第252页。

第三节
科举时期汉语母语测评的当代启示

1300年的科举，既给汉语母语测评积累了丰厚的经验，也给汉语母语测评改革提供了警示，这些经验与警示，为提升汉语母语测评的国家价值、建设当代文化强国、实现民族复兴的"中国梦"具有多方面的启示。

一、汉语母语测评的改革使命：延续文化根脉，培育国家价值

语言既是表情达意的工具，也是传承文化、开启民智、涵养精神、塑造国民的必不可少的载体。"文字者智器也，载古今言语之心思者也。文字之易难，智愚强弱之所由分也。上古结绳之世，文风未启，皇帝垂裳，制形象数器物以便民生，仓颉制六书以代结绳，文物渐昌明矣。籀文篆隶，字体代变，历数千年。"①汉字开启民智，昌明文风，传递文化，为中华民族的强盛注入了强大的语言活力。母语测评既要关注汉语的工具性，更要强化其开民智、塑国魂的文化功能、国民价值与国家价值。

任何一个国家的母语都流淌着这个国家的思想，凝聚着这个国家的精神，汉语也不例外。中国是一个多民族国家，最初是由多个地域的多个部落组成的，语言不通，风俗各异。秦始皇统一全国后，采取"书同文"的有力措施，统一了全国文字，但他没有借助统一后的文字凝聚各民族精神、形成社会的核心价值与国家的精神准则，而是通过法家的强硬制度与"以暴制暴"的方式治理国家，虽在短时间内成效显著，但"一夫夜呼，乱者四应"，很快灭亡，中国再次进入战乱四起、动荡不安、民不聊生的黑暗时期。

汉朝建立后，"罢黜百家，独尊儒术"，兴学堂、习经典、考策论，把用汉语记录的儒家经典作为凝聚民族精神、形成民族核心价值的有力工具，中华民族的社会价值由此逐渐形成，国家的精神准则开始有了主心骨，中华民众在两汉时期较为稳定地生活了四百多年。

三国两晋南北朝时期，祸乱四起，征战不断，但在这一时期，实力稍强的

---

① 文字改革出版社编：《清末汉字改革文集》，文字改革出版社1958年版，第9页。

王朝没有中断儒家血脉，而是在战乱中实施了"五经课试法"，儒家思想通过学校教育和汉语母语测评等手段在社会中坚力量中传播，不少中国人藉此形成了修身齐家治国平天下的准则，成为了乱世中的中坚力量或精神象征。

隋朝统一全国后，继续高扬儒家思想大旗，将考试进一步规范化，科举由此产生。在科举的诸多项目中，"明经"一科备受关注，汉语母语测评的这一取向，使得更多人精研、践行和传播儒家经典，中华民族精神和国家的价值准则再一次得以延续。

唐承隋制，宋承唐制，历代帝王在一次次汉语母语测评中加大了经文与经义的考查分量，进一步形成了国家的思想准则与核心价值。特别是宋代的范仲淹、欧阳修、王安石等，高举"通经致用"大旗，引导士子钻研经文，把握义理，让中华经典成为治国做人的有力"武器"，王安石颁行的经义文范式为八股文的形成埋下了种子。

元代统治者的骨子里是"武力"，虽偶尔开科取士，但没有很好地利用汉语母语测评这一手段，几十年时间便失去了统治中国的能力。明清时期八股文的成型与推行，再一次固化和延续了民族文化与国家精神。

世界上的四大文明古国，其文化形态在很早以前就消亡了三个，唯有中国仍屹立于世界，其古代文明得以长期留存，并形成了中华民族的精神印记与思想准则，这与历代帝王重视儒家经典，利用汉语母语测评这一手段高扬民族精神，塑造国家准则不无关系。特别是八股文，要求士子站在圣贤的角度走进圣贤内心，把握圣贤真意，有利于促进士子穷经义之本源；站在圣人的角度阐释和传播经典要义，这对传承民族文化、延续中华血脉起到了极其重要的作用。八股文废除后，科举制度随之终结。当改革者欢欣鼓舞之时，却出现了一系列社会问题：读书风气骤然削弱，传统文化受到蔑视，知识分子没落，社会流动机制缺失，国家价值观念丧失……"评阅医学堂毕业国文课卷，吾以见中国文字之将亡矣"[1]，"今日大局之坏，根于人心，而人心之坏，根于学术。若夫学术之坏，则张之洞、张百熙其罪魁也"[2]，"一个自唐以来就存在的制度被推翻了……张之洞帮助发动并保证了这一推翻，但他看来不久就多少被他所做的事情震惊了"[3]，当时的学者发出的这些感慨，从一个侧面体现了汉语母语测评的

---

[1][2] 恽毓鼎：《恽毓鼎澄斋日记》（2），浙江古籍出版社2004年版，第562页，第455页。

[3] 何怀宏：《选举社会及其终结——秦汉至晚清历史的一种社会学阐释》，三联书店1998年版，第413页。

文化功能与民族功能。

当代的汉语母语测评，无论是具有"国考"之称的高考，还是公务员考试，如何在母语测评中延续文化根脉、承继中华传统，引导国民站在祖先的肩膀上树立文化自信、塑造国家形象，在弥合具有断裂危险的中华文化的过程中，培育"具有中国根基的世界公民"，成为有影响力的文化强国，是汉语母语测评改革的题中之意。要有效破解当代汉语母语测评改革的这一难题，除彰显汉语特性，体现语言文字的工具性要求外，还要从历代科举中学习保存文化血脉、形成国家价值的母语测评智慧。科举时期，各朝各代均把中华经典作为汉语教材，让学生在经典中感受汉字魅力，体悟中华文化，形成修身齐家治国平天下的价值准则，学会有物有序地表达内心思想。"《春秋》之制义法，自太史公发之，而后之深于文者亦具焉。义即《易》之所谓'言有物'也，法即《易》之所谓'言有序'也。义以为经而法纬之，然后为成体之文"[1]，科举时期考查"成体之文"，既以经典为"义"，使考生言之有物；也以经典为范文，考查"言之有序"的能力，这种立足经典的汉语母语测评，把语言技能与中华文化结合起来考查，兼顾了汉语、文化、民族和国家多个层面，为实现汉语母语测评改革的国家战略提供了多个层面的借鉴。

二、汉语母语测评改革的重点：促进文道融合，实现通经致用

文便是道，立文便是立道，这是古人对"为文"的基本认识。"凡文之体类十三，而所以为文者八：曰神、理、气、味、格、律、声、色。神、理、气、味者，文之精也；格、律、声、色者，文之粗也。若苟舍其粗，则精者亦胡以寓焉？学者之于古人，必始而遇其粗，中而遇其精，终则遇其精者而遗其粗者"[2]，姚鼐用"神、理、气、味、格、律、声、色"八个字概括了汉语写作的精髓，"格、律、声、色"虽是文之"粗"，但断不可忽，因它是"寓精之所"；而学生学习写作的过程，是由粗及精、得精忘粗到"精粗合一"、文道融合的过程。只有文道融合，才能"义理、书卷、经济"[3]相互渗透，形成通经致用之文。

科举时期汉语母语测评的主要形式是"为文"，为了考查应试者的"为文"水平，历代统治者在"文"与"道"上反复权衡，论争不断，这一论争涉

---

① 方苞著、刘季高点校：《方苞集》上册，上海古籍出版社1983年版，第58页。
② 吴孟复、蒋立甫主编：《古文辞类纂评注》上册，安徽教育出版社2004年版，第18页。
③ 王凯符、漆绪邦选注：《桐城派文选》，安徽人民出版社1984年版，第183页。

及母语测评的各个科目，但最为集中的是进士科。如唐代进士科在"文"与"道"的关系处理上经历了四个阶段。一是时务策阶段，重视策文水平。这一阶段的大致时间为武德四年（621年）至永隆二年（681年），"试时务策五道"，①"贞观八年，诏加进士试读经史一部"；②上元二年（675年）加试"《老子》策三条"③。时务策要求考生根据自己所学，联系社会现实，提出解决问题的策略，但不少考生策文词语华丽，缺乏解决实际问题的具体方略和必要的文化常识与历史知识，出现了重"文"不重"策"，重"文"轻"道"的普遍现象，针对这一现象，唐政府要求考生"读经史一部"，以增强应试者的文化底蕴。二是帖经、试文、试策阶段，重视杂文水平。这一阶段的大致时间为永隆二年（681年）至开元二十四年（736年）。永隆二年（681年）开始测试经文、经义、杂文和时务策，杂文主要包括箴、表、铭、赋等文体，这些文体讲究音律、注重文辞、文采华丽。这一时期的杂文和时务策均重文采，考生的文辞和语言水平在很大程度上决定其最后等第，具有"文"大于"道"的特征。三是帖经、诗赋和试策阶段，重视诗赋水平。这一阶段的时间大致为开元二十四年（736年）至贞元十五年（799年）。开元二十五年二月，"进士中兼有精通一史，能试策十条得六已上者，委所司奏听进止"④。这一时期，帖经由小经改为大经，杂文被诗赋取代；天宝二年至八年（743年—749年），进士帖经不合格者，可用诗赋补救，"谓之赎帖"⑤；有的直接用诗赋代替了帖经，帖经几乎名存实亡，"主司褒贬，实在诗赋"⑥，形成了"诗赋为先"的进士科考试格局。四是帖经、诗赋和试策阶段，重视策文水平。"诗赋为先"的进士取士标准，遭到不少人反对，"进士者时共贵之，主司褒贬，实在诗赋，务求巧丽，以此为贤，不唯无益于用，实亦妨其正习；不唯挠其淳和，实又长其佻思"，"故士林鲜体国之论"，⑦于是提出试经史的建议，帖经和策文重新受到重视，诗赋或杂文成为次要考试科目，策文内容的高下成为取士的重要标准，形成了"道"重于"文"的取士格局，这一格局促进士子养成了通经致用的能力，提高了汉语母语测评的实用价值。

宋代进士科更是充斥着"诗赋"与"经义"的论争，诗赋重"文"，

①⑤⑥　封演：《封氏闻见记·贡举》卷三，载《学津讨源》第13册，江苏广陵古籍刻印社1990年版，第331页。

②　杜佑：《通典·选举三·历代制下》卷十五，岳麓书社1995年版，第180页。

③　欧阳修、宋祁：《新唐书·选举志上》卷四十四，中华书局1975年版，第1163页。

④　王溥：《唐会要·帖经条例》卷七十五，载《四库全书》第607册，上海古籍出版社2006年版，第152页。

⑦　[日]古典研究会：《通典·选举五》（北宋版）卷十七，汲古书院1980年版，第450页。

经义重"道"，诗赋与经义之争的实质是"文""道"之争。根据"文"、"道"关系的不同处理态度与方式，宋代进士科可分为四个阶段。第一阶段诗赋为主，兼试策、论、经、文，这一阶段的时间大致为宋初至嘉祐二年（1057年）。这一阶段的前期，考试内容为诗赋、帖经和墨义，诗赋各一首，帖《论语》10条，《春秋》或《礼记》墨义10条，重点测查考生的文学创作、经典识记和经义理解等能力，但帖经和墨义偏重于识记，考生难以分出高下，真正分出成绩等次的是诗赋。宋真宗时期增加策论，其考试顺序是先诗赋后策论，但"在具体的考试内容及评阅过程中，存在着重诗赋、轻策论的倾向，往往以诗赋作为最终的取舍标准；而经学的分量则趋于微乎其微，在录取时几乎不被考虑"①。第二阶段策论为主，兼试诗赋，大致时间是嘉祐二年至熙宁四年（1071年）。庆历三年（1043年），欧阳修在《论更改贡举事件札子》中批评"有司取人，先诗赋后策论，使学者不根经术、不本道理"；同年九月，范仲淹在《答手诏条陈十事》中向皇帝提出了"教以经济之业，取以经济之才"的看法和"进士先策论而后诗赋；诸科墨义之外，更通经旨。使人不专辞藻，必明理道"②的建议；庆历四年（1044年），朝廷颁布欧阳修起草的《详定贡举条例》，规定"先试策三道，一问经旨，二问时务；次论一道；次诗、赋各一道"，"文辞鄙恶者，对所问不备者，误引事迹者，虽能成文而理识乖谬者，杂犯不考式者，凡此五等，并更不考论"，"存留策、论卷子上与诗赋通考定去留"，③这一条例将进士考试内容变为策、论和诗赋，策论居首，诗赋其次，策论考试合格后，才有资格参加诗赋考试，突出了策论在取士中的重要作用。第三阶段考查策论经义，罢除了诗赋，这一阶段的大致时间是熙宁五年（1072年）至元祐元年（1086年）。熙宁五年（1072年），进士科"罢诗赋、帖经、墨义。士各占治《易》、《诗》、《书》、《周礼》、《礼记》一经，兼《论语》、《孟子》。每试四场，初大经，次兼经，大义凡十道；次论一首；次策三道，礼部试即增二道"④。"变声律为议论，变墨义为大义"⑤的测评改革，把义理之学和策论之学推到了重要位置，强化了"通经致用"的人才价值取向。为了强调和规范义理阐释，王安石主持编撰了《三经新义》，作为统一教

---

① 阳春俏：《北宋熙宁变法前诗赋取士制度的沿革》，《唐山师范学院学报》2006年第1期。
② 李勇先、王蓉贵校点：《范仲淹全集》（中），四川大学出版社2002年版，第529页。
③ 范质、谢深甫等：《宋会要·选举三》，载《续修四库全书》第781册，上海古籍出版社1995年版，第45页。
④ 脱脱：《宋史·选举一》卷一百五十五，中华书局1977年版，第3618页。
⑤ 马端临：《文献通考·选举四》卷三十一，中华书局1986年版，第293页。

材与考试标准，于熙宁八年（1075年）在全国颁行。在此基础上，王安石亲自撰写了阐释经文大义的范文《里仁为美》，树立了经义试卷的标杆。

里仁为美①

王安石

为善必慎其习，故所居必择其地。善在我耳，人何损焉，而君子必择所居之地者，盖慎其习也。

孔子曰："里仁为美"，意以此欤！"一薰一莸，十年有臭"，非以其化之之故耶？一日暴，十日寒，无复能生之物。傅者寡，而咻者众，虽日挞不可为齐语，非以其害之之故耶？善不胜恶，旧矣。

为善而不求善之资，在我未保其全，而恶习固已乱之矣。此择不处仁，所以谓之不智，而里仁所以为美也。

夫苟处仁，而朝夕之所亲，无非仁也；议论之所契，无非仁也。耳之所闻，皆仁人之言；目之所睹，皆仁人之事。相与磨砻，与渐渍，日加益而不知矣，不矣美乎？

夷之里，贪夫可以廉；惠之里，鄙夫可以宽。既居仁者之里矣，虽欲不仁，得乎？以墨氏而已有所不及，以孟氏之家为之数迁，可以余人而不择其地乎？

然至贤者不能逾，至洁者不能污，彼诚仁者，性之而非假也，安之而弗强也。动与仁俱行，静与仁俱至，盖无往而不存，尚何以择为哉！

"里仁为美"是《论语》"里仁"篇中的内容，原句是："里仁为美，择不处仁，焉得知？"意思是跟有仁德的人居住在一起，才是好的；如果你没有选择和仁德的人住在一起，就是不明智的。王安石根据"里仁为美"这一题目，对这一经典的意思、出处，为什么提出这一主张的原因等进行了阐释，最后提出"动与仁俱行，静与仁俱至，盖无往而不存，尚何以择为哉"的主张，其基本行文思路为"是什么"、"为什么"和"我自己的观点是什么"。从王安石的范文看，宋代经义之文的主要特点，是"以经文内蕴去演绎推论。辟首以数句解释题意，在行文中多处设比，但无严整的格律和比数限制，形式生动；由解题至实讲，层层设问，步步深入，最后结语阐发己意"②，打破了"墨义"死记经典内涵的格局，对考生深层次理解与阐释经典内涵的能力提出

---

① 转引自蒋超：《中国高考史·创立卷》，中国言实出版社2008年版，第61页。

② 贾辉铭、刘虹：《八股文源流及其程式发展》，《河北师范大学学报》1991年第4期。

了更高要求。第四阶段诗赋策论并行，经义文辞并举。这一阶段大致从元祐二年（1087年）开始，朝廷在"经义诗赋并行"和"经义诗赋分科"上不断变化（绍圣初年至徽宗宣和末年除外），形成了诗赋策论、经义文辞并举或分科考试的局面。元祐二年（1087年）恢复诗赋考试，第一场考试经义，第二场试诗赋各1道，第三场试论1道，第四场试子史时务策3道。元祐四年（1089年），设立经义兼诗赋进士和经义进士。经义兼诗赋进士第一场考本经义2道，兼经义1道；第二场考诗赋1道；第三场考论1道；第四场考策2道。经义进士要求研习两经并加考《论语》、《孟子》，第一场考本经义3道，《论语》义1道；第二场考本经义3道，《孟子》义1道；第三场考论1道；第四场考策2道。元祐四年（1089年），"乃立经义、诗赋两科，罢试律义。凡诗赋进士，于《易》、《诗》、《书》、《周礼》、《礼记》、《春秋左传》内听习一经，初试本经义二道，《语》、《孟》义各一道，次试赋及律诗各一首，次论一首，末试子、史、时务策二道"①。哲宗绍兴初年至徽宗宣和末年，进士科恢复经义策论考试，宋钦宗即位后，恢复诗赋取士。南宋政权建立后，恢复元祐年间的进士考试制度。南宋高宗建炎二年（1128年），以经义、诗赋两科取士，"今欲习诗赋人止试诗赋，不兼经。第一场诗赋各一首，第二场论一首，第三场策三道"，"今欲习经义人依见行止习一经。第一场本经义三道，《论语》、《孟子》义各一道，第二场论一首，第三场策三道"，②经义进士和诗赋进士并举，考试内容各不相同，形成了诗赋文辞、经义策论并举的测评格局。这一格局虽在后来有所变动，但总体上保持了诗赋经义的协调运行。

明清时期的统治者力求通过八股文这一测评杠杆，"正道正学正心"，"学不正则道不明"，"道不明则人不正，人不正则国不兴"，"治统原于道统，有宋、周、程、张、朱诸子，于天人性命大本大原之所在，与夫用功节目之详，得孔、孟之心传，而于理学公私、义利之界，辨之至明，循之则为君子，悖之则为小人。为国家者，由之则治，失之则乱"，③正是因为学、道、人、国之间的紧密联系，统治者选择了"理欲、公私、义利""辨之至明"的儒家经典作为八股文的重要内容，要求士子钻研经学，"学者精察而力行之，则蕴之为德行，学皆实学；修之为事业，治皆实功"，这些实学实功，有利于

① 脱脱：《宋史·选举一》卷一百五十五，中华书局1977年版，第3620页。
② 范质、谢深甫等：《宋会要·选举四》，载《续修四库全书》第781册，上海古籍出版社1995年版，第71页。
③ 《钦定学政全书·崇尚实学》卷五，载《续修四库全书》第828册，上海古籍出版社1995年版，第573—574页。

培养"端人正士",实现通经致用的目的。

唐宋进士科的经义、诗赋之争与明清时期八股文的要求,反映了不同时期人才选择标准的变化。但从汉语母语测评看,只强调经义或只强调诗赋都有失偏颇,因为不同的考试内容具有不同的测评功能,正如刘挚所言,"经义以观其学,诗赋以观其文,论以观其识,策以观其材",不同考试内容的协调推进,才能全面考查应试者的学、文、识、才。力推经义考试的王安石在晚年反思自己的罢诗赋之举时,发出了"本欲变学究为秀才,不谓变秀才为学究"的感叹,痛惜罢除诗赋后中举之人的才气缺乏。

从唐宋的诗赋、经义之争与"通经致用"的论辩看,当代的汉语母语测评应以"促进文道融合、实现通经致用"为改革重点。文是文辞,道是经义中的常理与大道,文道融合是指既注重言辞,也注重言辞隐含的常理与大道。"经义考讲学之源流,诗赋观词章之润色,论以见评议古今,策以试燎通时务。真材实能,虽非纸上语所能尽得,使其参求互考,详观精择,则胸中抱负大略可见矣。"①只有文道融合,才能在母语测评中彰显民族文化、延续民族根脉,引导国民认同并养成民族与国家的精神准则。重文而不重道,有"粗"无"精",空洞无物,道不伸张,文不流转,即使满笔锦绣,也难以成为具有民族根基的国家栋梁;有道无文,则言辞粗鄙,"行而不远"。"行文之道,神为主,气辅之","气随神转,神浑则气灏,神远则气逸,神伟则气高,神变则气奇,神深则气静,故神为气之主。至专以理为主,则犹未尽其妙。盖人不穷理读书,则出词鄙倍空疏。人无经济,则言虽累牍,不适于用。故义理、书卷、经济者,行文之实"。②只有处理好了"文"与"道"的关系,在文道融合中提高学生关注现实、思考现实、表达现实,进而萌生改变现实的意识与价值,才能既有利于促进汉语素养的发展,也有利于引导国民培育民族精神与国家品格。

三、汉语母语测评改革的关键:强化能力融通,追求标准制导

能力融通,是指语言能力、文化传承能力、修身齐家治国平天下等能力的有机融合。科举时期的汉语母语测评强化语言与文化、经典与治世、表达与修养等多种能力的融合性考查。从主要测试科目看,贴经、墨义是为了引导学生识记经典,重点考查识记与书写能力;经义文是为了引导考生读通、读懂经典,能够在理解圣人真意的基础上提出自己的见解,并按照一定程式表达出来,既考查经典理解、阐释、转化与表达能力,也引导应试者认识、认同和传

---

① 范质、谢深甫等:《宋会要·选举六》,载《续修四库全书》第781册,上海古籍出版社1995年版,第108页。
② 王凯符、漆绪邦选注:《桐城派文选》,安徽人民出版社1984年版,第183页。

承民族文化，形成自我发展准则与国家的核心价值观；策论是为了引导考生观察社会现实，体察民间疾苦，在古圣先贤和中华经典中学习治国、治世、治民之道，重点考查学经典、用经典的能力；诗赋杂文引导考生揣摩汉语特点，用富于表现力的方式实现"文道"结合。除此之外，科举时期的汉语母语测评还强调跨学科能力的测评，考查应试者文史融通和文理融通的能力，特别是一些书院的测评题目，体现了这一特点。如广东学海堂书院曾命制如下题目：

> 六朝至唐代，都有长于文，长于笔之称，如颜延之说："竣得臣笔，测得臣文。"什么是文？什么是笔？为什么宋代以后不再分别此体？①

这一试题是有关"文"、"笔"知识的测试题，但命题者不要求考生死记知识概念，而是给出情境，让学生体会"文"与"笔"的区分，并考证宋以后为什么不区分"文"、"笔"的原因。这一命题以简答题的方式，考查学生对文体知识及其流变的把握与分析能力。同治七年（1868年），学海堂书院还命制了如下试题：

（1）郑玄注《礼记》，有时改字，都有所依据，试加考证。

（2）《公羊传》注引《汉律》，何休解《公羊传》多引《汉律》，以证其说，试证以今律，请加以考证引申。

（3）孙宣公为北宋大儒，但《宋元学案》不载，应读其书而论之。

（4）拟重修越秀山文澜阁碑记（骈体）。

（5）悔田赋。

（6）岭外游仙诗七首，模仿郭景纯《游仙》，即次原韵。

（7）火轮船行七古一首。

（8）行庵杂咏七律八首。②

从上述题目看，学海堂书院的试题注重考证（1、2题），强调拓展阅读（3题）、实用文写作（4题）和诗赋（5、6、7、8题）。考证是治学的基础能力；拓展阅读有利于引导学生扩大视野；实用文写作能提高汉语的实用能力，诗赋创作有助于提高学生文才。因此，学海堂书院的汉语母语测评，促进了治学能力、阅读视野、实用能力和文学素养的协调发展，具有能力融通的考查特征。再如：

题目一：《隋书》说：婆登国有一月即熟之稻，《抱朴子》说南海有一年九熟之稻，过去有人说天竺稻一年四熟，交趾稻一年两熟，

现在有这些稻种吗？能在内地栽种吗？《齐民要术》引《广志》说南方有蝉鸣稻，五月熟；青羊稻，六月熟；白汉稻，七月熟。《演繁露》又有红霞米，早熟且耐旱。耐水者适合什么品种？殷代的区田、周代的稻人，诸法久废。水旱之备，应当如何施行？

题目二：印度近来讲求茶利不遗余力，幸亏茶味不及我国，是以销售不广，一时尚难以与中国竞争；但印商近来以华茶多掺和印茶，希望以此打开销路，刚开始华茶多而印茶少，继则华茶少而印茶多。中国的茶叶之利，今后必逐渐为印度所夺，能预筹防弊之法吗？[①]

这两道题目都是策问题，命题者结合史书，紧扣时事，涉及农业和商业等诸多领域，体现了学科融通的测评思路。

除能力融通外，科举时期的汉语母语测评还注重研发评价标准，力求以国家标准引导阅卷和写作。由于汉语解读的多义性、多元性与多层次性，不同人对待同一篇文章的感受与理解往往差异较大，这给汉语试卷评阅的客观性与公正性带来了巨大挑战，特别是主观性较强的作文，更需要统一评判的标准。明清时期，考生人数较多，阅卷时间较短，如果没有较为明确的标准，阅卷的客观性与公平性就会受到严峻挑战。事实上，科举之初就出现了因缺乏判卷的客观依据而对判定结果争论不休的现象，"科目苦无凭"成了大规模主观性考试的难题。如何才能在大规模考试中保持主观卷评阅的客观性与公正性，这是历代统治者力求解决的难题。从唐代的律诗律赋开始，主考官们就在音韵上制定评阅标准，然后推及"论"文和经义文，形成音韵要求与写作程式，以此作为衡文的重要标准。钱穆在《国史大纲》中说："此制用意，在用一个客观的考试标准，来不断地挑选社会上的优秀分子。"[②]八股文之所以程式化，其重要原因是让阅卷官有一把衡文的尺子，以提高评卷的客观性和汉语母语测评的公正性。除"程式"这一标准外，八股文还提出了其他衡文标准，如清代八股大家俞樾在告诉子侄如何作八股文时，提出了"命意"、"立局"和"造句"三个评卷维度，并确立了评卷标准。"文不外理、法、辞、气。理取正而精，法取密而通，辞取雅而切，气取清而厚"[③]，理法辞气成了八股文的评价标准，"理"就是扣住朱熹等人的传注经义，在这一前提下挖出深意或新意，发人之未发；"法"就是"认题"方法和行文程式，即要把准题意，符合写作程式；"辞"就是"造句"，力求字句精卓、千锤百炼；"气"就是人的内在精神与文章意

① 杨学为等编：《中国考试通史》卷三，首都师范大学出版社2008年版，第197页。
② 钱穆：《国史大纲》（修订本），商务印书馆1996年版，第405—406页。
③ 《刘熙载文集》，江苏古籍出版社2000年版，第196页。

脉，要能一气呵成。明朝围绕理法辞气提出了"醇正典雅"的要求，清朝则明确提出"清真雅正"的衡文标准。

除衡文标准外，各个时期还提出了命题标准与评卷标准。如清代对命题作了非常明确的规定：

> 顺天乡试及会试，五经题策问，由考官拟定；各省乡试，三场各题，正副考官公同拟定……

> 经书题目，禁止割裂牵搭，致碍文义，各省乡试题目到部，逐加校勘，有割裂小巧者，将考官交奏议处。

> 各省乡试考官，酌议诗题，惟期于中正雅驯，不得引用僻书私集，有乖体制。

> 经书重句命题，依本文次序，在前者不必加注，在后者注明某章某节。

> 书写诗题，应正书赋得某句，旁注得某字，五言八韵，如有遗漏舛错者，照出题舛错例议处。

> 策题以关切事理，明白正大为主，不用僻事，本朝臣子学问人品不得以策问，士子每问不过三百字，如有自问自答，敷衍过多……①

清代还对命题错漏和违规者进行如下惩罚：

> 场中出题讹错字句，并二场五经题目前后刊刻颠倒者，一次主考官罚俸三个月，二次罚俸六个月，三次罚俸九个月，自行检举者，罚俸三个月。

> 考官出熟悉拟题及割裂小巧、牵理无理，或诗题引用僻书私集者，交部议处。

> 诗题，正书赋得某题、旁注得某字，五言八韵遗漏违式者，考官照出题讹错之例议处。凡举子策内抬头不合，查系照依题纸误写者，考官议处，举子免议。

> 策题每问不得过三百字，不得自问自答，敷衍过多，亦不得以己见立说，启士子迎合附和之弊，并不得援引本朝臣子学问人品。违者，分别议处。②

为进一步提高命题质量，清代皇帝亲自审查科举试题。康熙于1697年对大学士、九卿等谕示："乡试为抡才大典，出题理宜详慎，今览各省所进题名录

---

① 《钦定科场条例·考官出题》卷十四，载《续修四库全书》第830册，上海古籍出版社1995年版，第14—15页。
② 《钦定礼部则例·乡会试磨勘事宜》卷九十五，载叶晓川：《清代科举法律文化研究》，知识产权出版社2008年版，第87—88页。

中，其题目多有未当。"①大臣们查看了各省试题，对福建、云南、四川的策问题目提出了批评，三省主考降级调用。咸丰年间俞樾因在河南命制了"君夫人阳货欲"的乡试题目被革职，这一题目是《论语》中"异邦人称之亦曰君夫人"与"阳货欲见孔子"两句话的截搭，这两句话相差太远，且意义悬殊，考生见题后大哗，咸丰认为"不成句读，荒谬已极"，"出题割裂，致令文义难通"，受到了革职处分。

科举时期能力融通、标准制导的汉语母语测评特点，提示当代汉语母语测评应以此为关键，把母语测评从单纯而封闭的语言测试中解放出来，将语言考查置于民族文化、国家发展和现实社会之中，综合思考母语测评的汉语、文化、民族和国家价值，综合考查语言能力、文化能力、民族认知能力和国事家事天下事的思考、判断与表达能力等。要考查汉语母语的这些能力，需要制定汉语母语测评的国家标准，包括汉语的知识体系标准、中华民族的文化传承标准、汉语素养的能力维度及其标准，汉语母语测评卷的命制与评阅标准等，只有标准明确，才能形成文化传承、国家价值与汉语母语测评的话语体系，提高汉语母语测评改革的国家战略价值。

四、汉语母语测评改革的难点：意义空间与客观科学的两难处境

汉语具有较大的意义空间，不同视角或境界的读者，面对同一文章可以读出不同的内容，产生不同的效果，这就给母语测评的客观性与科学性带来了挑战。为了在意义空间较大的汉语母语测评中提高测评的客观性与科学性，唐代在常科考试中实施"行卷"制度，应考者在参加省试之前，将自己的得意之作写成卷轴，送给有名望的学者、官员或主考官，希望得到他们的赏识。如白居易的行卷"离离原上草，一岁一枯荣。野火烧不尽，春风吹又生"受到顾况的高度赞赏，为他27岁时的一举登第奠定了基础。行卷的施行，弥补了"一卷定终身"的不足，有利于提高汉语母语测评结果的科学性。在此基础上，唐代还建立了"锁院制度"、"复试制度"、"糊名制度"和"别头试"，把考生封闭在考试地点，不准随便出入；糊去试卷上的姓名，推行避亲制度等，以保证阅卷和录取的公平。宋代建立了弥封、誊录制度，以避免阅卷官凭笔迹定等。明清时期完善了磨勘与复试制度，对取中士子的试卷逐层检查。如万历十三年（1585年）要求将"朱、墨二卷，一并解部，不许誊写"，因为"真迹尚在，

① 光绪：《钦定大清会典事例·礼部·贡举·命题规制》卷三百三十一，载《续修四库全书》第803册，上海古籍出版社1995年版，第287页。

一有物议，即可取而评之，公私立辨"①，如果发现笔迹不同，则被认定为舞弊，并制定严厉的惩罚措施，如洪武年间的《大明律》规定："凡贡举非其人，及才堪时用，应贡举而不贡举者，一人杖八十，每二人加一等，罪至杖一百。所举之人，知情与同罪。"②清代要求"考官、同考官同堂阅卷"，"顺天乡试及会试正副主考官，将各房考呈荐之卷公同批阅，不得各人分看"。

除此之外，科举时期还建立了严格的评卷标准，如宋代对评卷标准作了以下规定：

> 策每道限五百字以上，论限五百字以上，赋限三百六十字以上，诗限六十字（五言六韵），赋每韵不限联数，每联不限字数。……
>
> 三点当一抹，降一等。涂注一字，并须卷后计数，不得揩洗。每场一卷内涂注乙五字巳上为一点，十五字以上为一抹。策论诗赋不考式十五条：策一道内少五十字；论诗赋不识题；策论诗赋文理纰缪；不写官题；用庙讳御名；论少五十字；诗赋脱官韵；诗赋落韵，用韵处脱字亦是；诗失平仄，脱字处亦是；重叠用韵；小赋内不见题意，通而词优者非；赋少三十字；诗韵数少剩；诗全见题意，通而词优者非；赋少三十字，诗韵数少剩，诗全用古人一联，诗两韵以前不见题意，通者非。
>
> 抹式十二条：误用事；连脱三字；误写官题，须是文理无失但笔误者非；诗赋重叠用事；诗赋不对，诗赋初用韵及用邻韵引而不对者非，及诗赋末两句亦不须对；小赋四句不见题意，通者非；全用古人一联赋语，别以一句对者非；赋少二十字；诗用隔句对；策一道内全用古今人文字十句以上；策一道内全用经书子史语五十字以上；对策以他辞装，或首尾与题意不相类。
>
> 点式四条：借用字；诗赋脱一字；诗偏枯；诗重叠用字。省试进士诸科举人合保并依发解条……③

上述条款对书写、押韵、字数等进行了明确规定，评卷有了非常明确的客观标准，这对提高评阅主观卷的客观性、公平性与科学性具有重要作用。

尽管规定如此严密，但命题和阅卷中的争议却不绝于耳。有些题目被一些人交口称赞，却遭到了另一些人的反对；有些文章被某一位阅卷官判为甲等，另一位阅卷官却嗤之以鼻。分歧如此之大，不能不令汉语母语测评的实施者倍

---

① 王世贞：《弇山堂别集·科试考三》卷八十三，中华书局1985年版，第1589页。

② 《大明律·吏律·职律》卷二，江苏广陵古籍刻印社1998年版，第3页。

③ 范质、谢深甫等：《宋会要·选举三》，载《续修四库全书》第781册，上海古籍出版社1995年版，第44页。

感艰难。如何既尊重汉语母语丰厚的意义空间，又提高汉语母语测评的客观性与科学性，是当代汉语母语测评改革的一大难点。

科举时期的汉语母语测评，给当代母语测评改革带来上述启示的同时，也暴露了自身的弱点，这些弱点集中体现在三个方面。一是封闭性强。"中国的考试是要测试考生的心灵是否完全浸淫于典籍之中，是否拥有在典籍的陶冶中才会得出的、并适合一个有教养的人的心术。……此种教育，一方面在本质上纯粹是俗世的，另一方面则被局限于经典作者所提出的正统解释的固定规范里；此乃一种极度封闭且墨守经文的教育"①，考试墨守经文，视野局限经典，无论策论、经义文还是杂文，只在古今中打转，未能开眼看世界，不能立足世界思考中国发展大局，致使国力在悄无声息中大幅度后退，被蛮夷小国打败后兵败如山倒，这种封闭式的母语测评养成了国民的封闭性思维，为国力衰败埋下了隐患。二是崇尚空谈。特别是到了清代晚期，本应考查经世治国能力的母语测评，因为文字狱等多种因素影响，不少人把科举文章变成清谈或空谈，诗赋、八股和策文成了文字游戏，看不到实学或真才。正如张之洞在《劝学篇》中所说："自明至今，行之已五百余年，文胜而实衰，法久而弊起。主司取便以藏拙，举子因陋以侥幸，遂有三场实止一场之弊。所解者，高头讲章之理，所讲者，坊选程、墨之文。于本经之义，先儒之说，概乎未有所知。近今数十年，文体日益佻薄，非惟不通古今，不切经济，并所谓时文之法度、文笔而俱亡之。今时局日新，而应科举者拘瞀益甚。傲然曰：吾所习孔、孟之精理，尧、舜之治法也，遇讲时务经济者，尤鄙夷排击之，以自护其短。故人才益乏，无能为国家扶危御侮者。"②尚空谈不重实学的母语测评倾向，必然导致清王朝的衰败。三是忽视民众。科举时期的汉语母语教育与测评，其对象主要是少数读书人，推行的是"贵族教育"或"精英教育"，"要是问我国传统的文艺精神是什么。回答是：代圣人立言——实际上是为特权者立言。特权者借用了圣贤的名义，圣贤也脱不了特权者的帮手的地位，于是表现在文艺上，正面是歌功颂德，反面是谏诤讽喻，总之一切为特权者着想；即使表面上为人民着想，骨子里也是为了特权者的利益，才为人民着想"③，叶圣陶对母语教育与测评的剖析，道出了科举时期汉语母语测评的局限。当代汉语母语测评改革既要吸收科举智慧，也要克服其历史局限，才能承担起汉语母语测评的当代使命。

---

① 转引自郑杭生：《中国教育精神的现代转型》，中国人民大学出版社2012年版，第61页。
② 转引自陈青之：《中国教育史》下册，岳麓书社2010年版，第528—529页。
③ 叶至善等编：《叶圣陶集》第六卷，江苏教育出版社2004年版，第283—284页。

第三章 20世纪前半期的汉语母语测评

20世纪前半期，是指清末旧式教育不断瓦解，新式教育逐渐兴起，直至1949年中国解放的这段时期。这段时期是中国社会由天朝大国走向被动挨打、由唯我独尊走向割地求和、由闭关锁国走向被迫开放、由精英教育走向大众教育的时期，这一时期列强入侵、军阀混战、日寇横行、民不聊生、满目疮痍。在这一特定阶段，我国进行了汉语母语测评的现代化探索，和科举时期相比，测评思路、内容和方式等发生了较大变化。

第一节
时代变革与汉语母语测评的现代转型

1840年鸦片战争爆发，打破了清政府的闭关锁国政策，各国列强和东西方势力开始向中国聚集，争相啃食这头弱不禁风的病狮子。光绪元年，李鸿章在《筹议海防折》中描绘了当时的境况："今则东南海疆万余里，各国通商传教，往来自如，麇集京师及各省腹地，阳托和好之名，阴怀吞噬之计，一国生事，诸国构煽，实为数千年来未有之变局。轮船电报之速，瞬息千里；军器机械之精，功力百倍；又为数千年来未有之强敌。"[1] 面对"未有之变局"和"未有之强敌"，清政府在继续推行旧式教育的过程中，开始引入国外的新学堂、新学制和新课程，力图以教育变革培养有实学的人才，提高国家的防御能力。在这一背景下，中国掀起了国语运动、新文学运动和新教育运动，这些运动既给汉语母语测评提出了新的要求，也给母语测评的现代转型提供了新的契机。

一、时代变革的新探索

"自从清末以来，日益增长的那种'偏重当代'的观念（反对儒家那种偏重往古的基本态度）无论是在字面上，还是在象征意义上，都充满了一种'新'的内容：从1898年的'维新'运动到梁启超的'新民'观念，再到'五四'新青年、新文化、新文学的一系列宣言，'新'这个词几乎伴随着旨在使中国摆脱以往的镣铐，成为一个'现代'的自由民族而发动的每一场社会和知识运动"[2]，在这些运动中，对母语测评最具冲击力的新要素主要是新语言、新文学和新教育。

（一）国语运动与汉语的现代化探索

母语测评的基础性要素是语言，兴起于清末的国语运动是汉字变革的一场社会性运动，这场运动把"繁字"变成了"简字"，把文言变成了白话，使旧

---

① 转引自陈清之：《中国教育史》下册，岳麓书社2010年版，第525页。
② 李欧梵：《现代性的追求》，生活·读书·新知三联书店2000年版，第236页。

式的古典汉语有了立足民众生活的现代特征。汉语的现代化探索，为母语测评提供了新的语言基础。

国语运动中的国语指的是白话，即老百姓日常所用之语。在全社会推行白话，并把民间白话变为全国通用语言的一系列活动，称为国语运动。国语运动的重要目的是让更多国民能学、会学和会用自己国家的语言，其实质是将"贵族语言"平民化、书面语言口语化、深奥难懂的文言大白化，这对推进我国现代语言的建设具有重要作用。

清朝末年，面对列强入侵，不少爱国之士开始思考中国落后挨打的原因。一些研究者认为其中的一条重要原因，是中国"官话"或书面语言不能启民智、开国运。因为中华民族的汉语经典是用书面语言写成的，科举时期汉语母语测评的主要载体是书面语言。考生在阅读经典时研习书面语，在应试时运用书面语言答问题、写文章。母语测评封闭在书面语的圈子里，离社会生活与人民群众的日常用语越来越远，形成了考试语言与日常用语互不相关的怪圈。这一怪圈把普通民众和读书人区分开来，形成了彼此间的语言隔膜。"一个显而易见的事实是，中国在现代印刷语言产生之前，已经有了自己公共的书面语言——只不过这一语言的表述体系是以占据知识垄断地位的士大夫阶层的古典语言为主体"①，古典语言与现实生活相差太远，广大民众无法通过简便易学的语言学习知识、增长智慧。1898年《无锡白话报》主编裘廷梁大声质问："有文字为智国，无文字为愚国；识字为智民，不识字为愚民；地球万国之所同也。独吾中国有文字而不得为智国，民识字而不得为智民，何哉？"②"此文言之为害矣"，他认为要借助语言开启民智，必须从文言走向白话，从书面语言走向大众的日常用语。

"窃谓国之富强，基于格致；格致之兴，基于男妇老幼皆好学识理。其所以能好学识理者，基于切音为字，则字母与切法习完，凡字无师能自读；基于字画一律，则读于口遂即达于心；又基于字画简易，则易于习认，亦即易于著笔。省费十余载之光阴，将此光阴专攻于算学、化学以及种种之实学，何患国不富强也哉！"③被称为中国拼音文字第一人的卢戆章，为了"男妇老幼"都能"好学识理"，于1892年出版了《一目了然初阶》，根据自己平日所讲方音设

---

① 刘进才：《语言运动与中国现代文学》，中华书局2007年版，第13页。
② 郭绍虞主编：《中国历代文论选》第四册，上海古籍出版社1979年版，第168页。
③ 文字改革出版社编：《清末文字改革文集》，文字改革出版社1958年版，第2页。

计了一套拼音方案，称为"切音新字"，拉开了国语运动的序幕。

但是，卢戆章的拼音方案是以福建方言为基础的，难以在全国推广；"戊戌变法"志士王照以河北官话为基础创制了一套新的拼音方案。王照和卢戆章一样，痛感"吾国通晓文义之人，百中无一，官府诏令，无论如何痛切，百姓茫然不知；凡政治大意、地理大略、水路交通、货物灌输之大概，无以晓譬；是以远近隔阂、上下蹠戾，不可救药"[1]，于是根据日本假名，于1900年创制了《官话和声字母》，以北方官话为基础，把汉字偏旁或部件作为字母，形成拼音方案。1903年，他在北京设立官话字母义塾，编印《拼音对文三字经》、《拼音对文百家姓》，通过不断努力，官话字母在北方广为流行。袁世凯统治时期，直隶学务处通令全省蒙学学习官话字母，并列入师范和小学堂课程。

在王照的基础上，劳乃宣于1907年刊发《简字全谱》，在南京和北京设立简字学堂，在北京成立简字研究会，劳乃宣创制的合声简字在南方广为流行。与此同时，卢戆章于1906年出版了《北京切音教科书》，形成了他的第二套拼音方案，这套方案有21个"声音"（声母）和42个"字母"（韵母），在民间力量的积极促进下，切音字在大面积范围内得以推行。

但是，不同派别的切音字声音各异，方音明显，必须统一语言和语音，才能为现代汉语的发展带来生机。随着切音字运动范围的不断扩大，不少人主张建立"标准国语"，统一不同方音。为了统一国语，"学部奏改筹备事宜清单，规定自宣统三年起逐年筹备国语统一事宜"，"各省教育总会联合会，议决有统一国语方法一案"，"中央教育会议也议决了统一国语办法的方案"。1905年，国语统一倡导者在北京成立国语研究会，进一步加大了国语统一的民间推进力度。民国二年成立"读音统一会"，制成了39个注音字母，以章炳麟创制的字形为例，形成了统一国语的最初标准。迫于各方压力，民国七年十一月教育部在全国正式公布注音字母，在这套拼音方案中，声母二十四个，介母3个，韵母十二个，39个字母各分五声，即阴平、阳平、上声、去声、入声。统一标准公布后，首先在全国小学试行，官民结合，进一步推进了国语运动。[2]

国语运动促进了汉语的现代转型。黎锦熙将我国的国语运动大致分为六个阶段：一是切音字运动时期，大约在清光绪二十四年上下的十年间，以卢戆章的"切音新字"为主，开展了社会性的文字革命；二是"简字"运动时期，大

---

① 倪海曙：《清末汉语拼音运动编年史：切音字运动》，上海人民出版社1959年版，第96页。

② 参见陈青之：《中国教育史》下册，岳麓书社2010年版，第663—666页。

约在清光绪三十四年上下的十年间，以王照和劳乃宣的"官话合声字母"、"简字四谱"为主，在学校中试用；三是注音字母与新文学联合运动时期，大约在民国七年上下的十年间，逐步打通了文言文与白话文的界限，白话文运用于母语教育，小学以语体文为主，中学加进了约一半的语体文；四是国语罗马字与"注音符号"推进运动时期，大约在民国十七年上下十年间，推进了"注音字母"；五是注音国字与"拉丁化新文字"潜赛运动时期，大约在民国二十七年上下十年间；六是基本教育与国民教育配合运动时期，重在推进国语统一。①

统一后的国语就是现代汉语的发端。"国语统一"提升了语言现代化的程度，并为推进母语测评的现代转型奠定了语音和文字基础。除语音和文字外，现代汉语语法也发展很快。"汉语语法研究是从古代汉语语法研究开始的，《马氏文通》是一部古代汉语语法专著。但从黎锦熙《新著国语文法》这第一部白话文语法著作于1924年问世以来，现代汉语语法研究一直是本世纪汉语语法研究的主流。经过30年代末40年代初开展的'中国文法革新大讨论'，加之有一批当年的中国青年语法学者的努力探索，40年代末出现了20世纪前半叶现代汉语语法研究的鼎盛时期，王力的《中国现代语法》和《中国语法理论》。吕叔湘的《中国文法要略》。高名凯的《汉语语法论》是那个时期的代表作。"②随着汉语语法学的兴起，语文知识开始进入母语教育与测评视野，如1902年的《钦定蒙学堂章程》要求开设字课，字课包括实字、静字、动字、虚字、积字成句法；1904年的《奏定初等小学堂章程》要求第一年"讲动字、静字、虚字、实字之区别，兼授以虚字与实字连缀之法"，第二年"讲积字成句之法，并随举寻常实事一件，令以俗语二三句连贯一起，写在纸上"，第三年则讲授"积章成句之法"。随着学校文法教育的兴起，用于学生学习的汉语语法书也开始编撰出版，如1916年庄庆祥为中学生编写了《共和国教科书文法要略》，1918年俞明谦编纂了《新体国文典讲义》等，为现代母语测评奠定了知识基础。

随着国语运动的不断推进和现代文法知识的不断丰富，新式标点符号也随之诞生。"过去的书面语里，只把这声音记录下来，这便是字，现在我们要把这静默也记录下来，这便是'点号'。日常说话的时候，由于有周围环境、脸部表情以及手势、腔调等方面的帮助，哪一句话是谁说的，哪一句话没有说完，哪一句话要着重都明明白白，要是只用文字记录在纸上，这些东西便看不

① 黎泽渝等编：《黎锦熙语文教育论著选》，人民教育出版社1996年版，第54—61页。

② 陆俭明、沈阳：《汉语和汉语研究十五讲》，北京大学出版社2011年版，第35页。

见了。为了弥补这种缺点，也规定了一种符号，这便叫'标号'。"①1897年，王炳耀在《拼音字谱》中构想了新式标点符号，1904年严复使用西方标点出版《英文汉诂》，1907年《申报》运用圈点法断句，1916年《新青年》第二卷使用"、"和"。"，1918年陈望道发表《标点之革新》，1920年教育部颁布《通令采用新式标点符号文》，1929年小学国语课程要求学生认识简易标点符号和熟悉普通标点符号。

这一时期国语、文法和新式标点的发展，迈出了我国古代汉语向现代汉语转型的新步伐，围绕现代汉语进行的多种探索，为汉语母语测评的现代化改革提供了语言基础。

（二）新文学运动与现代写作的新探索

科举时期的母语测评以写作为主，但这一时期的写作语言是书面文言，内容重点是经典义理，主要思考、评析或建言国事、天下事。针对这一情况，结合新文化运动的主流思潮，开展了对母语写作具有重要影响的新文学运动。

这一时期的新文学运动主要有两大特征：一是改革文学形式，用白话文代替文言文；二是改变内容，把尊经尚古的文学变为"人"的文学。这两个方面的不断探索与推进，既构成了现代写作的主体内容，也为母语写作能力的考查提供了新的改革思路。

新文学运动与白话文的发展密切相关。1876年《申报》增设《民报》，"专为民间所设"，"字句俱如寻常说话，每句人名地名，尽行标明，庶几稍识字者，便于解释"，②《民报》刊载日常白话，开报业之先河；1897年，叶瀚主编《蒙学报》，刊载通俗儿童作品；1898年，裘廷梁刊行《无锡白话报》，后改名为《中国官音白话报》；1903年，林獬创办《中国白话报》，提倡实学，反对空浮。随着白话报的不断兴起，一些学者开始用白话写作，力求用鲜活的白话创作出鲜活的文学。1917年，胡适在《新青年》第2卷第5号上发表《文学改良刍议》，提出文学改良"八事"：

> 吾以为今日而言文学改良，须从八事入手。八事者何？
>
> 一曰，须言之有物；二曰，不摹仿古人；三曰，须讲求文法；四曰，不作无病之呻吟；五曰，务去烂调套语；六曰，不用典；七曰，不讲对仗；八曰，不避俗字俗语。

---

① 欧阳复生：《怎样用标点符号》，湖北人民出版社1956年版，第1页。
② 叶再生：《中国近代现代出版通史》第一卷，华文出版社2002年版，第214页。

在这"八事"中，不用典、不讲对仗、不避俗字俗语，是白话文学的基本要求，是对旧文学特别是八股文的一次革命。胡适的这一"革命"倡议，得到了陈独秀的大力支持。陈独秀在《新青年》第2卷第6号上提出了国家昌盛离不开"文学革命"的主张：

> 今日庄严灿烂之欧洲，何自而来乎?曰，革命之赐也。欧洲所谓革命者，为革故更新之义，与中土所谓朝代鼎革，绝不相类；故自文艺复兴以来，政治界有革命，宗教界亦有革命，伦理道德亦有革命，文学艺术，亦莫不有革命，莫不因革命而新兴而进化。近代欧洲文明史，宜可谓之革命史。故曰，今日庄严灿烂之欧洲，乃革命之赐也。

他在阐释了文学革命的重要意义后，明确提出文学"革命军"的"三大主义"：

> 文学革命之气运，酝酿已非一日，其首举义旗之急先锋，则为吾友胡适。余甘冒全国学究之敌，高张"文化革命军"大旗，以为吾友之声援。旗上大书特书吾革命军三大主义：曰，推倒雕琢的阿谀的贵族文学，建设平易的抒情的国民文学；曰，推倒陈腐的铺张的古典文学，建设新鲜的立诚的写实文学；曰，推倒迂晦的艰涩的山林文学，建设明了的通俗的社会文学。

陈独秀提出的"平易的抒情的国民文学"、"新鲜的立诚的写实文学"和"明了的通俗的社会文学"主张，细化了胡适的新文学追求。这些主张得到了钱玄同、赵元任、鲁迅等的认同，一批白话小说或文章开始产生，但"直到民国七年（1918）才真起了大革命：把从前所有远于'大众语'的各种文体都叫做'死文学'，把近代从'大众语文学'刚演出来的白话作品都叫做'活文学'；'死文学'一律打倒，'活文学'则认为'文学正宗'。这个大革命，使知识阶级的人换了一个根本观念：两千年来文人学士都看不起的'大众语文学'，两千年来文人学士都要摆臭架子，戴假面具，阳为拒绝，而暗地里却偷袭它乃至跟着它走的'大众语文学'，到此才认定它有个相当的地位。其效果：知识阶级的人才胆敢用白话来做正式的应用文，才放心做一个文学家或学者也不必要古文做得好，才把那通俗教育家'你们啃窝窝头，我吃肉'的'阶级意识'打破，这便是'文学革命'的大功劳"[1]。文学革命的这一功劳，打破了必用文言才能创作文学的局面，当时的一些新文学作品开始贴近民众，并力

---

[1]　黎锦熙：《国语运动史纲》，商务印书馆2011年版，第57—58页。

求让民众走进文学，在一定程度上实现了文学与社会、文学与白话的融通，这为母语写作能力的考查与评价开辟了新天地。

除文言变白话外，新文学的另一个特征是高扬"人"字大旗，以真实的人的写作，反映人的内心情感、观念与喜怒哀乐。这一特点体现在两个方面，首先是写作者要树立"活人"意识，把自己当成活生生的"人"才能开始真正的写作。胡适对此提出了四条原则：一是要有话说，方才说话；二是有什么话，说什么话，话该怎么说，就怎么说；三是要说我自己的话，别说别人的话；四是什么时代的人，说什么时代的话。①其次是强调"人"与"人类"的合理关系，在人与人类的关系中观察人、描绘人和表达人，"只承认大的方面有人类，小的方面有我，是真实的"，"要讲人道，爱人类，便须先使自己有人的资格，占得人的位置"，"利己而又利他，利他即是利己"，②既要在作品中表达个体的人的真实内心，也要顾及人类对个体的需求，实现人与人类的协调统一。至此，"人的文学"成了新文学的主导思想，为中国现代文学和母语写作能力测评确定了"人"的基调。

（三）新教育与现代语文的新探索

新教育是相对旧式教育而言的。旧式教育，是以儒学、科举和八股为主的教育。新教育，是适应新的生活、科技与社会发展，顺应中外教育改革潮流，以启民智、兴实学、师夷技、强国力为主要目的的教育。"自从一八四〇年鸦片战争失败那时起，先进的中国人，经过千辛万苦，向西方国家寻求真理"③，思考如何改变本国的教育，力求通过教育的新变化实现富国强民之梦。

19世纪末20世纪初，国外特别是西方变革传统教育的言行日渐兴盛，新学堂逐渐兴起。1889年英国创办了第一所新学校，提出了促进学生身心健康发展，注重儿童个性发展，把儿童培养成完人的新教育理念，得到不少学校和教育人士的赞同；法国、德国、比利时、瑞士、意大利等国家相继开设了类似学校，实践新教育理念。1912年，国际新教育联盟在瑞士成立；1921年，在法国成立新教育协会，1922年提出了新教育的七项原则："增进儿童的内在精神力量；尊重儿童个性发展；使儿童的天赋自由施展；鼓励儿童自治；培养儿童为

---

① 《胡适文集》第三卷，人民文学出版社1998年版，第60页。
② 参见《新青年》第五卷第六号。
③ 《毛泽东选集》（一卷本），人民出版社1976年版，第1358页。

社会服务的合作精神；发展男女儿童教育间的协作；要求儿童尊重他人，保持个人尊严等。"①这七项原则注重人文科学与社会科学的结合，强调儿童的责任心、进取心、思维能力、观察能力、独创精神等的培养，这对改变中国教育现状、提升中国社会实力具有很强的启发意义，得到了不少留学欧洲的中国赤子的赞同。在此期间，美国也开始推进教育革新运动，1919年成立进步教育协会，也提出了七条原则："自由发展儿童本性；以兴趣作为一切作业活动的原动力；教师是教学中的指导者，而不能包揽一切；科学研究儿童的发展；注重所有影响儿童身体发展的因素；学校与家庭之间应有密切的配合，以满足儿童生活的需要；确认进步学校在教育运动中的领导地位。"②这些原则与欧洲教育的改革追求有很多共同之处，但美国的教育改革包含了儿童、教师、教与学过程等多个方面，以尊重儿童为核心，把儿童教育与社会、家庭、自然等结合起来，这与当时主张用教育改造民众和社会的中国革新派不谋而合。

国外的教育变革影响了国内教育，一些有识之士借鉴国外经验，建议兴办新学堂，学习西方的先进技术，提出了"中学为体，西学为用"的办学主张。1897年，工部尚书孙家鼐在《议复开办京师大学堂折》中，提出了"中学为主，西学为辅；中学为体，西学为用；中学有未备者，以西学补之；中学有失传者，以西学还之"③的建议。1898年，张之洞明确提出学校的办学宗旨，"以中学为体，西学为用，既免迂陋无用之讥，亦杜离经叛道之弊"，"总期体用兼备，令守道之儒为识时之俊"。④在这种思想指导下，清末开始兴办新学堂，新学堂引进了西方的语言、科技与课程设置方法，实施分科教学。1904年的《奏定学堂章程》在初等小学堂开设了修身、读经讲经、中国文字、算术、历史、地理、格致、体操八门必修课，读经讲经和中国文字两门汉语母语课程，属于"中体西用"中的"中学"，是学校课程的根本，要求一年级学生每日读《孝经》、《论语》四十字，天天检测、日日过关，还要讲清"静虚实各字之区别"；二年级学生每日读《论语》、《学》、《庸》六十字，并要适度讲解经义和积字成句之法；三年级学生每日读《孟子》一百字，理解经义和积句成章之法；四年级学生每日诵读《孟子》和《礼记节本》一百字；五年级学生每日诵读《礼记节本》一百字，每星期五个年级共计80个钟点，而其他学科

①② 李海云：《新教育中国化运动》，社会科学文献出版社2009年版，第31页，第32页。

③ 孙家鼐：《议复开办京师大学堂折》，载《北京大学史料》第一卷，北京大学出版社1993年版，第23页。

④ 蔡振生：《张之洞教育思想研究》，辽宁教育出版社1994年版，第35页。

如数学30个钟点，体操15个钟点，修身10个钟点，历史、地理、格致各5个钟点，远居其他学科之首，突出了"中学"地位。

但这种办学思路和课程设置远不能适应教育变革的需要，民国元年，蔡元培提出了"普通"、"专门"的教育改革主张，即要顾及全体民众，养成国民深入研习专门领域之学风。后开办的国民学校以"施行国家根本教育，以注意儿童身心之发育，以施适当之陶冶，并授以国民道德之基础，及国民生活所必须之普通知识技能"为宗旨，开设了修身、国文、算术、手工、图画、唱歌、体操等课程，学制四年。[①]国文课革除了读经内容，如民国四年国民学校国文课的必修必考内容为简单文字的读法、书法和日用文章的读法、书法、作法、语法，把读音、写字、作文、文法纳入国文科的学习和测评，形成了分科教学后现代语文教育与测评的内容骨架，迈出了现代语文教育与测评的第一步。

但这还不够，这种变革依然未能很好地体现国外新教育的总体追求。1917年，陈独秀在《新青年》第一卷第二号上发表《今日之教育方针》，提出"了解人生之真相"、"了解国家之意义"、"了解个人与社会经济之关系"、"了解未来责任之艰巨"的教育方针，从人生、国家、社会和未来等不同角度提出了教育与测评的新使命。之后，他陆续发表了《近代西洋教育》、《新教育的精神》、《教育缺点》、《新教育是什么》、《教育与社会》等论文，引起了"新教育"的大讨论。1919年2月，《新教育》创刊，在创刊号上明确了办刊目的，"发健全进化之言论，布正当确凿之学说"，"以教育为方法，养成健全之个人，使国人能思、能言、能行，能担重大之责任，创造进化的社会；使国人能发达自由之精神，享受平等之机会"，在追求新教育的这一目的的过程中，母语教育与测评有了新的变化，既兼顾听说读写，也对能力发展提出了具体标准。如1923年《新学制课程标准纲要小学国语课程纲要》对小学初级阶段的母语能力提出了如下标准：

语言

能听国语的故事演讲，能用国语作简单的谈话。

文字

读文 识最普通的文字两千个左右，并能使用注音字母。读语体的儿童文学等书八册。（以每年二册计，每册平均四五千字）能用字典

---

① 陈青之：《中国教育史》下册，岳麓书社2010年版，第654页。

看含生字百分之五的语体的儿童书报。试读、答问，准确数在百分之六十以上。

作文 能作语体的简单记叙文，实用文，（包含书信日记等）而令人了解大意。

写字 能速写楷书和行楷，方三四分的，每小时二百五十字；方寸许的，每小时七十字。①

这一能力标准包含了语言和文字两个方面，"语言"主要是听和说；文字包含了读书、写作、书写等方面，听说读写构成了现代语文的主要内容，为汉语母语测评的内容改革奠定了基础。

同年颁布的《新学制课程标准初级中学国语课程纲要》，确定了"使学生有自由发表思想的能力；使学生能看平易的古书；引起学生研究中国文学的兴趣"②的目标。根据这一目标，明确了读书、作文和习字的能力测评标准与方法，学生学习优劣采用学分制评定，其中精读占十四学分，略读占六学分；作文和笔记占四学分，文法讨论占三学分，演说辩论占三学分；写字占二学分。初级中学毕业学生母语能力的最低限度标准为：

阅读普通参考书报，能了解大意。

作普通应用文，能清楚达意，于文法上无重大错误。

能欣赏浅近文学作品。③

这一能力标准体现了新教育的要求。根据这一课程纲要的规定，1923年东南大学附属中学的招生考试共有三道试题："默读测验（甲），共6大题，每题是一段白话文，根据题意，提了3—4个问题，要求学生回答，旨在考查学生掌握白话文的程度，时间为15分钟。默读测验（乙），共6大题，每题是一段文言文，根据题意，提出3—4个问题，要求学生回答，旨在考查学生阅读'平易古书'的能力，时间为15分钟。作文题目是暑假中致某同学函，述利用假期之计划。体裁可以是文言，也可以用白话，时间为1小时。"④这一试卷结构体现了新教育推进过程中现代语文的测评特点。

---

① ② ③ 课程教材研究所编：《20世纪中国中小学课程标准·教学大纲汇编》（语文卷），人民教育出版社2001年版，第15页，第274页，第276页。

④ 杨学为等编：《中国考试通史》卷四，首都师范大学出版社2008年版，第314页。

二、汉语母语测评的现代转型

国语运动、新文学运动和新教育运动，分别从现代汉语、现代文学和现代教育三个角度，为汉语母语测评的现代转型提出了新要求，这些新要求首先体现在了新学堂的各类考试中。

民国建立前的学堂考试分为临时考试、学期考试、年终考试、毕业考试、升学考试五种，"临时考试，或一月一次，或间月一次"，"由各教员自行酌定。学期考试每半年一次，由本学堂监督或堂长会同各教员于暑假前执行。年终考试，一年一次，由本学堂监督或堂长会同各教员于年假前执行。年终考试后，计算各门分数，及格者准其升级，不及格者留级"，"凡各种考试，皆以百分计算，即各门平均分数，以一百分为极则。此项平均分数分着五等：凡满八十分以上者为'最优等'，满六十分以上者为'优等'，满四十分以上者为'中等'，四十分至二十分者为'下等'，在二十分以下者为'最下等'。前四等皆谓之及格，最下等不及格"。①民国时期的考试主要有日常考查、临时试验、学期考试和毕业考试四种。日常考查主要是"口头问答、演习练习、实验实习、读书报告、作文测验、调查采集报告、其他工作报告及劳动作业八项"，临时试验"由担任各科教员随时于教学时间内举行，每学期至少举行二次以上，普通叫做月考"，学期考试"于每届学期终，各科教学完毕时举行，所考范围以本学期所教学者为限"，毕业考试"学年修满后举行，所考范围以本校所定全部课程为限"；在成绩计算上，"各科日常考查成绩与临时试验成绩相结合，叫做各科平时成绩；日常考查成绩在平时成绩内占三分之二，临时试验成绩占三分之一。各科平时成绩与学期考试成绩相结合，叫做各科学期成绩；平时成绩在学期成绩内占五分之三，学期考试成绩占五分之二。每学生各科学期成绩的平均数，作为该生的学期成绩；每学生一二两学期的平均数，作为该生的学年成绩。每学生各学年成绩的平均数，与其毕业考试成绩相结合，叫做毕业成绩；各学年成绩的平均数在毕业成绩内占五分之三，毕业考试成绩占五分之二"，"以上各项成绩，均以百分法计算，并规定以六十分为及格标准"。②这些严格细致的考试规定，为汉语母语的过程性考查与终极性测评提供了制度依据，在执行这些制度的过程中，汉语母语测评体现出了"从精英走向民众"、"从文言走向白话"、"从文章走向文法"的现代转型特征。

---

① ②　陈青之：《中国教育史》下册，岳麓书社2010年版，第579—580页，第745—746页。

（一）汉语母语测评对象的转型：从精英走向民众

"今世界之教育，为多数之人，合群策群力以捍卫国家而设"，"夫吾国不欲自强、不欲开民智则已，如欲开民智以自强，非使人人能读书、人人能识字、人人能阅报章，人人能解诏书示谕不可。"[①]国语运动以民众话语为基础，新文学运动以白话文写作为重要标志，新教育的追求之一是普及平民教育，国语、文学、教育在这一时期的改革，把国家语言从文言和"官话"中解放出来，使说话、写作、告示、公文和母语测评协调发展、不断统一。在这种背景下，一般民众和读书人一样，也可置于知识和语言的世界，消除了读书人、统治者和普通民众的语言隔阂，汉语母语的测评对象也从精研古书的士人转向多数民众，日常测评形式也从盛大的科举应考转向了日常学习中的过程性练习。如《开明国语读本》第四册在《来得太早了》的课文后附了一则练习：

今天早晨，爸爸说："李家花园里梅花开了。"

弟弟立刻要去看[ ]。

我说："下午四点钟，我和你一同去。"

弟弟问："现在[ ]点钟？"

我说："八点钟。"

弟弟说："那么四点钟已经过了。"

我说："过了[ ]点钟，又是一点钟了。所以我说[ ]点钟。"

弟弟说："原来是这样的。我要看梅花，恨不得[ ]是下午四点钟。"[②]

这一练习是在学习了母亲与孩子的对话后，要求学生结合学习所得，根据日常的对话情景，在括号内补全文字。这一练习紧密结合普通民众的日常生活，把学生的能力考查与民众生活结合起来，只要具备一定识字能力，就能把括号补充完整，体现了从精英到民众的测评对象转型。

从国民政府教育部发布的国语考试标准看，也具有从精英走向民众的测评特征。如1929年《小学课程暂行标准小学国语》规定了如下测评内容与评价标准：

（一）初级结束

（1）说话 能听国语的通俗演讲，能用国语谈话。

（2）读书

---

① 倪海曙：《清末汉语拼音运动编年史》，上海人民出版社1959年版，第100页。

② 刘国正主编：《叶圣陶教育文集》第四卷，人民教育出版社1994年版，第217页。

（甲）知道最通用的词类　个到　个左右。（或精读教育部所审定的初级小学国语教科书八册，略读倍于初小国语教科书的儿童图书二倍以上）

（乙）能自由使用国音字母和浅易的字典。

（丙）能阅读小朋友和其他类似的书报。

（丁）默读速度，每分钟能阅一百八十字到二百字。

（戊）默读标准测验分数在4.5以上。

（3）作文能作语体的书信和简单的记叙文，而文法没有重大的错误。或作文标准测验分数在4.5以上。

（4）写字能写正书和行书，依照俞子夷氏书法测验（商务印书馆出版）快慢能达到T分数48，优劣能达到T分数45。

（二）高级

（1）说话 能用国语演说。

（2）读书

（甲）知道通用的辞累计至　个左右。（或精读教育部所审定的高级小学国语教科书四册，略读倍于高小国语教科书的儿童图书三倍以上。）

（乙）能阅读少年杂志和普通的日报。

（丙）默读速度，每分钟能阅二百四十字至二百六十字。

（丁）默读标准测验分数在6.5以上。

（3）作文　能作语体的实用文普通文而文法没有错误，或作文标准测验分数在6.5以上。

（4）写字　能用行书写普通的书信，依照俞子夷氏书法测验，快慢能达T分数54，优劣能达T分数45。[①]

从"说"的测评看，能听白话演讲，能用白话交流，体现了民众的听说特征。从"读"的测评看，无论初级还是高级，都强调了"通用"的词或词类，"通用"是指大多数民众都能使用并且正在使用；在阅读内容的考查上，强调了阅读普通书报的能力，这是民众的日常生活所需；在"写"的测评上，强调了白话文写作，考查内容为书信等实用文或记叙文、普通文，这也是民众在社

---

① 课程教材研究所编：《20世纪中国中小学课程标准·教学大纲汇编》（语文卷），人民教育出版社2001年版，第21页。

会中生存的必备语言能力。这些测评内容与国语运动倡导的内容一致，与科举时期的小学母语测评理念、思路、内容完全不同，促进了现代母语测评的对象转型。

（二）汉语母语测评的语言转型：从文言到白话

我国现代汉语的形成标志是白话成为学校教材的主体。民国九年，教育部下令本年秋季在国民小学一二年级改国文为语体文，并修正《国民学校令》和《国民学校施行细则》，要求"读本取普通语体文，避用土语，并注重语法之程序"，首先"教授注音字母，正其发音；次授以简单语词、语句之读法、书法、作法；渐授以篇章之构成，并采用表演、问答、谈话、辩论诸法，使练习语言"，让儿童"养成发表思想之能力，兼以启发其德智"；[①]民国十一年后，国民小学各种教材一律改用语体文。至此，现代汉语的地位得以确立和巩固，母语测评的语言基础也由文言转向了白话。

蔡元培在国语传习所演讲时说："我想造成一种国语，从哪里下手呢？第一是语音，第二是语法，第三是国语的文章。"[②]语音、语法和白话文，构成了国语运动时期汉语母语测评的三大要件，这三大要件的基本指向是白话。"本校教授国文的目的有二：一，形式的。使学生能够了解现代语，或近于现代语如各日报和中等学校以下科学教科书所用的文言所发表的文章，而且能够看得敏捷、正确、贯通；并使学生能够用现代语，表现自己的思想感情，而且要自由、明白、普遍、迅速。二，实质的。使学生了解人生真义和社会现象。"[③]考查白话语音、语法和文章的重要目的，首先是引导学生或民众读懂白话文章，特别是科学普及类文章，以开启民智，评价标准是敏捷、正确、贯通；其次是用白话表达自我，形成民众交流的风气，评价标准为自由、明白、普遍、迅速；第三是通过阅读和写作白话文，走进并融入社会，成为国家富强的建设者。根据这一思想，本时期小学阶段的母语测评远离文言经典，走向日常白话，实现了母语测评的语言转型。如1941年国民政府教育部颁布的《小学国语科课程标准》明确提出如下目标：

一 教导儿童熟练国语，使其发音正确，说话流畅。

二 教导儿童认识通常应用的文字，使能应用于日常生活，并养成其阅读的能力和兴趣。

---

① 陈青之：《中国教育史》下册，岳麓书社2010年版，第677页。

②③ 顾黄初、李杏保：《二十世纪前期中国语文教育论集》，四川教育出版社1991年版，第111页，第138页。

三 教导儿童运用文字，养成其理解的能力和发表情意的能力。

四 教导儿童习写文字，养成其整齐清洁迅速确实的习性和审美的观念。

五 培养儿童修己善群爱护国家民族的意识和情绪。①

这一目标成了当年及其今后一段时间的母语测评标准。根据这一标准，小学阶段的汉语母语测评集中在语音正确、说话流畅、应用文字、理解文章、表情达意、汉字书写、民族意识等方面。这一年颁布的课程标准还明确了母语测评的主要文体，如普通文中的记叙文（包含生活故事、自然故事、历史故事、民间故事、童话、寓言、小说、游记、杂记等）、说明文和议论文，实用文中的书信、布告、契约、章则等，韵文中的儿歌、民歌、杂哥、谜语、新体诗等，这些文体的考查多集中于白话文，如考查"写"的能力时，重点看其"对照图片、实物等的口述或笔述"、"故事的口述或笔述"、"日常生活、偶发事项等的口述或笔述"等能力，②这些能力都是用白话表达的能力。

（三）汉语母语测评的知识转型：从经典走向文法

科举时期的母语测评集中在经文认读、识记、理解与运用上，除字科和书科考查一定的汉字知识外，其他科目的基础知识主要集中在经典的读音与书写，一般不涉及文法。新学堂建立后，语文作为单独学科，汉语文法受到空前重视。随着文法知识的不断丰富，母语教育开始关注文法知识，并将其纳入考试范围。如1941年国民政府教育部公布的《小学国语科课程标准》专门附录了"文法的组织"内容，这一内容包括五个部分：一是单句的组织，包括用主语、述语、附加语组织的单句，主语、述语、宾语、附加语组织的单句；二是单句复成分的组织，包括复主语的单句、复宾语的单句、复述语的单句、复附加语的单句；三是单句成分的省略组织包括省主语、宾语；四是复句的组织，包括等列复句中的平列的复句、选择的复句、承接的复句和转折的复句，主从复句中的表示时间的复句、表示原因的复句、表示假定的复句、表示范围的复句、表示让步的复句、表示比较的复句；五是句子的语气，包括决定语气的句子、祈使语气的句子、疑问语气的句子、惊叹语气的句子。这些文法知识融合到各年级的读书、作文和写字中考查，如对读书能力的考查，一年级学生要能

---

① ② 课程教材研究所编：《20世纪中国中小学课程标准·教学大纲汇编》（语文卷），人民教育出版社2001年版，第40页，第41页。

读懂简易的叙述、疑问、惊叹、祈使的单句，辨认出国音注音符号；二年级学生要在一年级的基础上，读懂和辨认简易的复主语、复宾语、复附加语的各式单句，能运用主要标点符号和国音注音符号；三年级学生要在一二年级的基础上，读懂、辨认、分析省略组织的对话、祈使、自叙等的单句和简易的等列、主从复句，能运用普通的标点符号等。在作文能力的考查上，一年级学生要能运用最为基本的字与词；二年级学生要在自主运用的基础上，看其单句的构造能力；三年级学生在一二年级的基础上要能运用标点符号；四年级学生要看其构造各种单复句的能力。在写字能力的考查上，一年级要考查简易熟字的笔顺和注音符号的书写；二年级要辨认和写出单体字与合体字的偏旁、冠脚、部位等；三年级则在此基础上考查学生辨认熟字结构、部位的能力等，学校母语的日常测评强化了文法知识，为现代语文的知识测评奠定了基础。

不但小学母语测评重视文法知识，高中阶段的母语测评也加入了文法知识的考查。如1936年国立北京大学新生入学考试，命制了两道作文题，要求学生任选一题写白话文：

（1）叙述你平日作文所感到的困难，并推寻其困难的由来。

（2）你从读书以来，对于学问的兴趣经过几次转变？试说明其经过及原因。

注意：两题选作一题；作白话文，不限字数；自己分段，每段第一行低两格写；自己加标点符号。

这一作文题紧密结合学生的读书与作文经历，要求学生用白话叙写自己的感受、变化与原因，把"学生自己"作为写作对象，记录自己的情感、态度与内心想法，高举了"人"字大旗，具有新文学的特征；在写作要求中强化了分段、格式和标点，融入了文法知识。除作文强调文法外，这次考试还突出了构造复句、病句修改与虚字用法的考查：

（1）用下列的语词分别作成适当的复句

a.到底……还是……

b.只要……一定……

c.除非……不能……

d.与其……宁可……

e.固然……可是……

（2）改正下列各句的文法错误，并说明致误的原因

a.汗牛之充栋

b.出人意表之外

c.方姚卒不之踣

d.于今六载于兹矣

e.岂余子可望矣

（三）试分别说明下列各句里"其"字的用法

a."其"为人也好善。

b."其"为政也，善因祸而得福，转败而为功。

c."其"文约，"其"辞微，"其"志洁，"其"行廉。

d.苟有"其"备，何故不可？

e.孟尝君使人给"其"食用，无使乏。[1]

这套试题除作文外，其余全是文法知识，体现了现代语文测评的知识转型。

20世纪前半期的上述要求与转型，突破了科举时期的母语测评定势，无论是学校的日常测评，还是各类升学考试中的选拔性测评，都开创了母语测评的新格局，迈出了母语测评现代化的探索步伐。

第二节
汉语母语测评现代化的艰难探索

根据时代变革的新取向和现代转型的新要求，这一时期的汉语母语测评在母语能力构成、评价标准、试题命制等方面进行了艰难探索。新学堂建立后，一些学校开始探索新的测评方式，力求改变母语测评与实际脱节、学非所用、用非所学的弊端，增加了题目的开放性与实用性，这些努力影响了科举考试的命题思路。如1903年，河南会试命制了如下论题：

1.管子内政寄军令论。

2.汉文帝自南越王佗书论。

---

① 王丽：《追寻失落的中国教育传统》，教育科学出版社2011年版，第4—5页。

3.威之以法，法行则知恩，限之以爵，爵加则知荣论。

4.刘光祖言定国是论。

5.陈思谦言铨衡之弊论。①

这是第一场论题，内容涉及内政、军队、外交、法令等多个方面，考生必须结合经典阐释自己的看法，提出自己的主张并进行论证。与清代中后期注重考据和辞章的题目相比，上述题目的实用性进一步增强。在完成论题后，考生需要继续完成以下策题：

1.泰西最重游学，斯密氏为英大儒，所论游学之损亦最挚切，应如何固其质性，限以年例，以期有益无损策。

2.日本学制改用西法，收效甚速，然改制之初，急求进境，不无躐等偏重之弊，东国名宿类自言之，取长舍短宜定宗旨策。

3.各国商会、银行皆财政之大端，预算、决算又合制用古法，然所以能行之故，必有本原，试参酌中国商贾情形，以期推行无阻策。

4.警察之法与政治关系极多，辅以宪兵尤足补警察所不及，试详言其典则事务以便仿行策。

5.工艺、商贾、轮船、铁路辅以兵力，各国遂以富强，其所以富强者，果恃此数者欤？抑更有立国之本欤？观国者无徒震其外，宜探其深微策。②

这些策题的命制有了四个变化：一是紧密结合世界时务，内容涉及中西游学、日本学制改革、世界经济与财政、警察、现代国家富强之道等，这些内容均是现实社会关注的热点，有利于引导士子关注本国时事和世界发展，以世界眼光思考本国社会问题的解决之道；二是强调策文的实用功能，"以期有益无损策"、"取长舍短宜定宗旨策"、"以期推行无阻策"、"试详言其典则事务以便仿行策"、"宜探其深微策"等题目要求，强调了策文的实用性；三是视野的开阔性；试题素材关注中西社会的发展变化，从国内到国外，策题视野较为开阔；四是策略指向的现代性，商会、银行、预算、决算、警察、宪兵、工艺、商贾、轮船、铁路等现代社会的常用词语在策题中大量出现，有利于引导应试者思考现代社会的治理之策。除策题外，经义文题目也具有一定的实用性：

1.敬事而信，节用而爱人义。

---

①②　张亚群：《科举改革与近代中国高等教育的转型》，华中师范大学出版社2005年版，第101页。

2.故为政在人，取人以身义。

3.化而裁之谓之变，推而行之谓之通，举而措之天下之民谓之事业义。①

这三道经义题突出的"敬事"、"节用"、"为政"、"变"、"义"等方面，是国家面临内忧外患时需要读书人具备的基本品质，以此命题，让考生从古圣先贤的言论中寻找现实的解决之道，养成良好品质与文化信念报效国家，可谓用心良苦。

这一时期，策题的变化最为明显，如1903年的江南乡试命制了如下策题：

1.书籍报章持论贵乎平正，若诬及朝政有碍治安者，实为煽乱之根，试详言一律严禁之法，以正人心而维风俗策。

2.泰西皆设商部而辅以公司，以铁路、轮船为转运之枢纽，以银行、报纸为流通之关键，而又邮电以速之，学校以教之。中国振兴商务，先后次第宜如何规摹西制策。

3.近年摊派偿款，各省筹办情形固有不同。顾筹款非难而能得筹款之人为难，即如盐房粮膏等捐，办理稍有不善，动辄欺压勒派，苦累斯民。应如何慎选行法之人，以妥筹便民之法，俾治人与治法相辅而行策。

4.中国邮政逐渐扩充，现邮路纵横约若干里，各项局所共若干处。应否再事推广并变通办法，以保邮权策。

5.高加索为朔方何部译音，有无他名，俄取其地设有新例，其例若何并设于何年策。②

上述策题关注世界局势变化和中国推行的新举措，时代感强。这一年湖北乡试也命制了如下策题：

1.泰西小学教育之旨，斯巴达、雅典宽严异尚，教育名家或主家庭教育，或主学校教育，或主体育智育德育，诸意孰得孰失，宜融会贯通，折中至当，以端蒙养之基策。

2.水师根据之地要领有几，英国水师雄长欧亚，其占地中海、红海、东西两洋形势者何在。今欲重振水师，扼江海之要冲，故南北之

①② 张亚群：《科举改革与近代中国高等教育的转型》，华中师范大学出版社2005年版，第101页，第101—102页。

锁匙，当以何地为适中重镇策。①

这两道策题纵论天下教育，筹划我国军事，具有极强的实用性。清朝末年策题的这种命制思路，已从"稽古明理"中解脱出来，既开眼看世界，也谋划本国的强盛之道，体现了"中学为体，西学为用"的母语测评理念，但这种理念未能实现母语测评的现代转型。民国成立后，继续探索母语测评的现代转型，并取得了一定成绩。

一、民国文官考试中汉语母语测评的"复古"倾向

1912年民国建立。孙中山根据"考试权独立"的政治设想，在就任中华民国临时大总统时强调：国民政府要通过考试挑选人才，使优秀人才掌管国家事务。1913年1月9日，北洋政府公布了《文官考试法草案》；1915年颁布《文官高等考试令》和《文官普通考试令》；1930年1月，南京国民政府考试院在玄武湖南岸成立，1931年举行了第一届高等文官考试，以后每两年举行一次。

民国文官考试中的汉语母语测评在命题思路上与科举时期大致相当。1915年颁布的《文官高等考试令》第七条规定："第一试合试经义一道，史论一道，现行法令解释一道。"②从这一规定看，当时的文官考试与科举考试框架大体一致，只是缩减了题目数量，取消了策题，增加了现行政策的解释，总体难度下调。

南京国民政府考试院成立后，文官考试步入正轨，汉语母语测评的总体思路没有多大变化。测评内容主要是"四书五经"，测评形式以论文为主。"因政府力求提倡国学，恢复固有知识，故国文题目泰半取材于古人典籍之中，如最近军委会之政治训练班国文试题为《从离骚一书中论屈平之写人》，司法行政部之监狱训练班试题为《刑乱国用重典论》，政治学校之土地研究班题为《论王者之政必自经界始》，以及法官考试之试题为《分争辩讼非礼不决论》，于以知国家提倡国粹的一班。"③特别是戴季陶当考试院院长期间，题目多出自"四书"，以检查考生的国学功底。曾有人对戴季陶命制的国文题目作了如下概括：

> 戴季陶任考试院院长长达20年，此人受传统影响颇深，所出考试题目亦多复古倾向。国文是第一试重点科目，其试题则是"天下之

---

① 张亚群：《科举改革与近代中国高等教育的转型》，华中师范大学出版社2005年版，第102页。
② 杨学为等编：《中国考试通史》卷四，首都师范大学出版社2008年版，第226页。
③ 顾黄初等：《二十世纪前期中国语文教育论集》，四川教育出版社1991年版，第545页。

事，天下之贤共理之"、"国奢示之以俭，国俭示之以礼"、"孔子
四教论"、"德当其位，功当其禄，能当其官"、"儒家重礼，法家
重论，儒法一致，试申论之"等一类的旧题目。①

立足儒家经文或经义命制文官汉语母语测评题目，以文章写作考查应试者
对经文、经义的理解与言辞表达能力，是民国文官考试中汉语母语测评的主要
特点。这一特点与戴季陶对汉语母语测评的主张有关，他在给朋友的一封信中
吐露了自己的心声：

> 考试理解国书能力，中等程度之考试，以四书五经为标准，此目
> 的在于令考生将以上各书认真讲读一遍。书不甚多，专力预备半年已
> 能胜任。其方法，一择其中一句一节或一章，令考生说明其意义；二
> 择其中较为难解之字或句（除考证未确解释未定之字句），令其作简
> 单之解答。此目的在于提倡人人读经，学校即无此科，而将来读者自
> 然普遍也。②

根据戴季陶的这一主张，1931年第一届高等考试普通行政人员考试的国文
试题为：

> 1.论文试题：天下之治天下之贤共理之论
>
> 2.公文试题：拟国民政府通令各省迅速筹备地方自治限期完成令③

1933年第二届高等考试普通行政人员考试的国文试题为：

> 孟子谓入则无法家拂士，出则无敌国外患者，国恒亡。其理由安
> 在？试申论之。

1936年的国文试题为：

> 德当其位，能当其官，禄当其功议。

1946的国文试题为：

> 孔子谓足食足兵民信之矣；孟子谓筑斯城也，凿斯池也，与民守
> 之，效死而民弗去；试阐其义。④

从上述题目看，论文试题主要出自"四书"，重点考查应试者对儒家文化
的把握能力；从测评方式看，主要采用论文写作方式，应试者以题目为观点，

① 金绍先：《民国文官考试琐记》，《人民政协报》2003年4月17日。
② 《戴季陶致考选委员王太蕤、陈百年书》，载杨学为：《中国考试通史》卷四，首都师范大学出版社2008年版，第226页。
③④ 杨学为：《中国考试通史》卷四，首都师范大学出版社2008年版，第221页，第225—226页。

在阐释其意义的过程中逐一论述，这和科举时期的命题思路大致相当。1931年强调了公文写作，这与科举时期强调实用文写作能力一致。

面对科举被废，新学迅速发展，重实学而不重文化，重技术而不重人心，重西学而不重传统的教育现状，戴季陶以这种方式考查文官应试者的汉语母语素质，以在文官身上保存儒家血脉，留存传统文化，建立中华民族的汉语文化取向，这一初衷无可厚非。在大家均反对读经考经的时代，戴季陶逆众人非议而行，为提高官员的文化素质"冒天下之大不韪"，其传承民族文化的决心令人尊敬。但是，面对新的时代，如何让儒家文化打上时代烙印，促进儒家文化与时代精神的有机结合，让儒家文化绽放出新的生机，以此为基础命制具有文化意义和时代意义的题目，既考查官员的传统文化素质，也考查官员的与时俱进能力，应是民国文官汉语母语测评的改革方向。从这一角度看，1903年和1904年命制的策题，在理念和内容上强于民国文官考试的国文试题。

二、民国学校汉语母语测评的现代化探索

1912年民国政府成立后，于9月颁布了《学校系统令》；1913年8月，教育部又陆续颁布了《小学校令》、《中学校令》、《师范教育令》、《实业学校令》、《专门学校令》、《大学校令》、《小学教则及课程表》、《中学校令施行规则》、《示范学校规程》等，这些文件及相关举措形成了民国时期的学校教育体系。"壬子癸丑学制"，把学校教育分为初等小学（4年）、高等小学（3年）、中等教育（4年）和高等教育（预科3年，本科3—4年；专门学校和高等师范学校预科1年）。1922年颁布的《学校系统改革案》，把学校教育分为初等教育（6年）、中等教育（6年）和高等教育（一般为4—6年）三级。国民政府在各级学校中进行了母语测评的现代化探索。

（一）采用学分制，注重过程性评价

学分制是指一门课程修习合格后，给予一定学分，最后根据学分累计情况判断其学习目标的达成度。学分制是现代母语测评的常用方法，民国时期在选修课中尝试采用学分制，丰富了科举时期的过程性评价策略，具有母语测评的现代化探索意义。

选修课实施学分制，必须明确课程目标和内容。1923年，高中阶段在必修课的基础上增设了两门选修课，选修课实施学分制评价。胡适起草的《高级中

学第一组必修的特设国文课程纲要》对目标、内容与学分作了明确规定，第一组必修课程为文科专业类课程，包括《文字学引论》和《中国文学史引论》，《文字学引论》为八学分，每科四学分，一科为国文一；一科为国文二。其目的是"使学生略知中国文字变迁的历史"、"略具研究中国文字学的必要知识"。《中国文学史引论》也是八学分，分为国文一和国文二，每科各为四学分，其目的是"使学生略知中国文学变迁沿革的历史"、"了解古文学与国语文学在历史上的相当位置"、"引起学生研究文学的趣味"。①胡适在《文字学引论》中，规定了十一项学习和考查内容，学生必须学习这十一项内容并考核合格后，才能获得学分。

除实施学分制外，民国学校还注重过程性评价。如1936年颁布的《初级中学国文课程标准》在"精读部分"明确了教学方法后，规定了过程性评价方法：

（甲）复讲；

（乙）问答；

（丙）测验；

（丁）默写或背诵；

（戊）轮流报告及讨论；

（己）检阅笔记。②

国民政府教育部要求教员运用这些方法，在阅读教学的过程中考查学生的阅读能力，并计入平时成绩。除阅读外，作文方面更是把教师的教学过程、学生的写作过程和作文能力的评价过程结合了起来，强化了过程性评价。如1936年颁布的《初级中学国文课程标准》在"作文练习"部分作了如下规定：

（甲）命题　由教员命题或由学生自拟，教员择定之。题材须取有关于现实生活而偏重记叙描写并与精读文之文体有切实关联者。

（乙）翻译　翻文言文为语体文，或翻古诗歌为语体散文。

（丙）整理材料　由教员供给零碎材料，令学生作一有系统之文字。

（丁）变易文字之繁简　示以简约文字，令学生就原意演绎；或示以冗长文字，令节简之。

①② 课程教材研究所编：《20世纪中国中小学课程标准·教学大纲汇编》（语文卷），人民教育出版社2001年版，第280—281页，298—299页。

（戊）写生　分学生为数组，由教员提示事物，实际描写。

（己）笔记　教室听讲及课外读书之笔记。

（庚）记录　如日记，游记，演说及新闻等记录。

（辛）应用文件　书札，契据，章程，广告及普通公文程式之习作。

（2）习作以每星期一次为原则，于课内行之。每次练习，必须有个别或共同之批评，改正以先加各种符号，使自行修改。

（3）口语练习，于课外行之。或由教员命题指定学生演说，或由学生自由发表意见，或组织辩论会分组辩论。演说或辩论后，应批评其国音上语法上理论上及姿态上之错误，予以纠正。

（4）书法练习，除于课内略为说明用笔结体等外，应注意课外行楷之练习与临摹，先求整洁，次及美观。笔记与作文簿亦可为考查书法成绩之资料。

上述规定既是作文教学法，也是教师进行成绩评定的方法。在这些方法里，命题、作文内容、作文形式、作文修改、书写情况等，均"可为考查书法成绩或作文成绩之资料"，计入国文科平时成绩。

（二）明确评价标准，推进多样化测评

和科举时期相比，20世纪前半期的学校汉语母语测评非常重视评价标准建设。早在光绪二十九年(1904年)，清政府就颁布了由张之洞、张百熙、荣庆合定的《奏定学堂章程》，汉语单独设科，初小名为"中国文字"，其学习和测评标准是："识日用常见之字，解日用浅近之文理，以为听讲能领悟、读书能解之助，并当使之以俗语叙事，及日用简短书信，以开他日自己作文之先路，供谋生应试之需要。"①高小和中学的汉语科目被命名为中国文学，学习和测评标准规定如下：

读经讲经　学生年岁已长，故讲读《春秋左传》《周礼》两经，以备将来学成经世之用。讲读《左传》应用武英殿读本，讲读《周礼》应用通行之《周官精义》(其注解系就钦定《周礼义疏》摘要节录，最便初学寒士)。此两书既本古注，又不繁冗，最于学者相宜。讲《左传》宜解说其大事与今日世界情形相合者，讲《周礼》宜阐发先王制度之善，养民教民诸政之详备，与今日情形相类可效法者；但解说须

①　顾黄初、李杏保：《二十世纪前期中国语文教育论集》，四川教育出版社1991年版，导论第5页。

简要。①

1904年颁布的学堂章程不但规定了经书内容，明确了经书版本，而且规定了读经的数量标准：

> 因学生皆系高等小学毕业者，故应读《春秋左传》及《周礼》两部，每日读二百字，每年除各假期外，以二百四十日计算，应读四万八千字，五年应共读二十四万字。计《春秋左传》(十九万八千九百四十五字)、《周礼》全本(四万九千五百一十六字)，合共二十四万八千四百六十一字。若用黄叔琳《周礼节训本》(约二万五千字)则合计不过二十一万三千余字，尚有余力温习。②

"学堂章程"的上述规定，对中学阶段经文的学习内容、数量与时间提出了明确要求：在内容上注重实用、浅易、平正、大义；在数量上每日读两百字，五年读二十四万字；在学习时间的安排上，要求学生每星期读经六点钟，挑背及讲解三点钟（间日背讲一次），合共九点钟；每天用半点钟温习所习之经，自习时督促学生讲解背诵。挑背和温习属于学堂的日常测评方式，其测评内容主要是背书和讲经，两者不可偏废，但有变通之法，"所诵经书本应成诵，万一有记性过钝实不能背诵者，宜于试验时择紧要处令其讲解"③。除明确儒经阅读的测评标准外，"学堂章程"还对中学写作提出了如下标准：

> 入中学堂者年已渐长，文理略已明通，作文自不可缓。凡学为文之次第：一曰文义；文者积字而成，用字必有来历(经史子集及近人文集皆可)，下字必求明解，虽本乎古亦不骇乎今。此语似浅实深，自幼学以至名家皆为要事。二曰文法；文法备于古人之文，故求文法者必自讲读始，先使读经史子集中平易雅驯之文；《御选古文渊鉴》最为善本，可量学生之日力择读之(如乡曲无此书，可择较为大雅之本读之)，并为讲解其文法。次则近代有关系之文亦可浏览，不必熟读。三曰作文；以清真雅正为主：一忌用僻怪字，二忌用涩口句，三忌发狂妄议论，四忌袭用报馆陈言，五忌以空言敷衍成篇。④

学堂章程在"文义"、"文法"和"文风"三个方面规定了母语写作的

---

① ② ④ 课程教材研究所编：《20世纪中国中小学课程标准·教学大纲汇编》（语文卷），人民教育出版社2001年版，第268页，第268页，第268—269页。

③ 顾黄初、李杏保：《二十世纪前期中国语文教育论集》，四川教育出版社1991年版，导论第6页。

测评标准：在"文义"上，"用字必有来历，下字必求明解"，要求循考据之风，不说玄糊和虚诞之语；在文法上，模仿古人和名家文法；在文风上，务求清真雅正，忌用僻怪字、涩口句、狂妄议论、报馆陈言和空言敷衍。为了帮助考生在文义、文法和文风上实现上述标准，学堂章程还对命题提出了要求，"其作文之题目，当就各学科所授各项事理及日用必需各项事理出题，务取与各学科贯通发明，既可易于成篇，且能适于实用"。①根据上述标准，1906年顺天中学堂就中国、文学命制了如下试题：

1.有语言而后有文字，中国文家务于述古，流传记载多出于组织藻翰之词，而文家语言截然不可复合。今者崇尚编译，竞求专门，发挥心志之用日宏，联络人群之益日广。试发明文学之原理，以为执简御繁之用。

2.论文体者以散行为古文，以骈体为词章，而文家因之殊辙。然韵文偶句发源最初，而单行之词古人谓之为语。试类聚历代文字变迁之故，以为区别学术之一端。②

上述文学题目立足语言现象，要求对其探究、阐释、概括和分析，考生必须读习规定经文，通今博古，才能较好解答上述题目。

1912年民国建立后，汉语母语测评的内容与标准渐次完善。1912年国民政府发布《小学校教则及课程表》，规定小学汉语学习的主要标准为："国文要旨，在使儿童学习普通语言文字，养成发表思想之能力，兼以启发其智德。"这一规定在小学阶段提出了汉语学习与测评的四项内容：文字、思想、智慧、德性。《中学校令施行规则》规定："国文要旨在通解普通语言文字，能自由发表思想，并使略解高深文字，涵养文学之兴趣，兼以启发智德。国文首宜授以近世文，渐及于近古文，并文字源流、文法要略、及文学史之大概，使作实用简及之文，兼课习字。"③这一规定明确了中学汉语母语测评的主要内容：一是阅读，能读懂文段并发表思想；二是知识，能把握汉语文字、文法、文学常识等知识；三是作文，能作实用简及之文。阅读、知识、写作构成了这一时期学校汉语母语测评的主体框架。按照这些框架，根据不同时期的教育需要，教育部颁布相应的课程标准，用课程标准规定学习与测评的目标、内容与方法。

---

① ③ 课程教材研究所编：《20世纪中国中小学课程标准·教学大纲汇编》（语文卷），人民教育出版社2001年版，第269页，第272页。

② 张亚群：《科举改革与近代中国高等教育的转型》，华中师范大学出版社2005年版，第193页。

如1929年国民政府颁布《初级中学国文暂行课程标准》，提出了"养成运用语体文及语言充畅地叙说事理及表达情意的技能"、"养成了解平易的文言文书报的能力"、"养成阅读书报的习惯和欣赏文艺的兴趣"等母语学习与测评目标，①根据这一目标，规定了最低限度的测评标准：

1.曾精读选文，能透彻了解，并熟习至少一百篇。

2.曾略读名著十二种，能了解大意，并记忆其主要部分。

3.能略知一般名著的种类、名称，图书馆及工具书籍的使用，自由参考阅读。

4.能欣赏浅近的文学作品。

5.能以语体文作充畅的文字，无文法上的错误。

6.能阅览平易的文言文书籍。②

这一测评标准重视学生阅读，对学生的精读、略读、赏读、文言文阅读与自主阅读等提出了明确要求，形成了初级中学汉语母语阅读评价标准；写作能力的测评则对语体和文法提出了较为明确的要求。根据这些要求，不同的课程内容采用不同的测评方式。阅读课程模块每学完一个，必须考查一次，并记录成绩，考查方式主要有复讲、示题(口答或笔答)、测验、默写、轮流报告及讨论、检阅笔记等。作文练习和考查的方式主要有五种：一是教师命题写作，以适合学生经验为准；或学生提出写作题目，由教师择定；二是翻译文言文为语体文，或把古诗翻译为语体散文或语体诗歌；三是由教师提供零碎材料，学生根据材料作文；四是缩写或扩写，或发一简约的文字，令学生就原意演绎变详；或发一冗长的文字，令学生就原意节为简短；五是分学生为几组，由教师率领，到郊外实地描写景物。教师就地指示观察点的迁移，景物的远近及色彩的浓淡等，以定叙述先后的方法。每次练习以后，必须有个别的或共同的批评，订正，或先加批指，使自行订正等。③统一标准，多样化测评，是民国时期汉语母语测评的又一探索。

为进一步统一全国的测评标准，国民政府于1938年设立全国统一招生委员会，统筹全国招生事宜。同年，教育部颁布了《二十七年度国立各院校统一招生及评分标准的规定》，明确了命题范围、难度、题型等，规定"命题之范围程度，须以高中课程标准为限，命题之内容，应以经部审定之通用教科书为依据；各科试验数目，应以一般考生能于规定时数内完卷者为准（国文三小时）"；对国文试验的题型规定是"作文一篇（文言白话均可），文言文白话文互译各一篇"；对命题立意的规定是"不宜空泛或偏重记忆"；对题目赋分的规定是"国文试题，作文占50%，文言文白话文互译各占25%"。①

1938年的试题"由各考区聘请委员命题，虽有教育部颁布命题标准，但各考区的题目不同，难易不一，采用标准分计算成绩；1939年改由教育部统一命题。1940年的命题评分标准有了改善，命题委员除拟定试题外，还要拟一份试题答案，附评分标准，就各题的可能情形，拟定答出某一部分给若干分，各部分分数总和为一题分数，各题分数总和为一科分数，一科总分以100分为准"②，这些规定对提高母语测评质量具有促进作用。

1941年，随着抗战进入相持阶段，学校迁移、分散，及时联络学校与试卷分发困难，教育部停止统一考试招生，颁布《三十年度公立各大学及独立学院自行招生办法要点》，对考试科目和命题等作了规定，命题和招考形式主要有三种：一是根据教育部的相关规定由学校自主招考；二是联合招生和委托招生；三是江西、贵州、甘肃三省于1943年实行会考、升学一次性考试。由于招考形式多样，汉语母语测评题目出现了多样化的特征。如民国三十五年（1946年）国立北大清华南开联合招生只有两道题：

（一）作文（文言语体不拘，但须分段，并须加标点）

题目：学校与社会

（二）解释下列成语的意义

（1）指日可待　（2）变本加厉　（3）隔岸观火　（4）息息相关③

（三）丰富测评题型，完善试卷结构

科举时期的汉语母语测评主要有三种题型：一是填空，用于贴经和墨义；二是简答，用于阐释经义；三是作文，用于写作经义文、策文、论文、杂文和应用文。民国成立后，于1912年10月25日发布了《学生操行成绩考查规程》和《学生学业成绩考查规程》，对命题、考试等工作作了较为明确的规定。由于各校享有命题自主权，自主命制的汉语母语测评题的题型不尽相同。如民国

---

① 谢青、汤德用：《中国考试制度史》，黄山书社1992年版，第569页。
② 蒋超主编：《中国高考史·创立卷》，中国言实出版社2008年版，第230—231页。
③ 王丽：《追寻失落的中国教育传统》，教育科学出版社2011年版，第6页。

十一年（1922年）的国文高考试题打破了只写文章的局面，要求考生给文段加标点，并解释文段中的四个词语：

下列之文，试加以标点符号。

自入莱芜谷夹路连山百余里水隍多行石涧中出药草饶松柏林藿绵蒙崖壁相望或倾岑阻径或回岩绝谷清风鸣条山壑俱响凌高降深兼惴栗之惧危蹊断径过悬度之难未出谷十余里有别谷在孤山谷有清泉泉上数丈有石穴二口容人行入穴丈余高九尺许广四五丈言是昔人居山之处薪爨烟墨犹存谷中林木致密行人鲜有能至矣

饶　危蹊　悬度　许

以上四词，试解其意义。①

在给文章加标点和解释词语后，要求学生以"试述五四运动以来青年所得之教训"为题目作文，突破了"论文"限制，综合考查了记叙、概括与议论等能力。

1922年的这套国文高考卷考查了三种汉语能力：一是读断文言的能力，考生要从整体上把握文段，理解文段意义，并能抓住一些标志词点断文句；二是理解文意的能力，本卷要求考生解释文中的四个词语，考生需要整体把握文意，才能准确解释挑选出来的单个词语；三是时事综述与评论的写作能力，"试述五四运动以来青年所得之教训"，"五四"运动距离考生作文已有三年多时间，考生既要综述三年多来的是是非非，也要分析这一运动对现在和将来的影响。要写好这篇作文，考生必须关心时事，并具有一定的概括、分析和语言表达能力。从1922年的国文试卷看，当时已形成了"阅读+写作"、"客观题+主观题"、"小题目+大题目"、"综述+论说"的汉语母语试卷结构。

随着时间推移和汉语母语测评经验的积累，各学校国文试卷的内容和题型进一步丰富。如民国二十一年（1932年），国立北京大学入学试验国文题在断句、理解词义和作文的基础上，增加了翻译：

一、把这首诗译成散文白话（自加新式标点符号）。

八月秋高风怒号·卷我屋上三重茅·茅飞渡江洒江郊·高者挂胃长林梢·下者飘转沉塘坳·南村群童欺我老无力·忍能对面为盗贼·公然抱茅入竹去·唇焦口燥呼不得·归来倚杖自叹息·俄倾风定云墨色·秋天漠漠向昏黑·布衾多年冷似铁·娇儿恶卧踏里裂·床

---

① 王丽：《追寻失落的中国教育传统》，教育科学出版社2011年版，第5—6页。

头屋漏无干处·雨脚如麻未断绝·自经丧乱少睡眠·长夜沾湿何由彻·安得广厦千万间·大庇天下寒士俱欢颜·风雨不动安如山·呜呼何时眼前突兀见此屋·吾庐独破受冻死亦足·①

把文言译成白话，实现"文言"与"白话"的转换，既是国语运动的要求，也是新文学运动需要解决的问题，更是新教育中普及文化的重要诉求。1932年北京大学的这一测试题，既体现了时代要求，也丰富了母语测评题型。在翻译的基础上，还突出了文学常识、文化常识和文法知识的考查：

二、下列各书是谁做的或编的？

文史通义　后汉书　论衡　说文解字　日知录　说苑　红楼梦　方言　文选　三国志

三、什么是"四书五经"？什么叫做"四部"？什么是"三通"？"唐宋八大家"是谁？

四、试举五部秦以前的书。

五、试举出下列各句中"之"字在文法上的区别。

1.学而时习之

2.先生将何之

3.之二虫又何知

4.南宫绦之妻之姑之丧②

在作文题的命制上，既体现了人类研究的新成果，也关注了人本身，同时为学生提供了选择空间：

六、作文试题（选做一题）。

1.艺术与人生

2.科学与人生③

这一试卷的结构模式为"汉语基础+阅读+写作"，汉语基础包括文学常识（第二题）、文化常识（第三题）和文法常识（第五题），阅读包括课内阅读（第一题）和课外阅读（第四题）。此次作文为关系型题目，考生需要分析题目中两个词语的关系，以此立论或明确主题，才能写出切题的文章。

这一阶段，各校国文试题的题型与题量有较大差异。如1930年的国文试题，清华大学是两道作文题；武汉大学则命制了四道题目：一是给文言文标点并译成白话，二是修改五个病句，三是在十二道常识题中任选十道解答，四是

---

①②③　王丽：《追寻失落的中国教育传统》，教育科学出版社2011年版，第3—4页，第4页，第4页。

作文一篇；中山大学为两道作文题，外加文言文标点并回答相关问题；同济大学预科则在五道作文题中任选一题写作；浙江大学则是作文题加常识问答和文言文阅读。

这一阶段的测评题型以主观题为主，作文分值较大，有的只考作文题。如1929年北洋大学的测试题为"青年切实读书即是社会繁荣之基础说"；北京大学甲部的国文试题为："清季曾李诸人提倡西学，设江南制造局、翻译科学书籍甚多，其中不乏精深之作，何以对当时社会影响甚微？试言其故。"乙部国文试题为："清儒治学方法，较诸前代，有何异同？试略言之。"均是以写作题评定考生的汉语母语水平。

学分制、过程性评价、测评标准、测评形式和测评题型等的探索，充满了各种各样的论争和斗争，但随着国语运动、新文化运动和新教育运动的不断深入，现代汉语、现代文学和现代语文的建设成果日渐丰硕，母语测评的现代转型也逐步迎来了新的生机。

第三节
汉语母语测评现代转型的贡献与局限

在战乱频发、矛盾重重、内外交困的中国20世纪前半期，一批有良知的学者存救亡图存之心，在政治革命、文化革命、教育革命和语言革命的强力推动下，就母语变革费尽心力，在语音、文字、词汇、文法、篇章等多方面进行了较为系统的探索，这些探索共同促进了汉语母语的现代化发展。在战火中形成的现代汉语，为母语测评的现代转型提供了条件。半个多世纪的测评改革，既开创了几千年来母语测评的新局面，也在文化传承与改革创新的协调发展方面留下了遗憾。

一、汉语母语测评现代转型的历史贡献

当中国面临坚船利炮与强大的科技压力时，在新兴民众不断要求话语权的变革时代，畅行几千年的母语测评必然从经久不变的书典中走下圣坛，把"常

道"追求与天地大德融入民众生活，以新的面孔凝聚国人、培育国智，才能走上现代化之路。在半个多世纪的现代转型中，母语测评积累了新的经验，做出了新的贡献。

（一）积累了"汉语、文学、学科、测评"整体转型的现代经验

半个多世纪以来，母语测评紧跟时代步伐，统整现代汉语、现代文学、现代语文的发展成果，以测评强化国语运动的成效，以考试推进新文学的普及，以评价拉动语文学科的建设，较好地实现了汉语、文学、学科与测评的整体转型，并在这一转型过程中积累了宝贵经验。

一是以民众语言贴近社会。母语测评用什么语言，决定了应考者的数量与阶层，只有把考试语言植根于民众，才能促使更多民众关注考试、参与考试，并在应考中获得相应的知识，增长相应的能力，开阔必要的视野。只有这样的考试，才能面向大众，体现母语特质，在更大范围内发挥母语测评的引导功能。科举时期，特别是八股文"代孔、孟立言"，要求"清真雅正"，"不得用秦、汉以后之书，不得言秦、汉以后之事"，[①]这种考试要求，迫使应考者扎进故纸堆，研秦汉之事，习秦汉之语，用古语作文，"士人皆束书不观，争事帖括"，"至有通籍高第而不知汉祖、唐宋为何物者，更无论地球各国矣"，[②]所写之语和所谈之事离现实生活越来越远，把自己与社会隔离开来，难以把日常所学用于社会，"人才"不才，导致国力下降，丧失了母语测评的选贤功能。真正的母语必须植根民众，从民众中来，到民众中去，即使是文言典籍中的书面语，也是民众语言不断凝练、提升、固化的结果，由于时代久远，民众的生活化语言发生了变化，口语和书面语相差甚大，造成了书面语和口语的隔膜，这就需要研读经典者不断转化，把文言、书面语言变为现代民众能够理解和运用的思想精华，只有这样的母语测评，才能在民众中产生强大的生命力。20世纪前半期，特别是民国以后的母语测评，多采用语体文，让学生在阅读和写作语体文的过程中，把握时下的民众语言，了解和表达社会现实，在民众语言的考查中引导考生走向社会，拉近了考试与社会的距离；在此基础上，采用文言与白话互译方式，引导学生站在今天的立场，用目前使用的白话传译文言，实现白话与文言的融通；同时要求考生把今天的白话凝练成典雅的文言，这种文言与白话相互转化的命题思路与策略，积累了以民众语言贴近社会的测评经验。

①②　陈青之：《中国教育史》下册，岳麓书社2010年版，第528页。

二是以鲜活篇章走进"人学"。文学是人学，对文学的考查就是对"人学"的考查，新文学运动高举"人"字大旗，力求用白话文了解人、表达人、尊重人，写出人的内心、尊严与痛苦。考查阅读能力，必须深入人的内心、读懂人的灵魂，而不能只停留在几个语言知识上。朱自清曾在《中等学校国文教学的几个问题》中发出感慨："若教师只是贩卖知识，绝不能做出好事"，"便是能对付几回考试，也只是敷衍而已；绝不会真地认识该科的目的的！他终于得不着'自己的'知识！这真是'教而不育'了"。[①]在朱自清看来，好的国文教学要让学生得着"自己的知识"，让学生成为知识学习的主人；好的考试也一样，要让学生在考试中寻到做人的经验，体察做人的意义，探寻做人的价值，在鲜活的篇章中走向他人和自我，成就"人"的学问。如1932年北京大学的两道作文题，"艺术与人生"和"科学与人生"，需要学生立足自我或他人，思考艺术或科学对自我发展与自我价值的实现有什么作用，自己应该怎么做才能实现这一价值等。考生应考的过程，就是不断发现自己或他人的艺术或科学才能，探寻如何用好艺术或科学发展自我的方法，并用鲜活的白话文表达出来，这既是一道非常严肃的人生考题，也是测评考生能否鲜活表达自我思想的母语考题。再如1922年的作文题"试述五四运动以来青年所得之教训"，把"我"放大为"青年群体"，需要考生由己及人，观察、分析、描述和评议五四运动对自己或其他青年的影响，对自己或其他青年的成长提供了哪些经验和教训，这一题目引导考生思考鲜活的社会现实，要求考生用鲜活的文字突显社会现实对青年群体的发展意义，体现了测评中的"人学"追求。在测评中关注人、发展人，促进人学与文学的有机结合，是20世纪前半期新文学运动兴起后汉语母语测评积累的又一经验。

三是在汉语知识的测评中强化学科意识。现代语文学科的建设离不开文体知识、文法知识、文学知识、文化常识等，任何一门学科的发展都需要建设本学科的知识体系。我国古代语文教育只有经典体系，没有知识体系；即使有了知识，也只是文字、音韵等零散知识，没有揭示构句、构段、构篇规律的汉语文法知识。《马氏文通》及其以后的文法著作出版后，汉语知识体系不断完善，学校国文教育开始训练学生运用文法知识的能力。汉语知识作为母语测评的重要内容，受到了很多人的重视，这对今天的母语测评具有启示意义。自从

---

① 《朱自清语文教学经验》，教育科学出版社2007年版，第7页。

学界或政府批评语文教师把知识教得过死、考得过死以来，语文知识在不少测评中销声匿迹，语文学科的知识骨架越来越模糊，学科话语体系越来越难以琢磨，导致语文"学不成学，科不成科"，语文学科因缺少知识的支撑性骨架而丧失了自身的鲜明特性。20世纪前半期注重汉语知识，在知识测评中强化学科意识，是母语测评现代转型的又一经验。

民众语言、人的关注、学科知识三位一体，既构成了20世纪前半期汉语母语测评的主体内容，也促进了汉语母语测评的整体转型。

（二）形成了课程标准与母语测评的统整框架

科举时期的母语测评虽在多数时候颁行了全国统一的汉语教材，一些统治者对注家也作了严格规定，但没有形成统一的课程标准与测评标准，更没有形成课程标准与母语测评的统整性框架，学校教育、试题命制、试卷评改等环节缺乏必要的统整性的客观依据，主观性极强，这在一定程度上影响了母语测评的信度与效度。开办新学堂以来，学校实施分科教学，受西方课程建设思路的影响，开始研制母语教育的课程标准，以课程标准统整测评目标、内容与方式，并在全国颁行，建构了课程标准与母语测评的统整性框架，这种统整思路对当代母语测评改革具有重要启发作用。

我国第一份母语课程标准形成于光绪二十八年(1902年)，由张百熙拟定。这一标准明确了"读经"和"词章"的主体内容，并制定了课程分年表，如中学堂作了以下规定：

第一年 学科阶级

读经(《书经》)、词章(作记事文)

第二年 学科阶级

读经(《周礼》)、词章(作说理文)

第三年 学科阶级

读经(《仪礼》)、词章(学章奏传记诸体文)

第四年 学科阶级

读经(《周易》)、词章（学词赋诗歌诸体文）[①]

中学四年的汉语母语测评集中在读经与写作两个方面，四部儒家经典分年

---

① 课程教材研究所编：《20世纪中国中小学课程标准·教学大纲汇编》（语文卷），人民教育出版社2001年版，第267页。

测评；写作能力也形成了测评阶梯，从记事文、说理文到应用文和诗赋，分年训练，逐一过关，这对夯实学生的读写能力具有良好的促进作用。

1902年颁布的《学堂章程》，形成了课程标准与母语测评的初步统整框架，这一框架在历次修订中不断完善。如1929年国民政府颁布的《高级中学普通科国文暂行课程标准》，首先明确了汉语母语学习与测评目标：

1.继续养成学生运用语体文正确周密隽妙地叙说事理及表达情意的技能，并依学生的资性及兴趣，酌量兼使有运用文言作文的能力。

2.继续培养学生读解古书的能力。

3.继续培养学生欣赏中国文学名著的能力。①

这一学习与测评目标对语体文写作、文言阅读和文学名著阅读提出了明确要求，根据这一要求，规定了如下"作业要项"：

（一）阅读

（1）精读　由教员选定整部的名著，每学期一部为主要读物，辅以单篇的选读；使学生对于读物有详细的了解，并应注重于文学的技术之指示(包括材料的运用，思想的条理层次，描写人物的技术等等)。

（2）略读　使学生从教员的指导，选读名著，于读物的内容旨趣，须有概括的了解和欣赏。

（二）文法及修辞

（三）作文练习　包括读书笔记，专题研究，游览参观的记录，和各种文学体裁的试作等项。教员应于课外指导学生继续练习演说和辩论。②

这一"作业要项"规定了学习、训练与测评的整体框架，通过精读和略读完成目标二、三；通过作文练习完成目标一，而"文法及修辞"则是实现各项目标的基础。根据"作业要项"的主体内容，课程标准还规定了"教材大纲"：

（一）阅读

（1）专书精读　以助长学生作文与看书的能力为主要目的，增益知识启发思想涵养品性为副作用，依照各学年之程度，选定名著，每

---

① ② 课程教材研究所编：《20世纪中国中小学课程标准·教学大纲汇编》（语文卷），人民教育出版社2001年版，第286页。

学期约一部。

（2）选文精读　选读范围，关于文的技能方面，以叙事明晰，说理透辟，描写真切，可供欣赏，可备参考为度。关于内容方面，有系统地分年，选及有关中国学术思想与文学的体制流变之文。

（3）略读　学生各就性之所近，力之所及，研究所涉，从教员的指导，选读整部的名著，名著的选本，文学的总集，有价值的杂志，散见各书的单篇作品等。

（二）文法及修辞

（1）文法应注重语体文与文言文的文法上的异同，并参采方言的文法及外国语文法，以供文法的比较研究。古书上文法的特例，也应分别说明，为学生读解古书的助力。

（2）修辞应注重文的组织法和体制，遣辞的各种方式，辞格的类例。关于文学作品的玩味，作家风格的识别，也应注意，以培养学生欣赏中国文学名著的能力。

（三）读解古书的准备工作

（1）就古籍中，选取校勘训诂注释之实例，用以说明最普通最切要的几条原则，便于学生阅读时之应用，并述及中国文字的构造法。

（2）列举最低限度的工具书籍，如书目答问，四库全书简明目录，各种年表，李氏五种，经籍纂诂，许学考，经义考。丛书举要，说文易检，小学考，广韵，玉篇……说明各书之体例及使用法，使学生得以检字，查人名地名，考年时，觅参考书目等。①

这一"教学大纲"是"作业要项"的细化，对教学内容和程度作了明确规定，既可指导教学内容的选择与建构，也明确了测评的主体内容，实现了教学内容与测评内容的统整性建构。为了进一步明确教学与测评标准，还对学生的最低达成度作了规定：

1.曾精读名著六种而能了解与欣赏。

2.曾略读名著十二种而能大致了解欣赏。

3.能于中国学术思想，文学流变，文字构造，文法及修辞等，有

---

① 课程教材研究所编：《20世纪中国中小学课程标准·教学大纲汇编》（语文卷），人民教育出版社2001年版，第287页。

简括的常识。

4.能自由运用语体文及平易的文言文作叙事，说理，表情达意的文字。

5.能自由运用最低限度的工具书。

6.略能检用古文书籍。①

这一最低限度提出了汉语母语教学与测评的四个维度：一是阅读能力，二是写作能力，三是常识积累，四是治学能力。这四个方面相辅相成，构成了民国中后期课程与测评的统整性框架。在这一框架下，教育部根据社会发展需要，不断修正课程目标与内容。如1940年，国民政府修正高级中学国文课程标准，在学习与测评目标中增加了文学创作和对待本国文字、文化的态度：

1.除继续使学生能自由运用语体文外，并养成其用文言文叙事、说理、表情、达意之技能。

2.培养学生读解古书、欣赏中国文学名著之能力。

3.陶冶学生文学上创作之能力。

4.使学生能应用本国语言文字，深切了解固有文化，并增强其民族意识。②

民国时期的课程标准经过了多次调整，但无论如何改变，课程标准与母语测评的统整性思路没有变化，从而积累了母语教育与测评协调运行的有效经验。

（三）开启了母语测评的研究之风

随着西方测评技术的引进，民国时期开始了母语测评的改革试验，如陈鹤琴的《小学文法测验》、俞子夷的《小学书法测验》、廖世承的《中学国文常识测验》、周学章的《作文测量衡》等，都在当时产生了一定影响；在推行标准分的过程中，也形成了前所未有的计分经验。这些研究与实践，对优化和丰富母语测评技术，提高母语测评的科学性具有重要价值。

除此之外，一些学者还对母语测评的标准、内容与方法等进行了研究。如叶圣陶先生对高中毕业生的汉语母语能力进行了探究，他认为学习国文应该认定两个目标，即培养阅读能力和写作能力。为此，他对高中毕业生的阅读能力提出了以下标准：

---

①② 课程教材研究所编：《20世纪中国中小学课程标准·教学大纲汇编》（语文卷），人民教育出版社2001年版，第288页，第309页。

1.能读日报和各种并非专门性质的杂志；

2.能看适于中学程度的各科参考书；

3.能读国人创作的以及翻译过来的各体文艺作品的一部分；

4.能读和教本里所选的欧阳修、苏轼、归有光等人所作散文那样的文言；

5.能适应需要，自己查看如《论语》、《孟子》、《史记》、《通鉴》一类的书；

6.能查看《国语辞典》、《辞源》、《辞海》一类的工具书。

这里所说的"能"表示了解得到家，体会得透彻，至少要不发生错误。眼睛在纸面上跑一回马，心里不起什么作用，那是算不得"能"的。[①]

在叶圣陶先生看来，高中生的汉语阅读能力应包含六个方面：一是能阅读流行的书报杂志，具有认读、理解和吸收新信息的能力；二是能阅读与学习科目有关的参考书，具有借助参考书促进自己学习的能力；三是能读懂翻译过来的外国文艺作品，具有了解和借鉴国外文艺作品的能力；四是能读懂与教材难度相当的文言文，具有阅读浅易文言文的能力；五是能借助工具书读懂古代经典，具有自读古代经典的能力；六是能读懂工具书，具有使用工具书自主阅读的能力。这六个方面包含了古今中外不同类型作品的阅读能力，其中最重要的是利用工具书自主阅读的能力。根据叶圣陶先生提出的这一评价标准，汉语母语阅读能力的测评内容应包含阅读和治学两个方面，阅读内容涉及报刊杂志、学习资料、中国古今作品、外国文艺作品；治学能力主要指利用工具书阅读中国古代作品的能力。除提出阅读能力的评价标准外，叶圣陶先生还明确了高中毕业生的写作能力标准：

1.能作十分钟的演说；

2.能写合情合理合式的书信；

3.能把自己的所见所闻所思所感记下来；

4.能写类似现在社会中通用的文言信那样的文言。

这里所说的"能"指表达得正确明白而言。至少也得没有语法上论理上的错误。就演说和书信说，还得没有礼貌上的错误。为什么把演说也列在写作方面？为演说和写作是同一源头的两条水流，演说是

---

① 叶圣陶：《语文随笔》，中华书局2008年版，第12页。

用口的写作，写作是用笔的演说。①

"说"主要指演说，叶圣陶先生认为演说是用口的写作；"写"主要指写书信，记录自己的所见所闻所思所感，并能写简单的文言。叶圣陶先生就高中生的"说"与"写"提出了四条评价标准：一是意思明白；二是没有语法错误；三是符合格式；四是用语得体。

除叶圣陶先生外，较为系统地论述国文科测评的是20世纪30年代著名的语文教学法专家，我国语文教学法第一位硕士生导师阮真先生，他对国文科考试的目的和方式提出了自己的想法，认为国文科考试除了求得学业成绩凭证、察看教学实际功效、督促学生平日用功外，还具有如下目的：

> 国文科分读作二项。就读文言，平日讲授所以增进学生阅读之基本能力者；而课外读文，则使其应用此种基本能力而求其扩展。读文考试之一方面，所以察其平日讲读之能否理解记忆；而他一方面，尚须察其阅读能力进于何种标准程度。不徒令其日知所无，月无忘所能；且须令其阅读速率之增高，理解能力之进步也。

> 就作文言，一面须察其内容之思想与事实之材料；一面当察其所以发表思想与运用材料之能力。思想与材料，基于学生之知识经验；凡读书闻见之所得，皆足以助其对于文题之剖解与判断。而发表思想，运用材料之能力，则在单字复辞典故成语之选用适切，文句之构造平稳，而篇章层次清楚，布置妥善。苟能此，则已尽普通作文之能事矣。若夫所谓修辞之简洁雅驯，琢句之隐秀雄健，立意之精辟超卓，声调之铿锵和谐，与夫对仗工整，结构谨严，则非所望于今日之高中学生者，以其超乎普通作文能力之范围也。而作文之考试，即由其思想材料而判其知识经验达于何种程度；由其选辞造句布局谋篇而判其发表思想运用材料之能力达于何种标准也。②

在阮真看来，国文科主要测试学生的阅读与写作能力。测试阅读能力的目的主要有四：一是考查学生对阅读材料的记忆能力；二是考查学生的阅读理解能力；三是考查学生的阅读迁移能力；四是考查学生的阅读速率，所谓速率，即阅读速度和效率。测试写作的目的也有四个：一是剖解与判断文题的能力；二是发表思想的能力；三是调动和组织各种材料的能力；四是运用词句和修辞

---

① 叶圣陶：《语文随笔》，中华书局2008年版，第12页。

② 顾黄初、李杏保：《二十世纪前期中国语文教育论集》，四川教育出版社1991年版，第549—550页。

的能力。评判这些能力的高下标准最为理想的是：词语选用适切，文句构造平稳，篇章层次清楚，修辞简洁雅驯，立意精辟超卓。

根据上述考试目的，阮真先生根据基本能力、读书、作文的不同特点分别提出了不同的测评方法。如对基础知识的测验，他提出了如下方法：

1.字汇测验。此项测验，先须制定各级程度之标准字汇。此种字汇，依据各个应用次数之多寡，而定其次序。用机会选择法，每隔二十字或三十字选取一字。共得若干字，以测验学生。其测验之结果。可知学生识字量确实在某种标准程度。

2.词汇测验。其方法略与上同。

3.典故及成语测验。其方法亦略同上，惟此种测验之制度，更为不易。

……

5.文法测验。取包含文法最简易以至繁难之文句若干，经多次试行测验之结果，而确定其各级之标准程度。然后以某级标准程度之测验材料，测验某级学生，即能确定其文法了解之程度。①

在这些方法中，建立系列化的标准字汇与文法标准，形成文字、文法考查序列的设想，具有划时代意义，直至今日，这一测评构想还未能完全实现。在读文能力的测验方面，阮真先生提出了以下构想：

读文速力及理解力之测验。取假定适合于各级程度之文数篇，先经多次之试行测验（至少须测验各级学生数千人以上），而后确定某年级学生阅读之标准速率及标准理解力，如欲提高程度，可将试行测验结果之平准速率及平准理解力提高一四分差。然后以原材料为测验材料，在规定之标准时间内，令学生阅读。读至何处令各作一铅笔记号。然后测验其对文章内容之理解，达于何种程度。例如阅读速率已及八十分，而其理解仅及六成。则其于标准时间内，阅读某级标准程度之文章，仅得四十八分。若其理解及于九成，则已得七十二分矣。（如欲以此种测验为研究材料者，被测验之学生须年龄相同，学级相同，智力相等。尤须避免外界刺激之影响，如大寒大暑，学生疾病，或功课繁剧等等。）②

---

①② 顾黄初、李杏保《二十世纪前期中国语文教育论集》，四川教育出版社1991年版，第551页，第551—552页。

在试测中确定读文的"标准速率及标准理解力"，以既定标准测试学生的阅读速度与理解程度，在这一思路下提出了判定分数的具体方法，这些方法具有先进性和科学性，对提高读文能力的考查信度具有很好作用。在读文的基础上，阮真先生还提出了作文的测验构想：

> 造句测验。取学生未经读过之名人文句若干，由易至难，大略具备。（其最易至人人能作或最难至全班无一人能作者，则须取消之。经多次试行测验后，可以确定。）教师仅以白话解释其意义而令学生构成文句。比较其文句之优劣，而定各级之标准程度。其未达标准程度者，为不及格；已过标准程度者，即为逾格。以距离标准程度之远近，而确定其实在程度。（文章原句，不令学生知之。）①

阮真先生的上述构想，融入了国外新兴的语言测试方法，有利于建构汉语母语基本能力的分级考试框架，在上世纪三十年代有如此细密的构想，难能可贵。除基本能力外，阮真先生还提出了读文考试的具体方法：

> 1.背诵与默写。……普通文字，固不必皆求熟诵；而愈近于专门文艺者，则愈有熟诵之必要。……在班上只能任指三五人背诵文章之一段，当多令劣等生背诵，而少令优等生为之。其有在班上背诵不熟者，须令到教师房中重背，不可令其在班上多费时间。而班上举行背诵之时间至多不得超过十五分钟。

> 默写之法，可补背诵之不及。教师可矫正其书法之错误，且能全班普遍，惟其缺点在不能矫正其字音之错误；且所读之文，不能篇篇默写；而教师在退课后之阅卷，更将不胜其烦。以国文教师改卷之工作太重者，不易再多阅默写卷也。故余虽尝令学生默写，但一学期不过二三次；而背诵则尚可间周行之。

> 2.填补脱字。即于每篇取其一二重要文句，句中删去几字，令学生填补之也。此法可以补救默写之缺点。其效力等于默写，而能普遍于多篇。且教师阅卷时间，甚为经济，而令学生不得不将考试各篇，完全读熟。惟中间略有侥幸成功之机会，是其缺点也。

> 3.改正错字。其法略与上同。惟将句中重要之字，改易他字，而使其仍可通解者，令学生改正之。苟非将原文读熟，则不易辨别其错误。此法与前法功效相当，而更能使学生为精密之观察而推敲其辞

---

① 顾黄初、李杏保：《二十世纪前期中国语文教育论集》，四川教育出版社1991年版，第552页。

意。使于读书时不得不为精细之思维。惟亦有侥幸成功之机会，其缺点与上法同。

4. 解释辞句。旧时所谓还讲，只适于个别教学而不适于班级教学。以班中人多，不易普遍；且一人还讲，令多数学生无事可做，其耗费上课时间，与背诵同。惟于一辞一句之问答，亦可随时行之。当考试时，可取各篇文中之重要辞句，令学生笔述其解释。惟看考试卷时，教师多费时间，其缺点也。

5.读文问答。此项问答与各科考试所用者相同。

6.读文标点。取未经读过之文一篇，令学生自加新标点，分清段落，并画出文中重要部分，有时可令用夹圈圈出文中佳句。此以试其阅读能力及欣赏能力者。

7.读文提要。取未经讲过之文一篇，令学生自行阅读一过，用笔述提出文中之重要意义。其文意复杂者。可令其分类归纳作一纲要。

8.古文语译。取古文短篇或一段，令学生译成白话。此法不独可试其对于原文之了解程度，并可使其练习语体之文法修辞，甚有助于作文。[①]

阮真先生提出的这八种方法，涵盖了识记、字词完形填空、句子文段理解、标点符号、提纲编写等，在今天各级各类汉语测评中运用广泛。除构想阅读测评方法外，阮真先生还对作文测评提出了自己的想法：

通常考试作文之方法，不外命题作文而已。其实作文练习中尚有几种方法亦可应用于作文考试者。兹述之如下：

1.命题作文。作文考试之命题，当取多数学生皆能了解，而有思想，有事实可发表者。题义不可过深，而内容之范围亦不可过大。作文批分，在作文量尺未有制定以前，当有相当之批分标准。

2.同题重作。此法即取学生已读之文章、小说或报纸上之新闻纪事，令其重行改写。题目相同，事实相同，材料相同，而文字作法不同。须令学生完全表达原文之思想事实，而不能照原文抄袭。此种考试，可以比较各生发表同一思想，运用同一材料之能力。且可比较其作文速率。此种方法，用于平时作文练习，亦甚有功效。

3.听讲笔述。教师先行演讲一问题或一故事，后令学生笔述之。

---

① 顾黄初、李杏保：《二十世纪前期中国语文教育论集》，四川教育出版社1991年版，第553—554页。

此可考查学生之字汇追忆力及文句组织的能力；并可训练其听觉；亦可比较各生写述之速率。

    4.语体文译。取短篇语体文一篇，或一段，令学生译作文言文。此法可使学生了解语法文法不同之关键；并可察其选辞构句之能力；亦可比较各生写作之速率。[1]

阮真先生提出的汉语母语测评方法，有的已体现在民国试题中，有的在后来的汉语母语测评中多有运用，有的还需要在将来进一步完善和发展，具有历史价值。

二、汉语母语测评现代转型的历史局限

20世纪前半期的母语测评处在新旧交织、政权更迭的特殊时期，新的力量奋然前行，旧的势力依然强大，复杂的局面必然为母语测评的现代转型带来历史局限。

一是新旧矛盾中的左右摇摆。母语测评的现代化探索，充满了新旧之争的矛盾与痛苦。首先是革新派的一味求新，"甲午以后，略进一步，知道教育是为'开发民智的'，但仍旧不知道教育应有什么宗旨；至多不过'闻甲之言曰：英文要也，则教英文；乙之言曰：日本文要也，则教日本文；丙之言曰：历史地理要也，则教历史地理；丁之言曰：师范要也，则教师范；戊之言曰：体操要也，则教体操；己之言曰：小学校最急也，则称道小学校；庚之言曰：教科书最先进也，则争编教科书。''舍此之外，竟未闻有一人提出一宗旨以表示于国民者。'"[2]在狂飙突进的时代，革新者一味求新，无法冷静下来思考母语测评的长远之计，新提法、新活动层出不穷，构成了当时的教育改革内容与测评变革景观，国语、新文学和新教育就在这样的突变中求得发展，推进了母语测评变革。但正如舒新城所说："在此十六年中，我几乎无时不是过思想与行为互相矛盾的生活。但因社会承训的压迫，虽然怀疑新式学校的办法，虽然常常回想书院讲学的风味，然而绝不敢倡言打破现教育制度，更不敢倡言回复书院式讲学方法，只想在西洋新方法中求得想象的天堂。"[3]在这样的新旧困局中，母语测评出现了左右摇摆的现象，一些革新者力主全部扫除科举时期的母语测评，但受传统文化影响很深的一部分人却难以彻底与传统决裂，一些题

---

[1] 顾黄初、李杏保：《二十世纪前期中国语文教育论集》，四川教育出版社1991年版，第555页。

[2] 古楳：《现代中国及其教育》下册，中华书局1936年版，第384页。

[3] 舒新城：《现代教育方法》，商务印书馆1933年版，序。

目不可避免地带上了科举的烙印，"各大学每届举行入学试验，也常常出一些稀奇古怪的国文题目。他们不希望投考学生说一些自己的话，从而考察他们的思想与感情，他们只要投考学生'应制'地说一套'题中应有之义'，摹唇仿舌像个样儿"①，特别是在自主招生的过程中，一些学校的母语测评题目完全回到了老路上，左右摇摆导致了20世纪前半期母语测评的历史局限。

二是从综合测评到分科测评的艰难转型。前科举时期和科举时期均采用综合测评思路，这种思路集中体现在写作能力的考查中，无论经义文、论文、杂文还是策文，都强调综合考查应试者的语言、思想与治国兴邦的多种能力。母语单独设科以来，强调语言技能和人自身的感悟与表达，把听说读写融入语文课程，听说读写成了母语课程的核心，这一核心内容多数停留在"语言技能"层面，缺少文化内涵与民族责任，这不是综合测评的核心主张。母语测评从治国兴邦、唯我独尊的战略地位到与其他门类一样的学科地位，巨大的反差迫使人们思考如何处理综合测评与学科测评的关系，实现综合考查向学科知识、学科能力的考查转型，这一转型充满挑战，并且是极其艰难的。正如五四时期一些青年学生所发出的感慨那样："我们活泼的心思，绝大的志愿，入学以后，就朝朝夕夕地为考试忙个不停，全没有点机会活动我们的脑子和身体，应用我们的心思和学问，实现我们的志愿和期望。日复一日，年复一年，脑子也变钝了，心思也变笨了，志愿也灰了。"②多门课程充斥于校园，如何才能在测评改革中引导学生处理好母语课程与其他学科的关系，这是当时未能解决的难题。

三是现代测评技术的普及步履维艰。在这一时期，尽管一些学者引入了西方的现代测评技术，但受益面窄，影响不大，流传给后人的具有中国特色的现代母语测评技术少之又少。民国文官的汉语母语测评主要采用科举时期的论文写作形式，这一形式既得到许多人的赞扬，也受到不少人的批评。吴鼎于1945年发表了一篇题为《论文考试价值平议》的文章，他认为："一种考试的价值如何，原不在其方法的新旧，要看他在实用上的功效如何以为定。所谓实用上的功效，便是考试方法的标准，也就是考试的特征。"他对优良的考试方法提出了五个判断标准：一是正确性，即考试目标正确，要能使应试者充分表现其才干；二是可靠性，指考试结果能够符合目的并能达到相关标准；三是客观性，指考试的阅卷和记分有一定标准，不存成见，不偏爱、不武断；四是广

---

① 顾黄初、李杏保：《二十世纪前期中国语文教育论集》，四川教育出版社1991年版，第547页。
② 颜宝良：《我们对于废止现在学校考试制度的意见》，《北京大学日刊》1920年1月21—23日。

博性，指考试取样完善、适当，能比较准确而全面地测量出应试者的知识和能力；五是便利性，即便于实施。他认为论文考试有利于表现被试者的思想、才干和经验。[1]从吴鼎的文章看，论文写作是测试文官汉语母语水平的良好方法。但不少人呼吁破除旧制中的命题、答卷、评卷与计分办法，引进西方的标准化考试，他们认为西方的标准化考试有九大好处：一是足以排除记分上之主观成分；二是足以免除模棱两可之取巧答案；三是答案与本题不相干之拉杂插话，能完全删除；四是新式测验所包括之材料与范围，甚为广博；五是有精细客观之记分单位；六是记分单位标准；七是易于施行及批改；八是富有兴趣及适应性；九是应试者易于相信记分或分等之公平。[2]西方的标准化考试拓宽了测评思路，丰富了测评办法，有利于增强汉语母语测评的客观性与科学性，但民国时期的母语测评未能大面积使用这些测评技术，母语测评技术的现代转型受到了阻碍。

但是，汉语母语测评在20世纪前半期所经历的从旧到新的过程，却是一次了不起的伟大变革。正如陶行知先生所言："最初，中国抛弃了一切旧的东西，采用了新的东西，然后逐渐认识到，旧的东西未必坏，新的东西未必好。因此，我国教育工作者变得比以前更加审慎得多了。现在他们对于新的理论与实践的反应，不再是照抄照搬，而是加以质疑、审查、实验和选择。这种态度的逻辑结果有助于通过吸收利用内外新旧事物中最好的东西设计出最适合新中国需要的一种教育。"[3]母语测评就在这样的历程中不断整合新旧思想，摆脱历史局限，为走向新的天地创造了条件。

---

① 转引自杨学为等编：《中国考试通史》卷四，首都师范大学出版社2008年版，第254—256页。
② 杨学为等编：《中国考试通史》卷四，首都师范大学出版社2008年版，第254页。
③ 《陶行知全集》第六卷，四川教育出版社1991年版，第322页。

第四章

新中国『十七年』的汉语母语测评

新中国"十七年",是指新中国成立后至"文化大革命"开始前的十七年。在这十七年间,汉语母语测评在延续民国模式的基础上,根据社会建设的新需要和语言文字工作的新发展,开始了新的探索。

第一节
汉语母语测评的时代要求与发展历程

新中国成立后，人民当家作主，国家逐步统一，汉语母语测评在新的政治条件下既面临着新的发展机遇，也面临着空前挑战，十七年间母语测评与汉语教育在不断起伏中变革发展，打上了鲜明的时代印记。

一、汉语母语测评的时代要求

新中国成立后，新的教育要求、国家考试改革和母语学科建设，对汉语母语测评提出了新的要求，母语测评必须顺应这一要求，才能产生正向价值，发挥积极作用。

（一）教育新要求对母语测评的原则性规定

1949年9月29日，中国人民政治协商会议第一届全体会议通过了《中国人民政治协商会议共同纲领》，对新时期的教育提出了明确要求：

> 第四十一条 中华人民共和国的文化教育为新民主主义的，即民族的、科学的、大众的文化教育。人民政府的文化教育工作，应以提高人民文化水平，培养国家建设人才，肃清封建的、买办的、法西斯主义的思想，发展为人民服务的思想为主要任务。

> 第四十六条 中华人民共和国的教育方法为理论与实际一致。人民政府应有计划有步骤地改革旧的教育制度、教育内容和教学法。[①]

这一共同纲领对文化教育的规定，是新中国成立后汉语母语测评改革的重要指导思想，在这一思想指导下，我国新时期的汉语母语测评必须遵循四条基本原则。

1.民族、科学与大众有机结合的原则。

汉语母语测评既要尊重民族优秀传统，传承民族优秀文化，彰显民族文化特色；也要体现科学精神，尊重科学技术，通过科学的汉语母语测评培育人民群众的科学意识；还要体现人民大众学习汉语的实际需求，反映人民大众的

---

① 有林、郑新立、王瑞璞：《中华人民共和国国史通鉴》第1—4卷，红旗出版社1993年版，第423—426页。

心声与生活。民族、科学、大众有机结合的原则，对汉语母语测评的目的、标准、内容与方法提出了新的要求。

2.为培养社会主义建设人才服务的原则。

汉语母语测评的重要目的是促进广大人民群众提高汉语水平，培养适应新社会建设需要的人才，"改革的方向是一切服务于国家建设，特别是经济建设"①。这一测评目的要求汉语母语测评突出实用性，通过不同阶段和不同形式的测评，提高民众更好地利用汉语进行学习、工作与生活等能力，以充分发挥汉语在实际工作中的作用。

3.培育"工农"主体的原则。

《共同纲领》规定了新中国的基本性质，中华人民共和国是"人民民主主义的国家，实行工人阶级领导的，以工农联盟为基础的、团结各民主阶级和国内各民族人民的人民民主专政"②。既然新中国以工农联盟为基础，由工人阶级领导，实行人民民主专政，汉语母语测评就必须照顾工农大众的学习起点，体现工农大众的需要，引导工农大众学习最为基本的汉语知识，提高必备的语言能力。1949年12月在北京召开的第一次全国教育工作会强调"教育应着重为工农服务，学校要为工农子女和工农青年开门"，"应以工农为主体，应该特别着重于工农大众的文化教育、政治教育和技术教育"，③进一步明确了汉语母语测评的整体方向，确立了新中国汉语母语测评应以"工农"为主体的基本原则。

4.体现新时期的新特点原则。

根据《共同纲领》的要求，新时期要有计划有步骤地改革旧的汉语母语测评制度、测评内容和测评方法，建立适应新中国发展的汉语母语测评制度。要实现这一目标，需要在汉语母语测评中"肃清封建的、买办的、法西斯主义"的思想，突破科举时期汉语母语测评的思路、内容与方法，突出汉语母语测评的人民性、建设性、服务性和创造性。

（二）高考新要求对母语测评的方向性规定

为了尽快建立适应民族、大众和新中国建设需要的考试制度，各级政府和教育部门对考试改革进行了探索，这些探索成果对汉语母语测评进行了方向性规定。1952年，教育部颁布了《关于全国高等学校1952年暑期招收新生的规

①③　中央教育科学研究所编：《中华人民共和国教育大事记》（1949—1982），教育科学出版社1983年版，第8页，第2—8页。

②　有林、郑新立、王瑞璞：《中华人民共和国国史通鉴》第1—4卷，红旗出版社1993年版，第423页。

定》，提出了如下命题方向：

（一）考试的主要目的在测验投考者有无入有关系科的准备条件，绝不应出奇僻的及超出中学范围的试题；

（二）试题要顾及全国高中毕业生的一般程度；

（三）试题的立场、观点必须正确；

（四）题意要清晰，以免引起误解；

（五）试题应着重理解性的，内容以基本知识为主，同时要切合实际；

（六）试题难易兼备，由浅到深，由易到难。

（七）各科不妨多采用测验性的题目，以使试题具有更普遍广泛的内容。[1]

上述规定除明确命题的一般性要求外，重点突出了两个方向性的规定：一是"试题的立场、观点必须正确"，所谓"立场"正确，是指符合社会主义国家的思想观念与价值追求，文章表达的观点必须与党中央的所有政治立场保持高度一致；二是"内容以基本知识为主"，这一原则将汉语母语测评内容指向了基础知识。从这两方面看，新中国成立后的第一份有关命题要求的文件，确定了"政治+知识"的汉语母语测评方向。根据这一方向，新中国的第一份全国高考卷采用了"现代文阅读+基础知识+写作"的测评框架。其中，现代文阅读主要考查了概括文章意思和拟写文章提纲的能力，集中在理解和概括上；基础知识主要考查了填写关联词，根据提供的信息组写句子和给现代文加上标点符号的能力；作文则考查了记叙文的写作能力。从分值结构看，阅读占全卷的20%，基础30%，写作50%。

1960年高校招生工作规定："高等学校招生考试。出什么题，这是一个方向性的问题，是一个提倡什么、反对什么的原则性问题，而不是一般技术性问题，必须严肃对待。"[2]这一规定进一步强化了汉语母语测评的政治方向，当年全国汉语母语测评只有两道题：一是作文，二是文言翻译。作文是在《我在劳动中受到了锻炼》和《大跃进中的新事物》两个题目中任选一题，具有强烈的时代色彩与政治意识；文言翻译紧扣"破四旧"和反对迷信的时代主题选材，其用意在于引导民众破除迷信、不信鬼神。在给出的评分标准中，作文强调了"政治标准第一，艺术标准第二"的要求，把"思想正确，具有无产阶级思想

---

[1] 宋荚初：《单独—联合—统招：忆新中国建国初期全国高校统招制度形成的过程》，《高校招生》2001年第5期。

[2] 蒋超主编：《中国高考史·创立卷》，中国言实出版社2008年版，第519页。

观点，紧密结合当前阶级斗争和生产斗争，紧密联系自己的思想实际"作为评分的首要依据。

1961年，教育部在《关于1961年高等学校招生考试命题工作的通知》中对高考命题方向作出如下规定：

（1）应该根据当前教育改革的精神和各地中学的实际情况来出题；

（2）各科试题应密切联系当前的重要方针、政策和政治、生产斗争的实际。社会科学试题内容，要求观点正确，并能反映考生对基本知识的掌握程度。……各科试题避免出那些偏僻、陈旧落后和死记硬背的题目；

（3）各科试题难易程度和分量，必须掌握适当。各科试题的分量应根据各科的考试时间和考生一般答题的能力来确定。各科试题应该深浅难易兼备，过易和过难的题目都应注意避免。[1]

1963年教育部再次强调：高考命题要把握正确的政治方向，注意考查学生对基础知识的理解程度和运用能力以及对基本技能的掌握和熟练程度，对语文科目的考试做出如下调整：本国语文的考试，分（一）、（二）两部分。本国语文（一），所有的考生都要考试；本国语文（二），只是报考文史类的考生考试。本国语文（一）和（二），各作为一门考试科目，都以100分为满分。[2]

1964年2月13日，毛泽东《在春节座谈会上的讲话》中指出："现在的考试办法是对付敌人的办法，而不是对人民的办法。实行突然袭击，出偏题，出古怪题，还是考八股文章的办法，我不赞成，要彻底改革。我主张公开出考题，向同学公布，让同学自己看书，自己研究，看书去做。例如对《红楼梦》出二十道题，有的学生做出一半，但其中有几个题目答得很出色，有创造性，可以给一百分。另外有些学生二十道题都答了，是照书本上背下来的，按老师讲的答对了，但没有创造性的，只能给五十分或六十分。"[3] 1964年3月10日，毛泽东在北京一个中学校长有关减轻学生负担的建议上批示："现在学校课程太多，对学生压力太大。讲授又不甚得法。考试方法以学生为敌人，举行突然袭击。这三项都是不利于培养青年们在德智体诸方面生动活泼地主动地发展的。"[4]

---

① 杨学为编：《高考文献》（上），高等教育出版社2003年版，第384页。

② 蒋超主编：《中国高考史·创立卷》，中国言实出版社2008年版，第568页。

③ 《毛泽东论教育革命》，人民出版社1967年版，载蒋超主编：《中国高考史·动荡卷》，中国言实出版社2008年版，第9页。

④ 《建国以来毛泽东文稿》第十一册，中央文献出版社1996年版，第34页。

　　根据毛泽东的一系列指示，1964年规定"命题工作仍应注意考查学生对基础知识的理解程度和运用能力，不出死记硬背、繁琐、冷僻的题目"①。为了"不把学生当成敌人"，1964年的汉语母语测评进一步降低了难度，第一卷阅读报刊文章写一篇读后感，只提出了四项作文要求：内容必须切题；要分段、标点；字迹要清楚，卷面要整洁，不写自造的简化字；不用诗歌的形式写。第二卷只有两段文言翻译，且选段降低了难度，突出了文言阅读的基础性。1964年5月4日，中共中央、国务院批转教育部临时党组《关于克服中小学学生负担过重现象和提高教学质量的报告》，认为"课程门类多、课外作业多、测验考试多"导致学生课业负担过重，要求克服片面追求升学率的思想。1965年11月15日，刘少奇在中央政治局扩大会议上对高校招生提出建议："将招生工作下放到大区或省、市、自治区办理；继续采取推荐与考试相结合的办法，招收经过三大革命运动锻炼的、具有高中毕业文化程度的工农青年等入学。"② 1966年6月1日，中共中央批准了高等教育部党委据此形成的《关于改进1966年高等学校招生工作的请示报告》，标志新一轮测评改革的开始；6月6日《人民日报》同时刊登了北京女一中高三（四）班学生写给党中央和毛泽东的信，认为现行的升学制度就是中国封建社会几千年来的旧科举制度的延续，是一种很落后的、很反动的教育制度，现行的升学制度是和毛主席给我们制定的教育方针相违抗，并列举了升学考试的罪状；6月11日，《北京市第四中学高三（五）班革命学生给毛主席的一封信》、《北京市第四中学全体革命师生为废除旧的升学制度给全市师生的倡议书》提出"立即废除高等学校入学考试制度"！6月18日，《人民日报》发表题为《彻底搞好文化革命，彻底改革教育制度》的社论，提出了"通过改革高等学校招生考试办法，让一大批工农兵革命青年不经过考试而是通过推荐与选拔相结合的办法进入高等学校"③的改革思路，同时登载了《中共中央、国务院关于高等学校招生工作推迟半年进行的通知》；6月19日登载长沙市一中高三（三）班共青团支部列举的《升学考试制度的二十一大罪状》，认为高考试题都是资产阶级权威所极力提倡的纯业务的东西，对贯彻阶级路线阳奉阴违，摧残同学的身体健康，是青年学生思想革命化的大阻碍，是无产阶级文化大革命中的一块大绊脚石，在多种社会与政治压力下，停止了汉语母语测评。

---

①②③ 蒋超主编：《中国高考史·创立卷》，中国言实出版社2008年版，第569页，第15页，第21页。

（三）汉语发展的新阶段对母语测评的内容规定

新中国对语言文字的规范性建设十分重视。1950年《人民日报》发表《请大家注意文法》的社论，拉开了新中国关注和促进汉语发展的序幕；6月，中国科学院语言研究所成立；1951年6月6日，《人民日报》发表题为《正确地使用祖国语言，为语言的纯洁和健康而斗争》的社论，并连续刊载吕叔湘、朱德熙的《语法修辞讲话》；在这一时期，赵元任的《北京口语语法》出版；《语文知识》、《语文学习》、《中国语文》、《文字改革》等杂志相继刊行，由政府倡导并主持的《汉语拼音方案》、简化字、普通话和左起横排的书写格式等的改革，推动了汉语发展，丰富和明确了母语测评内容。

1951年，毛泽东要求汉字改革"要走世界各国共同的拼音方向"，但"形式应该是民族的，字母和方案都要根据现有汉字来制定"，这为汉字改革定下了方向性基调。1954年中国文字改革委员会成立；1955年召开全国文字改革和现代汉语规范学术会议；1956年初发表《汉语拼音文字（草案）》，1956年2月发布《汉语拼音方案（草案）》，包括字母表、声母表、韵母表、声调符号、隔音符号五方面内容；1957年12月，中共中央发出《关于宣传汉语拼音方案（草案）的通知》；1958年2月全国人民代表大会批准《汉语拼音方案》，1958年3月教育部颁发《关于在中小学和各级师范学校教学拼音字母的通知》，《汉语拼音方案》自此作为各学校母语测评的重要内容

在汉字简化方面，1950年8月，教育部召开简体字研究与选定座谈会；1955年，中国文字改革委员会拟出《汉字简化方案（草案）》和《汉字简化方案（修正草案）》，同年举行的全国文字改革会议通过了《汉字简化方案》和《第一批异体字整理表草案》，开始在全国推行简化字，简化字随之成为母语测评的规定书写字体。

随着简体字的推行，"以北京语音为标准音"的普通话也开始提上议事日程，1955年7月14日，教育部颁发《关于举办小学语文教师标准语语音训练班的通知》，要求除北京市和用少数民族文字进行教学的地区外，各省、市及省属各市、县教育行政部门必须在暑假举办"小学语文老师标准语语音训练班"；同年11月，发布《关于在中小学和各级师范学校大力推广普通话的指示》；1956年国务院发布关于推广普通话的指示，至此，普通话成了母语测评的重要内容。

在左起横排的书写格式方面，1950年4月17日，《光明日报》副刊《语文报》发表《我们主张横排的版式》，许多人赞成并不断响应。教育部于1955年规定下属行政部门的各种文件采用横排书写方式，"全国性的报纸，自1956年元旦全部改为横排"①，由此确定了母语测评的书写格式。

《汉语拼音方案》和简化字的颁行、普通话的推广和左起横排格式的确定，是汉语的又一次变革，这一变革确定了中国大陆母语测评的主体内容与基本方式，为"十七年"的母语测评改革奠定了语言基础。

二、"十七年"汉语母语测评的发展历程

新中国"十七年"，汉语母语测评主要经历了三个发展阶段。第一阶段是1954年以前，母语测评的主要思路和民国大致相当，但在内容上有所变化。1950年国家颁布《小学语文课程暂行标准（草案）》，规定了小学阶段母语测评的四项标准：一是能独立、顺利地欣赏民族的大众的文学，阅读通俗的报纸、杂志和科学书籍；二是能正确地用普通话和语体文表达思想感情；三是能正确、迅速地书写正书和常用的行书；三是能获得初步的自然史地常识，并具有爱国主义思想和国民公德。②这四项标准突出了阅读白话文、写作白话文、书写汉字、获取其他知识与发展自我思想等五项能力，这五项能力的考查主要以白话文或现代文为依托，强调通俗、平易。这一暂行标准还对各年级的测评内容与程度作了非常细致的规定，如小学一年级的语文基础要测评以下五项内容：

1.注音符号(有条件的得用拉丁字母)；

2.由五百个最常用字组织的基本语汇；

3.七个字以内的简短语句；

4.反复语句组织成的完整短篇。长的篇幅，可在七十字左右(下学期起)；

5.重要的句读符号。③

这些内容还明确了母语在该年段的测评程度，如基本语汇的考查限于五百个最常用字；简短语句的考查限定在七个字以内；段落考查限定在七十字以

---

① 吴玉章：《中国文字改革的道路》，《光明日报》1956年1月18日。

②③ 课程教材研究所编：《20世纪中国中小学课程标准·教学大纲汇编》（语文卷），人民教育出版社2001年版，第62页，第62—63页。

内；句读符号的考查止于常见常用。这一暂行标准还要求考查小学一年级学生的如下说话能力：

1.组织成套的演进语；

2.对照图画或实物的讲述；

3.日常活动的报告或简短会话；

4.简短故事的讲述。①

讲述、报告和会话是说话能力的考查形式，演进语、图画、实物、活动、故事是考查内容，"成套"、"日常"、"简短"是考查程度。而在写作能力的考查上，暂行标准提出了三种方式：简短语句的听写，误句的改正或补充，基本词的造句。在测评素材的选择上，要求集中在祖国的标志和纪念节日，我国伟大人民领袖的童年故事，爱祖国和爱劳动，抗日、解放和抗美援朝中的战斗儿童，家庭或学校中的儿童生活，季节、气候、自然现象、动物生活、植物生长，清洁卫生等。从1950年颁布的暂行标准看，这一阶段延续了民国时期课程标准与母语测评统整的基本思路，在考查内容上涵盖了文法知识、阅读能力、说话能力与写作能力等多个方面。不仅小学如此，高考中的母语测评也兼顾了这些方面，如1953年的全国高考题要求考生解释"根深蒂固、络绎不绝、一针见血、好高骛远、百折不回、踌躇、润色、怀柔、怂恿、复辟"十个词语的意义，在下列各句的空隙中填入适当的词语：

1.小鬼子敢情是痰迷心窍，怎么跑到这疙瘩修铁路，_____拿钱扔到水泡子里，听个响！

2.任务繁重，困难也多，_____没有不能克服的困难。

3.连组织也不懂，_____不能当主席，也没有资格当会员。

4.一个月以后倘若还改不完，_____没有什么客气的了。

5.我们过去学习马列主义过于抽象，不联系实际，_____造成1933年的惨痛的失败。

6.这可还不知道，_____是县里调查出来的吧。

7.他们一方面自吹拥有多少超级空中堡垒，然而一方面_____害怕一只小小的和平鸽。

8.非过了这一关，他_____放胆地去跑。

---

① 课程教材研究所编：《20世纪中国中小学课程标准·教学大纲汇编》（语文卷），人民教育出版社2001年版，第64页。

除了词汇等知识外，命题者还要求考生把握必备的文学常识，弄清楚《项羽本纪》是哪一部书的篇名，《资治通鉴》的作者是谁，唐朝最著名的诗人是哪两位，《骆驼祥子》的作者新中国成立后在戏剧方面有什么著作？《李有才板话》是什么时候的作品，周立波的代表作是哪一篇，丁玲的作品中哪一篇得过斯大林文学奖，今年世界和平理事会号召纪念的我国诗人是谁，《药》的主要思想是什么，刘白羽的《红旗》讲的什么故事等问题。除测查基础知识外，还要求考生阅读《文艺报》1953年第12号上的《打鱼人》，分析这篇短文的主要思想，并解释其表现方法。在作文能力的考查上，要求考生以"记我所认识的一个革命干部"为题目，综合考查思想内容（占总分数30%），表达方法、分段、词句结构（占总分数20%），标点符号（占总分数10%）等多种能力。这种母语测评思路和民国时期大体一致。

第二阶段突破民国模式，推进文学与汉语的分学分测。1953年5月，毛泽东作出了语言和文学可以分科教学的指示；同年12月，胡乔木在《关于改进中小学语文教学的报告》中提出了语文、文学分科教学的建议。1954年2月中央作出了分科教学决定；同年7月，北京市对初二和高二学生的语文学习情况进行了一次统一检测，发现学生错别字极多、词汇贫乏、不了解词语意思，作文内容单薄、空话套话连篇、文理不通，不会使用标点，书写和语言基础都很差。针对这一状况，教育部根据中央决定，指定北京、上海等地79所学校从1955年暑假起试行分科教学，1956年4月2日下发《关于中学、中等师范学校的语文科分汉语、文学两科教学并使用新课本的通知》，规定分科教学从1956年秋季起实施。1957年5月21日，教育部下发《关于中学汉语、文学两科评定成绩办法的通知》，要求各地根据实际情况灵活评定学生汉语科与文学科的成绩。由于"整风运动"等多种因素的影响，1958年3月，中央宣传部作出停止分科教学的决定，分学分测的母语课程重新回到了语文课的学科模式。

分学分测时期，中小学都很重视汉语和文学的教育与测评。1954年国家发布《改进小学语文教学的初步意见》，明确了小学语文识字、写字、汉语、阅读、叙述和作文五大测评内容，汉语测评包括词汇、语法和修辞三个部分，要求以民族共同语为词汇选择标准，测评学生读准字音的能力，考查学生分辨多义词、同义词、反义词、同音词与了解重叠、嵌入、冠头、附尾等常见构词法的情况。在语法方面，重点考查表达行动、性状、判断、疑问、感叹等的句型、句子成分和标点符号的用法。阅读强调文艺性作品阅读，阅读材料要能反映进步的思想、人物和事件，要用艺术的形象给儿童以品格上的陶冶。1955年，在部分省市试行的《小学语文教学大纲草案（初稿）》把语文课分成了阅读课、汉语课、作文课、识字课和写字课，提出了小学汉语课的主要任务：

（一）语音。小学语文科一开头就要教学标记汉语语音的工具——拼音字母。掌握了这个工具，一面用来学习普通话的语音，一面用来帮助识字。语音教学的课题已详列大纲中，除开头拼音字母课独立教学以外，大部分的工作是要跟阅读课的识字教学、词汇教学、朗读教学密切结合起来进行的。

（二）词汇。主要在阅读课内教学，在汉语课里可以跟词汇教学配合，作一些练习，如关于同义词、反义词等练习。

（三）语法。语法是词法和句法的综合。关于词法，小学所教学的主要是词类，各类词的特点，词的构造(包括词头、词尾等)，词与词的结合等项。关于句法，小学所教学的主要是通常的由主语谓语两部分构成的简单句；从功用上分类的四种句子：陈述句，疑问句，祈使句，感叹句；肯定与否定；主动与被动；最常见的复合句。

（四）文字。主要在阅读课的识字教学中教学。在汉语课里可以就学过的字作一些练习，如偏旁归类、多音字、同音字、形近字等练习。

（五）标点符号。在阅读课里认识，在汉语课里结合语法教学讲解、练习。①

根据这五大任务，草案详细规定了小学阶段汉语的学习与测评内容，如一年级内容要求如下：

一　识字教学之前教拼音字母(60课时)，要求：

（一）学会字母，会念，会写。

（二）学会拼音。

（三）认识四声符号，初步掌握四声的读法。

（四）认识轻声符号，依照教师的指导，把该读轻声的音节读轻声。

---

① 课程教材研究所编：《20世纪中国中小学课程标准·教学大纲汇编》（语文卷），人民教育出版社2001年版，第93页。

二 从一年级起各学年的汉语课和阅读课，都应该经常进行语音教学和关于语音的练习，使学习拼音字母的成果更巩固，并逐渐扩充语音教学的内容。语音教学应该跟词汇教学(包括识字教学)、语法教学结合起来进行。一年级的语音教学要注意下列各项工作：

（一）在开始识字的时候，要让儿童认识，我们说话里的一个音节，写下来一般说来就是一个字。每个音节，可以用拼音字母写下来，也可以用汉字写下来。

（二）正音工作，特别注意：含有发音困难的声或韵的字，含有发音容易混淆的声或韵的字，同音不同声调的字，多音字。

（三）结合诗歌、谜语等，学习初步的押韵知识。

（四）学习轻声的读法。

（五）学习课文里的儿化词的读法。

三 从实际上建立词的观念。

四 从实际上认识名词、动词、形容词、数词、量词和代词。

（一）名称。名词后头的补助成分"子"、"儿"、"头"。名词后头表领有的"的"。

（二）动词。动词后头表时态的"了"、"过"、"着"。动词前头表能愿的"要"、"会"、"能"、"肯"、"敢"、"可以"、"应该"。

（三）形容词。形容词后头的"的"。

（四）数词。

（五）量词。量词后头的名词的关系。

（六）代词——

1.人称代词"我"、"你"、"他"、"她"、"它"和加"们"的多数形式。

2.指示代词"这"、"那"、"这里(这儿)""那里(那儿)""这么"、"那么"、"这样"、"那样"。

3.疑问代词"谁"、"什么"、"哪里(哪儿)""怎么"、"怎样"。

五 从实际上认识词组：

（一）动词跟名词搭配的词组。

（二）数词跟量词跟名词搭配的词组。

（三）形容词跟名词搭配的词组。

六 从实际上认识句子——由主语和谓语两部分组成的句子。能够指出句子里说的是谁(或什么)，谁(或什么)做什么，谁(或什么)怎么样。单给一个主语或单给一个谓语，让儿童把话说完全。

七 认识下面的几种句型：

谁（或什么）做什么。

谁（或什么）怎么样。

"……是……。" "……不是……。"

"……叫(叫做)……。"

"……做……。"（例"我们要做毛主席的好孩子。"）

"……有……。" "……没有……。"

八 用完整的话回答问题。

九 认识句号，并在书面作业里应用。①

对汉语知识的详尽规定，为汉语知识的独立测评确立了内容、方式与程度标准。如"从实际上认识句子"，要求紧密联系学生的实际生活考查学生的造句能力；"用完整的话回答问题"则对学生的造句能力提出了程度标准，只有完整回答，才能通过造句测试。1956年，国家发布了初级中学和高级中学的汉语教学与文学教学大纲，对汉语、文学的测评内容分学期、分课时作了规定。如高级中学文学教学大纲对十四课辛弃疾的词的测评作了如下规定：

辛弃疾所处的时代。青年时期在山东起义抗金的英雄行为。到临安以后对恢复中原的建议和遭到的种种阻挠。

他的词所表现的爱国热情和对腐朽的统治者媚敌求和的愤慨。他在我国文学史上的地位。

摸鱼儿△

这首词借春老花残寄托作者对国事的感慨，借宫妃争宠来讽刺小人弄权，表现作者对腐朽的统治者的不满，对国家前途的忧虑。

永遇乐**

这首词描述作者对古代英雄的追慕，对长期沦陷的国土和人民的

---

① 课程教材研究所编：《20世纪中国中小学课程标准·教学大纲汇编》（语文卷），人民教育出版社2001年版，第103—104页。

关心，对自己有志恢复中原而不被任用的失望，表现作者的爱国热忱和痛恨偷安苟活的统治者的心情。

菩萨蛮**

简述同这首词有关的金兵南侵的史实。

作品表现作者对祖国河山惨遭践踏的痛心，对统治者媚敌求和、阻挠恢复中原的愤慨。①

根据这一教学大纲，1957年的全国高考题命制了如下一道题目：

辛弃疾的《菩萨蛮》（《书江西造口壁》）是在什么历史情况下写的？表现了作者什么样的思想情感？（5分）

这种分学分测的模式虽然充满了争论，也没有持续多长时间，但它是母语测评的一次新尝试，对引导国民把握和运用汉语、文学知识具有促进作用。

第三阶段是整合汉语与文学，重视写作与文言文阅读能力的测评阶段。1960年至1965年，高考语文试卷总计200分，写作100分，文言阅读100分。如1960年首先要求学生在《我在劳动中受到了锻炼》和《大跃进中的新事物》两道题目中任选一题作文，提出了"要分段、标点；字迹要清楚，卷面要整洁；不要用诗歌的形式写"的要求后，命制了一道分值为100分的文言翻译题：

把下面一篇文言文用现代汉语翻译出来（以100分为满分）：

艾子行水涂见一庙矮小而装饰甚严前有一小沟有人行至水不可涉顾庙中辄取大王像横于沟上履之而去复有一人至见之再三叹之曰神像直有如此亵慢乃自扶起以衣拂饰捧至坐上再拜而去须史艾子闻庙中小鬼曰大王居此为神享里人祭祀反为愚民所辱何不施祸祟以谴之王曰然则祸当行于后来者小鬼又曰前人以履大王辱莫甚焉而不行祸后来之人敬大王者反祸之何也王曰前人已不信矣又安敢祸之艾子曰真是鬼怕恶人也。

本题要求考生翻译时在译文中分段、标点；并给出了以下评分标准：

第一类　90—100分

1.译文切合原文意思，能表达出原文语气。文字流畅。

2.分段正确。

第二类　　80—89分

---

① 课程教材研究所编：《20世纪中国中小学课程标准·教学大纲汇编》（语文卷），人民教育出版社2001年版，第412页。

1.译文符合原文意思，基本上能表达出原文的语气。文字通顺。

2.分段基本正确。

第三类 70—79分

1.译文基本上符合原文的意思，基本上表达出原文的语气。文字通顺。

2.分段基本正确。

第四类 60—69分

1.译文基本上符合原文的意思。文字基本上通顺。

2.分段基本正确。

第五类 50—59分

1.译文有的句子与原文意思有出入。文字欠通顺。

.分段有部分错误。

第六类 49分以下

1.译文和原文的意思有较大的出入。文字不通顺。

2.不能分段，或分段有较大错误。

标点、字迹、卷面三方面的扣分办法：

标点有错误的，酌扣1—5分。

错别字按其错误的程度和性质，酌扣1—5分。

字迹潦草，卷面不整洁，酌扣1—5分。

（以上三项扣分总和，不得超过10分。）

这种测评模式一直持续到1965年，是新中国"十七年"的一种汉语母语测评模式。随着"文化大革命"的来临，1966年在全国范围内停止了汉语母语测评。

第二节
"十七年"汉语母语测评的主要特点

新中国"十七年"的汉语母语测评，除扫除文盲活动中的简单识字、写字等临时性测评外，其他测评主要集中在学校教育和升学考试中。而高考是学校母语测评的风向标，剖析高考母语测评，再分析学校教育中的过程性评价，就能看出这一时期母语测评的主要特点。

从高考看，1949年新中国成立后，为稳定全国政局，沿用了民国时期高校自主招生办法；1951年采用各大行政区联合招生、分别招生或学校自主招生方式检测学生的汉语母语水平，没有统一的汉语母语测评标准；1952年全国统一命题至1957年；1958年分省命题一年；1959年恢复全国统一命题至1965年，这期间总共进行了13次全国统一的汉语母语测评，历年测评的试卷赋分、内容模块、能力构成、题型、题量等如下表4-1：

表4-1 新中国"十七年"全国统一高考试卷总体情况一览表

年份	总分	内容模块与分值构成	题型	题目数	全卷阅读量
1952	100	阅读（20分）+基础（30分）+作文（50分）	简答、填空、作文	四大题8小题	2400余字
1953	100	作文（60分）+阅读（15分）+基础（25分）	同上	五大题30小题	1500余字
1954	100	作文（70分/60分）+现代文阅读（10分）+文言阅读（8分）+基础（12分/22分）	同上	五大题24小题	1500余字
1955	100	作文（60分）+现代文阅读（10分）+文言文阅读（10分）+基础（20分）	简答、选择、作文	五大题18小题	1400余字
1956	100	作文（50分）+文言阅读（20分）+现代文阅读（5分）+基础（25分）	简答、填空、作文	四大题15小题	640余字
1957	100	作文（50分）+文言阅读（29分）+现代文阅读（5分）+基础（16分）	同上	三大题13小题	700余字
1959	100	作文（50分）+基础（18分）+文言阅读（6分）+现代文阅读（26分）	同上	六大题11小题	900余字
1960	200	作文（100分）+文言翻译（100分）	简答作文	2	300余字
1961	200	作文（100分）+文言翻译（100分）	同上	3	320余字

续表

1962	200	作文（100分）+文言文阅读（100分）	同上	4	250余字
1963	200	作文（100分）+文言文阅读（100分）	简答 填空 作文	5大题13小题	590余字
1964	200	作文（100分）+文言翻译（100分）	简答 作文	3	1000余字
1965	200	作文（100分）+文言翻译（100分）	同上	3	430余字

从上述一览表看，13次全国母语测评主要考查了学生白话文写作能力、白话文与文言文阅读能力、基础知识的识记与运用能力等，在这些能力中，写作能力是主体，1960年以后，写作能力和文言文阅读能力各占半壁江山，共同构成了母语测评的基本内容；在测评形式上，这一时期主要采用填空、选择、简答和写作四种方式。和民国时期的母语测评相比，这一时期的母语测评主要在贴近政治、生活、民众、学科四个方面体现出了较为明显的特征。

一、服从国家大局，贴近政治

新中国"十七年"，是我国巩固新生政权的十七年。在这十七年间，各种矛盾不断涌现，新兴政治体制亟待完善，旧的不合时宜的思想亟需清除，国家百业待举，社会建设迫在眉睫。在这样的大背景下，母语测评必须急国家之所急，想国家之所想，念国家之所需。基于新中国的建设使命，这一时期的母语测评体现出了服从国家大局、贴近政治的鲜明特征。

1949年11月，中华人民共和国教育部在召开的高等院校负责人会议上明确指出：改造高等教育的方向是"一切服务于国家建设，特别是经济建设；当前课程改革的中心环节是加强政治课的学习，业务课程必须切合建设的需要"[1]，受此影响，1950年制定的《小学语文课程暂行标准（草案）》，明确提出要培养儿童的"爱国主义思想和国民公德"；在测评内容的选择上"必须多取祖国所固有，足可发扬爱国主义思想、国际主义精神的资料"。1955年颁行的《小学语文教学大纲草案（初稿）》，指出小学语文"是以社会主义思想教育儿童的强有力的工具"，据此提出了小学语文的测评要求与任务：

---

[1]　中央教育科学研究所编：《中华人民共和国教育大事记》（1949—1982），教育科学出版社1983年版，第6页。

（一）树立社会主义的政治方向；

（二）树立辩证唯物主义世界观的基础；

（三）培养共产主义道德；

（四）培养爱美的情感和审美的能力；

（五）培养对本族语言的热爱。①

小学母语测评强化政治意识，中学更是如此。1956年的《高级中学文学教学大纲（草案）》对母语教育与测评的政治任务作了明确规定：

在初级中学的基础上继续帮助学生树立社会主义政治方向；培养辩证唯物主义世界观；培养共产主义道德，特别是爱国主义精神，共产主义劳动态度，集体主义精神，自觉地遵守纪律的精神，爱护公共财物和坚韧、勇敢、谦逊、诚实、俭朴等品德，热爱祖国语言和文学的感情；提高学生的认识能力和发展他们的想象能力；培养正确的审美观点，特别是对于社会生活的明确的是非、善恶观念和热烈的爱憎感情。②

这一规定强调了树立社会主义政治方向、辩证唯物主义世界观、共产主义道德和共产主义劳动态度等政治意识，强化了全社会的政治追求。1963年《全日制中学语文教学大纲》对测评素材提出了明确要求：

应该注意选取有助于培养坚强的革命后代的文章。注意对学生进行爱国主义和国际主义的教育，进行社会主义建设总路线、大跃进、人民公社三面红旗的教育，进行社会主义和共产主义的教育，进行阶级斗争的教育和反对现代修正主义的教育，培养学生的无产阶级的阶级观点、劳动观点、群众观点和辩证唯物主义观点，培养学生的共产主义道德品质和革命意志，反对和防止资产阶级思想和其他反动思想的侵蚀，为逐步树立马克思列宁主义的世界观打下基础。③

与此匹配的高考汉语母语测评也强化了这一点，特别是在写作能力的考查上，关注国家大局，体现了极强的政治意识。

---

①②③　课程教材研究所编：《20世纪中国中小学课程标准·教学大纲汇编》（语文卷），人民教育出版社2001年版，第82页，第386页，第418页。

表4-2　新中国"十七年"全国高考作文题一览表

年份	分值	作文题目	写作要求
1952	50	记一件新人新事	
1953	60	记我所认识的一个革命干部	要在75分钟内写完这篇文章；先把这篇文章写完，再回答其他问题。
1954	第一类考生70分；第二类考生60分	我的报考志愿是怎样决定的	同上
1955	60	我准备怎样做一个高等学校的学生	先把这篇文章写完，再回答其他问题；要在75分钟内写完这篇文章。
1956	50	生活在幸福的时代里	先把这篇文章写完，再回答后面的问题；要在75分钟内写完这篇文章；字要写清楚，要用标点符号。
1957	50	我的母亲	不要写诗；字要写清楚，要用标点符号。
1959	50	记我的一段有意义的生活	内容要具体；要分段、标点；字迹要清楚；不要用诗歌的形式写。
1960	100	在《我在劳动中受到了锻炼》和《大跃进中的新事物》中任选一题。	要分段、标点；字迹要清楚，卷面要整洁；不要用诗歌的形式写。
1961	100	在《我学习了毛主席著作以后》和《一位革命前辈的事迹鼓舞了我》中任选一题。	同上
1962	100	在《说不怕鬼》和《雨后》中任选一题	同上
1963	100	在《唱国际歌时所想起的》和《"五一"（国际劳动节）日记》中任选一题。	内容必须切题；要分段、标点；字迹要清楚，卷面要整洁。不要写自造的简体字；不要用诗歌的形式写。
1964	100	读报有感	同上
1965	100	在《给越南人民的一封信》和《谈革命与学习》中任选一题。	内容必须切题，要联系思想，联系实际，避免空洞议论；段落、标点、字迹要清楚，不要写自造的简化字；不要用诗歌的形式写。

上述的每一个题目都与国家大事有关，都体现了极强的政治意识。1952年的《记一件新人新事》，一个"新"字，需要考生关注新中国的新气象，这一新气象包括新的政治制度、新的社会风貌、新的生产生活、新的感受与感情等，对"新"人、"新"事的关注，就是对新兴政权的关注，也只有关注新兴政权，并投身其中，才能写出好文章。1953年的《记我所认识的一个革命干部》，不单写新人，还要突出所写之人的革命性，把目光从1952年的"新人"聚焦到"革命干部"，引导考生观察、思考和描述为国家呕心沥血、为新政鞠躬尽瘁的干部典型，由此体会国家建设的使命，自觉承担国家建设的重任，这种服从国家大局、贴近政治的命题思路可谓用心良苦。1954年《我的报考志愿是怎样决定的》和1955年《我准备怎样做一个高等学校的学生》，引导考生把自己的将来和社会建设联系起来，"怎样决定"和"准备怎样做"，都需要考生从国家大局入手思考自己的求学之路。《我学习了毛主席著作以后》、《一位革命前辈的事迹鼓舞了我》、《给越南人民的一封信》、《谈革命与学习》等都具有明显的政治意识。

除作文体现"服从国家大局，贴近政治"这一特点外，其他阅读材料也强化了这一点，如1952年选用如下一段文字让学生加标点：

于是在这号称米仓的滨湖区出现了一幅罪恶与悲惨的图景一面是洲土大王们的荒淫享乐湘阴陈锡珊用农民血汗换来的稻谷填满了高大的万石仓在长沙修建起美丽的洋房沅江王一华终夜聚众狂赌输赢动辄数百亩酒海肉山地尽情挥霍连牵养的两只洋狗每天也吃一斤肉南县汤东荪出嫁女儿时餐餐美援大米曾以30多石谷给女婿定制了一把金盒牙刷这是一个农民两年多的生活啊另一面的农民呢终年辛勤地劳动在土地上却不得温饱成年吃碎米和野草滨湖流行着一首描述农民生活的民谣滨湖地方好赚钱一去二三年要想回家看母亲冒得没有过河钱这深刻地反映了农民们未来滨湖前的希望和遭受残酷剥削后极贫困的无限辛酸。

这一段文字让考生再一次看到了旧社会的罪恶和恶霸地主的歹毒，从而更加珍惜来之不易的新生活，这种选材思路有利于引导考生树立正确的政治观，为拥护和建设新兴政权贡献力量。

二、服务社会建设，贴近生活

要服从国家大家、贴近政治，必须让母语测评走进社会、反映生活，才能引导考生在测评中解读社会、思考生活，为投身火热的社会生活做好准备。1956年的作文题《生活在幸福的时代里》，需要考生走进这一时代，感受这一时代的变化，以及由此带来的幸福感受；1959年《记我的一段有意义的生活》，更是需要考生体察生活意义，感悟和记叙有价值的生活。1958年分省命题，进一步强化了高考命题为生产斗争服务的原则。一些省市的作文题《大跃进中激动人心的一幕》、《当社会主义建设总路线公布的时候》，都具有浓郁的生活气息，只有走进社会、观察生活，才能把这些文章写得有声有色。如当年的福建考生在写《当社会主义建设总路线公布的时候》，注意观察身边的人与物，写了如下几段文字：

　　随着悦耳的《东方红》乐曲声送进了正在甜睡的同学的耳朵里，寂静的晨空立刻沸腾起来了。看，不到五分钟的时间，成群结队的同学已经在操场上赛跑了，宿舍门口的高三同学排着整齐的队形，一起一伏地做着广播操了。看！单杠旁边还站着一些爱好技巧的同学呢，只见一位同学纵身一跳，双手立即握住单杠，身子突然在空中划了一个圆圈，接着，他把脚倒挂在单杠上，身子在半空中做出各种优美的动作：有时好像张开翅膀的燕子一样滑翔下来，有时又恰似流星一般从天空中闪落下地……其他的同学也做着"蹬足起"，"前振起"、"后回环"……

　　早自修的时间到了，操场上立即鸦雀无声。除一部分同学在桃树下、广场中念俄语外，其他的同学都进入教室安静地自修了。

　　向教室一望，每个同学都聚精会神地看着摆在面前的教科书或是笔记本。整个教室静悄悄的，就连掉下来的一枚针的声音也可以听得出来。只见坐在椅子上的××同学，右手拿着一支钢笔在纸上划来划去，左手托着下巴，从他那紧锁着的两道浓眉，可以看得出他正在钻研难题。一会儿，两道紧锁着的浓眉解开了，他嘘了一口气，嘴角上显出了得意的一丝笑容。"噢！到底把你抓出来了！"××同学轻轻哼了一声。接着，左手拿起三角板，右手又在纸上划起来了。

这两段文字从教室外写到教室内，细致入微的刻画，点面结合的手法，生动逼真地再现了当时的校园生活，如果没有走进和观察校园里的火热生活，这位考生就难以写出令阅卷教师称道的满分作文。

1964年的高考题要求考生阅读报纸上最近发表的《关于干菜的故事》，然后写读后感。"干菜的故事"是新社会建设中真实发生的正面事件，具有鼓舞人心的作用。

关于干菜的故事

今年二月间，俺站领导派我把支援灾区的干菜运到灾区东明县去。在装车时，发现各车装的数量都不一致，最少的装3000多斤，最多的装4800多斤。我怀疑可能是部分干菜的水分多，湿度大，所以分量重。为了弄清这个问题，我和司机一同上车拆件检查，一看，菜很干；重量大的原因是有些干菜包里掺杂着很多地瓜干、杂粮，甚至还有面粉。这些东西显然都是打包的时候临时塞进去的。像这样的"慰问品"差不多每车都有，少的有二三百斤，多的有两千斤左右。后来我到招远县城关、纪山两个公社的收购部门去联系运输干菜的事，知道他们也发现大捆干菜内包有地瓜干或杂粮。春节前，在一次装车时忽然从干菜内掉出来一块10多斤重的猪肉，还有一封慰问信捆在猪肉上。

这些动人的事例，使我想起了24年前家乡闹灾荒的凄惨情景：那年连续八个月未降雨，秋后一粒粮食没收，全村大多数农户缺吃没烧，忍饥挨饿。投机奸商从外地套购了地瓜叶，掺上大量的泥水沙石，到集市上高价出卖。干菜价格飞涨，有钱也买不到粮食。人们无法，拿变卖田产的钱，买冰冻了的地瓜叶充饥。第二年春天，剩下少量麦田，麦苗已经秀穗，再等一个月就可以收割。虽然谁也不舍得卖，可是整天饿得直不起腰，抬不起头，不卖又咋办？这时狠心的地主，将存了多年的霉烂地瓜干和垫仓底的泥沙一起打扫起来，"借"给人们度荒。每"借"40斤，到麦收时就得让他收割一亩小麦。这一年，90%以上的农户被地主害得家破人亡，逃荒到外地讨饭；地主和投机奸商却发了横财。

想想过去，看看现在，我更加憎恨旧社会，更加热爱新社会。

让学生阅读、感悟令人感动的干菜事件，回忆旧社会的苦难生活，在新旧生活的鲜明对比中抒发自己的感想，并将其记录下来写成读后感，有利于引导学生在读生活、忆生活与写生活中走进新社会，加深对新社会的认识与了解，激发对新生活的热爱之情。

除作文外，现代文阅读的选材更是体现了"服务社会建设，贴近生活"的特点。如1952年要求考生阅读《一个走上正轨的合作社》这篇文章，这篇文章是记者访问太行山区元氏县杨家寨农民供销合作社后，对杨家寨供销合作社的经验、成效进行的报道，其中有这样一段话：

> 杨家寨合作社是河北省老解放区千百个农村供销合作社中的一个。他们实行了合作社应集中全力满足社员需要的方针，所以威信空前提高。现在杨家寨合作社的社员已由整顿前的306人发展到556人，占全村人口的80%，资金也由153万元增加到650万元。

"杨家寨合作社是河北省老解放区千百个农村供销合作社中的一个"，道出了命题者的选材意图，即引导人们从这一典型拓展开去，了解社会主义建设的新事物、新现象，关注新社会的新生活，以全副身心投入社会主义建设。

三、降低试题难度，贴近民众

1949年12月23日，时任教育部长的马叙伦在全国教育工作会议的开幕词中强调："由于我们的国家是以工农联盟为基础的人民民主专政的国家，因此我们的教育也应以工农为主体，应特别着重于工农大众的文化教育"，"我们的小学校应该多多吸收工农的子女，我们的中学校和大学校，也应该有计划有步骤地为工农青年大大开门，以便大量地培养工农出身的新型的知识分子，作为我们国家建设的新的坚强骨干。"[①]毛泽东在1950年5月1日《人民教育》的创刊号上题词"恢复和发展人民教育是当前重要任务之一"；同月26日，《教育部关于高等学校一九五〇年度暑期招考新生的规定》要求对"有三年以上的工龄的产业工人；参加工作三年以上的革命干部及革命军人"实施优先录取政策，即使考试成绩较差，也可以从宽录取。党的教育方针和招生政策的这些规定，要求汉语母语测评贴近工农民众，但当时的多数工农民众刚从革命战火中走出来，没有学到多少汉语知识，文盲占了绝大多数，尽管扫除文盲的工作正在全国大力推行，"冬闲变冬忙，田间变课堂"，但"年年扫盲，年年是文盲"的现象却在较大范围内存在，工农民众的文化水平普遍偏低，母语测评必须降低难度。1952年的全国高考题在阅读能力的考查上，只要求学生阅读报纸上发表不久的白话文，说清楚文章意思，列出提纲即可；但工农大众认为列文章提纲难度太大，1953年降低难度，只说出文章的主要意思即可。从作文能力的考查

---

① 马叙伦：《在全国教育工作会议上的开幕词》，引自杨学为编：《高考文献》（上）（1949—1976），高等教育出版社2003年版，第2页。

看，除1964年写读后感外，其他全是记叙文，为了降低写记叙文的难度，只要求写清楚一件事，或记叙一个人即可，即使分析为什么填报这样的高考志愿，也只需说明经过即可。从1960年提出的作文评分标准看，只要考生在思想、内容、语言、结构四个方面符合要求，就可获得满分：

1960年作文评分标准说明：

1.以100分为满分。

2.评阅试卷时，应以政治标准第一，艺术标准第二为原则，全面考虑。

3.评阅试卷前，必须认真讨论评分标准，经过反复比较研究，定出各类标准卷。在评卷过程中，仍需比较研究。最后应进行一次认真的复查。

1960年作文评分标准：

第一类　90—100分

思想内容：

1.思想正确，具有无产阶级思想观点，紧密结合当前阶级斗争和生产斗争，紧密联系自己的思想实际。

2.内容充实，有观点，有材料，观点明确，材料典型，观点和材料紧密结合。中心思想明确，切题。

语言结构：

1.段落层次清楚，结构谨严，逻辑性强。

2.语言确切，句子通顺，绝少病句。

第二类　80—89分

思想内容：

1.思想正确，具有无产阶级思想观点，紧密结合当前阶级斗争和生产斗争，紧密联系自己的思想实际。

2.内容充实，有观点，有材料，观点比较明确，材料充实具体。观点和材料结合较紧密。中心思想明确，切题。

语言结构：

1.段落层次清楚，结构较紧密，逻辑性较强。

2.语言确切，句子通顺，病句很少。

第三类　　70—79分

思想内容

1.思想正确，具有无产阶级思想观点，结合当前阶级斗争和生产斗争，联系自己的思想实际。

2.内容比较充实，有观点，有材料，观点比较明确，材料具体，观点和材料能结合起来。中心思想比较明确，能切题。

语言结构：

1.段落层次清楚。

2.语言清楚，句子通顺，病句较少。

第四类　60—69分

思想内容：

1.思想基本正确，基本具有无产阶级思想观点，结合当前阶级斗争和生产斗争，联系自己的思想实际。

2.有观点，有材料。材料比较具体，观点和材料尚能结合。

语言结构：

1.段落层次基本清楚。

2.句子基本通顺，有些病句。

第五类　40—59分

思想内容：

1.思想不够正确，或个别地方有错误，不能很好地联系实际。

2.材料不够具体，观点和材料联系不够，中心思想不够明确，或离题较远。

语言结构：

1.段落层次不够清楚。

2.语言不够清楚，句子不够通顺，病句较多。

第六类　39分以下者

除具有第五类各条件外，尚具有下列条件之一：

1.中心思想有错误。

2.内容空洞。

3.离题甚远。

4.病句甚多。

第七类　通篇思想有严重错误的不给分。

标点、字迹、卷面等方面的扣分办法：

标点有错误的，酌扣1—5分。

错别字按其错误的程度和性质，酌扣1—5分。

字迹潦草，卷面不整洁，酌扣1—5分。

（以上三项扣分总和不得超过10分。）

未作完的试卷，视其未完程度酌量扣分。

从上述评分标准看，只要所写文章具有无产阶级思想观点，能紧密结合当前的阶级斗争、生产斗争和自己的思想实际，观点明确、切题，材料和观点紧密结合；段落层次清楚，句子通顺，就可获得高分。除阅读与作文外，基础知识的考查也力求浅近、平易，如1959年考查考生在文段中添加标点的能力，选择了《矛和盾》的故事，为了降低难度，命题者把这一故事翻译成了白话文，添上了许多标点，考生只需加上几个省略掉的标点即可：

把下面这篇寓言遗漏的标点符号完全补上；并且将全文划分段落。（标点符号加在原句下，不必另写原句。划分段落只要在你认为应该分段的地方，画一条竖线将文句间隔开来，注明是第几段就行了，不要另抄原文。本题6分。）

自相矛盾

从前，有一个卖矛和盾的人，他举起盾，向人叫卖说"我的盾呀，顶牢顶牢的，无论怎样锋利的矛，也戳不穿它！说完，又举起他的矛夸口说：我的矛呀，十分锋利无论怎样牢固的盾，一碰上，就能戳进去！"站在旁边的人听了，暗暗地发笑，就问他："照你这样说来，你的矛是顶锋利的，无论怎样牢固的盾都戳得进去你的盾又是那么的牢固，无论怎样锋利的矛，也别想戳得进去。那么，用你的矛来戳你的盾，结果该怎样呢"那人就窘得答不上话来了。

考生只需根据上下文意，在"十分锋利无论怎样牢固的盾"和"无论怎样牢固的盾都戳得进去你的盾又是那么的牢固"两处加上标点即可，难度较低。文言文阅读能力的考查也在最大范围内降低了难度，如1959年的文言翻译题，只要求考生翻译"物有不可忘，或有不可不忘。夫人有德于公子，公子不可忘也；公子有德于人，愿公子忘之也"，明白如话，降低了难度，贴近了民众。

四、学考不断结合，贴近教材

课程标准和教学大纲陆续颁布后，中小学的统一教材也陆续编成并投入使用，这为汉语母语测评提供了标准、大纲和教材依据。为了引导工农大众认真学习全国统一教材，教育部要求不同层次、不同类别的母语测评不能超出教学大纲，要以中小学教材为基础内容命题。根据这一要求，各学校的日常测评基本做到了"学考结合"，高考测试也逐步体现了这一特征。如1952年高考测试要求考生在空格里填上适当的关联词语，"不下雨_____不好，雨水太多了也不行"、"_____便于吸取苏联的先进经验，我们必须学习俄语"、"_____你赞不赞成，你必须表示点意见"、"立场问题不解决，就根本不会正确理解政策，_____正确执行政策了"、"我_____到过北京，可是那个时候年纪小，现在什么都不记得了"，这些关联词是1950年公布的《小学语文课程暂行标准（草案）》中要求学生构造"完整复杂的语句"时需要掌握的，也是当时使用的简易课本中所强调的，体现了贴近教材、学考结合的特点。有的高考测试题直接以简答题的方式考查教材内容，如1954年命制了如下10个小题：

（一）祥林嫂是哪一篇作品中的人物？

（二）《诗经·硕鼠》的基本思想是什么？

（三）《愚公移山》出在哪一本书？

（四）马烽的《一架弹花机》中的主角是谁？

（五）艾青的《幸福的国土》的体裁是什么？

（六）鲁迅在五四时期发表的三篇反对封建主义的作品是什么？

（七）丁玲的《太阳照在桑干河上》是用什么题材写的？

（八）陆游是什么朝代的诗人？

（九）《羌村》三首是谁作的？

（十）《水浒》是什么人的著作？

这十个题目几乎都取自教材，只要考生平时认真学习，无论是回答作品、作者、主人公，还是回答体裁、题材、思想内容，都可以顺手拈来。有些高考题直接用简答题方式考查学生的现代文阅读能力，而简答题全部源自教材，如1959年命制了以下两个简答题：

1.在《湖南农民运动考察报告》里，毛泽东同志怎样驳斥了所谓"过分"的谬论？

2.分析《为了忘却的记念》最后一节所表现的思想感情。

这两道题目给了10分，占总分的10%，需要考生结合所学文章内容作答。除现代文阅读外，文言文阅读也多从教材中选择测评材料。如1956年文言翻译，选的是《廉颇蔺相如列传》中的一段话："赵惠文王时，得楚和氏璧。秦昭王闻之，使人遗赵王书，愿以十五城请易璧。赵王与大将军廉颇诸大臣谋：
欲予秦，秦城恐不可得，徒见欺；欲勿予，即患秦兵之来。计未定，求人可使
报秦者，未得。"1957年的文言文翻译直接选用杜甫的《石壕吏》，体现了
"学考结合，贴近教材"的特点。

当然，这一时期的测评还有其他一些特点，如运用选择题这一新题型，作
文能力考查出现了读后感这一新文体，阅读能力考查出现了白话文的整篇阅读
等，但从时代变革与母语测评的历史使命看，这一时期的母语测评，在民国现
代转型的基础上，进一步贴近政治，维护和巩固新生政权；贴近生活，观察、
理解和表达社会；贴近民众，以平易浅近的题目引导民众学习最基本的汉语知
识，形成最基本的汉语能力；贴近教材，把教、学、考统一在国家建构的框架
之内，是这一时期母语测评的最大特点。对于一个依然处在动荡之中的新生政
权，这样的母语测评既是时代和政治的要求，也是母语测评自身的自觉选择，
当一个国家的母语不能为这个国家的稳定与繁荣服务时，这一母语及其测评也
就失去了存在的国家价值。

第三节
"十七年"汉语母语测评的历史意义与价值反思

新中国成立后的"十七年"，母语测评的历史重任应是"培养国尊精神以
确立国格"，"发扬国华以阐扬国光"，"陶铸国魂以确立国基"，"拥护国
权以维国脉"。[①]但由于工农劳苦大众文化基础薄弱，社会生产建设任务繁重，
国内外政治环境不容乐观，汉语的现代化建设还有许多空白，汉语母语测评要
在这种情况下打破"旧式教育"的巨大挑战，站在国家立场承担新中国的建设
使命，必须积极稳妥地推进母语测评改革。十七年间，汉语母语测评屡经变
化，在"日常测评的整合推进"、"测评内容的序列建设"和"白话文的整体
阅读"三个方面有所突破；但在文化传承、能力考查和开放创新等方面还有巨
大的发展空间。

---

① 舒新城：《近代中国教育思想史》，中华书局1928年版，第322页。

一、"十七年"汉语母语测评的历史意义

"十七年"的汉语母语测评，除引导工农大众走进社会生活，树立国家意识，培育新中国的主人翁责任感，提高自身文化修养外，和20世纪前半期的母语测评相比，还在日常测评的整合推进、测评内容的序列建设、白话文的整体阅读等方面作出了历史性贡献。

（一）初步构建了日常测评的整合推进模式，为发挥现代母语测评的综合功能提供了经验

"十七年"间的母语教育注重日常测评。1950年颁行的《小学语文课程暂行标准（草案）》明确提出在日常教学中要加强练习的要求，如语法和字词教学要求教师"采用多种方式，经常加以练习"，"新字新词汇的认识记忆，必须用分布练习的方法，逐日定时练习"。例如"多举行视写、听写和默写，或多用卡片练习的方法反复练习"，写话教学也要求"听得多，说得多，练习得熟"，"在发还儿童的写作成绩时，对于问题多的课卷，应多着重采取个别指导的方法，详细说明他的优点和缺点。对于多数儿童共有的缺点，应该在课堂里提出当众讲解，以引起儿童普遍地注意改进"，[①]这些练习就是母语教育的日常测评。这一时期中小学母语的日常测评具有整合推进的特点，在测评内容、种类和形式等方面初步构建了整合推进的模式。首先是测评内容建构了如下整合推进模式：

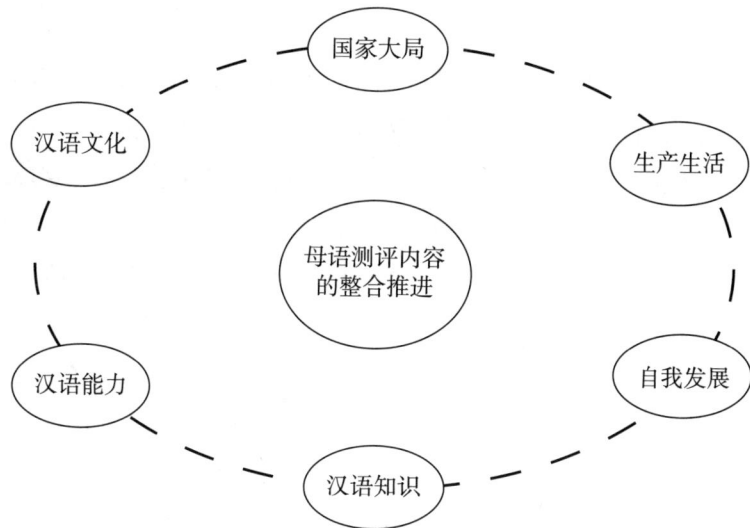

图4-1　新中国前"十七年"汉语母语测评内容整合推进模式图

---

① 课程教材研究所编：《20世纪中国中小学课程标准·教学大纲汇编》（语文卷），人民教育出版社2001年版，第68—71页。

在这一模式中，国家大局是统领，生产生活是媒介，自我发展是关键，汉语知识是基础，汉语能力是重点，汉语文化是提升和保障，六个方面相辅相成，共同构成了"十七年"的母语测评内容。从汉语知识的考查看，1960年以前的高考语文重视汉语知识的考查，考查情况如下表4-3：

表4-3　新中国"十七年"全国高考语文基础知识考查一览表

年份	分值	考查知识	题型	题目数
1952	30	虚词、造句、标点	填空	两大题6小题
1953	25	解释词语意思、填写词语、中国文学常识	填空、简答	三大题28小题。
1954	第一类考生12分；第二类考生22分	成语、实词、虚词、中国文学常识	填空、简答	两大题21小题
1955	20	成语、词汇、虚词，中外文学常识	选择、简答	两大题15小题
1956	25	修改病句，中国文学常识	填空、简答	两大题13小题
1957	16	修改病句	填空	8个小题
1959	18	词语、成语、比喻修辞	简答、填空	三大题6小题
1960-1965	没有专题考查基础知识，1962—1963年在文言阅读中考查了标点知识。			

在考查汉语知识时，兼顾了国家大局和生产生活，如1955年选填实词时，要求考生从"掌管、掌握、把持"中选填一个到"我们的人民民主专政的国家制度是保障人民革命的胜利成果和反对内外敌人的复辟阴谋的有力武器，我们必须牢牢地　　这个武器"这句话中，体现了国家大局意识。在关注社会生活时，还把外国生活引入了试题。如1952年的单句变复句，选用了以下材料：

10万名伊朗工人展开了罢工。这次罢工是伊朗历史上最大的一次。这次罢工是为了反对英帝国主义，要求改善生活。这些工人是英伊石油公司的。这次罢工获得了胜利。这件事情发生在1946年7月。

命题者要求考生根据这些句子的意思，组织成一个完整的句子，体现了命题者对国外社会生活的关注，促进了汉语知识、国家大局与生产生活的整体推进。除汉语知识的考查形成了整合推进的模式外，文言文阅读能力的考查也建构了相应模式，特别是全国高考中的文言文测评更是注意了这一点。新中国前"十七年"高考文言测评情况如下表4-4：

表4-4 新中国“十七年”文言文阅读能力考查情况一览表

年份	分值	所选材料	考查能力	题型	题数	阅读字数
1952		这两年没有考查文言阅读能力。				
1953						
1954	8	《廉颇蔺相如列传》（片段）	标点	客观题	1	133
1955	10	《桃花源记》（片段）	标点	客观题	1	139
1956	20	《廉颇蔺相如列传》（片段）《石壕吏》	文句翻译诗歌主题思想感情	主观题	2	88
1957	29	《石壕吏》《书江西造口壁》《孔雀东南飞》（结尾）	文句翻译社会背景思想感情语句含义	主观题	3	220余字
1959	6	《史记·魏公子列传》（片段）	翻译	主观题	1	42
1960	100	《鬼怕恶人》	翻译分段标点	主观题客观题	1	180
1961	100	《梦溪笔谈》（片段）《及之而后知》	翻译标点	主观题客观题	2	180
1962	100	《小儿不畏虎》	翻译、标点、解释	主观题客观题	3	86
1963	100	《薛谭学讴》等	翻译、标点，解释	主观题	四大题12小题	500
1964	100	《做大字要如小字》等	翻译	主观题	2	250
1965	100	《佛山镇抗英》等	翻译	主观题	2	300

文言文选用的上述文段，有直指国家大局的，如《廉颇蔺相如列传》、《石壕吏》、《佛山镇抗英》等；有涉及社会生活的，如《孔雀东南飞》、《梦溪笔谈》、《薛谭学讴》等；有启发个人思考、促进个人成长的，如《史记·魏公子列传》、《及之而后知》、《小儿不畏虎》、《做大字要如小字》等；有表达社会追求、哲理等中国文化思想的，如《桃花源记》、《鬼怕恶人》等；在内容考查上，既有标点、词语解释等基础性知识，也有理解、转

述等翻译能力，促进了多种能力的整合性考查。除测评内容的整合推进外，"十七年"间还形成了测评种类的整合推进模式：

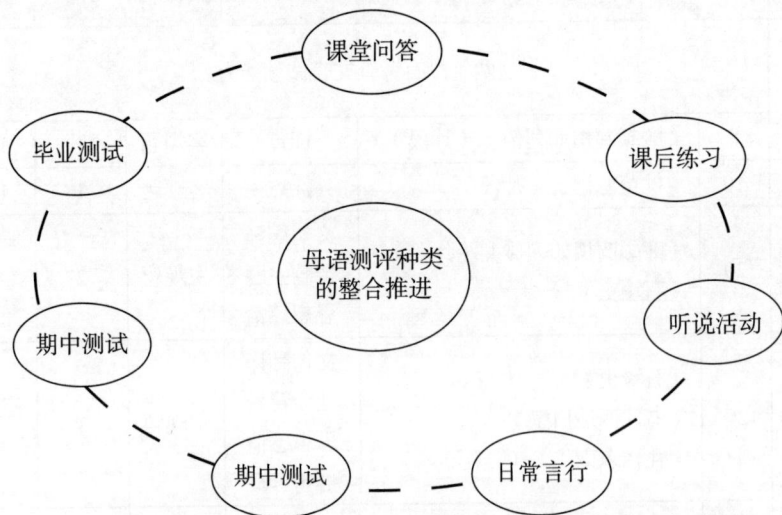

图4-2 新中国"十七年"汉语母语测评种类整合推进模式图

在这一模式图中，课堂问答、日常言行是最为常见的测评种类，贯穿于学习与生活的全过程；课后练习与听说活动是课堂问答与日常言行的补充；期中、期末、毕业考试是正规测评，必须确立明确的测评目标，编制相应的测评试卷。这些测评种类相互补充、彼此配合，共同促进学生的母语学习。除此之外，母语测评形式也形成了整合推进框架：

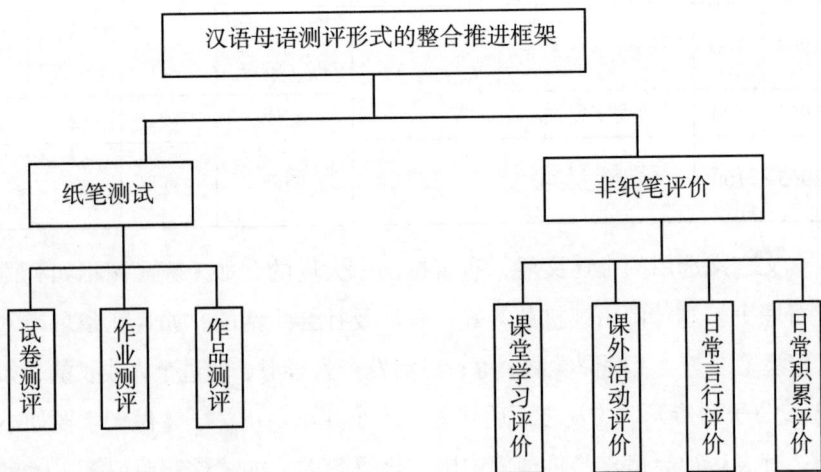

图4-3

在这一框架图中，纸笔测试和非纸笔评价整合推进，在纸笔测试中，试卷、作业与作品整合推进；在非纸笔评价中，课堂学习中的及时性评价、课外语文活动中的表现性评价、日常言行中的情境性评价和读书背诵等抽查性评价整合推进。

评价形式与评价内容、种类相互配合，构成了"十七年"母语测评的整合推进模式，这些模式发挥了现代母语测评的综合性功能，为形成母语教育合力奠定了测评基础。

（二）初步建构了母语测评的内容系列，为汉语母语的分级测评提供了思路

长期以来，目标模糊、内容无序，成了母语测评的顽症。"十七年"间，教学大纲制定者考虑到中国幅员辽阔，教师水平参差不齐，母语知识与能力序列难以建构，在提出总体目标后，对测评目标进行了年段分解，高中阶段甚至分解到了课时，初步建构了母语测评的内容系列。如1955年在部分省市试行的《小学语文教学大纲草案（初稿）》，对阅读课、汉语课、作文课、识字课、写作课的学习与测评内容进行了系列建构。如作文部分首先提出了"用口头语言和书面语言通顺地连贯地表达自己的思想"的测评总目标，然后对总体内容进行了说明："作文分为口头的和书面的两项，都包含从简单到复杂的各种方式。用一句话答一个问题，用几句话说一件事情，讲一个听到的故事，说明一幅或一套看过的画，描述观察或参观所见的自然景物或劳动场面，复述一篇作品的内容，介绍一本课外读物，讲述一篇儿童报纸的论文和新闻，直到独立的作发言、演说、报告等等，都可以作为口头作文的作业。用一句话记一件事，把观察所得写在自然历上，把生物角、实验园地、乡土研究的工作作成记录，给图画加标题或写说明，根据读过的作品写一篇东西，作课外读物的摘录，作会议记录或听讲笔记，直到独立的写创造性的作文，跟别人通信，为壁报和儿童报刊写稿等等，都可以作为书面作文的作业。"明确了总体目标与内容后，分年级提出了作文训练与测评的目标和内容。一年级提出了八项测评目标与内容：

一　讲述看过的图片的内容，观察过的实物的特征，内容宜单纯，要几句话就说得清楚的。

二　讲述学校生活、家庭生活、周围生活的情况，内容宜单纯，要几句话就说得清楚的。

三　讲述听过的简短童话和故事。

四　回答教师设计的成套的问题（一套包含四五个问题），用一个完整的句子回答一个问题。然后把各个句子连起来说。

五　看全套四五幅、每一幅内容都单纯的连环画，把一幅画的内容用一个完整的句子说出来，然后把各个句子连接起来说。

六　把由四五句连缀而成的短文拆散，不依照原来的次序一句一句地分开写，要求儿童恢复原来的次序，连起来说。

七　用学过的词造句。

八　抄录回答过的问题和答语（从第二学期起，由教师选定）。①

上述八条详细规定了一年级学生母语写作能力的训练与测评内容、方式与程度。如第一条"讲述看过的图片的内容，观察过的实物的特征，内容宜单纯，要几句话就说得清楚的"，"讲述"是考查一年级学生作文能力的基本方式，在学生识字和写字量均无法达到表述要求的情况下，用讲述方式测评学生的造句能力，能方便快捷地看出学生的基本情况；"图片内容"和"实物特征"是具体测评内容；"单纯"、"几句话就说得清楚"是测评标准。在一年级的基础上，二年级提出了以下测评内容、方式与标准：

一　同第一学年第一至第三项，在连贯性方面，要求可以提高一点。

二　同第一学年，问题可以加多到七八个。

三　同第一学年，画幅可以加多到七八幅。

四　同第一学年，句子可以加多到七八句。

五　用学过的同义词、反义词、多义词、形容语、比喻语造句。

六　依据画片(一张或一套)内容，按照教师作的提纲写简短的故事。

七　依据读过的故事的内容，按照教师作的提纲作书面叙述。

八　在教师指导之下，把观察自然现象所得记在自然历上，大概记四五句话。

九　在教师指导之下，就远足和参观所见作简短的书面叙述，把生物角工作和园地工作作成简单的记录。②

和一年级相比，除相同内容提高程度要求外，还增加了训练与测评内容，如"用学过的同义词、反义词、多义词、形容语、比喻语造句"，对用词的

①② 课程教材研究所编：《20世纪中国中小学课程标准·教学大纲汇编》（语文卷），人民教育出版社2001年版，第104—105页，第104—107页。

丰富性和比喻修辞提出了要求，"形容语"的运用，为描写作了铺垫。再如"按照教师作的提纲写简短的故事"或"作书面叙述"，为独立写出短文章作了铺垫；对自己的所见所闻作书面叙述或简单记录，为记事性短文的写作做了铺垫。在完成二年级的训练任务后，教学大纲对三年级的训练与测评作了如下规定：

一　同第二学年第一项，可以要求作内容稍丰富的连贯性的讲述。

二　用学过的同义词、反义词、多义词、形容语、比喻语造句。

三　依据画片(一张或一套)内容，按照在教师领导下作的提纲写简短的故事。

四　依据读过的课文的内容，按照在教师领导下作的提纲作书面叙述。

五　把观察自然现象所得记在自然历上，大概记五六句话。

六　在教师指导之下，就远足和参观所见作较详细的书面叙述，把生物角工作和园地工作作成较详的记录。

七　以周围生活为主题，在教师领导下拟定提纲，并按照提纲作文。

八　在教师领导下写简短的信。①

经过一二年级的铺垫性训练，三年级提出了"写简短的故事"、对课文内容作书面叙述、对所见所闻作详细的书面叙述和记录等要求，在此基础上增加了记录自然现象、列作文提纲、按照提纲作文和写简短书信等测评内容，具有明显的层层递进特点。在此基础上，提出了四年级的训练与测评目标：

一　同第三学年第一项。

二　用学过的同义词、反义词、多义词、形容词、比喻语、成语造句。

三　把观察自然现象所得记在自然历上，句子不必多。

四　在教师指导之下，就远足和参观所见作文，把生物角工作和园地工作作成更完整的记录。

五　依据读过的课文(或课外读物)的内容，或者依据其中的某些情节，自己拟定提纲，并按照提纲作书面叙述。

---

① 课程教材研究所编：《20世纪中国中小学课程标准·教学大纲汇编》（语文卷），人民教育出版社2001年版，第104—110页。

六　把读过的课文或其个别段落作简缩的书面叙述。

七　以周围生活为题材，按照自己拟定的提纲作文。

八　为墙报写短文。

九　写简短的信。

十　简单的日常应用文件的习作。①

和三年级相比，四年级在词语运用上增加了成语；把所见所闻的书面叙述或详细记录变为写较为完整的作文与记录；对自主列提纲、写作文提出了明确要求；增加了缩写、墙报和日常应用文件等写作类型，写作要求渐次提高，测评内容不断丰富，体现了层级性。在四年级的基础上，教学大纲提出了五六年级作文训练和测评的内容、方式与标准：

一　同第四学年第一项，可以要求作内容更丰富的连贯性的讲述。

二　用学过的同义词、反义词、多义词、形容语、比喻语、褒贬语、成语造句。

三　依据读过的课文(或课外读物)的内容，或者依据其中的某些情节，自己拟定提纲，并按照提纲作书面叙述。

四　把读过的课文或其个别段落作简缩的或补充的书面叙述。

五　把园地工作和乡土研究工作作成详备的记录。

六　以自然现象为主题，自己拟定提纲作文。

七　以周围生活为主题，自己拟定提纲作文。

八　拟发言提纲和发言底稿。

九　为墙报或儿童报刊写稿。

十　写信。

十一　日常应用文件的习作。

十二　作课外读物的阅读摘记和简要的介绍辞。

十三　看过电影和戏剧之后，依靠其内容作简要的口头叙述和书面叙述。

层层铺垫，逐年递升，到小学毕业，母语写作能力的考查就由一句话或几句话到整篇文章，达成了小学阶段的总体目标；上述八、九、十二、十三项又为初中阶段的写作训练做了铺垫。这一份教学大纲为小学母语写作能力的测评建构

① 课程教材研究所编：《20世纪中国中小学课程标准·教学大纲汇编》（语文卷），人民教育出版社2001年版，第112—113页。

了内容与程度序列，既解决了教学的无序问题，也解决了测评的盲目问题。

按照这一思路，1956年编制了《初级中学汉语教学大纲（草案）》、《初级中学文学教学大纲（草案）》和《高级中学文学教学大纲（草案）》，在继续建构汉语母语测评内容序列的基础上，把学习与测评目标落实到了每篇文章上。如《高级中学文学教学大纲（草案）》首先提出了学习重要作品、文学论文、文学理论基本知识、中国文学史基本知识、熟悉文学作品语言等总体目标后，对第一学年第一学期《诗经》的测评内容提出了如下要求：

诗经

"诗经"是我国古代的诗歌总集，其中大部分诗歌是古代人民的口头创作（可能经过文人的加工）。"诗经"的主要内容及其人民性。"诗经"奠定我国文学现实主义的优良传统的基础。"诗经"对后代文学发展的影响。

"诗经"的风、雅、颂三个名称的解释。"诗经"语言的特征。

关雎

这首诗表现古代人民对幸福生活的渴望。

氓

这首诗描述一个热情女子被弃后追忆恋爱经过和诉说自己的痛苦心情。

作品反映古代社会里妇女遭受压迫和生活无保障的情况，控诉男子骗取妇女爱情而又任意遗弃的罪行。

自然景物的描写对抒发感情的衬托作用。

黍离

这首诗描写诗人目睹故都已成废墟而感到内心的痛苦，表现诗人的深刻的爱国感情。

伐檀

这首诗描述被奴役的劳动人民的辛苦和愤恨，表现他们对剥削者的强烈的反抗情绪。

蒹葭

这首诗描述诗人希望见到他所爱慕的人的殷切心情。

深秋水滨晨景的描写。

无衣

这首诗表现战士同心协力，抗敌御侮的精神。

文学理论

文学的起源

上述内容既明确了《诗经》的总体测评要求，也对教材中选用诗歌的测评重点作了规定，确保了母语测评内容的底线。

母语学习与测评内容的序列建构，虽然存在很多争议，但它对促进广大语文教师把握母语教学及其测评底线，提高母语教学质量等具有重要作用，对母语的分年分级测评提供了新的思路，积累了不可多得的经验。

（三）把白话文阅读纳入国家级测评，拓展了阅读能力的考查类型

国语运动和新文学运动兴起以来，白话文受到越来越多人的重视，白话文进入中小学以后，官方文件也开始大面积使用白话文。在这一背景下，母语测评开始关注白话文，民国时期采用了文言文与白话文互译题型，鼓励或要求学生用白话文写作，但没有在国家级测评中考查白话文的阅读能力。新中国成立后，第一次全国高考就把白话文阅读能力纳入考查范围，考生阅读完《走上正轨的合作社》后，要完成以下两项任务：

（1）把下面这篇文章用心阅读一遍，然后用几句话说明它的主要意思。

（2）再分段阅读，记出每段的要点，组织成一个大纲（分项用"一"、"二"，一项之内再分用"1"、"2"，再分用"甲"、"乙"）。

其后几年，陆续考查了白话文阅读能力，考查情况见下表4-5：

表4-5　新中国"十七年"白话文阅读能力考查一览表

年份	分值	所选材料	考查能力	题型	题数	阅读字数
1952	20	《一个走上正轨的合作社》	概括意思；列提纲	主观题	2	1600余字
1953	15	《打鱼人》	分析主要思想；解释表现方法	同上	1	850余字
1954	10	《纪念刘和珍君》（片段）	分析主要思想	同上	1	460余字
1955	10	毛泽东在第一次全国政治协商会议上的讲话（片段）	同上	同上	1	390余字
1956	5	《春蚕》（茅盾）	分析人物性格特点	同上	1	

续表

1957	5	《药》（鲁迅）	人物描写方法、人物思想与精神	同上	1	
1959	16	《矛与盾》、《湖南农民运动考察报告》、《为了忘却的纪念》	标点，划分段落，驳论技巧，思想感情	客观题主观题	3	
1960—1965	除1964年阅读《关于干菜的故事》写读后感外，未专题考查白话文阅读。					

1954年和1955年要求考生阅读白话文片段，如1954年要求考生阅读毛泽东在第一次全国政治协商会议上的如下讲话片段：

> 诸位代表先生们：我们有一个共同的感觉，这就是我们的工作将写在人类的历史上，它将表明：占人类总数四分之一的中国人从此站立起来了。中国人从来就是一个伟大的勇敢的勤劳的民族，只是在近代是落伍了。这种落伍，完全是被外国帝国主义和本国反动政府所压迫和剥削的结果。一百多年以来，我们的先人以不屈不挠的斗争反对内外压迫者，从来没有停止过，其中包括伟大的中国革命先行者孙中山先生所领导的辛亥革命在内。我们的先人指示我们，叫我们完成他们的遗志。我们现在是这样做了。我们团结起来，以人民解放战争和人民大革命打倒了内外压迫者，宣布中华人民共和国的成立了。我们的民族将从此列入爱好和平自由的世界各民族的大家庭，以勇敢而勤劳的姿态工作着，创造自己的文明和幸福，同时也促进世界的和平和自由。我们的民族将再也不是一个被人侮辱的民族了，我们已经站起来了。我们的革命已经获得全世界广大人民的同情和欢呼，我们的朋友遍于全世界。

阅读完后，概括所选片段的主要思想，就可以获得10分，占总分数10%。1956—1959年则依托教材中的现代文命题，学生无须阅读，直接答题即可。如1956年命制了"《春蚕》中的老通宝的性格特点是什么"这样一道简答题，要求考生简要回答。而1952年和1953年采用全篇阅读方式考查学生的白话文阅读能力，而且有一定难度，如1953年的这篇《打鱼人》，需要考生读出言外之意，才能完成题目：

打鱼人

望着远远走来的人群，工人们说：

"打鱼的来啦!"

这时,一群由文学家、艺术家、电影编导家、记者和青年写作者组成的临时队伍,正纷纷涌进工厂的大门,向平炉间走来。一看就知道,他们是来访问快速炼钢的创造者的,因为最近,这个平炉创造了快速炼钢的新纪录,来访问、来找点材料的人,络绎不绝。工人们把他们叫做"打鱼的",因为在这个著名的建设区里,只要哪儿发生了一点儿不平常的事,哪儿就出现了他们,正像渔夫在鱼儿多的海面出现一样。

可是这群"渔夫"得到消息未免迟了些,当他们进了平炉间时,工人们告诉他们说:

"同志们,炼钢模范不在这儿。"

"那么,他到哪儿去啦?"客人们焦急地问。

"不知道,连我们也几天没见他的影了!"

工厂的领导给了创造新纪录的炼钢模范一个新任务:接待来访的人,并与之面谈。但由于访问的人太多,不得不采取一种类似挂号的办法:请访问的人事先办理登记手续,以便安排一下谈话的次序和时间。

几天来的冗长谈话,无休止地回答一系列的各式各样的问题,使炼钢模范都厌腻起来了。他抓了一个空隙跑去问领导:

"为啥不让我在平炉旁工作,却让我每天去陪客人呢?"

"你陪的都是文学艺术家呀,他们要把你的事情写出来,让更多的人知道,教育更多的人啊!"

炼钢模范不作声了,只好依旧接待来访问的人。但是,在这位工人看来,时间实在太宝贵了,而且,根据几天来的经验,这些人提出的问题并不难,归纳成下面四条:一、过去历史;二、创造快速炼钢的动机;三、克服困难的经过;四、今后努力的方向。于是,为了对付这些单调的问题,不等别人发问,就简单地叙述起这四条来。

当那一群追求幸运的"渔人"终于找到了炼钢模范,并发现这位模范几乎不等他们发问,就异常老练地谈起他自己,他的模范事迹,他的努力方向时,真使他们感到惊异呢。但是听完之后,有的人想:"难道他的模范事迹就如此简单吗?"有的人想:"这不够作为作品的典型啊!"……然而实在也想不出别的问题来了。

"唉唉,这不是一条'大鱼'啊!"

以上的情况，我看是大大地值得我们的注意和反省的。

（《文艺报》1953年，第12号）

这篇文章采用杂文方式，讽刺了当时值得反省的现象，考生必须读懂"鱼"是什么？谁在"打鱼"？这种"打鱼"现象为什么值得注意和反省，才能正确分析文章的主要思想，合理解释表现方法，完成当年题目。从1952年和1953年的文章看，新中国成立后，白话文阅读受到了很大程度的重视，把整篇文章引入国家级母语考试，开创了现代文阅读能力测评之先河，虽然题目过于简单和粗糙，但拓展了阅读能力考查的语体类型，是对母语测评的又一贡献。

二、"十七年"汉语母语测评的价值反思

新旧交替的"十七年"，既为母语测评的持续发展作出了历史贡献，也为当代母语测评改革提供了历史性的价值反思。

（一）民族与大众的整合性价值反思

中华人民共和国的文化教育是民族的科学的大众的文化教育，《中国人民政治协商会议共同纲领》对我国教育的这一规定，需要母语测评同时高举民族、科学和大众三面旗帜。母语测评的科学性是一个长期提高的过程，但民族和大众的整合性发展却是这一时期的母语测评需要解决的问题。母语测评首先是民族的，无论政权如何更迭，都要承担保存民族血脉的责任；但是，民族是由一个个普通民众构成的，要传承民族血脉，必须走进本民族普通民众的生活与内心，这就要求母语测评同时兼顾民族与大众两个方面。科举时期的母语测评，重视了民族文化的代际传递，但忽视了母语文化的时代变迁，用经典性的书面语把民族文化和普通大众分隔开来，重视了民族却忽视了大众。新中国成立后，为了肃清封建的、买办的旧式教育，体现新时代的民众追求，将关注点几乎全部集中在了现实社会与普通民众的需求上，忽略了民族文化的代际传递。从1952年和1953年的全国高考看，文言文被完全排斥在外；1954年虽然增加了文言标点，但也只局限于被鲁迅称为"史家之绝唱，无韵之离骚"的《史记》中，所选文段也只是完璧归赵的起因部分，有史事叙述，没有文化思想；其后的选文基本上保持了这一风格，即使在1960—1965年，文言文阅读提高到了100分，但都回避了优秀文化思想的传递，如1963年的文言翻译，选用了《薛谭学讴》这一故事，翻译完故事即可；文言标点则选择记叙岭南气候的文段，没有文化思想可言，从材料选择和题目的难易度看，适合大众阅读，体现了鲜明的大众特征，

但民族文化精粹却被"选择性遗忘"，重视了大众忽略了民族。新文化运动和新中国前"十七年"对民族传统文化的排斥，埋下了民族文化代际断裂的隐患。如何在母语测评中真正实现"民族"与"大众"的整合性价值，需要母语测评改革的决策者与实施者进行历史性反思。

（二）知识与能力的互生性价值反思

汉语母语测评既要重视汉语知识，也要强调汉语能力，知识是能力的根基，能力是知识的内化与升华，片面强调知识或片面强调能力都可能给汉语母语测评带来消极影响，只有实现了汉语知识与汉语能力的互生发展，汉语母语测评才会在知识与能力的螺旋互动中充满活力。十七年间的汉语母语测评，虽然重视了知识与能力的整合推进，但更注重汉语知识的积累性考查。1962年人教版初中语文第五册的课后练习中，背诵有11题，词语有2题，修辞有4题，虚词有22题，句子成分有3题，句式有5题，文章方法有19题，逻辑有1题，基础知识共计67题，占课后练习总题量的61.5%；高中也一样，1963年人教版高中语文第一册课后练习中，虚词有4题，修辞有1题，实词有2题，句式有2题，朗读有1题，背诵有6题，文章方法有13题，基础知识共计29题，占了41.4%。在高考测试中，文言文部分主要考查基础知识，文言翻译强调基础能力；在现代文阅读能力的考查中，前期考查了概括大意、编写提纲，后期则依托教材考查课文的记忆能力，失去了阅读能力的考查本意，削弱了能力考查，失去了知识与能力的互生性价值。当代母语测评改革如何才能在汉语知识与汉语能力之间走一条互生的道路，既需要反思历史教训，也需要创造性地提出操作策略。

（三）中国与世界的融合性价值反思

任何一项精粹既是民族的，也是世界的，只有实现了民族与世界的融合，才能在最大限度内发挥价值。民国时期的新文化运动和新教育运动，把世界上的先进思想与经验引进中国，促进了汉语母语测评的现代转型。新中国成立后的汉语母语测评，也应开眼看世界，既立足本国，也关注国外，才能引导学生养成兼顾中外的意识。但是，从中小学教材所选文章看，外国作品数量太少，且风格单一，所选内容多集中在前苏联。这一时期的全国高考母语测试卷只有两处涉及国外，一是1952年的伊朗工人罢工；二是1955年保尔·柯察金的出处与作者，其他全局限在国内，这种封闭的选材思路阻断了中国与世界的联系，难以实现中国与世界的融合性发展。如何在母语测评中提升中国与世界的融合性价值，还需要不断反思与超越。

第五章
新时期的汉语母语测评

新时期，是指"文化大革命"结束后，国家政治、社会经济等各方面均呈现出新特点的时期。这一时期的社会形势发生了很大变化，国家在教育改革和母语测评等多方面进行了探索，取得了明显成效。

第一节
汉语母语测评的时代诉求与改革历程

1966年废除母语测评后，社会上的脏话、粗话和假大空的套话、模式化语言泛滥，民众的母语水平和文化素质急剧倒退，20世纪前半期和"十七年"母语变革的所有努力付之东流。为了改变这种状况，1970年部分高校以"群众推荐、领导批准和学校复审"的方式，从有实践经验的工农兵及下乡知青中招生。当时的汉语母语教材主要是"报纸摘要"、毛主席诗词、毛主席语录、收租院、革命样板戏、老三篇和当时的风云人物等，如北京学生用的语文课本共23篇课文，三分之一是毛泽东诗词和"老三篇"，即《为人民服务》、《纪念白求恩》、《愚公移山》三篇文章；三分之一是《人民日报》和《文汇报》的社论、林彪讲话和京剧《红灯记》选段及大型雕塑《收租院》的解说词；还有三分之一是描述全世界人民如何热爱毛主席的文章汇集和摘选。[①]1973年要求选拔具有两年以上实践经验的优秀工农兵入学，在6月中旬组织了考试，作文题目是"学习《为人民服务》的体会"，考试制度的临时恢复引起了多方批评，汉语母语测评于是全面废止。"文化大革命"结束后，汉语母语测评与高考同步恢复，开始了新时期的测评改革探索。

一、新时期汉语母语测评改革的时代诉求

面对"文化大革命"后的汉语荒漠与社会交往中的粗俗用语，1981年，全国总工会和共青团中央等联合下发《关于开展文明礼貌月活动的通知》，发出了环境美、心灵美、语言美、行为美的"四美"倡议，其中的语言美备受关注。为了帮助广大民众提高语言美水平，汉语拼音、文字规范、语言规范等再次受到重视。这一时期的社会发展和教育改革对汉语母语测评提出了新的要求，西方现代语言测评和国际阅读素养测评项目也为母语测评改革提供了新的思路。

---

① 蒋超主编：《中国高考史·动荡卷》，中国言实出版社2008年版，第97页。

（一）开放多元的社会变革与母语测评的本体回归

　　新中国"十七年"和"文化大革命"时期的母语测评主要在封闭的系统中进行；"文化大革命"结束后，加大了改革开放力度。1978年12月召开的中共十一届三中全会，提出了改革开放的基本治国方针，要求全国人民解放思想、开动脑筋、实事求是、团结一致向前看；1979年4月召开的中央工作会议提出了"调整、改革、整顿、提高"的经济工作方针；1981年中共十一届六中全会做出了《关于建国以来党的若干历史问题的决议》，提出了把我国建设成"具有现代农业、现代工业、现代国防和现代科学技术的，具有高度民主和高度文明的社会主义强国"的目标，要求首先解决人民日益增长的物质文化需要同落后的社会生产之间的矛盾，把党和国家工作的重点转移到以经济建设为中心的社会主义现代化建设上来，逐步建设高度民主的社会主义政治制度，在和平共处五项原则的基础上，积极发展同世界各国的关系和经济文化往来。在中央决策的引导下，我国的经济建设与政治改革力度加大，其他领域的改革开放也强力推进。一系列改革开放举措，使我国的国际交往范围日益扩大，经济实力不断增强，人民生活水平大幅度提高，民主、开放、包容、多元的社会氛围逐渐形成。2013年召开的十八届三中全会指出，"党的十一届三中全会召开三十五年来，我们党以巨大的政治勇气，锐意推进经济体制、政治体制、文化体制、社会体制、生态文明体制和党的建设制度改革，不断扩大开放，决心之大、变革之深、影响之广前所未有，成就举世瞩目"，"为社会主义现代化建设提供了强大动力和有力保障"。

　　面对改革开放、多元发展的社会变革，根据社会主义现代化建设逐步进入深水区的现实需要，汉语母语测评如何在改革开放中发挥力量，是摆在测评研究、谋划与实施者面前的现实难题。1978年4月22日，邓小平《在全国教育工作会议上的讲话》中强调：

　　　　考试是检查学习情况和教学效果的一种重要方法，如同检验产品质量是保证工厂生产水平的必要制度一样。当然也不能迷信考试，把它当作检查学习效果的唯一方法。要认真研究、试验，改进考试的内容和形式，使它完善起来。①

　　在开放多元、流派纷呈、噪音与和声共存、精华与泥沙同在的新时期，

---

① 邓小平：《在全国教育工作会议上的讲话》（1978年4月22日），载《邓小平文选》（1975—1982），人民出版社1993年版，第102页。

母语测评改革如何才能找到自己的主心骨，实现测评本体的回归，是新时期必须认真研究、实验和改进的问题。测评本体，是指体现测评本质的最为主要的核心内容与关键要素。汉语母语的测评本体主要包含四方面内容：一是测评价值，即为了什么而测评；二是测评对象，即测评主要为哪一些群体服务；三是测评内容，即测评的主体内容是什么；四是测评方法，即采取怎样的手段、方式和具体办法推进测评，这四个方面共同构成了测评本体。母语测评的本体回归，是指立足"母语"这一特定语种包含的民族、国家与社会使命，重新审视20世纪前半期和新中国"十七年"的母语测评，在推动母语测评现代化的进程中，促进测评价值、对象、内容、方法等回到"母语"原点，使中国人的汉语测评具有母语特点和价值。

20世纪前半期和新中国"十七年"的母语测评，多数时候未能体现母语特征，更谈不上发挥母语价值，"为语言而语言"、"为作文而作文"、"为阅读而阅读"、"为知识而知识"的现象不同程度地存在着。在"实践发展永无止境，解放思想永无止境，改革开放永无止境"的新形势下，在国家实力与文化自信不断增强的情况下，母语测评必须以国基、国格、国脉为起点，建构测评本体，促进母语测评本体的不断回归。新时期的这一要求，需要母语测评确立传递民族文化、纯洁汉语母语、巩固国家发展根基的战略价值，以改革、开放的精神，创新测评工具、手段、形式和具体办法，引导广大民众特别是在校学生和公务员在测评中积淀民族文化、积累汉语知识、发展汉语能力、提高文化修养、改善国家形象，只有实现母语测评的这一回归，才能在正确的道路上健康发展，超越20世纪前半期和新中国"十七年"的母语测评。

（二）释放活力的教育变革与母语测评的素质追求

全社会的母语测评是大教育的有机组成部分，母语测评改革必须随教育改革而动，既借教育改革的东风不断发展，也利用自身的引导功能促进教育变革。新时期教育变革的重要任务是不断释放教育活力，培养适应社会需求的高素质学生，这对母语测评的方向、目标与任务提出了新的要求。

1983年9月，邓小平在北京景山学校题词："教育要面向现代化，面向世界，面向未来。"这一题词既确定了新时期教育改革的基本走向，也是母语测评必须遵循的基本原则。母语测评面向现代化，是指母语测评要反映社会现代化的进展；要立足现代化建设的人才需求，以现代化的理念，运用现代化手段为国家选拔合格的现代化建设人才。母语测评面向世界，是指母语测评要吸纳、介绍和转化全世界的先进文化，要运用世界上先进的研究成果与测评技术，博采世界众长，立足世界强化母语和发展母语。母语测评面向未来，是指根据民族、国家和民众未来发展的需要，确定母语测评的价值、思路、内容与方法。面向现代化、面向世界、面向未来的母语测评，必须选拔具有"三个面向"的高素质中国人，这对母语测评突出素质考查的重要取向提出了明确要求。

1985年，国家颁布《中共中央关于教育体制改革的决定》，提出了"为九十年代以至下世纪初叶我国经济和社会的发展，大规模地准备新的能够坚持社会主义方向的各级各类合格人才"的教育任务，要求所有合格人才都要有理想、道德、文化、纪律和追求新知、实事求是、独立思考、勇于创造的科学精神。这一教育任务对母语测评的重点内容提出了新的要求：既要考查理想、道德、文化与纪律等人文素养，也要选取追求新知、实事求是、独立思考、勇于创造的材料考查学生的科学精神，在人文与科学的整合性测评中选拔和培育高素质人才。

1993年2月印发的《中国教育改革和发展纲要》，要求"坚持党对教育工作的领导，坚持教育的社会主义方向，培养德智体全面发展的建设者和接班人"，"坚持教育为社会主义现代化建设服务，与生产劳动相结合，自觉地服从和服务于经济建设这个中心，促进社会的全面进步"，"坚持教育的改革开放，努力改革教育体制、教育结构、教学内容和方法，大胆吸收和借鉴人类社会的一切文明成果，勇于创新，敢于试验，不断发展和完善社会主义教育制度"等，这些规定对汉语母语测评的基本思路提出了新的要求，即母语测评必须坚持社会主义方向，服从社会主义现代化建设大局，传承、吸纳人类社会的一切文明成果，选拔和培养高素质的建设者和接班人。

1999年6月13日，中共中央办公厅颁发了《中共中央国务院关于深化教育改革全面推进素质教育的决定》，要求"以提高国民素质为根本宗旨，以培养学生的创新精神和实践能力为重点"，实施素质教育，对母语测评突出素质考查提出了更加明确的要求。这一《决定》还认为，"改革高考制度是推进中小学全面实施素质教育的重要措施"，要求"按照有助于高等学校选拔人才、中小学实施素质教育和扩大高等学校办学自主权的原则，积极推进高考制度改革"。2001年5月29日，中共中央国务院颁发了《国务院关于基础教育改革与发展的决定》，要求各级教育行政部门"探索科学的评价办法，发现和发展学生的潜能，帮助学生树立自信心，促进学生积极主动地发展。改革考试内容和方法……要按照有助于高等学校选拔人才、有助于中学实施素质教育、有助于扩大高等学校办学自主权的原则，加强对学生能力和素质的考查"。2001年6月8日，教育部印发了《基础教育课程改革纲要（试行）》，要求"建立促进学生全面发展的评价体系"，"继续改革和完善考试制度"，"要加强对学生能力和素质的考查"等，对母语测评重点考查应试者素质提出了更高要求。

2010年颁行的《国家中长期教育改革和发展规划纲要（2010—2020年）》，再一次提出了"全面贯彻党的教育方针，坚持教育为社会主义现代化建设服务，为人民服务，与生产劳动和社会实践相结合，培养德智体美全面发展的社会主义建设者和接班人"的教育目标，要求改革教育质量评价和人才评价制度，根据培养目标和人才理念，建立科学、多样的评价标准与方式，深化考试内容和形式改革，着重考查综合素质和能力，再一次突出了素质考查的测评指向。2013年11月12日通过的《中共中央关于全面深化改革若干重大问题的决定》，要求"推行初高中学业水平考试和综合素质评价"，进一步强化了综合素质的考查。

新时期不同阶段的教育改革，都在释放教育体制与师生活力中对学生的素质发展提出了明确任务，这些任务从原则、思路、内容与方法等多方面对母语测评的素质考查提出了新的要求。

（三）西方现代语言测评改革与母语测评的当代超越

西方现代语言测评研究发端于16世纪。自意大利传教士利玛窦于16世纪将中国考试传播到西方后，西方主要国家如英、德、法等开始设立考试制度，用于选拔人才、促进竞争，语言测试随之产生。但此时的语言测试多采用主观题，由于评分人对考生答案的认识差异，评卷结果存在较大误差。1888年，英国统计学家埃奇沃思教授提出了考试误差理论，认为考试只是较为粗略的测量，只有成功地运用概率方面的理论，才能使考试结果更加精确。1915年，美国语言测试研究专家弗雷德里克·凯利命制了第一道多项选择题，要求考生在给出的四种动物中勾画出农场里有用动物的名称。美国俄亥俄州迈阿密大学教师查尔斯·亨德森（Charles Handschin）于1919年编制了第一套标准化的现代语言测验题。1927年，本·伍德（Ben Wood）在纽约市大规模的语言测验中，采用统计学方法分析测评结果，开创了语言测评的统计分析技术。随着主观测评向客观测评的不断发展，语言测试内容与测试重点也发生了变化。李筱菊把现代语言测试分为三种模式、三代体系，第一代体系是20世纪40年代以前，把语言等同于语法知识、词汇知识和语音知识，语言测试的内容是有关语音、语法和词汇的知识，测试的是语言知识，建立的是以知识为核心的语言测试体系。第二代体系是20世纪40年代以拉多（Lado）等为代表的技能测试，认为语言是一套符号系统，语言测评的目的是检测操作这套符号技能的水平，建立了以语言技能为核心的语言测试体系。第三代体系起源于20世纪70年代的交际语言教学，认为"学语言不仅仅是语音、语法、词汇知识，也不仅仅是训练操作技能，而是获取人与人交际的一种能力。能力不排除知识和技能，但也不等于知识加技能，而是把知识和技能包容进去的、性质起了变化的综合体"，测试的是言语能力，建立起了以言语能力为核心的语言测试体系。①

根据语言测试中主客观题的变化和三代测评体系的差异，语言测评思路主要经历了"综合式测评"、"分离式测评"，到"分离测评为主，综合测评为辅"，再到"综合测评为主，分离测评为辅"的阶段。综合式测评是把语言能力作为一个整体进行测评，采用主观题型；分离式测评是把语言能力分解为语音、词汇、语法等多种成分，将测评点放在各个语言成分上，通过对不同语言成分的测评判断其语言能力，多采用客观题型。传统的语言测评多采用综合式的主观测评，随着客观题的兴起和统计技术在语言测试中的运用，分离式测评开始在语言测试中占主导地位；但是，一个个零散的语言点无法代表学生的语言能力，因此，在分离式测评的基础上加入了综合测评方式，随着对语言能力整体发展和整体呈现等特质的认识，综合测评逐步占了上风，形成了"综合为主，分离为辅"的语言测评方式。

根据上述诸方面，以色列应用语言学家伯纳德·斯波斯基（Bernard Spolsky）认为，语言测验及其理论的发展主要经历了三个阶段：一是前科学时期或传统时期；二是心理测量—结构主义时期或现代时期；三是心理语言学—社会语言学时期或后现代时期，与此相对应，建立了"成分技能测评模型"、"一元整体测评模型"和"交际能力测评模型"。"成分技能测评模型"，是指兼顾语言成分和语言技能两个方面，测评被试者语言掌握情况的测评形态，

---

① 李筱菊：《语言测试科学与艺术》，湖南教育出版社2001年版，第1—21页。

这一测评模型发端于20世纪早期，成熟于20世纪50、60年代。"一元整体测评模型"，是指把语言能力作为一个整体进行测评，以"一元能力"和"整体考查"为基础形成的测评理念、思路与实践策略，这一测评模型盛行于20世纪70、80年代。"交际能力测评模型"，是指以语言交际能力为核心，考查被试者语言能力的一种测评方式。交际能力测评模型是在"成分技能"和"一元整体"两种测评模型的基础上发展起来的，这一测评模型受到了许多语言测试项目的重视，至今仍有极强的生命力。西方现代语言测评的标准化题目开发与测评模型的不断发展，为我国母语测评的当代超越提供了借鉴。

除现代语言测评模型外，国际阅读素养测评项目也对我国当代母语测评改革提供了新的视角、思路与方法。如由国际教育成就评鉴委员会主持的全球学生阅读能力进展研究项目，简称PIRLS；经济合作与发展组织主持的学生能力国际评估计划项目，简称PISA，对母语测评改革有较大的启发意义。

PIRLS主要测评9—10岁学生的阅读素养。2001年，PIRLS项目组对阅读素养的定义是：理解和运用社会需要的或个人认为有价值的书面语言形式的能力。年轻的阅读者能够从各种篇章中建构意义，他们通过阅读来进行学习、参与阅读者群体并获得乐趣。[①]在这一定义中，阅读素养包含三方面内容：一是两种阅读对象，即阅读社会需要的书面语言和个人认为有价值的书面语言；二是三种阅读能力，即理解能力、运用能力和建构意义的能力；三是三种目的，即在阅读中学习、参与阅读群体与获得阅读乐趣。这三个方面协调发展，才能构成阅读素养。2006年的阅读素养调整为："理解和运用社会需要的或个人认为有价值的书面语言形式的能力。年轻的阅读者能够从各种篇章中建构意义，他们通过阅读来进行学习、参与学校中的日常生活中的阅读群体，并获得乐趣。"[②]和2001年相比，2006年的阅读素养在"阅读群体"前加上了"学校中的日常生活中的"定语，更加符合9—10岁儿童的特点。根据阅读素养的这一定义，PIRLS更加注重阅读情境的选择，突出情境的学校特征、儿童特征与生活特征，强调将儿童阅读活动还原到真实的生活中，关注和评价儿童在学校与日常生活中的阅读活动，引导儿童将阅读与生活联系起来，并力求将阅读融入现实生活中的娱乐、学习、工作等各个层面。PIRLS遵循"在阅读中学习"的测评理念，在阅读文本的选择上，既注重兴趣，也选用具有实用价值的阅读文

①②　廖先、祝新华：《从国际阅读评估项目的最近发展探讨阅读评估策略》，《全球教育展望》2010年第12期。

本；既采用"分离式"测评题目，也采用"综合式"测评题目，一篇文章一般设置11—14个题目，题目难易"循序渐进"、"不断深入"。

PISA的测试宗旨是"评价学生应用知识与技能适应未来生活的能力，关注学生是否具有自我总结能力、自我反省能力、自我监控能力、终身学习能力"[1]，这一系列能力的综合，就是"素养"。PISA十分重视青少年的阅读素养，认为青少年的阅读素养是未来发展的基石，是终身学习的关键。2000年，PISA将阅读素养定义为："为了实现个人发展目标，增长知识、发挥潜能并参与社会活动，而理解、运用和反思书面文本的能力。"[2]在这一定义中，阅读素养包含了三种能力层级：一是理解文本的能力；二是在理解文本的基础上运用文本信息解决问题的能力；三是对文本和阅读过程进行反思的能力。在这三种能力层级中，理解能力是基础，运用能力是重点，反思能力是阅读素养的高级形态，属于阅读活动的元认知范畴，对提高学生的自主阅读能力具有重要作用。2009年，PISA对阅读素养的定义有所调整，将其变为"为了实现个人发展目标，增长知识、发挥潜能并参与社会活动，而理解、使用、反思书面文本的能力和对书面阅读活动的参与度"[3]。在具体的测评活动中，强调了"阅读活动的参与度"和"自我监控能力"，尽管自我监控能力属于反思能力的范畴，但它体现和影响着阅读素养的发展。PISA遵循"为学习而阅读"的测评理念，利用连续文本、非连续文本、混合文本或多重文本，评估学生的访问与检索、整合与解释、反思与评价等能力。评估结果从低到高分为1b级、1a级、2级、3级、4级、5级、6级，每一级水平的阅读素养都有较为具体的标准。

无论是标准化试题的开发，还是现代语言测评模式的研发，以及阅读素养的国际测评项目，都对汉语母语测评的内容与形式改革提出了新的要求。

二、新时期汉语母语测评的改革历程

新时期的汉语母语测评主要经历了三个阶段，第一阶段是"文化大革命"结束后至1985年，属于恢复调整期；第二阶段是1986年至1996年，属于标准化考试及其调整时期；第三阶段是1997年到现在，主要是语文能力层级的建设与调整时期，三个时期一以贯之，但各有侧重。

[1] 王蕾：《电子文本阅读测试》，《中国考试》2011年第12期。
[2][3] 陆璟：《PISA如何测评阅读素养》，《中国教育报》2011年3月17日。

（一）汉语母语测评的恢复与调整

"文化大革命"结束后，被中断10年的汉语母语测评重新恢复，主要体现在六个方面：一是全社会倡行"语言美"，汉语的规范性要求逐步恢复，并受到全社会高度重视；二是计算机汉字输入法诞生，结束了长达百余年的汉语拼音化论争，确立了借助汉语拼音识字、正音、阅读和学习普通话的基本方针，汉字地位得以恢复和巩固；三是恢复普通话推广工作，1978年教育部颁发《关于加强学校普通话和汉语拼音教学的通知》，要求推广全国通用的普通话，在全国推行普通话的方针得以恢复；四是1984年公布了《中学教学语法系统提要》，在1956年发布的《暂拟汉语教学语法系统》的基础上增加了语素概念，强调了短语的作用，在词类、句子结构与复句的分析方法等方面有所调整，以此为基础，确立了"字、词、句、篇，语（语法）、修（修辞）、逻（逻辑）、文（文学）"的汉语"双基"内容；五是于1978年和1980年分别发布中小学语文教学大纲（试行草案），明确了汉语母语测评内容和标准；六是各级各类学校恢复了母语测评并不断调整。

根据全社会学业荒废、语言基础较差的现实，结合拨乱反正的政治任务，这一时期的母语测评在恢复"十七年"汉语测评的基础上，突出了"强化政治意识"和"夯实汉语基础"两大特点。1978年颁发的《全日制十年制学校小学语文教学大纲(试行草案)》，对小学阶段汉语母语教学与测评的原则、目标、内容、程度作了如下规定：

小学语文教学必须高举毛主席的伟大旗帜，完整地准确地贯彻毛主席的思想体系，重视从小培养学生的无产阶级世界观。这个指导思想，要体现在整个小学语文教学之中。

小学语文教学的目的是培养学生识字、看书、作文的能力，初步培养准确、鲜明、生动的文风。

小学语文教学的要求是使学生基本掌握常用汉字，初步打好阅读和写作的基础。1.学会汉语拼音，以帮助识字和学习普通话；2.学会常用汉字3000个左右，掌握常用的词汇；3.会用铅笔、钢笔写字，学习写毛笔字；4.学会查字典；5.能读懂适合少年儿童阅读的书报，理解主要内容，有初步的分析能力；6.会写简短的记叙文和常用的应用文，做到思想健康，中心明确，内容具体，条理清楚，语句通顺，书写工整，注意不写错别字，会用常用的标点符号。①

在这一规定中，母语测评必须首先遵循正确的政治方向，体现毛主席思想；其次才是考查汉语知识和汉语能力。汉语知识包括汉语拼音、普通话、常用汉字、常用词汇、标点符号；汉语能力主要包括使用字典等工具书的能力、阅读能力和写作能力，阅读能力集中在"理解"和"分析"上，写作能力集中在"记叙文"和"应用文"两个方面。测评标准主要定位在"常用"、"读懂"、"适合少年儿童阅读"、"初步"、"简短"等；作文评分标准主要从思想、中心、内容、条理、语句、书写、错别字、标点符号等方面拟定。1980年的教学大纲去掉了"高举毛主席的伟大旗帜，完整地准确地贯彻毛主席的思想体系"这一内容，保留了"从小培养学生的无产阶级世界观"这一政治导向；增加了"能听懂普通话，听人讲话能抓住主要意思"、"能说普通话，能当众说清楚自己的意思"两种能力，强化了普通话的听说测评。中学强调了马克思主义立场、观点和方法，要求在母语学习与测评的过程中增强无产阶级感情，树立无产阶级世界观和马克思主义文风。在明确政治方向的基础上，根据小学的学习基础，对读写训练与测评提出了如下要求：

初中阶段，学生能够阅读通俗的政治、科技读物和文艺读物，正确领会词句的含义和文章的内容，抓住文章的中心和要点；能写一般的记叙、说明、议论的文章，做到观点正确，内容具体，条理清楚，语句通顺，会使用标点符号，字写得正确整齐。学会使用一般的工具书。

高中阶段，学生能够比较熟练地阅读一般的政治、科技读物和文艺读物；能写比较复杂的记叙、说明、议论的文章，做到观点鲜明，内容充实，结构完整，中心明确，语句流畅。

从初中到高中，学生要逐步提高口头表达能力，学会说普通话；能够阅读浅易文言文。②

从总体上看，这一阶段中小学的汉语母语测评框架与"十七年"大致相当，只是在题量、题型和内容考查的侧重点上有所调整，这些调整集中体现在全国高考汉语母语测评中，这一阶段的全国高考卷如下表5-1：

---

①② 课程教材研究所编：《20世纪中国中小学课程标准·教学大纲汇编》（语文卷），人民教育出版社2001年版，第177页，第438页。

表5-1 新时期第一阶段全国统一高考语文试卷总体情况一览表

年份	总分	内容模块与分值构成	题型	备注
1978	100	理工科考生：基础（55分）+文言阅读（15分）+作文（30分）	简答、填空、选择、作文	理工科和文科考生文言文阅读考查内容不相同；基础知识题目相同，但赋分有差异。
		文科考生：基础（45分）+文言阅读（25分）+作文（30分）		
1979	100	理工科考生：基础（40分）+文言阅读（20分）+作文（40分）	同上	同上
		文科考生：基础（36分）+文言阅读（24分）+作文（40分）		
1980	100	理工科考生：基础（40分）+文言阅读（20分）+作文（40分）	同上	文言文阅读有相同题目，也有不同题目。
		文科考生：基础（32分）+文言阅读（28分）+作文（40分）		
1981	理工科考生：100分；文科考生：110分	理工科考生：基础（10分）+现代文阅读（26分）+文言文阅读（24分）+作文（40分）	简答、填空、作文	理工科考生和文科考生100分题目相同，文科考生做10分附加题，总分为110分。
		文科考生：基础（10分）+现代文阅读（26分）+文言文阅读（24分）+作文（40分）+附加题文言文阅读（10分）		
1982	理工科考生：100分；文科考生：120分	理工科考生：基础（28分）+现代文阅读（12分）+文言文阅读（20分）+作文（40分）	同上	文科考生的附加题增至20分。
		文科考生：基础（10分）+现代文阅读（26分）+文言文阅读（24分）+作文（40分）+附加题文言文阅读（20分）		
1983	120	基础（35分）+文言文阅读（40分）+作文（45分）	简答、填空、选择作文	文理科考生题目和分数均相同，取消了现代文阅读能力的专题考查，增加了默写，作文分为大小作文。
1984	120	现代文部分（40分）+文言文部分（30分）+作文（50分）	同上	现代文部分包括汉语拼音方案、文学常识和现代文阅读；文言文部分包括解释词语、文言标点、文学常识和文言翻译。
1985	120	语言知识运用（20分）+阅读（50分）+作文（50分）	同上	阅读包括现代文阅读和文言文阅读，各占25分。

从上表可看出，这一阶段的母语测评在试卷结构、能力构成、赋分比例等方面不断调整，但强化政治意识和突出基础性知识与能力的特点变化不大。即使是阅读能力的考查，也具有这一特点。如1981年的现代文阅读能力考查，首先让学生阅读以下文段：

> 由于每一个胚胎都力争发育成长，所以就必然产生生存斗争，这种斗争不仅表现为直接的肉体搏斗或吞噬，而且甚至在植物中还表现为争取空间和日光的斗争。很明显，在这一斗争中，凡是拥有某种尽管是微不足道的但是有利于生存斗争的个别特质的个体，都最有希望达到成熟和繁殖。这些个别特质因此就有了遗传下去的趋势，如果这些特质在同一个种的许多个体中发生，那么，它们还会通过累积的遗传按已经采取的方向加强起来；而没有这种特质的个体就比较容易在生存斗争中死去，并且逐渐消失。物种就这样通过自然选择、通过适者生存而发生变化。

阅读完这一问题后，学生只需回答"'拥有'的宾语是什么"和文中加点的"'它们'指代什么"即可，突出了基础性能力的考查。文言阅读能力的考查，侧重词语理解和句子翻译，如1981年要求学生阅读以下文段：

> 呜呼！灭六国者六国也，非秦也。族秦者秦也，非天下也。嗟夫！使六国各爱其人，则足以拒秦；使秦复爱六国之人，则递三世可至万世而为君，谁得而族灭也？秦人不暇自哀，而后人哀之；后人哀之而不鉴之，亦使后人而复哀后人也。

根据这一文段，命制了以下题目：

> 解释下边的词：
> （1）族：　　　　　（2）复：
> （3）递：　　　　　（4）得：
> （5）鉴：　　　　　（6）使：
> 用现代汉语翻译下边的句子：
> （1）使六国各爱其人，则足以拒秦
> （2）秦人不暇自哀，而后人哀之

因此，这一时期的汉语母语测评强调了政治，突出了基础，属于"十七年"母语测评的恢复与调整期。

（二）汉语母语测评的标准化改革

在经历了一段时间的恢复与调整之后，母语测评得到了一定程度的发展，但如何进一步引进西方语言测评的研究成果，提高母语测评的科学性，形成新时期母语测评的基本框架，是母语测评完成恢复和调整任务后面临的首要问题。1985年《中共中央关于教育体制改革的决定》颁布后，母语教育与测评加大了改革力度。1986年颁布了新的中小学语文教学大纲，对中小学汉语母语的测评目标、内容、形式、标准等进行了细化，使母语测评更有据可依、有章可循，为提高母语测评的科学性做好了纲要性的准备。如小学阶段对语言文字的训练与测评作了如下规定：

1.学会汉语拼音，能准确、熟练的拼读音节(有条件的可以逐步做到直呼音节)，以帮助识字、阅读和学习普通话。

2.认识常用汉字三千个左右，要求掌握二千五百个左右。能初步辨析字的音、形、义；掌握常用的词汇，能在口头语言和书面语言中正确运用。

3.学会用铅笔、钢笔写字，做到正确、端正、整洁，有一定的速度，学习写毛笔字，写得正确、匀称、干净。养成良好的写字习惯。

4.学会查字典。能比较熟练的用音序、部首两种方法查检字词，能用数笔画的方法查检难字。养成查字典的习惯。

5.能听懂普通话。听人讲话时要注意力集中，能理解内容，抓住要点，要有礼貌。

6.能说普通话。要口齿清楚，声音适度，态度自然；能当众说出要说的意思，做到清楚明白，有中心，有条理。说话要有礼貌。

7.能读懂适合少年儿童阅读的书报。正确理解主要内容，有初步的分析概括能力；培养独立阅读的能力和良好的阅读习惯。

8.会写简短的记叙文和常用的应用文。做到思想健康，中心明确，内容具体，条理清楚，详略得当，语句通顺，书写工整，注意不写错别字，会用常用的标点符号。[①]

和1980年相比，上述内容更加具体、详尽，如第一条增加了"能准确、熟练的拼读音节"、"学会汉语拼音"，测评内容指向了音节；第二条增加了

[①] 课程教材研究所编：《20世纪中国中小学课程标准·教学大纲汇编》（语文卷），人民教育出版社2001年版，第194—195页。

"掌握二千五百个左右"的常用字，"能初步辨析字的音、形、义"，"能在口头语言和书面语言中正确运用"，细化了测评内容和标准；中学阶段也采用这一思路细化了测评内容和标准。

在这一基础上，汉语母语测评的标准化考试于1987年在广东试行，当年的测评卷分为第一卷和第二卷，第一卷为单项选择题，共计50题，阅读量为八千一百多字，总分为56分，在考试开始60分钟后交卷。第二卷为多项选择题和作文，阅读量为三千一百多字，多项选择题5个题目14分，主要考查学生的语文知识；作文命制了两个题目共计50分，应用题18分，记叙文32分。全卷除作文外，其余均为选择题，选择题共计70分，占全卷的58.3%；1987年的全国汉语母语测评卷也增加了客观题分数，占全卷分数的48.3%。1987年广东试行的标准化考试主要有五大特点：一是卷面长度大幅增加，全卷总字数为一万一千多字，第一卷50个题目只用60分钟，一个题目只有1分多钟的解题时间，试题思维含量较低，学生必须熟记各类知识，才能缩短解题时间；二是选择题占主体，除作文外，其余均为选择题，为防止考生作弊，前后桌采用A、B卷方式，题目相同，但题序不一样；三是考点覆盖面宽，答题点约为229个，是全国卷的一倍；四是题目素材主要来自课内，取自初中教材的约占32.01%，高中教材约占29.80%，课外内容只占37.3%。

1988年，国家教委颁发《普通高等学校招生全国统一考试标准化实施规划》，明确提出了标准化考试的主要目标："以教育测量学、教育统计学为指导，利用计算机等手段，严格控制考试误差，使考试更科学、更准确地测量考生的知识和能力水平，为高等学校择优录取服务，为改进教学提供信息，为教育决策提供依据。"1988年全国卷进一步加大了客观题的赋分比例，考查点的覆盖面更宽，试题涉及36篇课文，初中教材6篇，高中教材30篇，语法题由1987年的14分增加至21分，包括复句、句群的层次分析，标点符号，病句辨识，句群变单句，句子衔接等多方面内容。

1990全国卷采用一、二卷分设方式，第一卷为机读卷，全为选择题，20个小题共计40分，考生必须把答案涂在答题卡上；第二卷为人工阅卷题，包括选择题和非选择题，共计16个题目，主要考查文学常识、文化常识、阅读能力和写作能力等。其后的汉语母语测评继续强化标准化考试的理念与思路，直至1996年，从1987—1996年的主客观题比例看，客观题分数超过了一半，具体情况如下表5-2：

表5-2　1987—1996年高考语文主客观试题比例（全国卷）

年度	1987	1988	1989	1990	1991	1992	1993	1994	1995	1996
主观题	50%	50%	50%	40%	54%	50%	50%	60%	50%	50%
客观题	70%	70%	70%	80%	66%	70%	70%	60%	70%	70%

　　这一时期值得关注的还有国家干部录用中的汉语母语测评。1982年，国家劳动人事部在《吸收录用干部问题的若干规定》中对收录新干部的考试问题作了较为明确的规定；党的十三大报告要求，"凡进入业务类公务员队伍，应当通过法定考试"；1988年，国家劳动人事部第一次在全国范围内组织了干部录用考试，以省为单位组织实施；1989年，国家人事部和中组部在《关于国家行政机关补充工作人员实行考试办法的通知》中规定："各级人事部门要加强考试工作的力量，在考试方法、内容等方面努力探索，大胆实践，并及时总结经验，为建立公务员的考试录用制度奠定基础。"[①]根据这一要求，各级行政和有关人员开始研究新录用干部的考试内容与考试形式。从当时命制的题目看，这一时期对新录用干部的考试，在汉语母语方面加入了文化知识、语言知识与公文写作的测评，对文化知识和语言知识的测评，借用了标准化考试的相关经验，多采用选择题等标准化题型。

　　1986年至1996年，从新教学大纲的颁布到标准化考试的试行，从新录用干部的分系统、分层级的测试到国家层面的统一规范测试，不少母语测评研究者和实施者将关注点集中到了标准化考试上，这一时期被不少人称为标准化考试的尝试与调整期，是母语测评引进西方现代语言测评技术，提高母语测评科学化程度的一次尝试。这一时期由于选择题占了主导地位，试卷题目约有半数"是考查基础知识的。内容包括了语音、字形、词义、关联词语、成语使用、短语结构、改病句、文学常识、文化常识等，具有较宽的覆盖面。……试题难度不大，关键是要有良好的基础"[②]。原国家教委考试管理中心张伟明先生认为，"能力是建立在知识基础上的，考查知识，在一定的范围内可以考查学生的潜在能力，这正是高考选拔所需要的"[③]，但是，要求重点考查汉语母语能力

---

① 中华人民共和国人事部考录司：《国家公务员考试录用教程》，中国商业出版社1995年版，第30页。
②③ 张伟明：《注重基础，平淡中显本色——谈1993年全国高考语文试卷》，《语文教学通讯》1993年第8期。

的呼声越来越高，会考和高考分开进行以后，高考母语测评的能力考查更是受到了重视，在高考的影响下，其他类别的母语测评也由关注标准化转向关注能力层级的建设与考查，新时期的母语测评逐步走向了能力建构与测评阶段。

（三）母语测评的能力建构与调整

这一阶段发端于1992年，当年颁行的《九年义务教育全日制小学语文教学大纲（试用）》对母语测评作了如下规定：

> 要改进成绩考查的方法。成绩考查是检验教学效果、提高教学质量的手段，是实现语文教学总目的的一个重要环节。
>
> 要根据教学大纲的教学目的、要求和教学内容，确定考查范围，改进考查的内容和形式。要对知识和能力进行综合考查。既要有书面的，也要有口头的。要安排好期末的成绩考查，更要注意对平时学习情况的考察，全面评估学生的学习成绩。要重视对学生学习成绩的分析，以利于改进教学。[①]

这一规定是在1988年的基础上形成的，知识与能力的综合考查成了当时母语测评改革的一大热点和难点。1991年颁发的《考试大纲》，虽强调了能力考查，但汉语能力包括哪些，如何才能有效考查汉语能力，汉语能力与汉语知识的关系如何处理等，还未能很好解决。1996年制定的《全日制普通高级中学语文教学大纲（供试验用）》对汉语母语的评估与考试作了如下规定：

> 教学评估是对教师教学水平和教学效果的估量和评价。考试是对学生学习状况和学习成绩的检查和测定。两者均需依据教学大纲的有关规定进行。
>
> 对语文教学的评估要从不同学校、不同学生的实际出发，要符合语文学科的特点，遵循语文教学自身的规律。评估还要注意到语文教师在思想文化素养和教学语言行为方面的身教作用。
>
> 语文教学的评估除了要依据学生卷面考试的成绩，还要重视教师在激发学习兴趣、指导学习方法和培养学习习惯方面的教学手段和教学效果。
>
> 语文考试应该着重检查学生理解和运用祖国语言文字的能力。避免脱离读写听说的实际，单纯用知识概念、名词术语考学生。

[①] 课程教材研究所编：《20世纪中国中小学课程标准·教学大纲汇编》（语文卷），人民教育出版社2001年版，第239页。

　　语文考试要紧密联系平时的语文训练，命题要针对学生学习的实际，要有利于检查学生解答试题的思维过程。

　　语文考试还要注意检查学生自学语文的能力，考试方式要多样化。要重视教学效果的及时反馈。

　　语文活动类课程要考评。

　　会考，各类学生都考必修课的教学内容。高考，文科学生考必修课和文科限定选修课的教学内容；理科学生考必修课和理科限定选修课的教学内容。①

　　在这一规定中，再次强调了"理解和运用祖国语言文字的能力"，要求"避免脱离读写听说的实际，单纯用知识概念、名词术语考学生"，要有利于检测学生的思维过程和自学语文的能力。教学大纲对能力的强化，要求母语测评必须进行能力建构，为有效测评汉语能力铺垫基础。1997年颁布的《考试说明》将语文能力划分为识记、理解、分析综合、表达应用、鉴赏评价五个层级，要求汉语母语测评突出考查如下五个能力层级：

　　A.识记：指识别和记忆，是最基本的能力层级。

　　B.理解：指领会并能作简单的解释，是在识记基础上高一级的能力层级。

　　C.分析综合：指分析解剖和归纳整理，是在识记和理解的基础上进一步提高了的能力层级。

　　D.表达应用：指对语文知识和能力的运用，是以识记、理解和分析综合为基础，在表达方面发展了的能力层级。

　　E.鉴赏评析：指对阅读材料的鉴别、赏析和评说，是以识记、理解和分析综合为基础，在阅读方面发展了的能力层级。

　　1997年高考母语测评卷根据新确定的五个能力层级命题，33个题目围绕五个能力层级设置，各个能力层级均有难易程度不同的测试。这一年加大了语言实际运用和鉴赏评价能力的考查，诗歌鉴赏题由一首诗改为两首诗；在现代文阅读能力的考查上，对关键词语、句子的理解，对文章内容要点和整体框架的把握，对筛选文章信息等能力的考查较往年有所加强。文言文坚持"阅读

---

① 课程教材研究所编：《20世纪中国中小学课程标准·教学大纲汇编》（语文卷），人民教育出版社2001年版，第539页。

能力"考查，注意兼顾课内知识，强调词语、句子的理解和文意把握之间的关联，题目的能力层级由低到高，符合学生的认知规律。

1998年高考母语测评卷继续围绕五个能力层级命题，但在试卷结构和形式上作了调整，第I卷第一大题由11个小题增至15个，第二大题由8个小题减为7个；第II卷第四大题由5个小题减为4个；文化常识的填空题变为选择题。

1999年的试卷结构与1998年保持一致，但题目数量从1998年的35题减为28题，全卷加强了阅读分析、鉴赏评价和语言表达能力的考查，能力层级的要求有所提高。社科文阅读由5个小题减为4个小题，题目数量虽然减少，但加强了分析综合能力的考查；文学鉴赏由2个小题增加为3个小题，加大了鉴赏评价能力的考查；名言名句题取消，增加了语言表达题的分数，强化了语言表达能力的考查；1999年"假如记忆可以移植"的作文题目，在开放中考查了学生的创造思维品质，更加鲜明地体现了能力重于知识的汉语母语测评特点。

2000年《全日制普通高级中学语文教学大纲》（试验修订版）颁布，对能力测评提出了更为明确的要求：

> 对学生的评估，要有利于促进不同学生语文能力的发展，有利于学生发挥创造能力，有利于提高学生的人文素养。①

这一年的试题命制除突显五个能力层级外，还加强了理论联系实际和创造性思维等能力的考查，语言知识和文学常识的赋分比例很小，测评的主体内容为语言应用、阅读能力和语言表达。

2001年全国高考母语测试题考查纯记忆的题目仅有9分，占全卷的6％，其余均为能力测评题，包括语言应用、阅读和写作等能力。阅读能力重点测查了理解、分析综合和鉴赏评价能力；写作能力进一步突出了开放性和针对性，从1999年的《假如记忆可以移植》到2000年的《答案是丰富多彩的》，再到2001年的《诚信》话题，关注社会生活与学生的人格发展，具有针对性和教育意义。

2002年全国卷取消了有关文学常识和现代诗歌鉴赏的考查内容，古代诗歌鉴赏由选择题改为主观题；新增文言文翻译题和名句名篇默写。在试卷结构上，把文言文翻译、古代诗歌鉴赏和名句名篇默写合为第4题，试卷由原来的6个大题变为7个大题，试卷的主客观题比例由40％和60％调整为30％和70％，

---

① 中华人民共和国教育部：《全日制普通高级中学语文教学大纲》（试验修订版），人民教育出版社2000年版，第4—5页。

阅读量约8500字，最低书写量约1100字。语言知识和运用能力的考查，主要集中在字音、字形、词语理解、病句辨析、句子衔接、语序调整、仿写句子等方面；强化了综合能力的考查，如把病句修改和句子衔接、语序调整和句式变换、仿写句子和修辞运用等结合起来考查；阅读和写作更是突出了能力检测，全卷93％以上的内容侧重汉语母语能力考查。

2003年全国卷与2002年大体一致。其主要变化是文言文减少了词语考查，增加了对作者态度的评价；现代文强调了信息整合能力的考查；文言文和现代文阅读把"概括中心思想"改为"概括中心意思"，降低了内涵挖掘的难度，强调了整体理解；作文以"感情亲疏和对事物的认知"为话题，考查学生理性思考和辩证思维能力。试题选材注重不同学科、不同领域知识的相互渗透，涉及到政治、经济、文化教育，艺术、体育、环保、交通、新闻、自然科学、文学作品（散文、诗歌）等多个方面，增加了试题的文化含量和可读性。

2004年的汉语母语测评，教育部考试中心命制了四套试卷，北京、上海、天津、重庆、辽宁、江苏、浙江、福建、湖北、湖南、广东等11个省市单独命制了试题，全国一共出现了15套高考汉语母语测评卷。除北京和上海外，其他13套试卷在总体框架上基本一致，其命题思路与试卷结构和2003年大体相当，均突出了汉语能力的考查，但在试题选材和个别题型上有一定差异。

2005年全国共有16套语文高考卷。2005年高考语文《考试大纲》取消了对试卷结构、各类题型赋分比例的统一规定，试卷的总体结构和赋分比例呈现多元发展态势，但从总体上看，客观题减少，主观题增加，全国卷为了增加试题的思考含量，将试题数缩减为21个小题，进一步强化了汉语能力的考查。2006年，自主命题省份有所增加，各套试卷基本保持了2005年的命题风格，个别省市在试卷结构和题型上略有调整，但总体上坚持了考查汉语能力的命题立意。

表5-3　1998—2008年高考语文知识类试题分值及比重[1]

	字音	字形	文学文化常识	名句名篇	标点符号	词语运用实词	词语运用虚词	成语运用	病句	句式选择	句意表达	修辞	赋分	占全卷比例%
1998	2	2	6	3	2	2	2	2	2	2	4		27	18
1999		3	3			3	3	3	3	3			21	14

① 周剑清：《语文教育批评视角下的高考语文命题审视》，《考试研究》2010年第4期。

续表

年份											合计	比重
2000		3	3		3	3	3	3		3	21	14
2001	3	3	3		3	3	3	3			21	14
2002	3	3		4	3	3	3	3			22	14.7
2003	3	3		4		3	3	3		3	22	14.7
2004	3	3		4	3	3		3		3	22	14.7
2005		3		5		3	3			3	17	11.3
2006		3		5		3	3		3		17	11.3
2007		3		5		3	3		3		17	11.3
2008	3			5		3	3		3		17	11.3

（资料来源：1998—2008年高考语文试题全国卷）

全国卷汉语知识的考查比重，从1998年的18%下降至11.3%，所占比例较小，体现了能力大于知识的汉语母语测评思路。

表5-4　1998—2008年高考语文知识类试题考查的能力的分值及比重[1]

	识记		理解		分析综合		表达应用		鉴赏评价		合计
	赋分	比重	赋分	比重	赋分	比重	赋分	比重	赋分	比重	
1998	13	0.36					20	0.64			
1999	6	0.18					27	0.72			
2000	6	0.18					27	0.72			
2001	6	0.18					27	0.72			
2002	13	0.38					21	0.62			
2003	10	0.29					24	0.71			
2004	10	0.29					24	0.71			
2005	8	0.25					24	0.71			
2006	8	0.25					24	0.71			
2007	8	0.25					24	0.71			
2008	8	0.25					24	0.71			

（资料来源：1998—2008年高考语文试题全国卷）

从上述统计看，汉语知识的能力考查主要集中在表达与应用，而现代文和文言文阅读能力的考查重点却有所不同：

---

[1] 周剑清：《语文教育批评视角下的高考语文命题审视》，《考试研究》2010年第4期。

表5-5 1998—2008年高考语文现代文阅读试题考查能力的分值及比重①

	识记		理解		分析综合		表达应用		鉴赏评价		探究		合计
	赋分	比重	赋分	比重	赋分	比重	赋分	比重	赋分	比重	赋分	比重	
1998			17	0.5	10	0.29	7	0.2					
1999			8	0.24	12	0.4	10	0.33					
2000			3	0.12	13	0.5	10	0.38					
2001			13	0.43	13	0.43	4	0.13					
2002			10	0.28	16	0.44	10	0.28					
2003			15	0.54	3	0.11	10	0.36					
2004			6	0.2	9	0.29	15	0.5					
2005			10	0.32	9	0.29	12	0.39					
2006			6	0.19	9	0.29	16	0.52					
2007			10	0.32	3	0.1	18	0.58					
2008			13	0.42	6	0.19	12	0.39					

（资料来源：1998—2008年高考语文试题全国卷）

表5-6 1998—2008年高考语文文言文阅读试题考查能力的分值及比重②

	识记		理解		分析综合		表达应用		鉴赏评价		探究		合计
	赋分	比重	赋分	比重	赋分	比重	赋分	比重	赋分	比重	赋分	比重	
1998	3	0.08	22	0.61					2	0.05			36
1999			12	0.36	9	0.27			3	0.09			33
2000			12	0.57	6	0.29			3	0.14			21
2001			9	0.38	9	0.38			6	0.2			24
2002	4	0.13	14	0.47	6	0.2			6	0.2			30
2003	4	0.13	14	0.47	6	0.2			6	0.2			30
2004	4	0.13	14	0.47	6	0.2			6	0.2			30
2005	5	0.15	13	0.42	6	0.2			8	0.25			32
2006	5	0.15	13	0.42	6	0.2			8	0.25			32
2007	5	0.15	13	0.42	6	0.2			8	0.25			32
2008	5	0.15	13	0.42	6	0.2			8	0.25			32

（资料来源：1998—2008年高考语文试题全国卷）

①② 周剑清：《语文教育批评视角下的高考语文命题审视》，《考试研究》2010年第4期。

上述统计的路径和对试题能力考查的归类可能存在分歧，其最后的统计数据也可能存在争议，但这一阶段的能力测评特点却得到了多数人的认同。

新中国第八轮课程改革提出了"促进学生语文素养全面提高"的测评目标，要求母语测评突出整体性和综合性，从知识和能力、过程和方法、情感态度和价值观几方面进行全面考察，[①]并对必修课程中的阅读与鉴赏、表达与交流，选修课程中的诗歌与散文、小说与戏剧、新闻与传记、语言文字应用和文化论著研读等测评内容、目标、方式提出了建议。为了适应新一轮课程改革的评价要求，课程标准实验版的《考试说明》对原有能力层级进行了调整，提出了如下能力层级：

A.识记：指识别和记忆，是最基本的能力层级。

B.理解：指领会并能作简单的解释，是在识记基础上高一级的能力层级。

C.分析综合：指分解剖析和归纳整理，是在识记和理解的基础上进一步提高了的能力层级。

D.鉴赏评价：指对阅读材料的鉴别、赏析和评说，是以识记、理解和分析综合为基础，在阅读方面发展了的能力层级。

E.表达应用：指对语文知识和能力的运用，是以识记、理解和分析综合为基础，在表达方面发展了的能力层级。

F.探究：指对某些问题进行探讨，有见解、有发现、有创新，是在识记、理解和分析综合的基础上发展了的能力层级。[②]

从这一能力层级的整体结构看，识记、理解和分析综合能力是基础性的语文素养，鉴赏评价、表达应用和探究能力是在基础素养上发展起来的更高一级的汉语母语素养。根据这六个能力层级，课程标准实验版的《考试说明》对考试内容、试卷结构、题型、赋分等作了非常明确的规定，根据这些规定，不少省市进行了汉语母语能力考查的新探索，这些探索既为新一轮汉语母语测评改革提供了经验，也为即将推进的测评改革留下了较大空间。

公务员考试中的汉语母语测评也在这一时期获得了长足进展。1994年，人事部颁布的《国家公务员录用暂行规定》明确指出："国家公务员的录用考试

① 中华人民共和国教育部：《普通高中语文课程标准》，人民教育出版社2003年版，第21页。

② 教育部考试中心：《2011年普通高等学校招生全国统一考试大纲的说明》（理科·课程标准实验版），高等教育出版社2011年版，第3—4页。

采取笔试和面试的方式，测试应试者的公共基础知识、专业知识水平，以及其他适应职位要求的业务素质与工作能力。考试可根据拟任职位要求分类别、分等次进行。笔试分公共科目和专业科目两种。公共科目由国务院人事部门统一确定；专业科目由国务院人事部门和省级政府人事部门按照管理权限分别确定或批准。"根据这一要求，2000年颁布了《全国公开选拔党政领导干部考试大纲（试行）》，确定了公共科目考试内容，与汉语母语密切相关的是公文写作与处理。公文写作的测试内容主要有公文的功能，公文的文体、结构、格式与稿本，常用公文文种及其选用，公文写作的基本要求，行文规则，公文写作的语言运用；公文处理包括公文处理责任，公文处理程序，公文拟办、批办、承办、审核、签发的方法要点等。

随着公务员考试制度的逐步完善，汉语母语能力的考查内容增加了两个方面。一是在《行政职业能力测验》中设置了"言语理解与表达"的测试模块，重点测查报考者运用语言文字进行思考和交流、迅速准确地理解和把握文字材料内涵的能力，包括根据材料查找主要信息及重要细节；正确理解阅读材料中指定词语、语句的含义；概括归纳阅读材料的中心、主旨；判断新组成的语句与阅读材料原意是否一致；根据上下文内容合理推断阅读材料中的隐含信息；判断作者的态度、意图、倾向、目的；准确、得体地遣词用字等。[1]这一部分约有20—40个题目，多数为40个题目，题型全为单项选择题，在试题命制上突出了理解与表达能力的考查，如2014年行政职业能力测验的60题命制了如下题目：

> 目前我国并不缺乏好的设计，人才也不少，但如何与生活、与市场结合，让设计成为产业，其间还有不少障碍。一是艺术家与生产厂家缺少交流的渠道，二是设计师闭门造车的不少，三是厂家对设计缺乏兴趣。许多专家认为，对设计的现代认知应该推广到所有企业，让企业舍得投资。只有明白了设计是未来竞争的主要资本，是国际社会衡量产品的主要标准，是消费者购买天平中的主要砝码，企业才能拥有重视设计的战略眼光。
>
> 从这段文字可以推出（　　）
>
> A.设计者与企业沟通不畅制约着设计的市场化进程
>
> B.国内企业对设计水平的评价与国际标准存在差异

---

[1]　宏章教育公务员考试研究院：《言语理解与表达》，中共中央党校出版社2014年版，第2页。

C.企业不愿在设计环节投资造成大批设计人才流失

D.企业对设计的漠视阻碍了我国设计的产业化发展

这一题目考查考生筛选、整合与推断文段关键信息的能力。文段第一句"如何与生活、与市场结合，让设计成为产业，其间还有不少障碍"是总领句，后文接着阐述存在的具体障碍及其原因。考生解答这一题目时，首先要抓住这一总领句，并分析存在的主要障碍，才能推出结论D。

除增加言语理解与表达能力的考查外，2002年增加了"申论"的考查，"申论"是测查从事机关工作者应当具备的基本能力的考试科目，省级以上（含副省级）主要考查阅读理解能力、综合分析能力、提出和解决问题能力、文字表达能力，市（地）以下主要考查阅读理解能力、贯彻执行能力、解决问题能力和文字表达能力，试卷一般由注意事项、给定资料和作答要求三部分组成。如2006年中央、国家机关公务员录用考试《申论》试卷提醒学生注意以下事项：

1.申论考试，是对分析驾驭材料能力、解决问题能力、言语表达能力的测试。

2.作答参考时限：阅读材料40分钟，作答110分钟。

3.仔细阅读给定的材料，然后按申论要求作答，答案书写在指定的位置上。

从上述注意事项看，要答好《申论》试题，考生必须具备读懂材料、分析材料、利用材料解决问题和言语表达等能力。为了考查这些能力，命题者要求考生阅读2005年9月20日新华网有关经济社会安全稳定的网络对话，对话者为社会发展专家、研究部D部长与网友，阅读量约为9500字。阅读文章后，考生需要完成以下任务：

1.假设你是一位新录用的公务员，请用不超过500字的篇幅，概述D部长谈话的主要内容，以供领导审批。要求：概括全面、观点明确、条理清楚、语言流畅。（30分）

2.在线交流结束后，网友发表的帖子，有的与D部长观点不一致。请在答题卡上相应的位置上对与D部长观点不一致的帖子具体说明为什么不一致，说明的字数应在400字的篇幅内。对观点一致的帖子请勿作答，否则扣分。（30分）

3.在我国，妥善应对突发公共事件是政府面临的重大课题。请你就我国政府如何提高应对突发公共事件的能力，写篇文章，说出自己的看法。要求：自拟标题，观点明确，联系实际，分析具体，条理清楚，语言流畅。字数在1000—1200字之间。（40分）

在这三个题目中，第一个题目需要考生整体把握对话内容并加以概括，考查了筛选、整合、压缩信息的能力；第二个题目要求考生分析不同观点的原因，需要考生从表层信息走向内在原因，具有纵向深入的分析能力；第三个题目进一步拓展开去，要求考生思考和表述应对突发公共事件的思路与方法，具有从点到面的分析与解决问题的能力。以后的申论题目逐年加大了能力考查力度，如2013年中央、国家机关公务员录用考试《申论》试卷（省级以上）要求考生阅读六则材料，这六则材料分别是农村结婚习俗、逐渐消失的国宝、古建筑的改造、妈祖神祇、平阳鹤溪百年缸窑、非物质文化遗产的保护，考生读完这六则材料后，要完成以下五个问题：

1."给定资料2"中的文章作者认为："从某种意义上说，这些无形的非物质文化遗产是比长城、故宫还重要的财富。"请结合"给定资料"，谈谈你对这一看法的见解。（15分）要求：全面、简明。不超过250字。

2.我国有不少地区在保护和发展具有地方特色的文化方面都取得了一些成功的经验。如果你是某市负责地方文化保护工作的人员，请认真阅读"给定资料3"，概括从中可以获得哪些启示。（10分）要求：全面、准确、简明。不超过150字。

3.有关部门拟在全球最高的妈祖圣像落成周年纪念日举办妈祖文化旅游节活动，需要一批志愿者向游客讲解妈祖文化。请你根据"给定资料4"，为志愿者写一份示范性的讲解稿。（20分）要求：（1）内容具体，切合主题；（2）准确全面，逻辑清楚；（3）表述生动，对象明确；（4）总字数400—500字。

4.假如你是平阳县的大学生村官，请根据"给定资料5"，为政府网站写一篇短文，向社会介绍鹤溪缸窑，以期促进缸窑的恢复与发展。（20分）要求：（1）内容具体，符合实际；（2）通俗易懂，表达简明；（3）不超过400字。

5."给定资料6"中的题字"岁月失语，惟石能言"能触发人们许多思考和感情，请参考"给定资料"，以"岁月失语，惟石能言"为题，写一篇文章。（35分）要求：（1）自选角度，立意明确，有思想性；（2）联系实际，不拘泥于"给定资料"；（3）内容充实，语言畅达；（4）800—1000字。

和2006年相比，2013年的阅读字数减少了约1000字，但阅读内容的复杂程度却进一步提升，六则材料虽然都与文化保护有关，但不同材料的内容各不相同，考生在阅读时需要不断转换，并要思考彼此间的关系，才能整体把握给定的材料。在回答上述问题时，第一题需要考生根据给定的材料提出自己的主张，具有独立思考和表达的能力；第2题要求考生根据给定的材料谈出自己受到的启示，需要考生把阅读材料转化为自己的血肉，形成自己的想法与做法；第3题需要考生根据讲解稿的撰写要求筛选、整合与传译信息；第4题需要考生整合相关信息撰写介绍性短文；第五题则把各则材料综合起来，且"不拘泥于给定材料"，表达自己对文化保护的想法与建议，并对"思想性"提出要求，进一步强化了能力考查。

第二节
新时期汉语母语测评的变革趋向

三十余年来，汉语母语测评在改革开放的大背景下，不断吸纳西方测评理念与技术，经历了从恢复、调整到标准化测评，从命题形式变革到汉语能力建构这一过程。在这一过程中，体现了新时期母语测评从关注国家政治到引领学生成长、从注重知识积累到强化知识运用、从标准化题型到标准化考试、从单项能力到综合素质的改革趋向。

一、从关注国家政治到引领考生成长

"文化大革命"后满目疮痍，汉语母语测评在百废待兴中仓促上阵，沿用了"十七年"的"政治至上"思路，强化了"政治导向"。在1977年的分省高考试卷中，部分省市命制了《我在这战斗的一年里》（北京）、《他像雷锋同志那样》（天津）、《"知识越多越反动"吗》（上海）、《每当我唱起

〈东方红〉》（黑龙江）、《大治之年气象新》（广东）、《在沸腾的年代里》（辽宁）、《学雷锋的故事》（湖北）、《心中有话向党说》（湖南）、《为四个现代化做贡献》（山西）、《当我想起敬爱的周总理的时候》（新疆）、《不到长城非好汉》（甘肃）、《为抓纲治国初见成效而热烈欢呼》（河南）、《紧跟毛主席，永唱〈东方红〉》（安徽）、《谈"实事求是"》（内蒙古）、《批判"四人帮"的一个反动观点》（西藏）等，这些题目都具有非常强烈的政治倾向，考生可以叙写身边发生的事，也可以描绘国家大局。但由于文化知识的学习荒废已久，"不少考生不会审题，答卷观点模糊，内容空洞，层次混乱，文句不通，错别字连篇，有的甚至文不对题，语文基础知识极差"[1]，但"许多作文思想正确，感情真挚"，"表达了广大青年对伟大领袖和导师毛主席、敬爱的周总理和老一辈无产阶级革命家怀有的深厚无产阶级感情，对英明领袖华主席的无限崇敬；愤怒地控诉和批判'四人帮'毒害青年一代的罪行"[2]，试题和答卷都具有浓烈的政治气息。如一位北京考生以"我在这战斗的一年里"为标题作文时，开篇三段内容如下：

一年一度秋风劲。

转眼之间，从去年金色的十月，欢乐的十月，到今年丰收的十月，胜利硕果累累的十月，已经整整一年了。

我——一名普通的上山下乡知识青年，在广阔的农村，沸腾的田野上也度过了这战斗的一年。我们所在的小小的山村，虽然偏僻、贫穷，可是，这里的贫下中农都有着难以估量的伟大力量。自从粉碎"四人帮"的消息在山村传开，这里的人们哪个不心花怒放、拍手称快！欣喜的心情还没有平静！一股东风又激起心潮的波澜。毛主席的好学生，好接班人，我们的好领袖啊，华主席又作出了"高举毛主席的伟大旗帜，抓纲治国，实现安定团结，达到天下大治"的战略决策，亲自主持召开了第二次全国农业学大寨会议，向我们这些战斗在农业战线上的同志们发出了向高标准大寨县进军的伟大号令。顿时，小小的山村又沸腾起来了，党支部迅速作出了以治山改水为中心的农田基本建设计划，广大社员——我也在其中，摩拳擦掌，浩浩荡荡地开上了荒山，开始了重新安排山河的战斗。

① 鲍鈞：《革命事业后继有人，文化考试是选择人才的好办法——本届高考评卷教师笔谈感受》，《人民日报》1978年2月12日。
② 耿竞雄：《努力提高语文教学质量，文化考试是选择人才的好办法》，《人民日报》1978年2月12日。

第一段紧扣标题中的"一年","秋风"既点明这一年的起止时间,又暗含"硕果满秋"、"收获丰实"之意,表达了歌颂国家时局的感情。第二段紧承第一段,既照应了第一段中的"秋风",也具化了"一年"的内涵,用"金色"、"欢乐"、"丰收"、"胜利硕果"点明"一年"的结局,暗扣标题中的"战斗",强化了赞扬之情。第三段点明标题中的"我",明确了"我"的身份和"我"所处的环境,以及这一年我经历的"战斗"历程,具有明显的时代特征和政治导向。文章最后两段突出了这一年的变化,写出了"战斗一年"的结果,再一次表达了对祖国、对时局的赞颂之情:

> 这一年,荒山秃岭变了样,我的思想也发生了深刻的变化,共同战斗,共同劳动,我和贫下中农建立了深厚的感情,也和这小小的山村建立了感情。我们不仅要使山村荒山变样,还要让山村实现农业机械化、化肥化、电气化。我们要在英明领袖华主席的领导下,用我们辛勤的劳动,用我们辛勤的双手,把伟大祖国农村建设成繁荣昌盛的乐园,造就一代新型的农民,向着美好的未来,向着伟大的二十一世纪进发。

> 这一年是举国上下,各条战线大跃进的一年,是粉碎"四人帮"后抓纲治国初见成效的一年,是辉煌胜利的一年,也是战斗的一年。

全文用饱含深情的笔墨描绘了这一年开垦荒地建农田的主要事迹及其成果,通过对农村面貌和自己思想变化的描写,歌颂了这一年的辉煌成就和华主席的英明领导,作文内容紧贴时代脉搏,政治意识强,得了满分。

1978年的汉语母语测评依然体现了较为鲜明的"政治"倾向,如全国高考卷考查学生标点能力时用了如下材料:

> (1)实现机械化要靠人的思想革命化有了革命化才有机械化机械化不是一口气吹出来的要经过一番艰苦奋战才能成功要把揭批四人帮的斗争进行到底要肃清他们的流毒促进人们的思想革命化一个软懒散的领导班子是挑不起这副重担的。

> (2)国际形势怎样国内形势怎样涉及政策性的问题该怎么办不该怎么办应该经常给大家讲讲可是从来不讲这岂不让大家失望。

> (3)白天战士们坚守住已经占领的阵地夜里战士们向敌人发起新的进攻。

这些材料具有较强的时代特色与政治意识。"文化大革命"后的前三年,汉语母语测评继续高举"语言为政治服务"、"语言为民众所有"的大旗，面对意识形态变化、革命情绪高涨、生产任务繁重的现实，将测评的基本方向定位于"政治"，符合当时的发展需要。但随着社会的拨乱反正、秩序的逐步恢复、教育的渐趋正常，强化国家政治的汉语母语测评开始转向社会、人生与学生自己面临的生活，注重引领学生成长。如1980年的高考作文要求考生阅读有关达芬奇的《画蛋》，写一篇读后感，引导考生在长期、艰苦的奋斗中去追求成功；1981年的《毁树容易种树难》和1982年的《先天下之忧而忧，后天下之乐而乐》，都从时事热点走向了社会建设的普遍性道理。1983年的高考作文要求考生观察漫画（如下图5-1）：

这下面没有水，再换个地方挖！

图5-1

考生观察了《这下面没有水，再换个地方挖》的漫画后，先写一段说明性文字，向没有看过这幅画的人介绍画面内容；然后根据这幅漫画的内容，自拟题目，写一篇不超过800字的议论文。这一题目引导考生思考持之以恒、坚持不懈对自我成长、社会建设的作用，巧妙告诉考生无论学习还是工作都不能三心二意。1984年的全国高考作文题更贴近学生的发展实际，更注重引领学生成长：

> 有的同学说："每逢作文，自己常常感到无话可说，只好东拼西凑，说一些空话套话，甚至编造一些材料。"有的老师说："每次学生作文，我都辛辛苦苦地批改、讲评，但是学生往往只看分数，不注意自己作文中存在的问题，所以提高不快。"请针对上面两段话所反映的情况，联系自己和周围同学的现状，以对中学生作文的看法为中心，写一篇800字左右的议论文，题目自定。要求做到观点明确，有所分析，有真情实感。

这一题目从学生作文的常见现象出发，问题真实可感，有利于引导考生剖析自己或身边存在的学习问题，实现引领成长的目的。1987年广东试行的标准化考试卷，要求考生拟写借书规则，并记叙借书规则发布后的可喜变化：

> 阅读下面一段文字，然后按要求作文。
>
> 南山中学是一所新办中学。图书馆开放初期，由于还没有建立规章制度，管理员经验不足，部分师生又很不自觉，以致图书的借阅和管理十分混乱：开放时间不固定，有的人什么时候都来借；有的人拿别人的借书证来借；借书数量没有规定，有的人跟管理员关系好，可以一次借十几本；有的人借书长期不还；有的人丢失损坏图书不赔偿；还有一些不能外借的重要图书也借出去了。总之是无章可循，既不便利图书的管理，又不利于图书的流通和使用。
>
> （1）为了改变这种混乱现象，完备借书制度，南山中学图书馆准备制定"借书规则"，现在请你执笔起草。草拟的借书规则要求：
>
> _____
>
> （2）假定南山中学图书馆采用了你在写作（1）中所拟定的"借书规则"，这个"借书规则"公布和实施之后，发生了可喜的变化。请你以《"借书规则"实施之后》为题，写一篇记叙文。这篇文章可以从南山中学师生的积极反应、图书馆的新面貌、混乱现象的改变、个人借书的方便以及其他新情况，选择其中的某些方面来写。

这一题目从学校借书这一"小事"写起，感受借书问题，制定借书规则，描写可喜变化，引导考生在"小事"上关注和改善自己与他人的一言一行，既测试了写作应用文与记叙文的能力，也引领了考生成长。

之后的汉语母语测评，无论是中小学，还是其他社会类考试，都在多样化的阅读与作文素材中引领考生成长，突显了母语测评对"人"自身及其发展的关注取向。国家公务员考试也强化了这一改革走向，如2008年中央、国家机关公务员录用考试《行政职业能力测验》第10题命制了如下一道题目：

> "缩略"是赶路人与时间搏斗的一种方式。也许，赶路人自有不得不缩略的苦衷，其中也许不乏积极因素，但从根本上说，所谓缩略，就是把一切尽快转化为物，转化为钱，转化为欲，转化为形式，直奔功利而去。缩略的标准是物质的而非精神的，是功利的而非审美的，是形式的而非内涵的。缩略之所以能够实现，其秘诀在于把精神

性的水分一点点挤出去，像压缩饼干似的，卡路里倒是足够，滋味却没有了。对一次性的短暂人生来说，这不能不说是一种遗憾。

这段文字着重抒发怎样的感慨？（ ）

A.急于实现目标，必然付出代价

B.淹没在物欲中的人生是枯燥无味的

C.人们只重目的，忽略了过程的享受

D.时间可以转化为钱，却无法转化为美

这一道题要求考生读出所选文段抒发的感慨，材料主旨非常明显，关键词"缩略"、"功利"与"人生滋味"的关系阐释清晰："缩略之所以能够实现，其秘诀在于把精神性的水分一点点挤出去，像压缩饼干似的，卡路里倒是足够，滋味却没有了。"这一观点意在引导考生不能只追求功利的、物质的、形式的等短平快的事物，而要在精神滋养中收获人生的滋味，正确选项B更是强化了这一观点，有利于引导考生成长。再如2010年的第12题：

对大多数人来说，岗位是个历练成长的基石。除了极少数的人能___创建自己的事业，大多数人都必须走一条相同的路：在岗位上磨炼，依托___奠定未来事业的基础。

依次填入划横线部分最恰当的一项是（ ）

A.直接 组织　　B.主动 团队　　C.独立 同事　　D.一手 集体

这一素材源自《岗位精神》一书中的《工作对你意味着什么》，通过选填词语，引导考生正确处理自己与岗位的关系：要么根据自己的能力发展实际，直接创建自己的事业；要么在岗位上磨炼，依靠组织的力量提升自己的能力，为将来的事业发展奠定坚实的基础。这一题目有利于引导考生正确对待自己的岗位，在积极主动的磨炼中创造自己的职业人生。

二、从注重知识积累到强化知识运用

"文化大革命"期间的所有知识都变成了资产阶级的"毒草"，有污染和毁坏无产阶级革命的危险，因而一切知识均被排斥、践踏和毁灭；"文化大革命"后，为了弥合知识断裂，开始不断规范和强化汉语知识，以引导广大民众学习、尊重和运用汉语知识，科学建设社会主义。1980年发布的《全日制十年制学校中学语文教学大纲（试行草案）》对语文知识的教学与测评提出了明确要求，各级各类学校或不同形式的招工考试都开始重视语文知识，但前期的知识测评注重积累性考查，如1981年全国高考卷第1小题要求考生运用汉语拼音方案把"哄"字的三个不同读音拼出来，并按照不同读音表示的不同意义各组一个词语或短句。1982年全国卷对文学常识的考查命制了如下题目：

（一）为纪念被国民党杀害的____、____、____、____、____左联五位烈士，鲁迅写了《为了忘却的记念》。

（二）郭沫若的《____》是"五四"时期影响最大的一部诗集。

（三）程疯子是话剧《____》里的人物。

（四）"完璧归赵"的故事赞扬了_____的机智勇敢。

（五）《梦游天姥吟留别》的作者是_____。

（六）"安得广厦千万间，大庇天下寒士俱欢颜"是杜甫《____》里的名句。

（七）列宁指出高尔基一九〇六年写的《____》是一本非常及时的书。

（八）《皇帝的新装》是丹麦著名童话作家_____的作品。

这些题目是一种纯粹的记忆性考查，标准化考试推行后，记忆性考查的题量进一步加大，如1987年全国卷就词语解释命制了如下选择题：

1.不遗余力

（A）漏掉　　（B）剩下　　（C）丢失　　　（D）赠送

2.将信将疑

（A）将要　　（B）拿　　　（C）带、领　　（D）且

3.大相径庭

（A）直　　　　　　　　　（B）比喻达到目的的方法

（C）经过　　　　　　　　（D）门外的路

4.咸与维新

（A）交往　　（B）赞许　　（C）参加　　　（D）给

但从20世纪80年代中期开始，"考查能力"的呼声日渐高涨，语言知识运用能力的考查也逐步受到重视，但考查语言运用能力的命题技术还不够成熟，题型还不够丰富。20世纪90年代后，汉语知识运用能力的考查题量逐步加大，如1994年的词语（成语）使用、病句辨析、修辞考查、句意辨析、传统称谓等知识，都植入了一定的语言情境，让考生在具体的语言情境中理解、判断和运用知识，考查了知识应用能力。如：

下列句子中，加点字的传统礼貌称谓使用正确的一句是：

A.这是您家母托我买的，您直接交给她老人家就行了。

B.令嫒这次在儿童画展上获奖，多亏您悉心指导，我们全家都很感谢您。

C.我们家家教很严，令尊常常告诫我们，到社会上要清清白白做人。

D.令郎不愧是丹青世家子弟，他画的马维妙维肖、栩栩如生。

选择题加大了情境设置力度，主观题更是引入了生活情境。如1994年全国卷的病句修改题目，设置了职高毕业生找工作的生活情境，要求考生根据不同要求修改"启事"标题，既考查了学生修改病句的能力，也考查了学生撰写启事的能力。1995年全国卷命制的修改便条题目，设置了更为鲜活的情境：

下面是周华同学给博物馆金馆长写的一张便条，其中有些词用得不得体，请你帮他修改。

金馆长：

您约我今天下午去贵处谈我班同学光临贵馆参观一事，因我有急事，现决定改期。具体改在何时，另行磋商。

周华

5月18日

新中国第八轮课程改革推行后，知识运用能力的考查趋向更加明显。如2007年广东卷的22小题，联系学生熟悉的运动生活，把图形观察能力、联想想象能力、修辞运用能力、语言表达能力结合起来命制了以下题目：

下面是2008年奥运会四个比赛项目的标识图形：请你选取一个，围绕图形内容，紧扣动态特征，展开联想，写一段话。要求语言通顺，运用两种以上(含两种)的修辞手法，不少于40字（含标点符号）。

乒乓球　　　　田径　　　　篮球　　　　游泳

2007年山东卷的17小题，把读、说、写等多种能力综合起来考查，要求考生针对游客在景区文物上刻字留言这一现象，从保护文化遗产的角度对不同类别的人群进行劝阻：

今年6月9日是我国第二个"文化遗产日"，学校开展了保护文化遗产的宣传活动。如果你是该校的志愿者，发现游客在景区文物上刻字留言，你将如何劝阻？请针对以下不同对象，各写一句话。要求：语言得体，有说服力，每句不超过30字。

（1）对同龄人：

（2）对年长者：

要解答好这一题目，考生需要首先读懂"活动"的基本任务——保护文化遗产，然后读懂不同人群的心理，以口语交际的方式把要说的话写出来，这种命题思路有利于考查学生运用汉语知识的能力。再如2013年全国高考四川卷的19小题，要求考生以校学生会的名义，为"如何与陌生人交往"的访谈活动拟写访谈问题，把礼貌称谓、访谈注意事项、语言得体等汉语知识、文化融进了访谈问题的考查之中，既引导考生关注现今社会中的"陌生人交往"问题，也引导考生提高汉语知识的运用能力。

国家公务员考试也体现了从注重知识积累到强化知识运用的改革趋向，如2009年中央、国家机关公务员录用考试《行政职业能力测验》第五部分"资料分析"的第二大题命制了如下题目：

二、根据以下材料，回答 126～130 题。

表5-7　2006年全国农村外出从业劳动力流向及从业情况统计表（单位：%）

	全国	东部地区	中部地区	西部地区	东北地区
外出从业劳动力从业地区构成					
乡外县内	19.2	29.9	13.5	15.2	26.9
县外市内	13.8	18.4	9.9	12.4	31.5
市外省内	17.7	33.1	9.0	12.8	24.2
省外	49.4	18.6	67.6	59.6	17.4
外出从业劳动力产业构成					
第一产业	2.8	2.5	2.2	3.6	4.2
第二产业	56.7	55.8	57.1	58.4	44.3
第三产业	40.5	41.7	40.7	38.0	?

2006 年，全国农村外出从业劳动力中，男性劳动力8434万人，占64%，从年龄构成上看，20岁以下占16.1%；21—30岁占36.5%；31-40岁占29.5%；41—50岁占12.8%；51岁以上占5.1%。从文化程度上看，文盲占1.2%；小学文化程度占18.7%；初中文化程度占70.1%；高中文化程度占8.7%；大专及以上文化程度占1.3%。

126.全国农村外出从业的女性劳动力约有多少万人？（　）

A.4744　　　　B.5397　　　　C.9901　　　　D.13178

127.表中"？"处的数值应为：（　）

A.41.6　　　　B.42.5　　　　C.51.5　　　　D.52.4

128.假设不同性别劳动力会在三大产业间均匀分布，则全国男性农村外出从业劳动力从事第二产业的约有多少万人？（　）

A.3416　　　　B.3736　　　　C.4342　　　　D.4782

129.关于农村外出从业劳动力的描述，无法从上述资料中推出的是：（　）

A.外出劳动力大多从事第二产业

B.各地区的劳动力流向主要取决于本地的生活习惯

C.东部和东北地区的劳动力大部分会留在省内

D.不同地区劳动力对从业地区选择的倾向性差异很大

130.关于农村外出从业劳动力的描述，能够从上述资料中推出的是：（　）

A.超过7500万男性劳动力为高中以下文化程度

B.东北地区劳动力对从业地的选择差异最小

C.中西部地区劳动力大部分流向东部和东北地区

D.大专及以上文化程度仅占1.3%，说明高学历的劳动力多数都在家从业

这一题目要求考生阅读图表，根据图表信息解答题目。前三题要求考生根据给出的数据进行推算，后两题则根据资料信息推出结论，考查了数学、图表观察、信息推论等知识的运用能力。

三、从标准化题型到标准化考试

为了避免主观题的人为因素，提高母语测评的客观性与公平性，新中国"十七年"开始引进和使用填空题、选择题等客观题型。新时期对客观性试题

的研发力度进一步加大，形成了多种客观性试题并存的标准化题型。1988年《语文教学通讯》第三期对标准化题型作了全面介绍，主要有选择题、是非题、匹配题、填空题、排列题等。选择题包括最佳选择题、多解选择题、配伍选择题、填空选择题、类推选择题、分类选择题、改错选择题、阅读选择题等。是非题主要有两种类型：一是"是非项"本身是一个判断句，要求考生做出是非判断；二是"是非项"在前，为一段引文，而题干在后，两者都是判断句，要求考生对题干部分的判断句做出是非判断。连接题是列举两组或两组以上若干相关概念，要求考生用线条连接起来，也有两种题型：一是两组或两组以上所列项目一一对应而无余项；二是两组所列项目不能一一对应相连而有余项。排列题一般是打乱了次序的短语或句子，要求考生按照正常的顺序重新排列，达到思路顺达、层次清楚、表意明确的目的。①

客观性试题的开发，有利于提高母语测评的标准化程度，但客观题不等于标准化考试。在研发客观性试题的基础上，母语测评开始从标准化试题走向标准化考试。标准化考试是根据现代考试、统计技术和电脑阅卷技术等研制出的一套命题程序与考试方式，一般包含六道程序：一是明确考试标准，即在测评前预先公布考试范围、内容、方法、试题类别、试题数量、测试时限、难易标准、分数比重等，并根据公布的考试方案拟制测评样题，以在考试内容、方法、题型等多方面确立明确的标准；二是编制双向细目表，命题前根据公布的考试标准拟制双向细目表，包括测试内容的类别、不同类别的内容所占的分量、各种内容所采用的题型、各类题型应占的比重、认知能力的层次及比例、分数比例和时间分配等；② 三是编制试题，即根据确定的双向细目表编制试题；四是组织试卷，根据双向细目表审查题目，筛选试题，组织试卷；五是标准化阅卷，即制定评分标准、评分细则和评分流程，保证评卷结果的科学性、公正性与可信度；六是试卷评估，根据考试说明、双向细目表、学生答卷情况和教师的阅卷感受，对试卷进行评估，提出改进建议。

因此，标准化考试首先是程序标准化，即严格执行上述六大程序，提高测评过程的透明度、公正性与科学性；其次才是题型标准化，题型标准化是指运用客观题型，减少评卷过程中的随意性；第三是命题标准化，即以考试标准为引导，以科学严谨的态度对待试题命制工作，提高试题和试卷的科学性；第四

---

① 蒋洪能、杨开亮、肖铎等：《高中语文题型及解题指导》，《语文教学通讯》1988年第3期。

② 蒋超主编：《中国高考史·改革卷》，中国言实出版社2008年版，第164页。

是阅卷标准化，提高阅卷的规范程度与质量。和传统考试相比，标准化考试主要具有以下特点：

表5-8　传统考试和标准化考试的比较①

	考试标准	命题方法	试题形式	结果呈现	考试手段
传统考试	教学大纲	经验式命题	主观题为主	原始分	手工作业
标准化考试	考试大纲	专业化命题	客观题为主	标准分	机器作业

为了进一步规范考试工作，提高母语测评的标准化程度，1991年国家教委发布了《普通、成人高等学校本、专科全国统一考试规则》，对全国统一考试提出了科学、公正、准确、规范的原则，要求制定《考试说明》或《复习考试大纲》，明确考试范围，明确各学科的知识、能力及其层次要求，确定试卷结构，公布样题，作为命题依据；要求设立学科命题委员会，每年推荐若干委员参加命题和审题工作，指导命题研究和题库建设；试题、试卷、参考答案和评分标准需经国家教委审定。这一系列规定和举措，体现了新时期从研制标准化试题到推进标准化考试的改革趋向。

四、从考查单项能力到测评综合素质

新时期释放教育活力的一系列举措直指国民素质的综合发展，母语测评在这一大背景下，逐步强化了综合素质的考查。这一考查取向首先体现在现代文阅读题的命制上。之前的现代文阅读能力考查主要是填词、释词；1984年的全国高考卷，首次在现代阅读观念指导下编制现代文阅读测试题，所选文段约2000字，设置了选择题、填空题和简答题11个小题，既有对词与句子的考查，也有对文章内涵和整体把握能力的考查。1986年的现代文阅读题数量大幅减少，从11个题降至5个题，五个题的能力分布各有差异，第1题考查学生整体把握段落的能力，第2题考查理解词语和句子的能力，这两道题目涉及了总领句、过渡句和句子成分分析等基础性能力；第3题考查提取关键信息和分析彼此关系的能力，第4题和第5题考查学生把握全文的能力。从一个段落到一个句子，再到几个段落，然后立足全文命题，这一思路体现了命题者由整体到局部、由局部到整体、整体与局部相结合的命题取向。

在写作能力的考查上，1985年全国卷要求考生以"澄溪中学学生会"的名

---

① 蒋超主编：《中国高考史·改革卷》，中国言实出版社2008年版，第155页。

义，给《光明日报》编辑部写一封信，反映情况，申述理由，呼吁尽快解决学校附近化工厂天天向外排放有毒气体和废水的问题，作文评分注重学生的基本能力，突出了学生的语言表达水平，增加了能力含量。上海高考卷提供了看似矛盾的题目，让考生选择或自拟观点："某班语文课上因为学习'知足常乐'这个成语引起了一场热烈的讨论。同学们各抒己见，归纳起来有两种观点：一、知足才能常乐；二、不知足才能常乐。你赞同第一种观点吗?赞同第二种观点吗?你有没有第三种观点?请你写一篇800字左右的发言稿（议论文），参加他们的讨论。题目自拟。"这一题目加大了考生思维能力的考查，有利于引导学生发展创造力。

之后的汉语母语测评进一步强化了综合素质。1994年全国高考首次在大范围内采用"3+2"科目组试卷，在试题总数不变的情况下，母语分值从1993的120分增加至150分，重点考查运用已有知识解决新问题的综合能力，作文加大了想象能力和创新思维能力的考查，1999年全国卷命制了如下一道作文题：

> 随着人体器官移植获得越来越多的成功，科学家又对记忆移植进行了研究。据报载，国外有些科学家在小动物身上移植记忆已获得成功。他们的研究表明：进入大脑的信息经过编码贮存在一种化学物质里，转移这种化学物质，记忆便也随之转移。当然，人的记忆移植要比动物复杂得多，也许永远不会成功，但也有科学家相信，将来是能够做到的。假如人的记忆可以移植的话，它将引发你想些什么呢？请以"假如记忆可以移植"为作文内容的范围，写一篇文章。

要写好这篇文章，考生必须具有较好的想象力，才能把自己熟悉的现象大胆串联起来，写出具有一定新意的文章。想象是一种综合能力，这种综合能力的表现之一是创新思维，2000年全国卷的作文题进一步加大了创新思维能力的考查力度：

> 在一次鼓励创新的报告会上，有位学者出了一道题：四个图形符号中，哪一个与其他三个类型不同？有人说圆形，因为圆形是惟一没有角的图形；也有人说三角形，它是惟一由直线构成的；又有人说半圆形也正确，它是惟一由直线和曲线组成的；最后有人说，第四个图形也可以，因为它是惟一非对称性的图形。看来，由于标准和角度的不同，这四个图形都可以作为正确答案。（四个图形略）

的确，世界是千变万化的，疑问是层出不穷的，答案是丰富多彩的。在生活中，看问题的角度、对问题的理解、解决问题的方法以及问题的答案不止一个的事例很多。你有这样的经历、体验、见闻和认识吗？

请以"答案是丰富多彩的"为话题写一篇文章。

答案是丰富多彩的，既考查了学生的发散思维，考生需要从多个角度分析和解决问题；也考查了学生的理性思维，即从不同角度发掘生活现象的意义指向，才能写出既有新意也有深度的文章。再如2013年四川高考作文，要求考生根据"过一种平衡的生活——学些东西，想些问题，做些事情，打打球，唱唱歌，画画画儿"这一说法发表自己的看法，这既是对传统文化的思考，也是对现实世相的反思；既是对大千世界的关照，也是对自我内心的剖析，需要考生具有汉语知识、汉语文化、汉语思维和汉语表达等多方面能力，体现了从单项能力考查到综合素质测评的改革趋向。

新时期汉语母语综合能力的考查也体现在公务员的申论考试中，如2010年—2013年的申论考试大纲，对应考者的阅读理解能力、综合分析能力、提出和解决问题能力、文字表达能力等提出了综合性要求，既要求考生准确理解所给材料的意思，把握所给材料的本质；还要求考生对内容进行分析和归纳，作出合理推断与评价，提出解决问题的方案和措施，并运用说明、陈述、议论等方式，准确规范、简明畅达地表述思想或观点。为了考查公务员的综合素质，申论主题涵盖了多个领域，2000年—2013年国家公务员考试申论主题分布情况如下表5-9：

表5-9 2000—2013国家公务员考试申论试题题材、主题、归属领域一览表[1]

年份	题材	主题	归属领域
2000	企业和居民纠纷	发挥政府职能，合理解决社会纠纷	社会
2001	药品安全监管	发挥政府职能，保障药品安全	社会
2002	网络监管	履行政府职能，引导网络健康发展	文化
2003	安全生产	强化政府责任，维护人民生命财产安全	经济
2004	城市交通拥堵	在经济社会发展的过程中解决交通拥堵问题	经济

---

[1] 李永新主编：《申论》，人民日报出版社2013年版，第13—14页。

续表

2005		"三农"问题	落实扶农惠农政策,推动"三农"事业的发展	经济
2006		应对突发事件	把握以人为本的原则,提高政府应对突发事件的能力	社会
2007		耕地保护	落实国家耕地保护政策,保护国家和民族的土地命脉	经济
2008		怒江水电开发问题	落实科学发展观,实现人与自然和谐发展	经济+生态
2009		产业升级和粮食安全	在金融危机背景下,加快经济结构转型,保障国家经济安全	经济
2010	省级	海洋资源的开发与保护	统筹海洋保护与开发,促进海洋经济可持续发展	经济+生态
	市级	海洋环境污染问题	保护海洋资源	经济+生态
2011	省级	黄河的治理开发和黄河精神的弘扬	弘扬黄河精神,继续推进黄河治理工作	生态+文化
	市级	农村子弟教育问题	推进城乡教育一体化,解决外来务工人员无根化问题	社会+文化
2012	省级	社会道德问题	化解社会道德危机,推进社会道德重建	社会+文化
	市级	公共安全问题	加强安全文化教育,保障公共安全	社会+文化
2013	省级	文化遗产的继承与弘扬	保护文化遗产,保留文化多样性	文化
	市级	文化体制改革与文化繁荣发展	维护国家文化安全,促进文化繁荣发展	文化

从上表可看出,国家公务员考试的申论主题涵盖了社会、文化、经济、生态、教育等多个方面,没有一定的综合素质,将难以回答出涵盖多个领域的综合性问题。如下面这道题目要求考生根据给定资料,指出法国在保护本国文化方面有哪些做法值得借鉴:[①]

作为世界著名的文化大国,法国拥有丰富的文化艺术遗产,文化产品的市场需求非常旺盛。法国文化部负责主管文化产业发展,是法

① 李永新主编:《申论》,人民日报出版社2013年版,第34页。

国政府中支出最多的部门之一，这在西方国家中是不多见的。

1993年，欧洲议会采纳了法国政府"文化例外"的主张。在法国人看来，文化产品有其特殊性，不能与其他商品等同起来，任其自由流通。因此，他们联合欧共体其他国家一道，拒绝华盛顿让欧洲取消对美国影视产品"配额限制"的无理要求，在贸易谈判中采取了毫不妥协的立场。

1994年，法国政府在议会两院通过法令，严格限制法语中使用外来语尤其是英语。法国政府还通过一项法律，要求在法国互联网上进行广告宣传的文字必须要译成法文。

1996年起生效的一项法律要求全法国1300多家电台在每天早6时30分至晚10时30分之间的音乐节目必须播送40%的法语歌曲；各电视台每年播放法语电影不得少于40%，违者处以罚款，并以之资助民族文化。

为了增强本土文化的竞争力，扶持本国文化事业的发展，法国提倡在自由竞争的同时，积极吸取其他民族文化的长处，广泛收藏和展现世界各民族优秀文化作品。面对近年来英语文化的逼人态势，法国颁布了支持电影业发展计划，在力求维护法语地位的同时，也向英语文化的优势项目如好莱坞电影发起了冲击。

从1992年起，法国外交部、文化部、法国艺术活动协会及在法国的外国文化中心集中举办介绍外国文化艺术的活动，展示文化的多样化，加强这些国家与法国的文化交流。除了驻各国使馆的文化外，法国目前已在近百个国家建有一百多个文化中心，每年选择一两个国家作为重点，推介本国文化。

法国的企业和各类专业协会也是宣传法国文化、向世界推介法国文化的重要力量。无论大企业还是中小企业，均可参与赞助，而作为补偿，企业可获得政府减免税收或者享有冠名权等各种不同的回报。

考生回答上述问题时必须条理清楚、全面准确，要做到这一点，需要首先读懂法国保护本土文化的主张和举措，并对这些举措加以概括，然后提出我国或本地区文化保护的措施，才能获得高分。申论考试中论述类题目的评分标准，更是体现了综合能力的考查要求：①

---

① 李永新主编：《申论》，人民日报出版社2013年版，第38页。

表5-10　文章论述题评分细则（以35分为例）

档次\项目	内容	语言	结构	卷面	分数
一类文	观点鲜明准确，见解新颖独到，思想深刻，逻辑严密，充分联系实际和给定资料，论述详实，分析详细，对策合理且有较强的可行性，字数符合题目要求。	语言简洁、流畅、得体、规范、生动、运用多种表达方式且运用恰当，无语病。	结构完美，条理清晰，详略得当。	书写规范、工整，格式标准，无错别字，标点正确，卷面整洁美观。	27—35分
二类文	观点明确合理，见解比较深刻，符合内在逻辑，能够联系实际和给定资料，论述分析有理有据，对策合理，字数符合题目要求。	语言通畅，运用两种以上表达方式且运用恰当，语病较少。	结构完整，条理清楚。	书写规范、工整，格式标准，基本无错别字，标点和标点错误，卷面干净整洁。	19—26分
三类文	有观点且观点正确，未偏离给定资料主题，有分析，有对策，字数与题目要求相差不超过55%。	语言欠通顺，表达方式运用单一但得当，有明显语病且较多。	结构完整	书写可以辨认，文面错误较少。	11—18分
四类文	脱离材料另起炉灶，难以找到文章观点，有观点但无解释分析，背诵事先预备的范文，大量抄袭原文，字数与题目要求相差超过5%。	语句基本不通，不知所云。	结构不全或混乱，不分段落或标点。	字迹潦草，难以辨认，卷面修改、涂抹较严重。	10分以下

　　内容、语言、结构、卷面等多方面综合考查，既传承了科举时期官员选拔的测评思路，也体现了新时期母语测评从单项能力考查到综合素质测评的变革趋向。

第三节
新时期汉语母语测评改革的热点与难点

新时期的母语测评改革以新中国"十七年"为基础，集国语运动、新文学运动、汉语拼音方案、简化字改革、普通话、教育测量学、统计学之大成，主要在五个方面取得了突破：一是规范了考试的知识内容体系，20世纪九十年代初制订的《考试说明》，规定了母语测评的知识、能力要求和基本题型，知识内容体系逐步清晰；二是制订和调整了母语测评的能力层级，1997年首次明确母语测评的五个能力层级，2007年对其进行调整，并增加了一个能力层级，能力考查的层级指向逐步明确；三是拓展了阅读能力的考查范围，1984年推出了现代文（社科文）阅读考查，1992年推出科技文阅读考查，把现代文纳入阅读能力的考查范畴，并运用测量学的研究成果不断调整和规范了现代文阅读的命题思路与题型设置；四是改造了题型，控制了误差，引进和改造了西方的标准化考试，形成了新时期较为稳定的测评题型与试卷结构；五是在作文中考查了创造性思维，这是对传统特别是科举作文的一大突破。[①]除教育系统的母语测评外，社会上各级各类单位招聘员工时的母语测评也逐渐盛行，公务员考试中的母语测评也逐步完善，母语测评在稳定的社会大背景下迎来了新时代的黄金期。

但是，新时期的母语测评改革却争议不断，批评之声四起，教育系统内的母语测评改革更是热议丛生，难点多多。周正逵先生批评母语考试"命题不当，误导教学，加重学生课业负担"，"难度有余，高度不足"，"弯弯儿绕，烦琐哲学，束缚语文能力发展"，他认为要统一认识，下定决心，彻底改革语文考试的内容和方法。[②]吴祖兴先生认为我国的母语测评"考试内容覆盖面过大，极大地加重了学生的学习负担"，"考题难度太大，严重挫伤了中小学生学习语文的积极性"，母语测评"把本来简单的提问复杂化"、"把一般性问题放在专业性文字中"、"不顾语言习惯用法，强调语法规则，而使一些

① 张伟明：《高考语文的回顾与展望》，载钟晓雨主编：《问题与对策：中小学语文教育改革》，人民教育出版社2000年版，第648—652页。
② 周正逵：《语文教育改革纵横谈》，教育科学出版社2013年版，第173—182页。

简单的考题成为'陷阱'"，"高考语文命题方式不符合语文学科的特点"，"忽视语文的综合性而突出知识的'分解'"，"忽视语言的模糊性而过分强调精密性"，①导致测与学、评与教产生难以调和的矛盾，只有解决了这些矛盾，母语测评和母语教学才能走上康庄大道。曾引起全国大讨论的王丽的《中学语文教学手记》列举了一些课后练习题，批驳了这些"歪题"之后，得出了"中国的中学语文教育实在到了非改不可的地步了"②的结论。李吉林老师认为小学语文发展的出路是搬掉两座大山，一是根据课文的思想内容提出一连串问题进行分析的"问答式分析"大山；二是要搬掉"习题式的训练"大山，减小"考"的压力，小学生才能培养起热爱祖国语言文字的情感，扎扎实实学好母语，并在其间获得全面发展。③

一路纷扰，一路改革，母语测评就在这样的争论中不断发展。纵观三十余年的热议，母语测评在新时期的改革论争主要集中在考什么、怎么考与如何发挥考的价值这三大热点上，热点就是难点，这些热点与难点曾经引起了人们的热烈讨论，在将来，这些讨论或许还会持续、还会更加热烈。

一、测什么——母语测评使命与内容的不断叩问

母语测评测什么，不仅关涉测评内容，更是对测评使命的不断确认与调整。使命决定功能，有怎样的测评使命，才有怎样的测评功能。汉语母语的测评使命是什么？为了完成这一使命，母语测评应该测什么？这是新时期不少教师的热议话题。

科举时期的母语测评树立了文化立国、汉语兴邦的测评使命，测评的主体内容确定在经文、经义、策论、杂文和公文等方面，经文、经义重在传承和传播民族文化、培育国家价值，策论重在考查应试者运用经典观察、分析、评论和处理国家事务的能力，杂文包括诗赋词章等，重在考查应试者文辞表达的艺术才华，公文则考查应试者应对公务的文字能力，每一方面都直指文化立国和汉语兴邦的测评使命，实现了测评使命与测评内容的统一。20世纪前半期，为了推进国语运动、新文学运动、新文化运动和新教育运动，反映汉语语法等研

---

① 吴祖兴：《高考语文命题必须走出误区》，载王丽编：《中国语文教育忧思录》，教育科学出版社1998年版，第 209—213页。
② 王丽：《中学语文教学手记》，载王丽编：《中国语文教育忧思录》，教育科学出版社1998年版，第22页。
③ 李吉林：《搬掉语文园地的"两座山"》，载王丽编：《中国语文教育忧思录》，教育科学出版社1998年版，第166—167页。

究的新进展，母语测评高举"革新"旗帜，白话文写作、文言文与白话文的互译、汉语知识等逐步成为测评的主体内容。新中国"十七年"，为了体现巩固政权和社会建设的时代主旋律，母语测评在普通话、简化字、汉语拼音方案等不断发展和定型的基础上，形成了基础知识、白话文阅读、文言文阅读和写作等不断调整的内容格局。

新时期的母语测评使命与内容主要经历了三次变化：一是恢复巩固时期的政治使命、社会建设使命和语言规范使命，这一时期的测评内容以基础知识、政治事件、社会生活为主体，主要考查学生基础知识的积累量、政治意识的正确度、文言文阅读、白话文的阅读与写作等；二是标准化考试的探索时期，这一时期的使命是如何让母语测评更科学，知识的覆盖面更宽，能力地位进一步突显，其测评内容多以教材为依据，重点考查基础知识的掌握程度、阅读能力和写作能力的发展水平；第三阶段是以培养高素质的社会主义建设者和接班人为使命，重在明确母语能力的主要层级，测评内容以能力层级规定的各项内容为主体。

测评内容的调整引起了不少争议，这种争议主要集中在中小学教育和各种升学考试中，社会性考试特别是公务员考试在测评使命与内容上虽有争议，但较为零散，没有形成争议热点。李建平在对中小学语文教育现状进行调查时，一位老师反映："我过去信誓旦旦对学生许诺，只要你把教科书复习好，指定的练习册做完了，我保证你得高分。现在我越来越怀疑这句话了，因为摸不着边，不知考什么，只能让学生多做题，负担能不重吗？"[1]这位老师的心声反映了不少人的困惑，考教材上的知识与文段，师生都知道复习什么、怎么复习，自从高举能力测评的旗帜以来，取材于课内的越来越少，不少老师不知如何应对，只好用大剂量的机械的训练来提高学生的所谓的"能力"。

但是，汉语能力的考查却是母语测评的必然趋势。缪小放认为"考试内容的改革是高考改革的重点和难点，中心是突出能力和素质的考查；命题范围遵循教学大纲又不拘泥于教学大纲"，"高考知识面要遵循教学大纲而不应超越，但高考更要突出对所学知识的灵活运用能力的考查"，试题设计要进一步"增加应用型和能力型题目"。[2]1984年汉语母语测评试题的能力要素进一步

① 李建平：《转变教育观念，改革考试方法》，载王丽编：《中国语文教育忧思录》，教育科学出版社1998年版，第234页。
② 缪小放：《考试漫谈》，载钟晓雨主编：《问题与对策：中小学语文教育改革》，人民教育出版社2000年版，第660页。

增加，但汉语知识的比重依然较大，针对各类测评偏重于基础知识和教材内容的现状，1984年11月11日，陈浩在《人民日报》上发表了《高考从内容到形式都需要改革》的文章，认为"现在的高考内容限制得过死，实行的是一种'捆起来，齐步走'的做法"，"这就不可避免地把中学生引到死记硬背的道路上去"，"高考的形式也很机械、单调，没有跳出旧框框。其基本形式，如填空、问答、论述等，都是自古以来科举考试中一直沿用的贴经、墨义、论策等老办法，有很大的局限性"，他主张以"出活题，考能力"为命题方向，提高试题质量。①

考查能力的测评取向逐步得到认同后，新的争论焦点随之产生，那就是汉语母语测评到底应该考查什么能力；不同发展阶段的学生，其母语能力的表现是什么等。周正逵先生认为，语文教学的主要目标是全面提高学生的语文素养，但在考查学生的语文素养时，"必须抓住它的核心，不能主次不分，面面俱到"，他认为，"衡量语文教学质量的高低，首先要看作文教学水准如何，因为作文教学水准是语文教学质量的集中体现。判断学生语文程度高低，也首先要看他的作文水平如何，因为作文水平是学生语文综合能力的集中反映"。②顾之川先生认为，"语文高考，不仅要通过考查'阅读'和'表达'让考生体会到汉语之美，还要适应时代发展，考查学生的创新能力和探究能力"，他认为汉语母语测评应突出考查语言应用能力、鉴赏评价能力、文章写作能力、创新思维能力和探究能力等五大能力，语言应用能力主要包括理解能力、表达能力、逻辑思维能力等，鉴赏评价能力主要包括准确鉴赏文学作品的形象、语言和表达技巧的能力与评价文章思想内容和作者观点态度的能力等。③刘永康先生认为，高考语文命题"以能力立意"中的"能力"内涵模糊，外延不清。他认为母语测评应主要考查学生的基本语文能力，即正确理解和使用祖国语言文字的能力，其内核是思维能力、交际能力和审美能力，外延是阅读能力、写作能力、聆听能力、说话能力以及这四者综合运用的能力。阅读能力包括阅读记忆能力、阅读理解能力、阅读欣赏能力、阅读创造能力；口语交际能力包括聆听方面的辨音识义、理解语义、概括语意和说话方面的运用语音、品评话语、快速编码、遣词造句等能力。刘先生认为，《考试说明》规定的能力层级，"是

① 陈浩：《高考从内容到形式都需要改革》，《人民日报》1984年11月11日。
② 周正逵：《语文教育纵横谈》，教育科学出版社2003年版，第183—185页。
③ 顾之川：《顾之川语文教育论》，福建教育出版社2013年版，第224—225页。

听说读写基本语文能力的构成要素"，"也是其他学科学习必不可少的能力要素，属于考生应具备的共通能力范畴"，不能反映汉语母语的能力特性，他主张母语测评要从"以能力立意"转到"以语文素养立意"上来，综合考查字词句篇的积累，语感、思维品质、语文学习方法和习惯，识字、写字、阅读、写作和口语交际能力，文化品位、审美情趣、知识视野、情感态度、思想观念等。[①]语文素养是语文能力的综合体，包含了汉语知识基础、汉语主体能力与汉语文化等多个层面。

公务员究竟需要考查什么样的语言能力也存在争议。谢小庆等人认为公务员需要的基本语言能力是语言交际能力，这些能力主要包括：运用语言获得和传递信息的能力；运用语言完成一定工作和学习任务的能力；在一定情景、一定语言背景中运用语言的能力，而不是某些特定的语法知识，不是对某个孤立单词、句式的记忆或识记。在言语理解与表达方面，他们认为应重点考查"正确理解"和"准确表达"两个方面。"正确理解"应着重考查：把握阅读材料的主旨、大意和要点；跨越语言、一般性文化知识等障碍，抓住主要事实、关键信息和某些重要细节；根据阅读材料进行推理、辨别和判断；领会和把握说话人的倾向、态度、语气和情绪。"准确表达"应着重考查：掌握书面表达的一般格式，掌握组句成段的表述习惯；掌握句子连接的方式，掌握复句中的关联词语；掌握常用习惯句型和固定格式的用法；掌握常用词组、短语和习用语的用法；掌握强调、对比、比喻等基本的修辞方式。[②]

在考查学生能力的过程中，分层分级考查也逐步成为热议话题。顾德希先生认为，学生的阅读能力是可以分为不同层次的，学生阅读能力层次的定位的主要依据是一般性背景知识、文本长度、短时记忆的负荷、临时加工的复杂程度等。[③]但是，不少老师认为，汉语母语能力具有模糊性，即使考试说明对汉语能力进行了分层，那也只是一种理论上的能力发展形态，是能力形态与能力层次的理想递升，这些层级在不同阶段学生或不同人类群体中的表现是什么，应该发展到什么程度，如何才能准确测试，还是一个没有解决的问题。

母语测评测什么的讨论贯穿了新时期，尽管言论众多、观点各异，但其主

---

① 刘永康：《语文：诗意栖居的表现——刘永康语文教育文选》，中国人文科学出版社2013年版，第401—404页。

② 谢小庆、张晋军、赵亮：《言语理解与表达应以考查语言交际能力为主》，《中国考试》2010（5）。

③ 顾德希：《语文教学的世纪性突破》，载钟晓雨主编：《问题与对策：中小学语文教育改革》，人民教育出版社2000年版，第675页。

要聚焦点是汉语母语能力。然而，在众多的讨论中，汉语与其他语言的区别是什么，汉语测评如何才能体现汉语特性；汉语作为母语，它与一般性语言能力特别是与第二语言能力的区别是什么，汉语母语能力的核心是什么，汉语母语能力测评在新时期要发挥怎样的功能，要树立怎样的使命，才能从一般性的语言测试逼近汉语母语测评的本质等问题，还缺乏集中而系统的思考。不少研究局限于一般性语言能力的测评末节，研究命题技巧、应对策略，以此为依据批判测评改革，没能抓住汉语和母语这一关键，无法从宏观与中观层面审视母语测评测什么这一根本性问题，在即将推行的母语测评改革中，还需要从汉语和母语的角度对这些问题不断叩问。

二、怎么测——母语测评科学性与公平性的不断追寻

恰当的测评内容需要与之匹配的测评形式，才能提升测评价值。因此，在热议母语测评测什么时，母语测评怎么测也成了争论的焦点。为了提高母语测评的科学性与公平性，新时期在测评题型、试卷结构和作文评阅等方面进行了改革，这些改革形成了要不要标准化考试、能否只考一篇作文、作文评阅的公正性等热议话题。

关于标准化考试的论争持续了很长时间。彭丰渝在《考试改革应该有利于中学语文教学》一文中，回顾了推进标准化考试的历程：20世纪"四十年代后，在心理测量和教育统计学的基础上，由于利用计算机，出现了标准化考试的新形式，这是一种内容、题型、水平都比较稳定，而且测量误差较小的考试。由于它比传统考试有明显优点，因此，近四十年来，已在许多国家迅速普及。为了探索在高考中实行标准化的经验，我国于1985年高考时，在广东进行了英语、数学标准化试验；后来又增加了物理、化学、语文"。他认为，标准化考试"能有效控制各种误差，在评价解释测试结果时，又有统一的标准"，"程序科学，误差较小，信度较高。高考每年有二百二十多万名考生，这样规模宏大的考试确实需要采取科学的标准化考试；同时，全国语文考试和广州语文标准化考试试验的实践也证明，语文这门学科不仅应该而且有可能实行标准化考试"。[1]庄文中认为标准化考试有利于推动命题标准化，"命题标准化主要有五个标准：一是效度，考试的有效性，应考出要考的水平，达到考试的预定目的；二是信度，考试的可靠性，对同样的考生进行重复考试，能得到同样的

---

① 彭丰渝：《考试改革应该有利于中学语文教学》，《中学语文教学参考》1988年第10期。

考分，保证考分的准确性；三是难度，试题难易适度，难题和易题分布合理；四是区分度，试题对不同水平的考生能够加以区别，区分出水平高和水平低的考生；五是标度，评分标准科学化"①，命题标准化有利于提高母语测评的科学性与公平性。张哲光认为，"使用标准化考试比使用传统方式考试更好些"，"有利于高考评卷、考务工作的现代化"，"比传统的试题可信度更好、更高"，"可以促使中学生全面打好知识基础，因为标准化考试题量大，试题的知识覆盖面达90%以上"，"在标准化考试中使用限制式作文评分，对考生更公平些"，"可以最大限度地减少作弊的可能性"，②"为了推广标准化考试成功的经验，1988年底，国家教委组织了近百名教育测量、教育基本理论、教育统计、各单科、计算机方面的专家和学者、全国考试工作者对几年的标准化考试试验进行了总结评估。代表们充分地肯定了标准化考试试验的成绩。认为它对于考试的科学化、提高考试的客观性与可比性方面起到了促进作用。"③

标准化考试对汉语母语测评做出了重要贡献，但一些人却把标准化考试窄化为选择题，认为母语测评不能运用选择题，于是对标准化考试展开了猛烈抨击，"标准化、机械化、公式化、概念化的语文考试指导下的课堂讲解和课外作业只能窒息学生对语言的感悟和天赋才能，严重摧残他们的创造力与表达能力，渐渐磨就成一种虚伪应付的策略，一套应付测试包括作文立意的假话"④，不少人认为汉语母语测评中的标准化考试会导致学生的人格异化。刘孝学认为，"在'标准化'题型的导向下，'勾勾画画'的'游戏'取代了语言基本功的训练"，"一味追求题型的'新颖'，简单的问题复杂化，给语文教学带来了混乱"，导致作文教学逐渐萎缩。⑤吴向洋认为标准化考试是题海泛滥的源头，是阅读教学的"迷宫"，是作文训练的"劲敌"，是思维发展的桎梏。⑥包希华和包培淮认为试题标准化的实质是思维标准化，"是封建专制思维的反映，它要求的、培养的是集体无思维化，无人格化"，"严重压抑、摧残了广大师生的创造精神"。⑦

① 庄文中：《伦语文高考题型》，《中学语文教学》1988年第6期。
② 张哲光：《从温故知新谈提高中学语文教学质量的对策》，《中学语文教学》1988年第5期。
③ 马世晔：《对我国标准化考试的认识》，《语文学习》1991年第3期。
④ 孙复初：《标准化考试可以休矣》，《南方周末》2005年2月25日。
⑤ 刘孝学：《十七年语文高考利弊谈》，《语文学习》1995年第2期。
⑥ 吴向洋：《"标准化"有五大危害》，《中学语文教学》2000年第9期。
⑦ 包希华、包培淮：《试题标准化的实质是思维标准化》，《中学语文教学》2000年第8期。

面对如此"上纲上线"的狂轰滥炸式的质疑与批评，章熊在《十一年的回顾——高考命题思想的几点认识》中无奈地谈到："现在许多人把'选择题'和'标准化考试'等同起来，甚至用'标准化考试'作为'选择题'的替代语。这是用局部特征掩盖了实质，是一种误解"①，正是这样的误解与无的放矢的批评，让汉语母语的测评改革步履维艰。

在热议标准化考试的同时，一些老师提出了只考作文的主张。高万祥主张，"以作文为主，'强行起飞'，带动中小学语文教学改革，使教育观念、课程设置、教学内容、教学方法、考核评价等一系列问题有一个根本好转。那些枯燥的知识概念，繁琐的讲解分析，大量的练习习题，频繁的考试测验，就会失去了效力；那些低效、无效甚至有害的学习劳动，就会遭到唾弃；那些让学生厌倦或者说不能激发兴趣、培养乐趣、形成情趣的学习负担就会在学校和课堂没有了市场"，"应该把写作能力的发展提高作为中学语文教学的终极效果和最为显性的检验标志，高考应以作文为主"。②曾本宇等人认为，"只考一篇作文，就能使师生自然摆脱语文教学的形式主义和烦琐哲学，就会从根本上去教学语文。他们就意识到，不熟读背诵课文，经典语言材料就吸收不了；不扩大阅读，就不可能扩大知识面，丰富学养，提高眼力；不到生活的源头活水中去学语文，不为生活而学语文，语文就失去了生命力；没有丰富的生活体验（直接的和间接的——阅读），阅读能力就不可能有实质性提高，写作就会无病呻吟，搞文字游戏，抒虚情假意。"③黄玉峰则提出了相反意见，他认为"考试既然称为指挥棒，那么除了选拔人才外，还有一个导向作用：引导学生读书，读什么样的书？怎样读书？现在语文教育的弊端，是学生只做练习，只看教科书，只看教辅，而很少自己读书，甚至可以说不读书"，"只考写，照样可以写套文，到那时'高考优秀作文选'更会满天飞。而这种'优秀作文'对学生情操的修炼，'学问'的提高，不会有什么作用"，"假如只考作文，学生仍不会去苦读，也许我们选拔的确是有才气的学生，但在学识方面又如何呢？""阅读与写作毕竟不是一回事，两者有不同的任务，两者虽密不可分，却又有区别，阅读有自己的目的和规律，写作是不能替代的。"④黄玉峰的这

① 章熊：《十一年的回顾——高考命题思想的几点认识》，《语文教学通讯》1989年第1期。
②④ 黄玉峰、高万祥：《高考能以写作为主吗》，《中学语文教学》2000年第6期。
③ 曾本宇、董学平：《再谈"只考一篇作文"》，载王丽编：《中国语文教育忧思录》，教育科学出版社1998年版，第192—193页。

一看法得到了不少人的认同。

很多人不认同只考一篇作文的主张，除黄玉峰论及的理由外，作文评分的主观性太强，客观性与区分度难以把握，也是原因之一。章熊等人在20世纪80年代初就对大规模考试作文的评分问题进行了研究，从调查结果看，由于定式思维、风格偏爱、第一印象、位置效应、趋中倾向、光环效应等因素影响，教师评阅作文时的摆动幅度较大，最大幅度竟达到1.33倍。[1]为了在大规模考试中遏制评分误差，章熊认为应从评分方法、评分标准和阅卷管理三个基本环节入手进行改革。"在大规模的考试中，阅卷员必须努力排除带有个人色彩的经验或印象，服从于统一的评分标准"，"这种评分标准，既有异于审阅报刊文字的准则，也有异于作文竞赛，而是根据青少年语言和思维的发展规律而制定的不同阶段写作教学的要求"，"执行标准，还需要阅卷者善于顺应不同学生的不同思路，对其基本写作能力作出比较客观的裁断"。[2]但是，评分标准的制定却非常困难，涉及心理学、文章学、语言学、语文教学等方面的一系列研究，"大规模考试的评分与其他学科的考试相比，又有其独特性。这就是它没有绝对的是非、正误和标准化的规格，优与劣的评估是相对的，是与其他试卷相比较而言的"[3]，但这些比较离不开一定的标准。因此，新时期开始制订分项分等的评分标准，于1994年在全国首次使用：

表5-11　1994年高考作文分项分等评分标准

等级 项目	一（好）	二（较好）	三（中）	四（较差）	五（差）
内容 （21分）	立意深刻 18~21分	内容充实中、心明确。 14~17分	内容具体，中心基本明确。 10~13分	内容较具体，中心不明确。 5~9分。	内容不具体或偏离题意、严重偏离题意。 （0~4分）
语言 （19分）	记叙生动 17~19分	行文流畅，记叙较生动。 13~16分	语句通顺，语句大体通顺，有少量语病。 9~12分	语句不通顺。5~8分	文理不通 0~4分

①　章熊：《评分误差的调查及分析》，《中学语文教学》1994年第6期。
②　章熊：《评分标准研究的基本出发点》，《中学语文教学》1994年第8期。
③　章熊：《写作能力的衡量》（下），《中学语文教学》1994年第10期。

续表

结构 （14分）	结构严谨 13～14分	构思新颖， 层次分明。 10～12分	衔接自然， 层次分明。 7～9分	层次不清楚。 4～6分	结构混乱 0～3分
文面 （6分）	字体美观， 写字、标 点、格式正 确，卷面整 洁。（6分）	字体正确，写 字、标点、格 式正确，卷面 干净。（5分）	字体清楚，有 三四处错别字 和标点错误。 （4分）	字迹潦草，错 别字和标点 错误较多。 （3～2分）	字体难看，不 易辩认。错别 字和标点符号 错误多。 （1～0分）

　　这一评分标准从内容、语言、结构、文面四个维度评价学生的汉语写作能力，为作文阅卷提供了较为明确的参考标准。为了拉开作文分数的差距，提高作文的区分度，2000年，全国高考作文首次采用了"基础等级"和"发展等级"分项评分的办法，制订了如下评分标准：

表5-12　2000年高考作文评分标准

	一等（50—41）	二等(40—31分)	三等(30—21分)	四等(20—0分)
基础 等级 （50分）	切合题意 中心突出 内容充实 感情真挚 结构严谨 语言流畅 字体美观 符合文体要求	符合题意 中心明确 内容较充实 感情真实 结构完整 语言通顺 字体端正 大体符合文体要求	基本符合题意 中心基本明确 内容较单薄 感情基本真实 结构基本完整 语言基本通顺 字体清楚 基本符合文体要求	偏离题意 中心不明或立意不当 没什么内容 感情不真实 结构混乱 语言不通顺，语病多 字体难辨 不符合文体要求
发展 等级 （10分）	深刻 ①透过现象看本质 ②揭示问题产生的 　原因 ③观点具有启发作用	丰富 ④善于描写 ⑤记叙生动，形象 　丰满 ⑥意境深远	有创新 ⑦见解新颖，材料新 　鲜，构思巧妙 ⑧推理想像有独到之处 ⑨有个性特征	有文采 ⑩词语丰富，句式灵活 ⑪善于运用修辞手法 ⑫文句有意蕴

　　这一标准在基础等级方面含糊笼统，受到了不少人批评，2003年对此进行细化，形成了以下评分标准：

表5-13　2003年高考作文评分标准

		一等（25-21）	二等（20-16）	三等（15-11）	四等（10-0）
基础等级	内容（25分）	切合题意 中心突出 内容充实 感情真挚	符合题意 中心明确 内容较充实 感情真实	基本符合题意中心 基本明确内 容较单薄 感情基本真实	偏离题意 中心不明或 者立意不当 没有什么内 容感情虚假
	表达（25分）	符合文体要求 结构严谨 语言流畅 字体工整	符合文体要求 结构完整 语言通顺 字体较工整	基本符合文体要求 结构基本完整语言 基本通顺字迹清楚	不符合文体要求 结构混乱 语言不通顺，语病多 字迹难辨
		一等（10-9）	二等（8-7）	三等（6-4）	四等（3-0）
发展等级（10分）		深刻 丰富 有文采 有创意	较深刻 较丰富 较有文采 较有创意	略显深刻 略显丰富 略显文采 略显创意	个别语句有点深刻 个别细节例子很好 个别语句较精彩 略显个性

在克服基础等级评价含糊笼统这一弊端后，"发展等级"中的"发展"又受到不少人质疑，因为"发展"是一个更为含糊笼统的概念，2004年又做了如下调整：

表5-14　2004年高考作文评分标准

		一等（20-17）	二等（16-12）	三等（11-7）	四等（6-0）
基础等级	内容（20分）	切合题意 中心突出 内容充实 感情真挚	符合题意 中心明确 内容充实 感情真实	基本符合题意中心 基本明确内 容较单薄 感情基本真实	偏离题意 中心不明或 立意不当 没有什么内容 感情虚假
	表达（20分）	符合文体要求 结构严谨 语言流畅 字体工整	基本符合文体要求 结构完整 语言通顺 字体较工整	大致符合文体要求 结构基本完整语言 基本通顺字迹清楚	不符合文体要 求结构混乱 语言不通顺， 语病多 字迹难辨
发展等级	特征（20分）	深刻 丰富 有文采 有创意	较深刻 较丰富 较有文采 较有创意	略显深刻 略显丰富 略显文采 略显创意	个别语句有点深刻 个别细节例子较好 个别语句较精彩 略显个性

把"发展"变为"特征"，体现了"基础+个性"的作文评分方法，这一评价方法更加符合大规模考试的特点与人才选拔要求。但每一次评分标准的出台，在得到一部分人认同的同时也受到一部分人的批评，作文评分的科学性与公平性成了母语测评长盛不衰的热议话题。

公务员考试中汉语母语测评的科学性也受到质疑。张东阁认为，《行政职业能力测验》的试题量与难度太大，不少考生不是凭自己的能力水平而是凭运气入选；而《申论》全是主观题，不可能有一个确切、固定、唯一的标准答案，导致评价的主观性太强，即使采取了两人评一道题的做法，也未必能保证评判的准确与公允，[①]从而降低了测试的信度、效度与区分度。谢小庆等人则认为有些题目的质量问题严重，特别是凭借个人语言风格与习惯命制的题目值得商榷，如2002年A卷第38题：

　　……如果范围扩大到比太阳系还要大，如银河系像个大盘子，直径为10万光年，对这样大的范围进行研究就要用广义相对论。

　　"如银河系"的"如"，意思是：

　　A.如果　　　　　B.假如　　　　　C.例如　　　　　D.比如

当年给定的正确答案为D，只有3%的考生选择正确，而61%的考生选择了C。这道题到底要考什么，价值有多大，如此低的区分度算得上科学命题吗？因此，如何提高公务员考试的科学性，也是新时期汉语母语测评面临的热点与难点。

三、为何测——母语测评价值与功效的战略审视

"活的肌体，只要具有多种功能，并善于适应环境的变化，就会蓬勃发展起来。考试之所以蓬勃发展，同样是由于它具有多种功能的性质：考试常常适应多种目的的需要，当某个目的过时了或者与它不相干了，考试仍然能够以其他理由而存在。"[②]新时期的汉语母语测评也在考试肌体的活力、测评的价值与功效等方面形成了讨论焦点，这些焦点集中体现在高考母语测评价值与功效的热议中。

首先是母语测评有不有价值，据此引起了废考与兴考的论争。一些人认为素质教育与应试教育是一对不可调和的矛盾，要真正推进素质教育，就必须

---

① 张东阁：《国家公务员考试录用制度的科学性浅析》，《中国考试》2010（2）。
② ［英］罗伯特·蒙哥玛利：《考试的新探索》，黄鸣译，广西人民出版社1984年版，第14页。

取消各级各类考试；但另一些人认为，素质教育与考试并不矛盾，"考试活动是可以作为一种形式在'素质教育'中存在，而且必须存在"，"考试不是祸根。我们要批判和摈弃的是束缚学生独立思想和个性发展的体制，包括在这种体制下产生的教学思想和方法、学习内容、考评机制和考评方法等等，而不是一味地抹杀。"① 素质教育和应试教育"有一个共同点，即都离不开考试。区别在于，前者注重'以人为本'，强调塑造品质、培养能力，提升综合素质，提高文化品位，教学中往往采用启发式、讨论式，结果是学生情感丰富、个性鲜明、热爱生活、创造力强；后者只是'以考为本'，不惜以牺牲学生身心健康为代价追求升学率，教学中往往是'满堂灌'和'题海战术'，结果必然是摧残情感，伤害心灵、剥夺自信，磨灭个性，扼杀创造性。素质教育虽然不以考试为目的，但又不排斥考试，而且需要通过科学的考试来检验其成果"②。"对待考试，有两种倾向值得注意。一是考试取消论，它认为考试是学校教育的万恶之源，尤其是高考，这根'指挥棒'不取消，学校教学改革就不可能（或是很难）进行。二是考试万能论，持这种观点的教师往往滥用考试，不管考试是否科学，都采用单一的考分评价学生，平日用'题海战'代替教学，学生课业负担过重，导致厌学厌考。这两种倾向都是错误的，究其实质，都是不懂考试。"③ 一些老师提出了"少埋怨高考，多改变自己"的主张，认为母语教育质量低下，不是因为考试，而是教师素质偏低，"高考要求学生具备较强的阅读能力，教师有多少不拄着'教参'这只拐杖而能健步如飞的呢？高考要求学生有较强的写作能力，教师有多少能妙语连珠、出口成章的呢？高考要求学生多读书，夯实'精神的底子'，教师有多少手不释卷、如饥似渴的呢？即使仅从应试角度讲，很多教师也是不够格的，把握不住高考的方向，对考试说明理解得不深不透，没有现成答案就无法拆讲试题，这是相当普遍的现象。真要应试，教师必须具备丰厚的语言修养，能把语文教成学生喜欢的学科，能将祖国语言文字的魅力充分展示出来"，"语文教师若不能在语文方面为人师表，学生语言素质的提高从何谈起呢"，"所以，对高考的责难还是到此为止吧。少埋怨高考，多改变自己，努力提高个人素质，使自己能跟得上高考这面素质教

---

① 公民：《为考试答辩》，《中学语文教学》2001年第7期。
② 《顾之川语文教育论》，福建教育出版社2013年版，第219页。
③ 倪文锦：《语文考试论》，广西教育出版社1999年版，前言。

育的大旗，才是正确的态度。"① 诸多论述表明：母语测评不是万能的，但在现今制度下，取消母语测评则是万万不能的。

　　但是，母语测评必须根据民族、国家和时代发展的需要定位自己的使命，才能在正确的轨道上通过多功能的发挥增强"肌体"的活力，实现应有的测评价值。顾之川先生说："高考存在着太多的理想与现实的矛盾。承载的功能太多，高考本身的两难性问题也太多。"② 漆永祥为此感叹："高考命题，向来饱受考生、家长与社会的诟病，常常如过街老鼠，人人喊打。原因是命题者不可能现身说法，而高谈阔论者往往对中学语文教学一知半解甚至点滴不知，但考生和媒体又偏偏相信他们貌似占尽理由的各种批评与苛责。同时，人们总是对高考命题寄予极大的期望，认为一定有极其理想、完美无缺的题目，只是命题者限于种种原因，没有达到他们所期望的高度而已。"但是，"一道题要兼顾到方方面面，周密万全，是几乎不可能达到的。现实中命题者只能秉持'两害相较取其轻'的态度，兢兢业业，如履薄冰"。③ 但这样的兢兢业业却换来了无数质问：语文高考距离语文课堂到底有多远？语文高考距离新课程标准到底有多远？语文高考距离生活到底有多远？④ 这些质问启发母语测评改革者思考：母语测评到底有怎样的价值？该发挥怎样的功效？只有解决了"为何测评"这一问题，测评什么、怎么测评、如何评价测评等才有了归依，才不会"承载太多的功能"，让"貌似占尽理由"者自说自话、自以为是，这就需要对汉语母语测评的价值与功效作进一步的战略审视。

　　顾之川先生认为语文高考要确立三项目标：一是适合高校需求，科学选拔人才；二是体现课改理念，推进素质教育；三是发挥考试引导作用，促进学生健康发展。"作为语文工作者，应自觉承担起传承民族文化、捍卫中华母语的责任。充分利用高考平台，积极发挥考试的引导作用，借助语文高考，精选试题材料，改进题目设计，在确保考查语文读写能力的基础上，体现正确的价值导向，讴歌真善美，弘扬主旋律，传递正能量，引导积极向上的人生观、世界观和价值观，从而促进学生健康发展。"⑤ 这三大目标明确了母语测评的价值取向与功效追求，作为中华民族的母语，其测评是否体现了母语的民族价值，起

---

① 侯喜君：《少埋怨高考，多改变自己》，《中学语文教学》2001年第7期。

②⑤ 《顾之川语文教育论》，福建教育出版社2013年版，第203页，第221—222页。

③ 漆永祥：《关于语文高考改革的几点浅见》，《中学语文教学》2014年第1期。

④ 张永庆：《对语文高考的追问、反思和建议》，《语文教学通讯》2011年第9期A刊。

到了捍卫中华母语的功效？母语测评改革是否体现了汉语母语者应该拥有的语言素质与文化品位？是否站在民族、国家与培育具有中国根基的世界公民的高度审视母语测评的价值与功效，而不是只纠缠于具体题目或应试训练？这是新时期母语测评未能说深说透、更未能很好解决的世纪难题。

一个民族的母语测评，只有站在民族发展的全局思考测评什么、怎么测评、如何评价测评功效等问题，才能在民族发展的大局中发挥母语测评的多种功能，提升母语测评的价值。这既是新时期汉语母语测评热点与难点带给我们的启示，也是当代母语测评改革的谋划基点与实践起点。

第六章 汉语母语测评的未来诉求

　　悠久而富于变化的汉语母语测评，体现了中华民族"汉语强国"、"汉语兴邦"和"汉语立人"的测评取向，这些取向彰显了汉语母语测评的民族使命、汉语素养、科学精神与文化融合等追求；未来的汉语母语测评应在传承这些取向的基础上，大力促进民族使命、汉语素养、科学精神与文化融合这四大要素的有机整合。

第一节
汉语母语测评的民族使命与国家价值

任何测评都不是"为测而测"、"为评而评"，都有自身的目的和价值追求，因此，要改进和完善某一测评项目，必须重新定位这一测评项目的价值与功能。未来的汉语母语测评改革，必须认真分析母语的本质属性及其承载的国家价值，承担起不可推卸的民族与国家使命。

一、民族使命与国家价值——汉语母语测评改革的战略选择

一个民族的母语能够鲜明生动地反映这个民族的特性。民族特性，是指一个民族所体现出的较为独特的价值取向、思维图式与行为风貌等。德国著名语言学家、普通语言学的奠基人洪堡特认为："在语言中，民族特性的类似影响见于两个方面：其一是具体概念的构造，其二是语言所拥有的一定类型概念的相对丰富程度。"[①]一个民族的母语，是这个民族长期生存与发展的结晶，是这个民族精心选择的结果，体现了这个民族的特定追求。乔姆斯基认为，一个民族的语言不是这个民族任意构造出来的，而是这个民族基于某种原因精心选择和发展起来的，体现了这个民族的群体愿望与特定追求。一个民族的语言一旦成熟，这个民族就会随着这种语言的发展形成本民族的特点与优势，并进而形成这个民族的特性。一个民族的母语，既推动着这个民族形成自身特点，也集中反映了这个民族的特性，语言的差异往往显示了民族的差异。洪堡特说：

> 由于语言的存在，民族差异才为人们意识到，通过语言，不同的民族才得以把握事物的领域；不同的民族需要在事物的世界中体现自身，而这个世界更容易为具有明确意识的民族所把握，同时，民族差异本身在事物上也表现得更加细微、更加确定。[②]

母语的特性反映了民族间的差异，区分了不同民族对待和理解世界的不同方式，任何人使用母语的过程，都是感受、理解、运用和发展本民族文化精

---

①② [德]威廉·冯·洪堡特著：《论人类语言结构的差异及其对人类精神发展的影响》，姚小平译，商务印书馆2008年版，第108页，第203页。

神的过程。"人的思考和说话，是对本民族语言的倾听和回应"①，这种倾听和回应的过程，既是通过语言这一渠道逐步走向和接近民族文化的过程，也是说话者自觉不自觉地运用民族文化进行自我塑造和自我表达的过程，"不是我们在说语言，而本质上是语言在说我们。我们的一切思考都已经是语言规范了的"②。能够规范我们思考的语言就是具有民族特性的母语，正因为母语具有聚合民族精神的力量，一种母语才能成就一个民族；当一种母语消亡了，这个民族的精神也就几乎不存在了；当这个民族的精神消亡了，民族成员的文化基因也就逐渐丧失了。"伽达默尔在《文化与词》中曾经说过，动物依靠自身的体气或撒下的便溺来辨认自己的来路，人却通过语言来辨认自己的来路，一个人是这样，一个社团、一个民族都是这样。人和动物的根本区别就是人对环境认知的符号化能力，动物只有环境，而人却在对环境的符号化认知中获得了一个世界。"③这个世界就是本民族的精神世界。人们在使用某种语言时，必须首先遵循这种语言构筑的精神世界，才能在语言使用中实现母语与民族的统一。

母语的民族特性要求汉语母语测评强化民族使命与国家价值。"据不完全统计，全世界有65亿多人口，共200多个国家和地区，约有2000多个大小民族。"④这些民族在形成过程中都产生了属于自己的语言，在世界语言生态中，至少有2000多种语言曾绽放过异彩，但随着民族发展的巨大差异，一些弱势民族的语言开始消亡，强势民族的语言不断扩展。语言和民族同存亡的史事，要求汉语母语测评改革提升民族价值，促进国家发展。

母语的民族价值集中体现在民族文化的持续传承与国家价值的延续上。洪堡特说："对于人类精神力量的发展，语言是必不可缺的；对于世界观的形成，语言也是必不可缺的，因为，个人只有使自己的思维与他人的、集体的思维建立起清晰明确的联系，才能形成对世界的看法。"⑤"语言与人类的精神发展深深地交织在一起，它伴随着人类精神走过每一个发展阶段，每一次局部的前进或倒退，我们从语言中可以识辨出每一种文化状态。"⑥因此，汉语母语测评改革必须把握母语的民族特性，通过测评这种手段，促使本民族的独特风貌挺立于世，以此为基础提升国家价值，才具有改革的战略意义。

---

①②③ 申小龙：《汉语与中国文化》，复旦大学出版社2008年版，第47页，新版前言。

④ 闫文培：《全球化语境下的中西文化及语言对比》，科学出版社2007年版，第1页。

⑤⑥ [德]威廉·冯·洪堡特著：《论人类语言结构的差异及其对人类精神发展的影响》，姚小平译，商务印书馆2008年版，第25页，第21页。

二、民族文化与国家精神——汉语母语测评改革的战略支点

由于母语具有与生俱来的民族特性和不可轻贱的民族功能，未来的汉语母语测评就应体现中华民族的文化特性，培育多民族的国家精神，在测评改革中建立起民族文化与国家精神的战略支点。

（一）延续汉字的生命活力

汉字是汉语的载体，汉语母语测评的战略支点首先是延续汉字的生命活力。"中国的汉字、埃及的圣书体字和美索不达米亚的楔形文字是人类历史上最古老的三种表意文字。然而，在世界几千年历史的大浪淘沙中，后两种表意文字消失了，唯有汉字表现出旺盛的生命力，经久而不衰。"[1]印度前总理尼赫鲁对他的女儿说："世界上有一个伟大的国家，她的每个字都是一首优美的诗，一幅美丽的画。"他所指的这个国家就是中国，他所说的文字就是汉字。

汉字组合成词，连缀成段，构成了具有独特表达形式的汉语。洪堡特说："没有人否认，古典语体的汉语具有独到的长处，那就是把重要的概念相互直接系接起来；这种语言在简朴之中包含着伟大，因为它仿佛摒弃了所有多余的次要关系，力图直接反映纯粹的思想。"[2]如诗如画的呈现，简洁明了的表达、纯粹而精要的思想，使得汉语具有极强的生命力与传播力。

《世说新语·言语》中谈到"高坐道人不作汉语"，这是目前所阅典籍最早提到"汉语"这一名称的。从西周时候起，汉语和汉字就具备了比较成熟的形态，几千年来，汉字保持了极大的稳定性，时至今日，除繁简和语音变化外，汉字主体与甲骨文、金文等大体相当。汉字的稳定性提高了汉语的生命力，据联合国教科文组织统计，世界上会说汉语的人目前约有16亿，约占世界总人口的五分之一，其使用广泛度位居世界第二，仅次于英语，是联合国承认的六大官方工作语言之一。

汉语母语测评改革，应大力守护汉字的纯洁性，发掘和利用汉字在未来社会中显现出的发展活力，通过测评这一手段进一步提升汉语的传承力、表达力、创造力与生命力。

---

[1] 郭锦桴：《汉语与中国传统文化》，商务印书馆2010年版，第19—20页。

[2] [德]威廉·冯·洪堡特著：《论人类语言结构的差异及其对人类精神发展的影响》，姚小平译，商务印书馆2008年版，第95页。

（二）维护汉语的意义世界

意义世界，是指精神追求、价值标准、智力结构与思维风格等形成的一种精神与思维体系。汉语的意义世界是国家精神的基础与表现，只有维护好汉语的意义世界，才能在传承民族文化的基础上培育国家精神。

具有极强生命力与传播力的汉语，构筑了中华民族的意义世界，这一意义世界形成了中华民族的精神家园、价值标准、智力结构与思维风格，是炎黄子孙世世代代得以延续的命脉。美国著名人类学家怀特在《文化科学》一书中谈到："全部人类行为起源于符号的使用，正是语言符号才使我们的类人猿祖先转变为人，并成为人类。仅仅由于符号的使用，人类的全部文化才得以产生和流传不绝。"[1]汉语这种文化符号的产生、使用与传播，成就了华人的意义世界，没有汉语这个独特的语言世界，就没有炎黄子孙的意义世界，也就没有炎黄子孙得以栖息与延续的精神家园。

《春秋谷梁传》说："人之所以为人者，言也。"我们也可以说，中国之所以成为中国，炎黄子孙之所以是炎黄子孙，汉语也。"人类各民族的语言，不仅仅是一个符号体系或交际工具，还是该民族认识、阐释世界的一个意义体系和价值体系。无论东方还是西方，语言都是一个民族看待世界的一种样式，都是'所有人类活动中最足以表现人的特点的'，是'打开人们心灵深处的钥匙'。"[2]

如果说语言是世界的尺度，汉语则是炎黄子孙的尺度，汉语是中华民族看待世界的方式，是华人认识和阐释世界的意义体系与价值体系，"汉语汉字是中华民族的主体语言文字，从雅言、通语、官话、国语到普通话，从甲骨文、金文、篆书、隶书、草书、行书、楷书到现代汉字，包含和承载着中国传统文化及其广博、精深、厚重的内容与精神"[3]。

汉语营造的价值尺度、精神家园、智力结构与思维风格，就是汉语凝结成的中华民族的意义世界与多民族国家的基本精神，未来的汉语母语测评必须正视、解剖、利用、传承和维护这个精神世界，引导全社会追寻有价值的汉语意义世界，形成中华民族看待世界的独特方式与评价世界的特有尺度，才能承担起发展民族与国家的母语测评使命。

---

[1] 转引自郭锦桴：《汉语与中国传统文化》，商务印书馆2010年版，自序。

[2] 申小龙：《汉语与中国文化》，复旦大学出版社2008年版，引言。

[3] 郭锦桴：《汉语与中国传统文化》，商务印书馆2010年版，陈太章序。

（三）传承汉文化的民族经典

汉语的意义世界承载了生生不息的民族文化与国家精神，这些文化与精神留存在诸多的思想论著、史学巨著、文学作品和科学书籍等经典中，这些经典是先辈们利用汉语这一工具从事的创造性劳动。洪堡特说："语言是具有一种能为我们觉察到，但本质上难以索解的独立性，就此看来，语言不是活动的产物，而是精神不由自主的流射，不是各个民族的产品，而是各民族由于其内在的命运而获得的一份馈赠。"①

汉语经典是中华民族"精神不由自主的流射"，汉语经典承载的意义世界即是中华民族的精神，中华民族的精神渗透在了汉语的经典性语言中。帕默尔说："如果中国人屈从西方国家的再三要求，引进一种字母文字，充其量不过为小学生（和欧洲人）省出一两年学习时间。但是为了这点微小的收获，中国人就会失掉他们对持续了四千年的丰富的文化典籍的继承权。"②瑞典汉学家高本汉断言："中国人抛弃汉字之日，就是他们放弃自己的文化基础之时。"③我们也可以断言，当中华民族轻贱汉语经典之时，就是我们的意义世界不断侵蚀和毁灭之日。

美国跨文化传播学奠基人爱德华·霍尔说："中国的文字有3500年历史，在过去的3000年中它的变化微乎其微。这一共同的书面语是一种团结的力量，它是联结数亿中国人、朝鲜人和日本人的纽带，甚至把说汉语的越南人纽结在一起。"④联系数亿中国人的纽带主要是汉语经典，汉语经典是中华民族的语言瑰宝，正是这些不可磨灭的语言瑰宝，才使中华文明长盛不衰，并历久弥新。

所以，汉语经典是中华民族的精神摇篮，承载、表达和发展着中华民族的精神。韩民青在《文化论》一书中写道："语言在文化中的作用，不论是以何种形式出现，都有三种作用，即生存、贮存、流传。汉语经典对中华文化具有生存、贮存和流传的作用，没有汉语经典，中华文化的生存将举步维艰，文化贮存能力将会大大减弱，文化流传力度也会大打折扣。正因为汉语经典具有汉文化的生存、贮存与流传功能，几千年来的汉语及其文化才保持了高度的稳定性与旺盛的生命力，才创造和维系了辉煌灿烂的中华文明，成就了伟大统一的中华民族。"

因此，汉语母语测评改革的战略支点应建立在以下三个方面：

---

① [德]威廉·冯·洪堡特著：《论人类语言结构的差异及其对人类精神发展的影响》，姚小平译，商务印书馆2008年版，第21页。

②③ 转引自申小龙：《汉语与中国文化》，复旦大学出版社2008年版，第417页。

④ [美]爱德华·霍尔：《超越文化》，何道宽译，北京大学出版社2010年版，第82—83页。

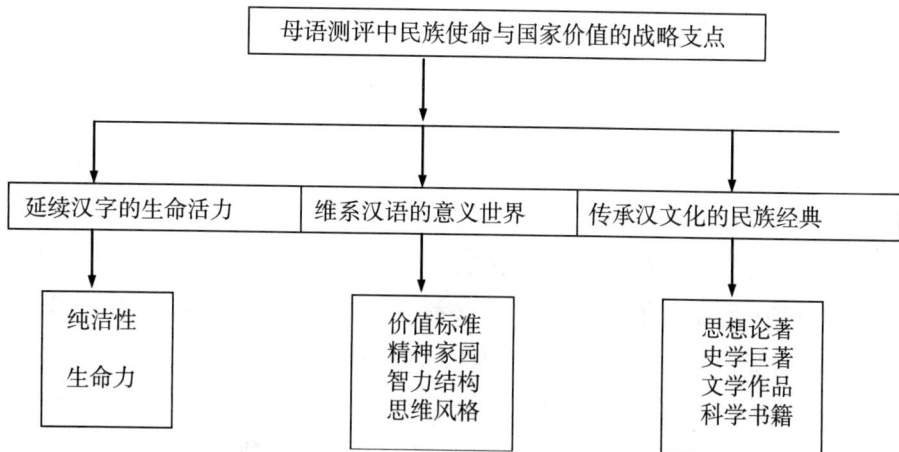

图6-1

　　总之，汉语母语测评就是要以测评的方式维护汉语经典，修葺炎黄子孙的精神家园，系接代代相传的民族精神，在新的文化背景下构筑中华民族的意义世界与多民族的国家精神。从汉语母语测评的发展历程看，前科举时期和科举时期的汉语母语测评，重视了汉语经典在测评中的作用，高扬了民族精神与民族文化，凝聚和形成了民族的价值共识；科举结束后，特别是语文单独设科以来，汉语母语测评开始走上学科化的道路，注重语言知识和言语技能的考查，淡化了汉语经典的传承，汉语的精神家园与民族精神受到不同程度的忽视，导致不少考生死抠字、词、句和《考纲》规定的语言知识点，教师对学生的应考辅导集中在答题思路、解题模式与答题术语上，这给延续汉语的生命力和维护汉语的意义世界带来了极大挑战，这就需要未来的汉语母语测评强化民族使命，突显汉语母语测评的国家价值。

第二节
母语测评的汉语特性与素养评价

　　未来的汉语母语测评要承担好"延续汉字的生命活力"、"维系汉语的意义世界"和"传承汉文化的民族经典"等使命，必须着力突显汉语特性，考查母语使用者的汉语素养。只有把汉语特性和汉语素养作为母语测评的重要内容，才能引导全社会提升汉语文化的传承与使用能力，完成和实现汉语母语测评的民族使命与国家战略。

汉语特性，是汉语与其他语言相比，表现出的特殊性与独特价值。汉语素养，是指立足汉语特性形成的语言素养，是汉语母语使用者在汉字、篇章、思维、文化等方面形成的综合能力与素质。应用语言学把一种语言的语法分为三个层次，"叫做'语法一'、'语法二'、'语法三'。语法一是个人语法，'一种语言中没有任何两个使用者具有完全相同的语法，而且个人语法会随着时间而发生变化'。语法二是共同语法，即操同种语言的所有人共同具有的语法，这个语法保证说同种语言的人可以交流。语法三就是普遍语法，即无论是说同一种语言还是说不同语言的人共同具有的语法，这种语法隐含在所有的语言运用之中，所以它也就是最抽象的层次上的语言能力"[1]。应用语言学认为，一个人的语言素养主要取决于他（她）对个人语法、共同语法和普遍语法的灵活使用能力，如果一个人能根据交际的需要将三种语法整合起来灵活使用，这个人就具有较高的语言素养。应用语言学根据母语使用者灵活运用三种语法的能力，提出了母语使用者高水平语言素养的六个特征：

（1）母语者是在他的童年时期学他的第一语言的，所以他是那种语言的母语者。

（2）在接收和输出语言时，母语者对自己的"语法一"有直觉。

（3）母语者对不同于自己"语法一"的"语法二"也具有直觉。

（4）母语者具有完备的话语产出能力，这包括短语间的停顿、巨大而完备的词汇量等。在产出和理解上，母语者都显示出完备的交际能力。

（5）母语者具备创造性写作的能力。

（6）母语者具有解释和传译第一语言的能力。

由于母语者长期使用本民族语言，所以词汇量丰富，在接收和输出母语时，对"语法一"和"语法二"有直觉，对本民族的语言有良好的语感，在话语产出、传译母语和交际等方面具有较强的能力。从应用语言学的视角看，母语者的语言素养集中表现为词汇、语感、交际、产出、传译、创造等多方面的综合能力。

由此推论，把汉语作为第一语言的母语使用者，其汉语素养应主要包括

---

[1] 王佶旻：《语言测试概论》，北京语言大学出版社2011年版，第101页。

汉语字词能力、汉语语篇能力、汉语思维能力与汉语文化能力四个方面。汉语字词能力主要包括字形的识别能力、字义的理解能力、字词的积累与运用能力，其核心是汉字音韵美的把握和感受力、汉字形式美的领会与利用力、词语组合与意义自生的创造力等；汉语语篇能力主要包括使用汉语的直觉能力（语感）、有意义的吸纳能力、创造性的表达能力和高效率的交际能力，其核心是"以神统形"的汉语吸纳力、"情境通观"的汉语表达力、"气韵流转"的汉语铺排力和"崇简尚活"的汉语创生力；汉语思维能力主要包括"直观—整体"思维、"对称—偶性"思维和"功能—辩证"思维等；汉语文化能力主要包括汉语经典的积累和解读能力、汉语思想的吸纳与阐释能力、汉文化的应用与创新能力等。母语使用者的汉语素养如下图6-2：

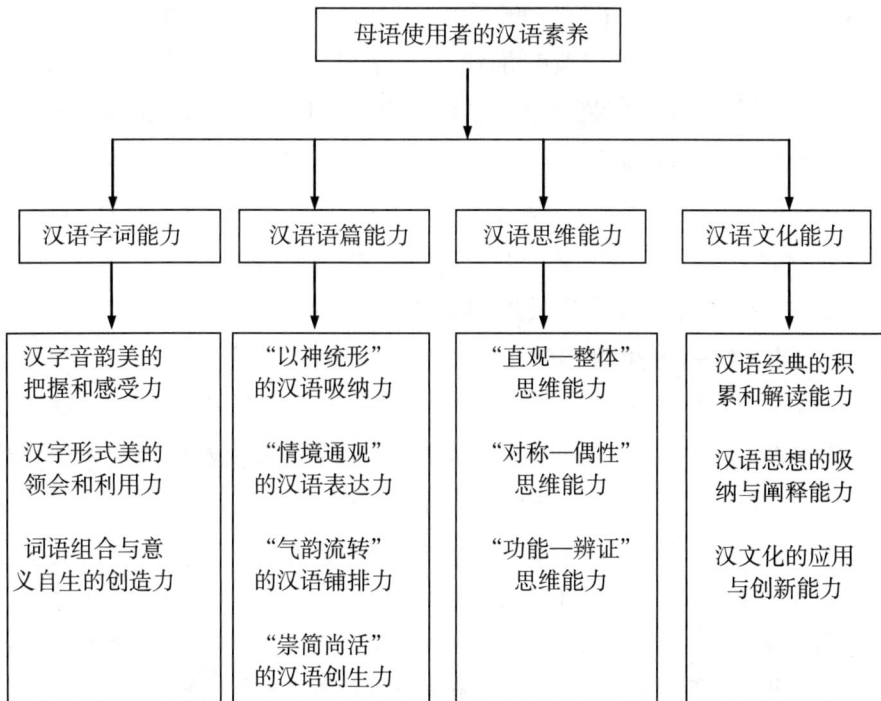

图6-2

在上述框架中，汉语字词能力影响汉语语篇能力，汉语语篇能力影响汉语思维能力，汉语字词能力、汉语语篇能力、汉语思维能力共同推进和发展着汉语母语使用者的文化能力。汉语文化能力也影响母语使用者的思维能力、语篇能力与字词能力，四个要素相互影响，共同形成了母语使用者的汉语素养。

一、汉语素养的主要测评内容

根据汉语素养的四大内容，母语使用者的汉语素养测评内容应主要集中在汉语字词能力、汉语语篇能力、汉语思维能力和汉语文化能力四个方面。

（一）汉语字词能力

汉语字词能力，是指把握和运用汉语字词的能力，主要包括汉字字形的识记能力、字义的理解能力、字词的积累与运用能力。汉字是汉语文化的语言代码，"传递了特定的文化内涵"[1]，这些代码有自己的声音、形态与意义，辨识和理解汉字的声音、形态与意义，是传承与发展汉语文化的基础。

汉语中的21个声母和39个韵母可以组合成410多个音节，根据声调的变化，汉字的基本音节主要有1300多个，再加上同音不同义的音节，汉字音节共计7000余个，而最为常用的是3000多个。"根据国家语委最新的一个语料统计（九亿字符语料库统计），覆盖语料80%的是581个汉字。换句话说，如果我们的小朋友认识了这581个汉字，他就能够阅读我们现在通用读物的80%。……而覆盖语料91.4%的是1400个汉字……覆盖99.1%的是2700个汉字，覆盖99.67%的是3200个汉字"[2]，汉字能力就是把握和运用3200多个常用汉字的能力，作为母语使用者的汉语素养，这一能力主要体现在汉字音韵美的把握和感受力、汉字形式美的领会和利用力、词语组合与意义自生的汉字创造力三个方面。

1.汉字音韵美的把握和感受力。

汉字和拼音文字相比，其语音的独特优势是韵律，母语使用者在正确认读汉字的基础上，必须把握和运用汉字的韵律美，才能延续汉字的生命活力。闫文培先生对汉字的韵律美及其优势作了如下阐释：

> 就汉语而言，一字一音虽然使之无法连读因而永远也不可能变为拼音文字，但它在文学表现形式上却具有了一定的优势：它可以很容易地做到通过使用相同数目的字词使上下句之间保持形式上的对称，从而就有了汉语所独有的、不仅在发声的时间长短和用字的数目多少方面绝对一致、而且在声调的平仄和语义上严格对仗的诗词歌赋，从而赋予汉字以形式上的高度的对称美；一义一音、一字一韵、韵少字多，一韵多字使得汉语同韵字数量庞大，因而大大增加了韵脚的选择范围。因此，一首诗要保持一韵到底在汉语往往并非难事，从而使汉

---

[1] 闫文培：《全球化语境下的中西文化及语言对比》，科学出版社2007年版，第207页。

[2] 陆志平：《母语特点与母语教育》，译林出版社2010年版，第13页。

语诗歌具有很强的韵律美。加之汉语声调种类多，使人们运用汉语述说或朗诵时富于音韵变化，抑扬顿挫，或铿锵有力，或娓娓道来，极富节奏感、韵律感、对称性、和谐性，使汉语诗歌乃至散文等其他文体具有了很强的语言感染力。①

具有节奏感、韵律感、对称性、和谐性等特征的汉字字音，构成了汉字的音韵美，促进了汉字"音美"、"形美"、"意美"的统一，提高了汉字的表现力与愉悦感。汉语素养中的语音测评不应死抠每一个字的字音，而应引导师生利用汉字的音韵美，提高文字的表现力与传播力。

2.汉字形式美的领会和利用力。

汉字的形式美即汉字的字形美。汉字的成字要领是"以形状物、合形会意、象形为本"，字形的基本特征是"睹字识物，据形断义"。因此，汉字的形式美主要有两层意思：一是汉字的形态美，即汉字的外在形态具有画面感和艺术性；二是汉字的形意美，即汉字的形态往往暗含了汉字的意思，具有"形"、"意"结合之美。王蒙先生认为汉字的形状"包含了声音，包含了形象，包含了逻辑关系，包含了一种美的画面"。②金惠康先生认为："汉语的书写形式特点有二：一是分理别异，二是形声相益。汉语的方块字是形、声、义三者的结合，很多时候字本身就是词。"③汉字音形意结合的特点，要求汉语母语测评引导考生领会和利用汉字的字形美，通过字形美的发掘延续汉字的生命活力。

3.词语组合与意义自生的汉字创造力。

汉字的构词能力很强，汉语中的单个词具有很强的生成能力。尽管汉字的常用字只有3000多个，但语汇却非常丰富，"汉语可以说是世界上音节最少的语言，同时又是世界上语汇最丰富的语言。"④汉字还可以"通过词序及单词内部字序排列的变化来调整语义"⑤，从而提高汉字的词语组合能力。"由于汉字的组成能力及其自我孳生能力极强，大量的新词都是借用旧字组合而成，因此总字数不会增加；而且由于这种组合是按会意的方式进行的，故而常常可以望文生义……此外，汉语的象形性和会意性又使之具有了很强的自我阐释能力，即使我们不认识、不了解某个词语、词组的含义，我们也可借助组成该词的各

---

① 闫文培：《全球化语境下的中西文化及语言对比》，科学出版社2007年版，第228页。
② 王蒙：《全球视角下的中国文化》，《光明日报》2006年10月27日。
③ 金惠康：《跨文化交际翻译》，中国对外翻译出版公司2003年版，第10—11页。
④ 陆志平：《母语特点与母语教育》，译林出版社2010年版，第13页。
⑤ 刘伯奎：《中华文化与汉语使用》，暨南大学出版社2004年版，第4页。

个汉字的字义来推知整个词组的词义。"①这种能力就是汉字的意义自生能力。汉字强大的词语组合能力与意义自生能力,为汉语的接收、表达和交际带来了诸多优势,汉语母语测评应注重词语组合与意义自生等汉字创造力的考查,以在延续汉字生命活力的基础上提高汉语素养测评的有效性。

(二)汉语语篇能力

汉语语篇能力是发展了的汉语字词能力,汉语字词能力以字音、字形、字义和词语为素材;汉语语篇能力则以句子、语段或文章为素材,是利用汉语进行有意义的吸纳、表达和交际的能力,其核心要素是"以神统形"的汉语吸纳力、"情境通观"的汉语表达力、"气韵流转"的汉语铺排力和"崇简尚活"的汉语创生力。

1."以神统形"的汉语吸纳力。

汉语吸纳力,是指在汉语的听读过程中,将理解到的有价值的信息转化为自我或社会成长的"养料"的能力。这一能力包括汉语作品的阅读能力、汉语口语的倾听能力和汉语信息的转化能力,其核心是对汉语信息的理解与转化。"以神统形"的汉语吸纳能力的构成要素如下图6-3:

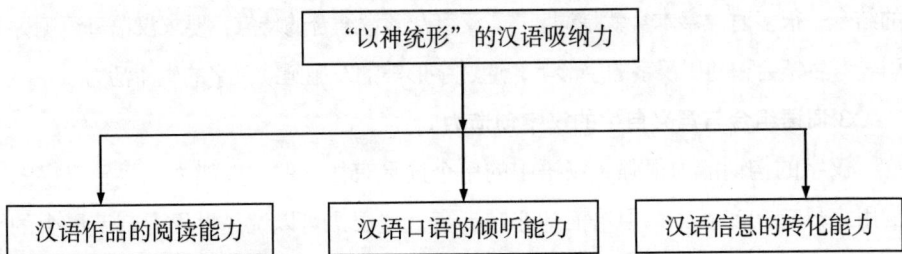

图6-3

"每一种民族语言都有独自的逻辑、组织、修辞方式和美学价值"②,汉语的组织逻辑则是"以神统形"。"汉语的语法关系不是靠形态来表现,而是采取提取意义支点的方法,依赖意义的搭配、语用的因素来反映词语的组合关系,了解句子的意思。"③汉语的"神"是指内心的想法、主张、观点或意念,"形"则是表达这些内心想法、主张、观点或意念的语言材料和组织方式,汉语不像拼音文字那样通过词形等变化明确时态、组织句子,而是根据内心的想

---

① 闫文培:《全球化语境下的中西文化及语言对比》,科学出版社2007年版,第241页。
② 申小龙:《汉语与中国文化》,复旦大学出版社2008年版,第351页。
③ 林宝卿:《汉语与中国文化》,科学出版社2000年版,第161页。

法或观点表达的需要灵活组织句子。申小龙为此作了如下论述：

> （汉语）在语言和语言分析上就是注重言与意的统一，以神统形。运思的方向不是指向形式的确证，而是指向内心的领悟；不讲究分门别类的精确，而讲究融会贯通的全面；不为枝节末叶所卡住，而具有很强的随机性和丰富的联想余地。语言表意之"神"控制着"形"，解释着"形"。①

"形"随"意"走，"意"在"言"先。汉语表达的最高追求是"绘神"，"神"现则"形"隐，所以汉语没有刻板的语法和句子成分，西方的"主谓宾定状补"等句子成分在汉语表达中可以任意拆分、灵活创造，这就是汉语表达的灵动性与创造性。申小龙认为汉语语法的"以神统形"具体表现在三个方面：

> 一是神形同构，即结构的安排循事理逻辑。二是神形异构，即形变而神不变。三是以神解形，即形之多义和歧义由神来化解。……神形同构，即语法的结构体现语义的结构，按照语义上的先后、大小、轻重等自然次序安排结构成分，这是汉语语法的一个特点。神与形的同构并不是由于二者的对等或对应，而是由于"文以意为主"，是"意在笔先"，"以意役法"的结果。②
>
> ……
>
> 汉语语法的神形异构首先表现在主宾异位上，即动词前的主语和动词后的宾语可以互换位置而意义不变。③
>
> ……
>
> 汉语语法的神形异构又表现在反义替换上。在汉语的一些句法格式中，同一位置上意义相反的词语可以自由替换而不影响表意。④

无论是神形同构，还是神形异构，汉语中词语或句子的组织准则均是"以神统形"。"由于汉语没有词形的曲折变化而单纯依赖词性的直接转换以及词语的排列顺序（采用主谓结构、动宾结构、连动结构、兼语结构、述补结构、偏正结构等）和上下文的逻辑关系来理解语义，因此汉语的句式结构是相对简单、灵活、松散的"⑤，多"以板块结构为主，流散铺排，以话题为意念主轴，以神驾形"⑥，阅读和倾听必须"求心始得通词，会意方可知言，譬文武之道，

---

① ② ③ ④　申小龙：《汉语与中国文化》，复旦大学出版社2008年版，第276—277页，第279页，第285页，第288页。

⑤　闫文培：《全球化语境下的中西文化及语言对比》，科学出版社2007年版，第247页。

⑥　金惠康：《跨文化交际翻译》，中国对外翻译出版公司2003年版，第13页。

并物而错，兼途而用，未许偏废尔"①，汉语的行文与组织结构，需要阅读者和倾听者关注语言形式背后的"神"，在灵活多变的汉语之形中把握其"神"，才能把汉语的"神"、"形"转化为自己的"血肉"。

根据汉语语法和行文的这一特点，未来的汉语母语测评在考查汉语语篇能力时，需要突出"以神统形"的汉语吸纳能力，在阅读、倾听和转化汉语信息等方面根据"以神统形"原则设置测评题目，才能考查应试者的汉语吸纳能力。

2."情境通观"的汉语表达力。

"情境通观"是中国古典修辞中的术语，其主要意思是整体把握语言情境，以此确定适宜的表达内容与形式。申小龙对"情境通观"作了以下阐释：

> 中国古典修辞活动的一个基本方略：情境通观。情境通观从言语交际的修饰来说就是要注重"言之时"，即准确把握说话的时机，还要区分对待不同的场合。情境通观从文辞表达的修饰来说就是要切合文体。不同的文体适用于不同的对象场合，不同的题旨情趣，对文辞的修饰也就有不同的要求。②

从申小龙的上述阐释看，汉语表达中的"情境通观"主要有三项要求：一是把握表达时机，力求做到"在最好的时候说最好的话"；二是区分表达场合，力求做到"说话得体"；三是选用恰当的表达文体，在表达具体内容时力求体现所选文体的特征。"情境通观"的汉语表达力构成要素如下图6-4：

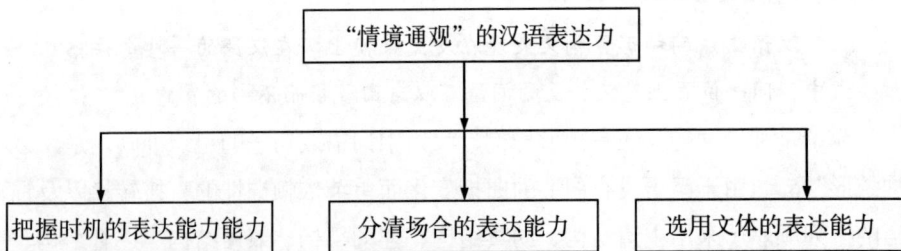

```
          ┌─────────────────────┐
          │  "情境通观"的汉语表达力  │
          └─────────────────────┘
                     │
     ┌───────────────┼───────────────┐
     │               │               │
┌──────────┐   ┌──────────┐   ┌──────────┐
│把握时机的表达│   │分清场合的表达│   │选用文体的表达│
│能力能力    │   │能力       │   │能力       │
└──────────┘   └──────────┘   └──────────┘
```

图6-4

因此，在测评汉语语篇能力时，除考查"以神统形"的汉语吸纳力，还应考查"情境通观"的汉语表达力，以引导应试者把握表达时机，选用合适的表达文体，在得体的表达中提高汉语表达能力。

---

① 钱钟书：《管锥编》第三册，中华书局1979年版，第1056页。
② 申小龙：《汉语与中国文化》，复旦大学出版社2008年版，第384—386页。

3. "气韵流转"的汉语铺排力。

汉语铺排力，是指利用汉语词汇、句子等语料，通过一定的语言组织形式将其连缀成文的能力。主要包括段落展开能力、文段组接能力和义理表达能力等，其核心是连字成词、连词成句、连句成段、组段成章，以表达内心想法、观点或主张的能力。和拼音文字不同，汉语中"连缀成文"的铺排主要依靠"气韵流转"。气韵是指文章的风格、意境或韵味，《南齐书·文学传论》说："文章者，盖情性之风标，神明之律吕也，蕴思含毫，游心内运，放言落纸，气韵天成。"所以，汉语中的行文风格、文章意境和韵味是"连词成句、连句成段、组段成章"的最高准则。

韩愈在《答李翊书》中说："气，水也；言，浮物也；水大而物之浮者大小毕浮；气之与言犹是也，气盛则言之短长高下者皆宜。"在韩愈看来，语言犹如"气"之浮物，气转则言动，气盛则铺排力强。姚鼐在《答翁学士书》一文中也提出了相同观点：

> 文学者犹人之言语也；有气以充之，则观其文也，虽百世而后，如立其人而与言于此；无气则积字焉而已。意与气相御而为辞，然后有声音节奏高下抗坠之度，反复进退之态，采色之华。故声色之美，因乎意与气而时变者也。

"无气则积字焉而已"，若缺乏"气韵"，铺排出来的文章无非是一堆汉字而已，"意"、"气"相连，铺排出来的文章才能在高低起伏中"气韵流转"。

正因为"文气"或"气韵"是汉语铺排的最高准则，汉语中的段落展开能力、文段组接能力和义理表达能力就应以"气韵流转"为判断标准，形成"意"、"气"互生，"文"随"气"转的行文格局。因此，"气韵流转"的汉语铺排力主要包括"文气为主"的段落展开能力、"气势连贯"的文段组接能力和"意"、"气"相生的义理表达能力，如下图6-5：

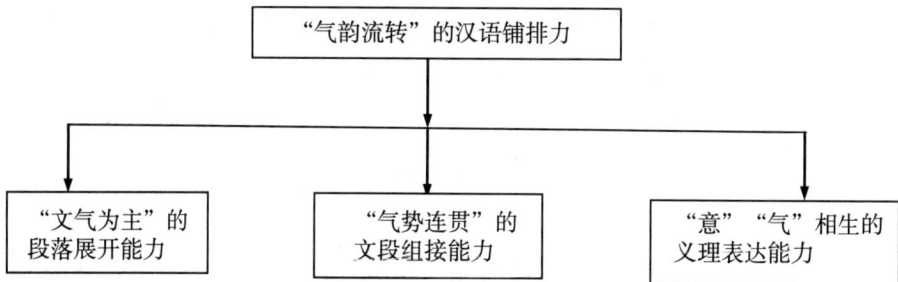

图6-5

根据汉语铺排力的构成要素，汉语语篇能力考查要逐步强化以"文气"为引领的段落展开能力、文段组接能力和义理表达能力，才能在延续汉字生命活力的基础上，构筑生动而有价值的汉语意义世界。

4."崇简尚活"的汉语创生力。

汉语创生力，是指汉语中的不少文辞具有较大的弹性空间，母语使用者能在听说读写或其他交际活动中，根据具体的汉语信息创生出新意义的能力。主要包括汉语想象力、汉语引申力和意义创生力。汉语想象力包括联想和想象，如把文字想象成画面，或根据现有文字联想到新的材料或情境，或根据已有文字填补"潜台词"，或想象未发生的故事情节等。汉语引申力，是指由本义引申出新意义的能力，如读解文章的比喻义、象征义、虚指义等能力。意义创生力，是指整合文中信息发现新意义、新观点的能力。汉语创生力的构成如下图6-6：

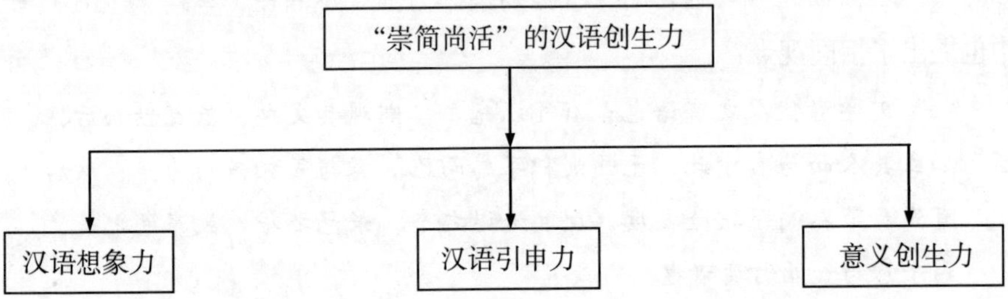

图6-6

汉语创生力源自汉语"崇简尚活"的弹性空间，"汉语是一种形态简单的语言。汉语句子的词法、句法、语义信息的大部分不是显露在词汇形态上，而是隐藏在词语铺排的线性流程中的。正如语言学家洪堡特所说：'在汉语的句子里，每个词排在那儿，要你揣酌，要你从不同的关系中去考虑，然后才能往下读。由于思想的联系是由这些关系产生的，因此这一纯粹的默想就代替了一部分语法'"①，要在"不同关系"中提高"默想"水平，就应不断提高汉语创生能力。

郭绍虞先生认为，汉语语法的一个基本特点是语词的形式和功能都具有弹性，连语可以伸缩，语缓可以增字，语急可以减字，复语可以单义，骈词可以分合，词语可以变化，语词可以颠倒等。② 汉语语词及其功能所具有的弹性，与汉语"崇简尚活"的特点密切相关，"崇简尚活"的特点使汉语具有"灵活、能动的性质"，这为汉语的创生提供了条件。

因此，母语使用者的汉语语篇能力测评需要不断强化汉语想象力、汉语引

① ② 申小龙：《汉语与中国文化》，复旦大学出版社2008年版，第421页，第152—154页。

申力和意义创生力的考查，才能引导国民充分发挥"崇简尚活"的汉语优势，提升汉语的使用活力。

（三）汉语思维能力

一个民族的语言制约和发展着一个民族的思维，"思维只不过是脱去了外衣的语言"[①]，要测评一个民族的语言，需要关注这个民族的思维。洪堡特认为："语言恰当的发展进程与人类智能的发展进程有一种天然的谐和关系。思维的需要在人身上唤醒了语言，因此，从语言内部生成的一切也必然促进思维顺利地进行。"[②] 萨丕尔指出："语言和我们的思路不可分解地交织在一起，从某种意义上说，他们是同一回事。""语言形式的无限变异，也就是思维的实在过程的无限变异。"[③]语言与思维的互生关系，使思维能力成了语言素养的有机组成部分。没有思维参与的语言活动，难以持续进行；没有思维能力的语言素养，难以持续发展。因此，汉语母语测评应在考查学生汉字能力与汉语能力的基础上，突显汉语思维能力的考查。

不同语言具有不同的思维模式。季羡林先生说："最近几年，我才豁然顿悟，西方印欧语系的语言同中国的汉语不是一码事，西方的基本思维模式是分析的，而东方的，其中当然包括中国的基本的思维模式是综合的。表现在语言上，就形成了西方与中国的语言差异。"[④]语言的差异体现了思维模式的差异，汉语母语测评应关注这种差异，有的放矢地考查汉语思维，才能有效检测考生的汉语素养。

从汉语的思维特征看，汉语思维主要表现为"直观—整体"思维、"对称—偶性"思维和"功能—辩证"思维，如下图6-7：

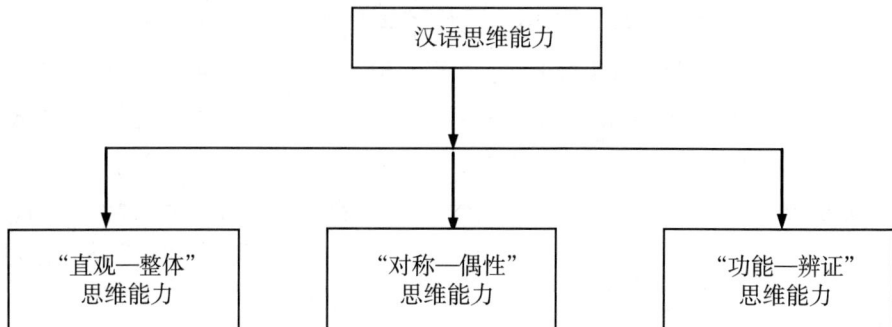

图6-7

①③ [美]爱德华·萨丕尔：《语言论》，陆卓元译，商务印书馆1964年版，第138页，第135页。

② [德]威廉·冯·洪堡特：《论人类语言结构的差异及其对人类精神发展的影响》，姚小平译，商务印书馆2008年版，第192页。

④ 转引自刘伯奎：《中华文化与汉语使用》，暨南大学出版社2004年版，第7页。

1. "直观—整体"思维能力。

"依类象形"的造字方法使汉字具有直观性与整体感。"古代中国人依靠近取诸身，远取诸物的直觉感受去体察事理，故早期的汉字，是依赖于人们直接感受到的对象，经抽象思维、多维联想而产生的，以'依类象形'的方法表现出来，是当时的人们对社会认识的体现。这种直接的取象表义方式，决定了汉字的本质特征就是象形。"①这种以象形表意为基本特征的汉字，形成和发展了母语使用者的直观形象思维。汉语母语使用者多通过形象、情感、联想、想象等方式把握和创作汉语作品，在思维过程中注重体验、情感、想象和联想。"汉语在反映客观事物时，习惯于用具体、形象的词汇，用意象组合的方法，使语言表达富于图像化，即便是论述抽象的概念道理，有时也常用意象的比附，使语言具体、形象、生动。"②汉语的这一特点，需要汉语使用者发展直观形象思维，用具体、形象、生动的思维方式解读或创作汉语作品。直观形象的感受对象往往具有整体感，"中国传统的思维方式，着眼于整体而非个体，着眼于动态而非静态，着眼于事物的功能、属性而非具体结构，而要把握运动形态中的有机整体，不能靠逻辑分析，只能靠直觉顿悟"③，因此，"直观—整体"思维成了汉语思维的重要特点。汉语母语测评在考查汉语思维能力时，要善于从"直观—整体"思维出发，选用相关的语言材料命制测评题目，突出汉语思维特性。

2. "对称—偶性"思维能力。

"对称—偶性"思维，是指注重上下左右相互匹配的思维。《道德经》所说的"有无相生，难易相成，长短相较，高下相倾，音声相和，前后相随"，体现了"对称—偶性"的思维特点。"对称—偶性"思维既是"直观—整体"思维的表现，也是另一种思维形式，主要表现在使用大量对偶句、耦合句等整句，强调语言的音韵美与形式美。刘勰在《文心雕龙·丽辞》中说："造化赋形，支体必双，神理为用，事不孤立。夫心生文辞，运裁百虑，高下相须，自然成对……序《乾》四德，则句句相衔；龙虎类感，则字字相俪；乾坤易简，则宛转相承；日月往来，则隔行悬合；虽句字或殊，而偶意一也。"大量的对偶句形成了中国文化、文学著作的奇观，无论是诗赋词，还是文言散文、古代章回体小说，都运用了"对称—偶性"思维。汉语的这一特殊思维方式，需要通过整句、对联的撰写或对偶、排比等修辞手法的运用，引导人们提高解读和

① 卢红梅：《汉语语言文化及其汉英翻译》，武汉大学出版社2011年版，第10页。

② 郭锦桴：《汉语与中国传统文化》，商务印书馆2010年版，第77—78页。

③ 申小龙：《汉语与中国文化》，复旦大学出版社2008年版，第371页。

说、写耦合句的能力。

3."功能—辩证"思维能力。

"功能"即主要价值与作用，汉语注重语言表达的实际内容和意义指向，强调实用价值；"辩证"即一分为二地看待问题。"功能—辩证"思维，是立足本质性内容，以一分为二的思维方式，表达各种观点与看法的思考方式。功能主义的语言观注重语言的内涵而不是形式，而富有内涵的语言往往植根于辩证思维，所以汉语是富含辩证思维的语言。"中国古代哲学从《周易》起，就有了朴素的整体思维和辩证思维的萌芽，提出了一系列互相矛盾对立的概念，如阴阳、刚柔、动静、屈伸、进退、大小、内外、损益、盈虚等。这种传统的辩证思维方式，深入汉民族社会生活的各个方面，体现在人们的观念、认识、表达等诸多方面"[1]，汉语母语测评要抓住汉语思维的这一特点，考查学生的辩证思维能力，提高学生的"功能—辩证"思维。

（四）汉语文化能力

汉语文化能力是汉语素养的有机组成部分。汉语文化能力，是指积累、解读、吸纳、阐释和创新汉语意义世界的能力。主要包括汉语经典的积累与解读能力、汉语思想的吸纳与阐释能力、汉文化的应用与创新能力。汉语文化能力构成如下图6-8：

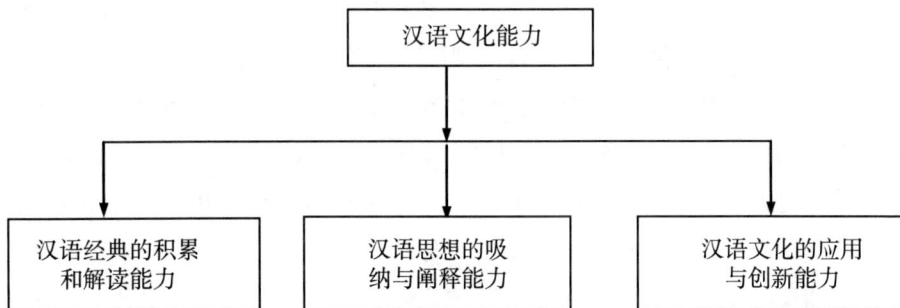

图6-8

1.汉语经典的积累与解读能力。

汉语构筑的意义世界主要体现在汉语经典中，汉语经典包括长期流传下来的文化著作、文学著作、史学著作和科学著作等。母语使用者的汉语文化能力首先表现为汉语经典的积累与解读能力，即能积累一定的文化、文学、史学

---

[1] 卢红梅：《汉语语言文化及其汉英翻译》，武汉大学出版社2011年版，第12页。

和科学常识，了解汉语经典中常见的文化、文学、史学和科学现象，能借助工具书读懂常用常见的汉语经典。汉语母语使用者要传承汉语文化，必须积累和解读这些经典。除文化、文学、史学和科学作品外，汉语中的熟语、习语、典故、禁忌语和委婉语等都是汉语文化的独特符号，需要积累和解读。汉语母语测评要考查母语使用者的汉语文化能力，需要关注文化、文学、史学、科学作品和熟语、习语、典故、禁忌语、委婉语等的积累与解读。

2.汉语思想的吸纳与阐释能力。

文化的核心是思想，"语言也可以被比作一张纸：思想是正面，声音是反面；人们在切开正面的同时不可能不切开反面；同样，在语言中，人们不能把声音和思想分开，也不能使思想从声音中分离"①435，语言和思想如影随形的密切关系，要求母语使用者在关注汉语的字音、字形时，必须吸纳和阐释汉语蕴含的价值取向和精神追求、既要能把汉语蕴含的优秀思想转化为自己成长的"血肉"，变成自己的"学识"；也要能把汉语深藏的精深广博的思想精华与精神取向阐释出来，分析出隐藏在语言背后的精神。解读和分析汉语的过程就是吸纳和阐释汉语思想的过程。所以，汉语母语测评要关注汉语思想的吸纳与阐释能力的考查，引导学生维系汉语的意义世界，传承汉语文化的优秀思想与精神。

3.汉语文化的应用与创新能力。

传承汉语文化的目的是为了更好地利用和创新汉语文化。汉语文化的应用与创新能力，是指运用汉语文化思考、评议和解决现实问题，并能结合社会发展趋势，不断发展现有文化的能力。语言应用的实质是文化应用，汉语交际活动就是对汉语文化的应用。"交际文化是一个民族文化的组成部分，或者说，它是一个民族文化大系统中的子系统。它要体现一个民族的文化精神、文化心理、价值观念、文化行为模式以及思维偏向特点。"②在交际活动中表现出来的这些特点，就是文化在日常生活中的直接反映，汉语母语测评可通过交际情境的设置，考查应试者的汉语文化应用能力。除应用汉语文化外，还必须提高汉语文化的创新能力。"语言只有外在的形式是不变的；它的内在意义，它的心灵价值或强度，随着注意或心灵选择的方向而自由变化。"③语言的内在意义具有不断变化的特点，这为汉语文化的创新提供了条件，汉语母语测评应以汉语文化的应用为基础，根据社会发展需要考查应试者创新汉语文化的能力。

---

① [瑞士]索绪尔：《普通语言学教程》，刘丽译，中国社会科学出版社2011年版，第138页。
② 郭锦桴：《汉语与中国传统文化》，商务印书馆2010年版，第177页。
③ [美]爱德华·萨丕尔：《语言论》，陆卓元译，商务印书馆2010年版，第13页。

二、汉语素养的主要评价方式

汉语素养是一个长期发展的过程，评价方式主要有两种：一是纸笔测试；二是非纸笔评价。纸笔测试主要以试卷方式考查学生的学业成就发展情况，其题目命制与考试方法在前文已有详细阐释，此处主要介绍非纸笔评价的主要方法。

非纸笔评价，是指在一定情境中，通过非纸笔方式评价学生的汉语素养发展状况。非纸笔评价的方式主要有及时性评价、情境性评价、表现性评价、专题性评价等。及时性评价，是指在学习活动中，及时对学生的学习表现进行的评价，如学生在讨论、回答问题的过程中，及时对学生的阅读能力或口语交际能力进行评价；情境性评价，是指在具体的语言活动情境中评价学生的汉语素养发展状况，如在辩论赛、演讲赛、戏剧比赛、班会等活动中评价学生的汉语素养；表现性评价是通过学生表现出来的言行评价学生的汉语素养，如通过学生在某一次大会主持中的言行表现评价其汉语素养。情境性评价和表现性评价难以截然分开，"表现"一般是在一定情境中的"表现"，"情境"一般是为汉语素养的"表现"而创设的。专题性评价是指围绕听、说、读、写或汉语字词、语篇、思维、文化等某一方面的能力进行的专门性评价，如诵读大赛是朗读能力的专题性评价方式等。[①] 要有效推进上述评价，可根据测评需要灵活选用档案袋评价、问卷调查式评价、积累式评价或活动式评价等。

（一）档案袋评价

档案袋评价，是指为学生的汉语学习建立档案袋，把学生对汉语学习过程的记录与自己认为有成长意义的作品放入档案袋，通过学习过程的点滴积累与作品的纵向进步，评价学生的汉语素养发展程度。档案袋评价注重学习过程的点滴证据，呈现汉语学习过程的发展轨迹，汉语学习者能从档案袋中看出汉语学习的发展情况，并以此调整自己的汉语学习内容或方式。如上海市新黄浦实验学校小学研究型课程就采用了档案袋评价，下面是他们的档案袋封面，从中可看出档案袋中的主要评价材料：

---

① 张伟：《语文学业成就有效测评技能训练》，暨南大学出版社2012年版，第13—14页。

图6-9　研究型课程课题档案袋[①]

课题名称 ＿＿＿＿＿＿＿＿＿＿＿＿＿＿＿＿＿

课题主持人 ＿＿＿＿＿＿＿＿＿＿＿＿＿＿＿＿＿

班　　级 ＿＿＿＿＿＿＿＿＿＿＿＿＿＿＿＿＿

档　案　目　录

☐　材料一：学生探究课题方案

☐　材料二：课题组自行设计的表格

（如：调查问卷、访谈记录表、观察记录表、实验记录表、统计图表等）

☐　材料三：学生自己收集的各种资料

（如：资料摘录卡片、网上下载材料等）

☐　材料四：课题组活动的情况记录

☐　材料五：课题探究报告或其他成果

☐　材料六：个人体会、随感、小结、体验、反思等

☐　材料七：包括学生自评和他评的学习评价单

☐　材料八：＿＿＿＿＿＿＿＿＿＿＿＿＿＿＿

☐　材料九：＿＿＿＿＿＿＿＿＿＿＿＿＿＿＿

☐　材料十：＿＿＿＿＿＿＿＿＿＿＿＿＿＿＿

材料八、材料九、材料十是学生在活动过程中自己形成的具有一定特色的材料。依据上述评价材料，学生自己、学习伙伴和老师要对研究型课程的学习情况进行评价，并填写以下表格[②]：

---

①② 蒋碧艳、梁红京：《学习评价研究：基于新课程背景下的实践》，华东师范大学出版社2006年版，第65页，第68页。

学生研究型课程学习成长记录袋

姓名_____   学号_____   建档日期____年____月

☐   一年级（上） 班级_____ 评价等第_____ 班主任__
材料编号_____

☐   一年级（下） 班级_____ 评价等第_____ 班主任__
材料编号_____

………………

………………

☐   五年级（上）班级_____ 评价等第_____ 班主任___
材料编号_____

☐   五年级（下） 班级_____ 评价等第_____ 班主任__
材料编号_____

档案袋评价是汉语素养的重要评价手段，它囊括了表现性评价、情境性评价、及时性评价和成果性评价等方式，有利于从多角度评价学生汉语素养的发展情况。

（二）问卷调查式评价

这一评价手段是根据某一评价的具体需要，制定调查问卷，然后根据问卷调查结果评价学生汉语素养的发展情况。使用这种评价手段时，首先要明确调查目的和对象；然后根据调查目的和对象拟制调查提纲；第三是根据提纲编制调查问卷；第四是在一部分学生中试调查，根据试调查结果调整调查问卷，形成问卷定稿；第五是正式调查；第六是分析处理调查数据，撰写调查报告；第七是作出评价结论，提出改进建议。[①]

如要调查学生阅读理解力的发展情况，应首先确定阅读理解力的评价维度，然后根据评价维度拟制需要调查的问题。如有老师认为阅读理解力的评价维度主要是阅读记忆力、阅读概括力和阅读判断力，他根据这三个维度确立了如下七个调查问题：

———————————

① 张伟：《语文学业成就有效测评技能训练》，暨南大学出版社2012年版，第75—76页。

①阅读后能够记住文中一些优美语语；

②阅读后能够回忆文中的基本事实；

③阅读后能够分析文章的主要特点；

④阅读时能够给阅读材料编写提纲；

⑤阅读后能够复述文中的主要观点；

⑥阅读时能够产生一些自己的想法；

⑦阅读时能够用自己的话指出阅读材料的优点或不足。①

在这七个问题中，①②两个问题主要调查阅读记忆力，③④⑤主要调查阅读概括力，⑥⑦主要调查阅读评判力。这七个问题的概括性较强，如果是调查某一类文章的阅读理解力，可以结合文体特点或文章内容细化上述七个题目，以使调查结果更具可靠性。除此之外，调查问卷还可以设计为学生的自我核对清单，帮助学生评价自我阅读能力的发展情况。如：

语文阅读能力自我核对清单②

●阅读积累

1.是否能够记住阅读材料的主要内容。　　是　　　　　　否

2.是否能够陈述阅读材料的大致内容。　　是　　　　　　否

3.是否有自己喜欢的词句或语段。　　　　是　　　　　　否

4.是否摘录了自己喜欢的词句语段。　　　是　　　　　　否

5.这些词句语段是否能运用到自

己学习或生活中去。　　　　　　　　　是　　　　　　　否

●阅读理解

6.是否能够用自己的话简要复述

阅读材料的主要内容。　　　　　　　　是　　　　　　否

7.是否能够明白阅读材料的表达方式。　是　　　　　　否

8.是否有不明白的内容。　　　　　　　是　　　　　　否

●阅读批评

9.是否赞成作者的观点。　　　　　　　是　　　　　　否

10.是否能够提出自己不同的见解。　　是　　　　　　否

11.是否能够发现阅读材料的优点与不足。是　　　　　　否

①② 薛晓嫘：《新课程语文阅读学业成就评价》，重庆大学出版社2008年版，第81页，第116页。

12.是否能够简要陈述这些优点与不足。　　　是　　　　否

●阅读欣赏

13.是否有自己特别喜欢的语句或段落。　　　是　　　　否

14.是否能够用自己的话描述喜欢的理由。　　是　　　　否

15.阅读时是否产生了愉快或不愉快的心情。　是　　　　否

16.阅读时是否产生了与作者相似的感受。　　是　　　　否

17.阅读时是否产生了与文中情境相似的感受。是　　　　否

18.是否能够用自己的话描述自己的心情或感受。是　　　　否

19.是否能用普通话正确流利有感情地朗

读阅读材料。　　　　　　　　　　　　　是　　　　否

●阅读创造

20.阅读后是否有所启发。　　　　　　　　　是　　　　否

21.是否能够提出与作者不同的观点。　　　　是　　　　否

22.是否能够反驳作者的观点。　　　　　　　是　　　　否

（三）积累式评价

积累式评价是促进学生阅读、积累的评价方式。汉语素养的发展基础是积累，学生要在积累中提高汉语素养，必须在课内外阅读中强化积累意识，提高积累能力。积累式评价可采用多种方式，"读书评价卡"是方式之一。"读书评价卡"是根据读书要求制定的评价卡，这一评价卡既要求学生记录读书情况，也要求评价者对学生的读书情况进行评价。读书评价卡分为课外阅读评价卡和课内阅读评价卡，课外阅读评价卡主要帮助学生拓展阅读视野，评价学生阅读课外书的数量、质量和积累等情况。如：

表6-1　学生阅读记录表[①]

时间	书名	我喜欢的词语	我喜欢的句子	我的体会
星期一				
星期二				
星期三				
星期四				
星期五				
周末				

回头看看：

① 夏虹、孙涛：《新课程：怎样进行小学语文学习评价与测试》，四川大学出版社2005年版，第42页。

▲本周我收集了（　　）个词语，（　　）个好句子。

我感到：很满意（　　）　满意（　　）　不满意（　　）

▲家长评：优（　　）良（　　）合格（　　）

▲老师评：☆☆☆☆☆

上面这张表格在强化词句积累的同时，增加了"我的体会"这一栏目，这一栏的填写情况可看出学生读书的用心程度，在表格下面，加入了自评、家长评和教师评等项目，有利于从多个角度评价学生的阅读积累情况。

课内阅读评价卡，是结合课文学习制定的评价卡，供学生课内学习使用。如：

表6-2　课内阅读评价卡[①]

学习时间_____ 课文_____ 填表人_____ 班级_____

		预习所花时间	预习运用的方法	预习解决的问题	预习留下的难题	
课前						
	自评					
	小组评					
	教师评					
		读书	思考	讨论	发言	动笔	已解决的问题	未解决的问题
课中								
	自评							
	小组评							
	教师评							
		积累的新词、新句、新知识		积累的读书、思考新经验		阅读后的新感悟	
课后						
	自评						
	小组评						
	教师评						

教师引导学生使用这张评价卡时，如果能制定和完善课内阅读评价标准，如明确课前预习的方法、要解决的问题，课中的思考、讨论如何进行，课后如

---

① 张伟：《语文学业成就有效测评技能训练》，暨南大学出版社2012年版，第75页。

何评价等，学生就能在这张评价卡的引领下形成良好的课内阅读与积累习惯，不断提高自己的汉语素养。

（四）活动式评价

活动式评价，是指在日常学习中广泛开展辩论、演讲、朗诵、编故事、课本剧、社会采访、专题调查、征文比赛、宣传征稿、社团活动等学习活动，在丰富多彩的活动中测评学生的汉语能力，发展学生汉语素养的评价形式。[1] 如下面的多元化智能评价方式就属于活动式评价：

表6-3　语文测试与多元化智能[2]

	语文测试
语文任务	阅读一本书，然后写下一则心得报告。
逻辑—数学任务	阅读一本书，然后发展一个假设。
空间任务	阅读一本书，然后画一幅画。
肢体—动觉任务	阅读一本书，然后建立模式。
音乐任务	阅读一本书，然后创作一首歌。
人际任务	阅读一本书，然后与一个朋友分享。
内省任务	阅读一本书，然后设计你自己的反应。

除专题性活动外，还可采用课堂活动评价方式，在课堂上通过观察学生的学习兴趣、投入程度，独立学习的自觉性、参与讨论的积极性，课堂发言的次数与水平，课堂上吸收与整合他人观点等情况，对学生的课堂学习及时作出评价，以帮助学生尽快调整自己的学习重点与策略。

开展活动式评价要做好四件事：一是明确每一次活动的评价目的；二是根据评价目的确立评价的主要维度、标准与内容；三是根据评价目标、维度、标准与内容确立活动形式与流程；四是根据上述内容制定活动现场的评价表，评价表尽量简单易行，并能够对学生提出改进建议。

非纸笔评价是学习过程中的多样化评价，其最大目的是促进学生在学习过程中不断发展。在使用不同的评价手段时，要善于利用评价结果引导学生持续改进自己的学习，以在日积月累中持之以恒地提高汉语素养。

---

① 张伟：《语文学业成就有效测评技能训练》，暨南大学出版社2012年版，第17—18页。
② 王培光：《语感与语文能力》，北京大学出版社2006年版，第121页。

第三节
汉语母语测评的科学精神培育与科学化追求

汉语母语测评中的科学精神主要包含三方面内容：一是关注自然科学领域内的一切成就，了解和弘扬科技发明的价值准则，形成热爱和学习科学的意识；二是在汉语母语测评中形成"依据发展规律对待和处理一切事务"的观念，力求科学做事；三是具有科学探索或敢于创新的精神品质，力求科学做人。

汉语母语测评改革要强化科学精神的培育。前科举时期和科举时期的汉语母语测评虽然重视了民族文化，但忽视了科学精神的考查，当西方列强的坚船利炮轰开国门后，一些有识之士开始认识到"科学"的强大力量。1866年12月，恭亲王奕䜣奏称："洋人制造机器、火器等件，以及行船、行军，无一不自天文、算学中来。现在上海、浙江等处，讲求轮船各项，若不从根本上用著实功夫，即学习皮毛，仍无裨于实用。"[①]在恭亲王看来，中国要发展科技，必须从天文、算学等根本抓起，这是中国王室核心成员较早提出开展科学与科技教育的奏议。1898年4月28日，光绪皇帝向康有为询问变法大计时，康有为提出了如下看法：

> 今日之患在吾民智不开，而民智不开之故皆由八股试士为之。学八股者，不读秦汉以后之书，更不考地球各国之事，然可以通籍，累致大官。今群臣济济，然无以应事变者，皆由八股致大位之故。故台、辽之割，不割于朝廷，而割于八股；二万万之款，不赔于朝廷而赔于八股；胶州、旅、大、威海、广州湾之割，不割于朝廷而割于八股。[②]

康有为认为八股文取士制度导致了"民智不开"的恶果。光绪皇帝赞同康有为的说法，认为"西人皆为有用之学，而我中国皆为无用之学"[③]，决定废除八股取士制度。康有为的说法虽然以偏概全，但却指出了中国几千年来汉语母语测评重视人文、忽视科学的实况，尽管一些朝代的制科考试涉及了一些"科技"项目，但被儒学之士斥为"奇技淫巧"，全社会无法形成学习科学、科学做

---

① 朱有瓛：《中国近代学制史料》（第一辑）上册，华东师范大学出版社1983年版，第13页。
②③ 《康南海自编年谱》（光绪二十四年四月二十八日），中华书局1992年版，第43页。

事和科学做人的风气，科学精神被轻贱、被忽视，给民族发展带来了巨大隐患。

科举废除后，国外的科学技术与科学知识在学校教育中受到一定程度的重视，但汉语母语测评却对此置若罔闻，无论是民国时期的汉语母语测评，还是解放初期全国高校招生考试中的汉语母语测评，都在一定程度上忽略了科学精神的考查与培育。直至20世纪八十年代，全国高校招生考试中的汉语母语测评卷才引进科技文阅读，开始考查学生阅读科技文的能力，这在一定程度上体现了母语测评的科学意识，但对科学精神的弘扬还远远不够。未来的汉语母语测评改革，应在强化汉语素养的基础上，突显科学精神，提高汉语母语测评卷及其测评过程的科学性。

一、科学精神的适度考查

未来的汉语母语测评应强化科学精神的考查，其内容主要包括科学现象的关注能力、科学文章的阅读能力、科学态度的评价能力、科学与人文的整合能力等。如下图6-10：

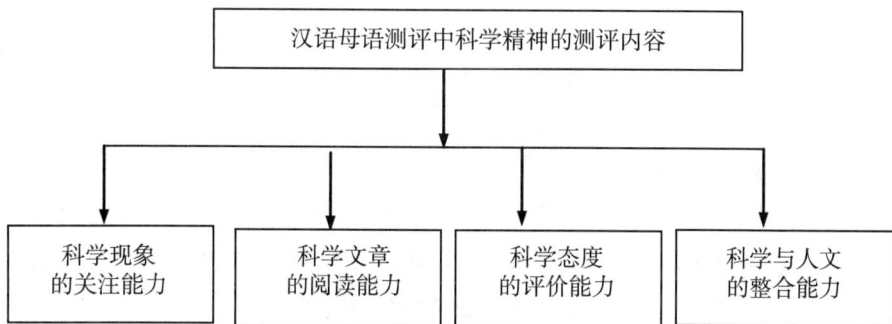

图6-10

（一）科学现象的关注能力

科学现象的关注能力，是指对科技发明或科学现象具有一定的敏感性，能转述、阐释、说明某种科学现象，能在科学现象中发现新问题的意识与能力。

1.归纳和概括科学现象。

能根据某一科学现象的相关信息，用单词、短语或较为精练的语言概括出这一科学现象的主要特点或核心内容。如2012年的浙江高考卷命制了如下一道试题：

从下列材料中选取必要的信息，为"食品添加剂"下定义。

①食品添加剂是有意加入到食品中的物质。

②食品添加剂的使用是防腐和加工工艺的需要。

③食品添加剂既可以是化学合成物质，也可以是天然物质。

④食品添加剂加入到食品中的目的是改善食品的品质和色、香、味。

使用食品添加剂是日常生活中的科学现象，命题者列出了食品添加剂的内容要素，要求考生给这一科学现象下定义。从语言考查点看，这一题目主要考查学生短句变长句的能力；从科学精神的考查点看，这一题目主要考查学生归纳和概括科学现象的能力，因为"下定义"有利于考生用精练的语言概括食品添加剂这一产品的主要特征。命题者将食品添加剂概括为："食品添加剂是为了改善食品品质和色、香、味以及为防腐和加工工艺的需要而有意加入食品中的化学合成物质或天然物质"，把握住了食品添加剂的核心内容。

2.描述或阐释科学现象。

能根据要求对某一科学现象进行描述或阐释，让更多人了解这种科学现象。如2012年辽宁高考卷命制了如下试题：

根据下列句子提供的信息，写一段介绍"飞行板"的文字，不超过70个字（含标点符号）。

①"飞行板"是由水上运动爱好者、法国的弗兰基·萨帕塔研制而成的。

②在"飞行板"的帮助下，人们可以像海豚那样在水中快活玩耍。

③这种装备需使用者将双脚绑在一双特殊的鞋子里。

④这一双鞋附有一个很大的喷水器，用以提供上升力。

⑤使用时，双手要拿着用以稳定飞行的喷嘴。

飞行板是由弗兰基·萨帕塔研制出的水上运动装置，属于科技发明。命题者把这一科技发明的主要信息提供给考生，要求考生根据这一信息写一段介绍"飞行板"的文字，这就需要考生根据提供的信息，在规定的字数内描述或介绍这一水上运动装置。本题既考查了归纳和描述能力，也考查了科学精神。

3.发现问题或发表看法。

能在某种科学现象中发现、探究某些问题，或针对某一科学现象发表自己的看法。如2012年福建高考卷命制了如下题目：

阅读下面的材料，回答问题。

数字时代的书写方式，纸笔书写已不再是主流，电脑输入越来越普及。"笔"是输入法，"墨"分RGB（红绿蓝色彩模式），"纸"有

doc、txt，行楷草隶篆的转换也不过是鼠标轻轻一点。尽管如此，还是有人保持纸笔书写的习惯。

　　对于纸笔书写与电脑输入，你有什么看法？请简要阐述。（要求：表达简明连贯，言之成理，150字左右。）

数字时代的电脑输入是备受关注的科学现象，命题者要求考生针对这一现象发表自己的看法，有利于引导考生以自己的视角关注科学现象。

（二）科学文章的阅读能力

科学文章的阅读能力，是指阅读自然科学和社会科学文章的能力。

自然科学文章的阅读包括科普文章的阅读、专题性的科技文阅读等。自然科学文章的阅读能力测评，主要考查考生对概念内涵的理解、对象特征的把握、概念关系的理解、信息的辨识与筛选、内容的理解和推断等能力。概念内涵的理解，主要测评考生把握文章核心概念的能力，可以从内涵、外延、深浅、宽窄等角度设计题目。对象特征的把握，主要测评考生准确辨析说明对象特征的能力，可以运用以偏概全、偷换概念、无中生有、绝对表述、精确表述、模糊表述等方式命制题目。概念关系的理解，主要测评考生对文章中多个概念或对象之间的关系把握能力，可以从概念间的同一关系、属种关系、交叉关系、矛盾关系和对立关系等入手命题。信息的辨识与筛选，主要测评考生围绕核心概念识别和筛选新信息的能力，可以运用偷换概念、转移对象、扩大或缩小范围，添加或取消前提条件等方法命制信息筛选与识别题目。内容的理解与推断，主要测试学生理解文章内容、观点，根据现有内容与观点推出新结论的能力，可以从偶然与必然、普遍与特殊、个别与全体等逻辑推断思路命制题目。[①]

社会科学类文章的阅读测评，主要考查考生对关键词句的理解与分析、信息的提取与转换、内容的理解与概括、句子关系的理解和结构层次的分析、作者观点的领会与评价等。关键词句的理解与分析，主要考查学生对中心句、观点句、过渡句、总领句、照应句、比喻句、结构复杂的句子和含义丰富的句子等的理解与分析能力。命题角度主要有四个：一是理解关键词句的含义，二是赏析关键词句的修辞、用语、结构或表达方式，三是分析关键词句与上下文的关系，四是赏析评价关键词句的表达效果。信息提取与转换，主要考查学生根据题干要求提取文中信息或通过筛选、整合、推论形成新信息的能力，其命题点主要集中在文中的基本概念、新信息、新知识、新观点及其阐释，其基本

---

① 张伟：《语文学业成就有效测评技能训练》，暨南大学出版社2012年版，第92页。

命题思路是抓住新概念、新知识、新观点、新信息等，要求学生提取或转换信息。内容的理解和概括，主要考查学生领会和概括文章深层含义与主旨的能力，其命题思路主要是要求学生立足全文理解某些词语或句段的多层含义。对句子关系的理解和结构层次的分析，主要考查学生把握、鉴赏和评价文章脉络的能力，其命题点主要集中在句间关系、句子排序、层次关系、前后呼应等方面，主观题和客观题均可命制。作者观点的领会与评价，主要考查学生理解和评价作者观点的能力，其命题点主要集中在明确或归纳作者观点、阐释作者观点的意思、评价作者的观点等方面。①

近年来的汉语母语测评虽然重视了科技文阅读，但还存在两大问题：一是在选材上多偏重自然科学类文章，社会科学类文章受到一定程度的忽视，自然科学类文章和社会科学类文章的考查不平衡；二是在题型上多用选择题，缺乏探究能力的考查，既难以测查学生的科学精神与创造能力，也难以引导学生培育真正的科学素养；三是多在信息比对或概念偷换上做文章，推论、发现、联系等能力考查不足，不利于检查学生的科学素养。未来的汉语母语测评应在平衡文章类型，探究、推论、发现、联系等能力的考查上多下功夫，才能促进民众培育真正的科学精神。

（三）科学态度的评价能力

科学态度是指实事求是，捍卫真理，勇于质疑、探究和创新的意识与对待新旧事物的科学方式，其具体表现为求实、求真、开放、质疑、溯源、创新的言行与品质。科学态度的评价能力，是指对某些人、事、物蕴含的对待新旧事物的意识与方式作出判断与评析的能力。评价科学态度的主体内容，是看其对待新旧事物的态度是否具有求实、求真、开放、质疑、溯源或创新的科学精神，是否能促进新生事物合理而有效的发展。如2012年全国高考语文课标卷，选用"科技黑箱"作为试题材料，"科技黑箱"是一种科学现象，是现代社会出现的新事物，它的利与弊是什么，我们如何对待它才是一种科学的态度等，所选材料对此提出了自己的观点，并作出了令人信服的阐释。试题和选项紧扣科学态度的关键内容设置，考生在阅读和解题过程中，既了解了作者对待"科技黑箱"的科学态度，也可由此形成自己对待"科技黑箱"的态度。

（四）科学与人文的整合能力

即将科学精神与人文精神整合起来思考、描述、归纳和评价新旧事物或社

---

① 张伟：《语文学业成就有效测评技能训练》，暨南大学出版社2012年版，第97页。

会现象的能力。如2012年北京高考语文卷选用《内经》的评介文章作为试题素材，这一素材既介绍了《内经》特点，也阐述了《内经》对生命现象的关注，融入了中国传统文化中仰观天象、俯察地理、远取诸物、近取诸身、内外结合等文化观念，把传统医学和传统文化结合起来选择命题素材，有利于培养和测评考生科学与人文的整合能力。

二、提高母语测评的科学化水平

语言具有多义性与模糊性，特别是重视体验感受和直观形象的汉语，更是无法像数理化等自然学科那样精确和唯一，这就给母语的科学测评带来了挑战。从汉语母语测评的发展历程看，无数命题者和阅卷者都在母语测评的科学性上下了功夫，但由于母语具有较大的意义空间和多元解读等特点，母语测评的科学性往往受到质疑。未来的汉语母语测评应在适度考查科学精神的基础上，进一步提高母语测评的科学性。从测试理论看，母语测评的科学性主要有五个评价维度。

一是信度。即测评的可靠性。信度评价的基本标准是多次测验后表现出的一致性。一致性越高，测评结果越可靠，信度越好。母语信度包括试题信度和评分者信度。汉语母语测评的试题信度，是指试题的可靠度，即试题是否针对了某一群体、是否是常态化的试题、相同考试的匹配和协调程度如何等，只有提高了试题命制的针对性、常态化和相同测评的匹配水平，试题的信度才会进一步提高。评分者信度是指阅卷过程及其结果的可靠度，包括评分者内信度和评分者间信度。评分者内信度，是指评分者阅卷标准的前后一致程度，一致程度越高，阅卷信度越高；评分者间信度，是指不同阅卷者对阅卷标准的掌握与执行的一致程度，不同阅卷者之间的一致程度越高，评分者间的信度就越高。只有同时提高了试题信度和评分者信度，汉语母语测评的信度才会提高。测试理论认为，信度在0.9—1之间的属于高信度，但是，由于汉语解读过程与结果具有较强的主观性，特别是在阅卷数量过大、速度过快的情况下，评分者内信度和评分者间信度均会受到不同程度的影响，未来的汉语母语测评要提高科学性，需要在这一方面狠下功夫。

二是效度。效度是考查目标、内容与结果的匹配程度。美国教育研究指导协会对效度的定义是："测验在多大程度上测到了它要测的东西。"如果测评目标是汉语素养中的汉语文化能力，测评内容也紧扣了"汉语经典的积累和解读能力、汉语思想的吸纳与阐释能力、汉语文化的应用与创新能力",测评结果又紧紧围绕这些能力要素分析,则测评目标、内容和结果的匹配度高,属于高效度测评。测评效度主要包括内容效度、构想效度和效标关联效度等。内容效度"是指一个测验在多大程度上测到了它要测的内容"①,"效标关联效度是指测验和一个独立的效度标准的一致性程度,测验和效标的一致性程度高,测验的效标关联效度就高;反之,效度就低。"②效标关联效度包括共时效度和预测效度。"共时效度关心的是测验和另一个已知有效的测验的相关程度,已知有效的测验是校标";"预测效度是看测验和未来的某测验或被试的相关程度如何,未来的测验或行为是效标";"构想效度要考查的是一个考试的结果在多大程度上和我们根据某一理论作出的预测相一致,它验证的是我们所做的假设是否有效。"③要提高汉语母语测评的效度,必须首先明确测什么、测评的标准是什么,然后再命制测评试题,实施测评行为,最后加以验证。

三是区分度。区分度是指测评题目将应试者的汉语母语水平区分开来的程度。区分度又称鉴别力,是评价试卷质量的重要指标。区分度的取值范围一般在"—1"和"1"之间,区分度小于0.20的为劣等题,处于0.20—0.30之间的为质量一般的题目,处于0.30—0.40之间的为质量较好的题目,0.40以上的为优秀题目。题目的区分度和试题的难度有关。试题的难度,是指试题的难易程度,一般用问题回答的正确率来表示,取值范围通常在"0"与"1"之间,难度值越接近1,题目难度越小;难度值越接近0,题目难度越大。难度太大或太小都缺乏区分度,从测试理论看,难度值在0.5左右,区分度最好。提高区分度是汉语母语测评的难点,其原因主要有三:一是一些主观性题目缺乏必要的区分空间,答题指向单一,考生发挥空间较窄,难以答出有区分度的答案;二是答案示例和评分标准的统一度大、区分度小,没有或难以考虑不同答案的质量差异,命题者未能给评卷者提供有区分度的答案示例;三是评卷者辨识答案质量的水平有差异,评分趋中,致使试题的区分度小。要提高汉语母语测评的区分度,必须着力克服这三个方面的弊端。

四是适切度。适切,适合贴切。汉语母语测评的适切度主要有四方面内涵:一是适合特定的测评群体,即能根据测评对象的不同选用不同的测评内容与方式,如对小学一年级学生、初中生、高中生、大学生、公务员等的汉语母语测评,应选用不同内容与形式,以最合适的内容与方式检测出不同群体真实

---

①②③ 王佶旻:《语言测试概论》,北京语言大学出版社2011年版,第135页,第139页,第142页。

的汉语素养与科学精神；二是切合特定的测评目标，不同阶段和不同行业的汉语母语测评具有不同目的，实施具体的汉语母语测评项目时，要根据特定的目的选用合适的内容与形式；三是把握母语特点，母语的考查不同于第二语言的考查，它强调本民族语言的深度解读与创造性应用，必须根据"深度"与"创造"的要求确立测评目标与内容，才能体现母语特点；四是抓住"汉语"的核心要素，即把握汉语的字词能力、语篇能力、思维能力和文化能力等特点，抓住汉语的核心要素考查考生的汉语素养。

五是实用度。实用度即可操作程度。任何一种完美的测评构想如果不能付诸实践，也只是一纸空文，不能发挥实际效用。汉语母语测评的科学性必须落实在操作过程中，体现汉语母语测评科学性的方案必须具有可操作性。如目前社会上流行的"纯客观"或"纯主观"论，都不具有可操作性。"纯客观"论认为，母语主观题的阅卷存在较大偏差，应像"托福"一样全部采用选择题，这种说法把母语和第二语言、把汉语和拼音文字等同起来，不适合母语更不适合汉语素养的考查。"纯主观"论认为，母语考查是一种综合能力考查，像科举一样，只考查几篇作文即可，这种说法有一定道理，但在参考人数众多的大规模选拔性考试中，这种方法缺乏可操作性。因为参考人数多，阅卷任务重，主观性极强的作文如何才能保持较好的评分"信度"，这是现今条件下难以解决的顽症。虽然不少省市在高考阅卷中采用计算机阅卷，表面上增加了阅卷结果的客观性，但不少评卷教师害怕"恶性误差"，评阅的分数不敢拉开差距，出现了更为严重的"作文分数趋中"现象，致使有区分度的作文变得没有区分度，测评信度随之削弱。未来的汉语母语测评如何在主观与客观之间寻找一个合适的度，既体现汉语母语特点，也具有可操作性，是需要长期研究的课题。

要提高未来汉语母语测评的科学性，还应在命题规范、评卷质量和评价标准三个方面狠下功夫。一是继续完善命题规范。完善命题规范的核心是建立科学的命题流程，未来的汉语母语测评需要借鉴和完善科学性强的测评流程，形成有利于提高汉语母语测评科学性的测评规范。二是提高评卷信度。提高评卷信度的核心是建立一支高水平的阅卷队伍，在阅卷标准、阅卷教师准入、阅卷奖惩、阅卷质量监控等方面建立更为周密的制度，并持之以恒地实施，才能提高评分信度。三是明晰评价标准。建立评价标准的核心是明确汉语母语测评在不同阶段测什么，评价的具体标准是什么等，只有测评内容明确，评价标准清晰，命题和阅卷才有据可依，测评信度和效度才有保障。

第四节
汉语母语测评的文化融合与当代超越

汉语母语测评改革的基本点是民族文化的理解、认同、传播与创造，我国前科举时期和科举时期的汉语母语测评重视民族文化的考查，形成了较为鲜明的文化特色。未来的汉语母语测评，应在传承民族文化的过程中，以开放的心态和立足全球的视野，在中西文化的融合中提升汉语母语测评的品质，以更好地发挥汉语母语测评的文化与社会带动功能。

一、民族文化的融合与超越

语言是文化的符号指南，任何语言测评都需要以文化为支撑。萨丕尔指出："语言基本上是一种文化和社会的产品，它必须从文化和社会上来理解"①，"文化是一个'半透明体'，它既透明、清晰，如生活方式、交往习惯、社会习俗、行为准则等皆可显而易见，又不那么透明、清澈，如思维模式、世界观、价值取向等都是暗藏在人们的头脑里，隐含在人们的行为直觉中，难以一目了然。"②语言测评的重要任务，就是借助语言这一媒介，解读、阐释、运用和创新这个民族的"半透明体"。未来的汉语母语测评必须在传承民族文化的基础上，促进民族文化的融合与超越。

（一）坚守汉语文化的民族特色

文化融合的前提是保持自身的文化特色，"一些时间以来，我曾经极其粗略地称语言是存在的家。如果人通过他的语言居于存在的宣告和召唤中，那么，我们欧洲人和东方人也许居于完全不同的家中"③。既然东西方语言是两个"完全不同的家"，未来的汉语母语测评就必须尊重汉语的特点，坚守汉语的文化特色。郭锦桴先生认为，"汉语与文化存在着镜像关系和理据关系。所谓镜像关系，是指汉语像一面镜子那样，清晰地反映汉族历史文化的各种事物

---

① 转引自申小龙：《汉语与中国文化》，复旦大学出版社2008年版，第69页。
② 闫文培：《全球化语境下的中西文化及语言对比》，科学出版社2007年版，第22页。
③ [德]海德格尔：《通向语言之路》，转引自《人，诗意地安居——海德格尔语要》，上海远东出版社1996年版，第76页。

观念、习俗。所谓理据关系，是指许多汉语现象，诸如，汉语的构词、汉语词义的形成和演变、汉语的结构特点、汉字的形体组成等等，都可以从汉文化中找到理据。"[1] 未来的汉语母语测评，应进一步发掘汉字的文化意义，进一步突显汉语的文化功能，才能使汉语文化在众多文化中保持自己的发展姿态，形成持续发展的蓬勃态势。

"文化的功能之一，是在人与外部世界之间提供一个选择性很强的屏障。在许多不同的形态中，文化选定我们要注意什么，要忽略什么。"[2] 汉语母语测评坚守汉语的文化特色，就是要为中华子孙提供"一个选择性很强的屏障"，在表层知识文化（如文学、艺术、音乐、影视、文物等）、底层知识文化（如哲学、经济、科学、历史、教育、语言学等）、外显交际文化（如生活方式、行为准则、社会习俗、道德规范）、内隐交际文化（如世界观、信仰、思维模式）等方面，塑造中华民族与炎黄子孙的语言行为和精神格局。[3]

（二）促进多元文化的融合与超越

坚守不等于封闭，坚守汉语的文化特色是为了更好地促进多元文化的融合与超越。20世纪50年代，莱斯特·皮尔逊告诫人们：人类正在进入"一个不同文明必须学会在和平交往中共同生活的时代，相互学习，研究彼此的历史、理想、艺术和文化，丰富彼此的生活。否则，在这个拥挤不堪的窄小世界里，便会出现误解、紧张、冲突和灾难"[4]；1962年，加拿大传播学者马歇尔·麦克卢汉提出了"地球村"概念，把地球比作一个村落，在这个村落里，封闭的文化将会使自己越来越落后。无论民族还是个人，都需要以文化为纽带，实现彼此间的联系与融合。

文化是人与人的联系媒介，也是民族共生的发展源泉。没有文化与文化的交融互动，就难有"地球村"这一文化系统中的多种文化组合；没有多种文化组合的可能性，就难以在丰富多彩的世界文化中交融出更加绚丽的文化火花。要实现文化的融合与超越，需要做好三件事：一是理解、尊重与吸纳，即以汉语母语测评为手段，引导应考者关注其他民族的文化，在阅读、理解和尊重其他民族文化的基础上，合理引进其他民族的先进文化，以拓展自己认识与理解

---

① 郭锦桴：《汉语与中国传统文化》，商务印书馆2010年版，自序。
② [美]爱德华·霍尔：《超越文化》，何道宽译，北京大学出版社2010年版，第77页。
③ 闫文培：《全球化语境下的中西文化及语言对比》，科学出版社2007年版，第32页。
④ [美]塞缪尔·亨廷顿：《文明的冲突与世界秩序的重建》（修订版），周琪等译，新华出版社2012年版，第297页。

世界的方式；二是转化、融合与创新，即根据中华民族的发展需要，将其他民族的优秀文化转化为适合本民族的价值取向与言行准则，促进其他民族文化与中华民族文化的融合，以此为基础创新本民族的文化；三是在理解汉语文化实质的过程中促进汉语文化的超越。爱德华为此提出如下建议：

> 就我所知，跳出文化羁绊的两难困境，尚无良策。一般地说，如果我们不首先揭示生活一切方面隐蔽的重要原则和未经言明的假设，我们就不能超越自己的文化；生活的各个方面包括：人们的生活是如何过的，他们对生活是如何看的，生活是如何分析、如何研讨、如何描写、如何变化的。因为文化是整体的系统（由相互关联的成分构成，每一部分在功能上与其余各部分相联系），而且是语境化的，所以置身文化之外去描写文化是难以进行的。一种特定的文化不能单从内容和构造成分去了解。①

爱德华认为，要实现文化超越，需要把握文化的隐蔽性原则，观察人们的日常生活，树立文化的整体意识，从文化的内部去描绘文化，汉语文化的超越也是如此。因此，汉语母语测评要促进多元文化的融合与超越，需要在测评内容与测评标准的建构上，进一步强化汉语文化的价值准则与精神取向，立足社会大众与考生的日常生活，从整体上把握汉语文化的精髓，在此基础上引进和转化其他民族的优秀文化，才能在实现文化融合的过程中促进汉语文化的超越。

二、中西测评文化的融合与超越

中国是一个具有开放精神的国度，"从西周至两汉数百年间，中西的经济、文化交流不断进行。春秋战国时期，中国纺织品便已陆续运往西方。两汉时代，中国与匈奴及西域各国的往来更加频繁。大概在公元二三世纪之际，中国商人已经往来于地中海东岸的安提阿克和尼罗河三角州的亚历山大里亚"②。随着经济的往来，语言的融合力度也进一步加大，在汉语里出现了许多借词与遗词，丰富了汉语词汇，促进了汉语的发展。

在汉语测评方面，高丽（朝鲜）于公元958年实施中国科举制度；越南于1075年开始科举考试。12、13世纪中国科举传至西西里王国，然后延至西方；16世纪以后，许多欧洲传教士把中国的测评制度介绍给西方，引起了西方人

---

① [美]爱德华·霍尔：《超越文化》，何道宽译，北京大学出版社2010年版，第196页。
② 郭锦桴：《汉语与中国传统文化》，商务印书馆2010年版，第231—232页。

的极大兴趣。1585年，西班牙修道士门多萨在他的《伟大中国之历史及其现状》一书中介绍了中国的考试制度。此后，西方介绍和研究中国考试制度的书籍越来越多，不少人主张引进中国的考试，由此酝酿和形成了西方的文官考试制度。

西方建立考试制度后，在测评理论和题型开发等方面进行了大量探索，形成了西方现代语言测评模型。20世纪80年代，我国兴起标准化考试，引进了西方测评理论与经验。未来的汉语母语测评，应在保持已有优势的基础上，不断引进、转化与融合西方的语言测评文化，实现中西测评文化的融合与超越。

（一）西方现代语言测评模型概述

西方现代语言测评研究发端于16世纪。自欧洲传教士将中国考试制度传播到西方以后，西方主要国家如英、德、法等开始设立测评制度，用于选拔人才，语言测试随之产生，并逐步形成了"成分技能测评模型"、"一元整体测评模型"和"交际能力测评模型"。

1."成分·技能"测评模型。

"成分·技能"测评模型发端于20世纪早期，成熟于20世纪50、60年代。1961年，美国应用语言学家罗伯特·拉多（Robert Lado）借鉴结构主义语言学和测量学的相关理论，提出了第一个现代语言测评模型——"成分·技能"测评模型。他把人的语言能力分解为语言成分和语言技能两个维度，认为一个英语能力较高的人应掌握"音位或拼写"、"形态学"、"句法"和"词汇"等英语知识，并能将这些知识应用于听、说、读、写四个方面，表现为听力能力、口语能力、阅读能力和写作能力，听力、口语、阅读和写作，构成了一个人的基本语言技能。同年，John Carroll根据拉多的成分·技能模型理论提出了语言能力两维模型图：

表6-4　Carroll于1961年提出的两维语言能力模型图[①]

语言技能	语言成分			
	音位/拼写	形态学	句法	词汇
听力能力				
口语能力				
阅读能力				
写作能力				

---

① 王佶旻：《语言测试概论》，北京语言大学出版社2011年版，第81页。

根据语言能力的这一构成，他提出了语言测评项目表：

表6-5　Carroll提出的语言测评项目表[①]：

语言成分	语言技能			
	听	说	读	写
语音	√	√		
语相			√	√
词汇	√		√	√
语法	√	√	√	√
速度和流利程度	√	√	√	√

在两维模型的基础上，John Carrol进一步提出了语言能力的基本成分，认为一个人的语言能力主要由结构知识、词汇知识、语音能力、阅读能力、书写能力、速率和准确率等方面构成，语言测评题目的命制应围绕以下十个方面进行：

● 结构的知识

● 与结构相应的词汇的知识

● 听辨语音

● 发出语音

● 技术性的阅读（把书写符号转换成声音）

● 技术性的书写（把声音转换成书写符号）

● 听力理解的速率和准确率

● 口语的速率和质量

● 阅读理解的速率和准确率

● 写作的速率和准确率[②]

上述十个方面的能力依然集中在"成分"和"技能"两个维度上，只是在分类标准和具体要求上有所不同。根据"成分·技能"测评模型的基本要求，一些研究者分别对听、说、读、写的内容与标准进行了细化，形成了听、说、读、写的测评内容与评价标准。

Lado和Harris认为"听力理解是综合技能，涉及语音、语法结构和词汇等语言层次，是理解用于交际情境中的语言的信息传递成分的过程"，并据此建立起听力评价标准和相应的评分等级：

---

① 王振亚：《现代语言测试模型》，河北大学出版社2009年版，第45页。

② 王佶旻：《语言测试概论》，北京语言大学出版社2011年版，第81页。

表6-6　Lado和Harris建立的听力评价标准和评分等级

内容	等级				
	5	4	3	2	1或0
辨音清晰、准确					
词句理解准确					
衔接判断准确					
情感体悟准确					
信息领悟准确					
意义解读准确					
总结归纳准确					

　　为了更为科学地测评被试者的阅读能力，不少研究者对阅读能力的内容进行了研究。Harris在20世纪60年代认为，阅读能力应该包括语言和文字符号的理解与解释能力，文本思想的识别、理解、归纳和推论能力，语气和文体的识别与理解能力。此后，Heaton对阅读能力进行了更为详细的描述，提出了阅读能力测评的十七项内容，这十七项内容描述的阅读能力可以分为基础能力、核心能力和高级能力，基础能力包括认读能力、信息能力和结构能力，核心能力包括理解能力、识别能力和概化能力，高级能力包括预测能力、批判能力和策略能力，阅读能力测评也应围绕这些内容设置评价项目。图示6-11如下：

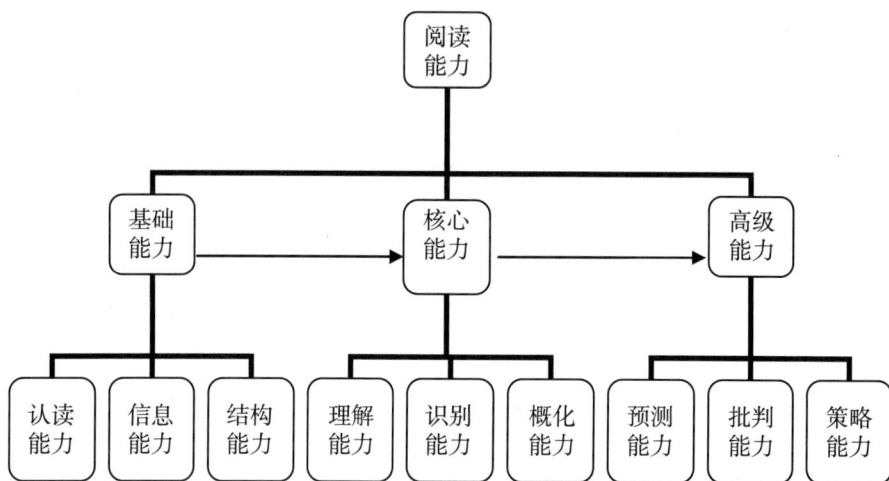

图6-11

　　口语测评主要考查被试者"说"的能力，即口语能力。口语能力是在识别语境的过程中，不断筛选有效信息，调动相关语言储备，及时对情境信息进行反应与表达的能力，其主要能力构成如下图6-12：

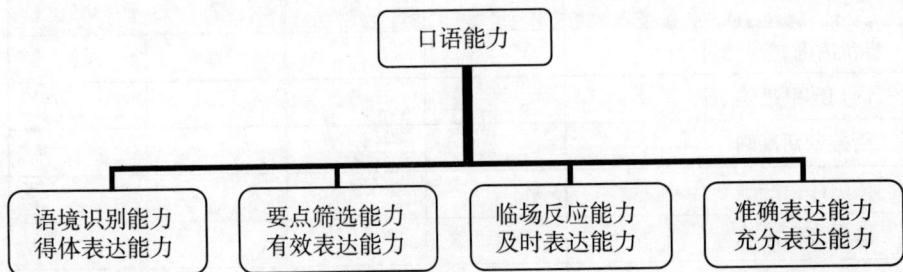

图6-12

写作能力是一种综合能力，Harris认为写作能力至少包括明确内容、组织内容、使用语言、运用文体、把握细节五个方面的能力，并对每一种能力进行了如下描述：

●内容：写作的主题，要表达的概念与思想。

●内容的组织：信息的排列。

●语法和词汇：写作中使用的语法形式、句型和词汇。

●文体：在写作中通过结构和词汇的选择使文章有特殊的口吻和风格。

●技术性细节：书面语的习惯书写形式。[①]

"成分·技能"测评模型对语言能力和语言成分进行划分，将语言成分与听说读写能力结合起来考查的测评思路，对我国20世纪80年代的汉语母语测评影响较大。把语言能力分解为较为具体的知识点和能力点，然后根据这些知识点和能力点编制测评题目，这种试题编制思路，为我国的标准化考试提供了借鉴。

2."一元整体"测评模型。

正当"成分·技能"测评模型广泛应用时，美国教育家J.Oller等人认为"成分·技能"的语言能力观和语言测评思路，肢解了语言能力，每一个题目虽然测评了被试者在某一个方面的语言知识或某一项能力，但并不是每一个知识点或每一项能力加起来就等于被试者的整体语言能力。在这一背景下，Oller等人提出了语言能力的四个关键性要素：一是实际运用，语言能力不是在试卷上作出选择和判断的能力，而是在实际语言情境中的运用能力；二是语言情境，语

---

① 王振亚：《现代语言测试模型》，河北大学出版社2009年版，第91页。

言能力测试需要在具体的语言情境中进行，语言能力就是应对和处理语言情境的能力；三是顺序结构，语言有不同层级的顺序结构，这些顺序结构构成了语言的整体，任何拆分和肢解都会影响这些顺序结构，从而破坏语言情境的整体性；四是语言预测，即读者能根据给出的语言内容预测出后面的文字或隐性内容。这四个要素可以分析出"一元能力"和"整体能力"的三个主要特点：综合运用的整体性、情境的整体性和文段内在逻辑的整体性。包含四个要素，具备三个特点的语言能力，就是整体性的语言应用能力。

据此，他们提出了"整体语言能力假设"（有的称为"一元能力说"）和"语用预期语法"等理论框架，提出了用综合测试项目测量不可分的语言能力这一构想，开发出了"完型程序"和"听写"两种测评题型，形成了"一元整体测评"的如下框架：

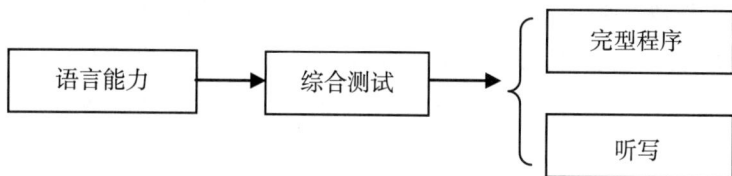

图6-13

完型程序的测评题型，是指在一段文字中留出某些空白或添加冗余信息，要求被试者根据文段的整体语境，预测出被省略掉的或冗余的信息，然后补充或删去这些信息的题目形式。因此，完型程序的测评题目主要有两类：一是补充省略的信息；二是删去冗余的信息。这两种题目都立足于实际应用、语言情境、顺序结构和语言预测四个关键要素。完型程序测评题目的命制主要有四种思路：一是将语篇中的一些词语删去，要求考生根据语境提示将删去的词语补充出来，称为标准完型程序；二是把删除的词语和其他有一定干扰信息的词语混编在一起，让考生在这些词语中把省略掉的正确词语选填出来，这种命题形式称为强制选择型完型程序；三是只删除某些词语的后半部分，前面的一个或几个字母保留，要求考生将删去的字母补充出来，构成符合语境的完整词语，这种题目形式称为C—测试；四是在语篇的某些句子中插入一些多余的词语，要求考生判断多余的词语并将其删除，这种题目形式称为完型删除。

听写能力着力于被试者语言整体能力的测评，涉及词汇、语法、语境以及和文段相关的知识等，听写测试题目的命制主要有五种方式：一是填写词语，即在给定的语篇中，听写出留白的重要词语；二是被测试者阅读短文，在短文的空白处听写出省去的内容，称为不完全听写；三是要求考生听完一个语言片段后，要求考生不增词、不减词、不扭曲原文意思，将听到的内容记录下来，称为标准听写；四是要点记录，即要求考生记录所听内容的要点；五是听写作文，即在听完一则短文后，根据回忆写出短文内容。

一元整体测评模型开发出的完型程序题型，对我国的汉语母语测评产生了较大影响，我国目前使用的选填词语、语言知识应用等题型借鉴了这些研究成果。

3.交际能力测评模型。

1967年，美国社会语言学家海姆斯（Dell Hymes）提出了交际能力概念，他提出的交际能力包括三种能力，首先是语法识别与语法处理能力，其核心是语言要素，它需要交际者熟悉语音、词汇、形态、句法等；其二是在具体情境中的文化得体能力，其核心是语言的文化识别与理解能力，它需要交际者熟悉和了解彼此的文化，并能理解和适应对方的文化；第三是在交际情境中的现实沟通能力，其核心是识别、处理和完成交际任务的能力。这三种能力相互影响，共同构成了一个人的交际能力。要测试一个人的交际能力，需要同时考虑语言要素、文化因子和情境应用三个方面。

在交际能力模型的理论指导下，语言测评首先应明确交际任务，设置交际情境，评价其运用语言知识、背景知识与个体风格的策略能力。因此，交际能力测评应是"任务"、"情境"与"策略"的综合体，其基本模型如下：

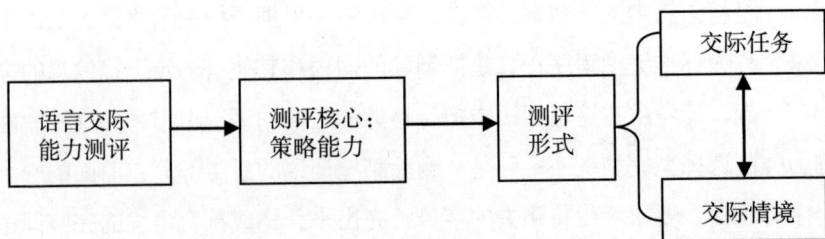

图6-14

这一测评模型对我国20世纪80、90年代推进汉语母语实用能力考查的命题改革具有积极意义；这三种模型对我国新时期汉语测评产生了积极影响，在未来的汉语母语测评中，如何进一步结合汉语特点与母语测评要求，综合利用这三种测评模型的优势，还是一个需要继续研究的课题。

（二）中西测评文化的融合与超越

西方现代语言测评模型的变化，反映了西方语言及其测评研究的进展，体现了西方人的语言测评追求。未来的汉语母语测评，要在不断融合这些追求的基础上，在五个方面促进中西测评文化的融合与超越。

1.提高科学测评能力。

提高语言测评的科学性是语言测评研究者和实践者的不懈追求。在中国科举考试中，实施"糊名制"、"誊录制"和多轮阅卷制的重要目的，就是力求在主观题的考查中提高测评结果的公正性与客观性；八股文的推行，在一定程度上建立了试卷评价的客观标准，虽然最后陷入了机械僵化的泥潭，但这是中国人提高科学测评能力的有益尝试。西方语言测评最初沿用了中国科举中的汉语母语测评模式，采用了具有极强综合性的主观题型，面对追求精细、客观的西方研究者，主观题测评的科学性、公正性与客观性受到了质疑，特别是评卷过程和测试结果的误差，让更多的研究者投身到了提高语言测评科学性的工作中。为了控制语言测评的误差，提高语言测评的客观性与公正性，语言测评研究者引进了心理学和测量学的研究成果，开发出了选择题、判断题等客观题型，并逐步创建了标准化考试，这种考试对克服主观题阅卷带来的误差具有重要作用。尽管不少学者对语言测评中的标准化考试提出了质疑和批评，但这种考试对提高语言测评的科学性作出了不可磨灭的历史贡献。

由于客观题的考查点较为单一，这就需要将语言能力分解为不同的语言成分，然后根据分解出的语言成分确立不同的考查点，才能据此编制出不同的客观测试题目，于是"成分·技能"测评模型应运而生。因此，"成分·技能"测评模型是西方语言测评追求科学化的必然结果，虽然这一测评模型在后来遭到了许多学者的质疑甚至抨击，但它在推进语言测评提高科学化程度的进程中，具有极其重要的历史价值。之后发展起来的"一元整体"测评模型和"交际能力"测评模型，虽然其着力点是整体能力的考查，但并没有放弃科学化的追求，"成分·技能"测评模型开发出的客观试题，在这两种测评模型中依然得到了广泛运用，只不过在命题理念和思路上有了较大变化，这些变化使语言测评更好地体现了语言能力的特点，进一步提高了语言测评的科学性。所以，西方现代语言测评模型的建立和发展，与汉语母语测评的研究与发展一样，都在不断提高语言测评的科学化程度。但是，语言能力的表现具有一定的模糊性，难以像自然科学一样精确测量，语言测评的科学化只是一个相对的概念，它必须符合语言能力的表现特点，如果盲目追求测评结果的精确度，而不顾及语言能力的表现规律，表面上具有较强科学性的语言测评形式，其结果往往会降低语言测评的科学性，这是未来的汉语母语测评必须慎思的问题。

2.逼近语言运用本质。

语言的价值是运用，缺乏运用价值的语言是不断走向衰亡的语言。语言测评应把握语言的运用本质，既要在语言运用中考查学生的言语能力，也要通过语言测评促进语言学习者更好地运用语言。前科举时期和科举时期的汉语素养测评，是立足语言运用的测评，综观历代科举的语言类测试题目，大多关注语言的运用能力，强化语言的社会运用功能，逼近了语言的运用本质。

西方第一个现代语言测评模型偏离了语言运用的本质。"成分·技能"模型提出后，语言能力变成了语言知识和语言要素，其测评思路是考查学生在听说读写中运用语言知识的能力，其测评的关注点和考查点是语言知识，其命题立意是"语言知识至上"。但是，语言知识的简单组合不能形成言语能力，因为言语能力具有整体性，为了使语言测评进一步突显言语能力，诞生了"一元整体"测评模型，这一测评模型强调语境的整体把握和语言能力的整体测试，反对立足语言成分的割裂似的语言测评，这种测评模型有利于考查语言的整体运用能力。然而，语言运用的最大社会功能是什么？语言测评应考查哪一种整体能力才具有最大价值？带着这些问题，研究者们开始探索语言的主要功能，在语言的众多功能中，交际功能日益受到重视，交际能力概念随之提出，交际能力模型随之建立。因此，三种测评模型的探索与发展，最终走向了汉语母语测评中的"运用能力"，西方现代语言测评在经历了一连串的改革之后，吸收了汉语素养测评的精髓，逐步逼近了语言运用的本质，实现了中西方测评文化的融合。但是，未来的汉语母语测评如何才能进一步突显汉语的应用价值，提高汉语母语应用能力的考查水平，仍是需要不断研究和超越的难题。

3.拓展语言承载功能。

语言是一种社会现象，语言承载的信息远远超越了语言本身。人类研究和运用语言的过程，是不断超越语言的语法属性走向语言的文化属性和社会属性的过程。在这一过程中，语言承载的功能不断拓展，语言的社会价值不断提升，语言的社会重要性日益突显。中国古代的汉语母语测评从一开始就注重考查语言的文化属性和社会属性，无论是尧舜禹时期的评价，还是科举制后的对策性文章，都注重试题与答卷的思想性、文化性和社会价值，前科举时期和科举时期的汉语母语测评，没有把"语法属性"作为语言测评的标准，更没有将语言测评窄化在"语法属性"之内，而是让汉语承载了更多的文化与社会功能。

西方现代语言测评的第一个模型，将语言功能局限在"语法属性"上，"成分·技能"测评立足语言本身，对语言成分进行细分，其测评限于语音、词汇、形态、语法等"纯语言"范畴，这种以语言知识为核心的语言测评，忽视了语言的文化、社会功能，是一种狭隘的语言测评。"一元整体"测评模型虽然强调了语言能力的不可分割性，但它的研究视野依然局限在"纯语言"范畴，只不过要求测试者从整体上关注语言的语法属性，强调语法属性在整体语言情境中的运用，未能拓展语言的承载功能，对语言的文化、社会价值重视不够。"交际能力"测评模型则从"纯语言"拓展开去，逐步将"社会文化"、"背景知识"和"个人风格"等引进语言交际的范畴，将语言元素、文化元素、背景元素和个人元素等融入语言交际过程，这些元素共同构成了语言交际能力。美国据此提出了语言能力的"5C"标准，将"文化"和"社区沟通"融入其中；欧洲语言共同参考框架的能力标准也对语言的文化承载功能提出了较为具体的要求，这就拓展了语言承载的功能，改变了"纯语言"的测评状态。西方现代语言测评模型对语言承载功能的逐步拓展，提升了语言测评的社会价值与文化价值。从这一方面看，西方现代语言测评模型的探索与发展，既体现了语言测评研究者的科学精神，也呈现了语言测评价值的提升轨迹，这对我国近几十年来将汉语母语测评窄化为语文学科的测评取向，具有很好的警示作用。

4.细化能力评价标准。

在西方研究者看来，能力属于心理学范畴，是一种内在品质，无法直接观察和测量。要测查被试者的语言能力，需要观察被试者在特定情境中的言语表现和完成具体任务的情况，即语言测评的直接对象不是语言能力，而是语言能力的外在表现。怎样的外在表现才称得上合格、良好和优秀，这就需要建立语言能力的评价标准，借助具体的评价标准才能衡量不同言语表现所隐含的能力水平。

中国的汉语母语测评缺乏较为具体的标准，虽然科举时期不少主考官建立了评价标准，但这些标准依然十分模糊，具有极强的主观性。八股文虽在"起承转合"、修辞与音韵等方面有了一定标准，但这一标准没有细化为汉语素养中的能力标准。2007年，中国汉语推广领导小组办公室颁布了《国际汉语能力标准》，这是一个基于具体交际任务的语言标准，在一定程度上弥补了汉语测评的不足；但这一标准是对第二语言使用者的要求，作为母语使用者的汉语素养应具备怎样的水平，至今仍然没有足够的研究成果，更缺乏国家层面的汉语母语素养测评标准。

西方的科学化追求有利于建设语言能力标准。"成分·技能"测评的关注点是语言成分与语言知识，其测评研究的重要任务是细分语言考查点，开发考查语言知识的客观题型，促进语言测评的标准化。当语言测评从"成分·技能"转向"一元整体"时，测评研究的重要任务是开发完型程序题型和听写题型，并取得了一定成效。当交际能力成为语言测评的核心指向时，研究者将目光从语言成分和题型开发转向能力标准的建立，他们以影响语言交际能力的核心要素为出发点，着力研究不同能力层级的被试者在交际能力中的语言表现，由此形成了交际能力的评价标准。从国际语言测评的研究与实践成果看，不少语言测评研究与开发机构不断细化了语言能力的层级评价标准，建立了评价标准体系，形成了共同遵循的测评法则。语言能力层级评价标准的建立与实施，为语言教学和测试评价指明了方向，提供了依据。西方语言测评标准的建立思路与成果形态，对未来汉语母语测评的标准建立具有很好的启发意义。

5.强化综合测评走向。

语言是社会综合发展的产物，具有极强的综合性，语言的综合性要求语言测评采用综合式评价思路，保留答题者主观生成的创意空间，才能有效观察和分析应试者的语言综合能力。我国前科举时期和科举时期的汉语母语测评，采用的是综合式评价思路，给被试者保留了足够的发挥空间。即使是八股文，也给考生提供了创造的天地；从测评效果看，综合能力强的考生在八股文中的表现也往往较为突出。

从西方现代语言测评模型的发展历程看，"成分·技能"模型一反综合测评的思路，走向分离式测评，虽然关注了听说读写的技能，但基本测评思路是通过语言知识的考查判断考生的听说读写能力，开发出的客观题型体现了分离式测评思路。"一元整体"测评模型重拾综合测评思路，并在题型上有所发展。由于综合测评在大规模考试中的实施难度较大，测评成本太高，许多语言测试项目吸收了"一元整体"的综合测评理念，采用了分离式测评和综合式测评相结合的思路，推进了现代语言测评的发展。"交际能力"测评更是着力于语言整体能力的发展，加大了综合式测评的比重，许多语言测试项目虽然继续采用了客观题，但题目的命制立足"整体能力"和"综合测评"，体现了较强的综合式发展趋向。如新托福测试中的一些题目，立足整体交际语境，以客观题的形式考查学生综合把握语言要素的能力，这应是大规模测评背景下语言综合测评的重要发展方向。

科学测评、语言应用、社会功能、能力标准和综合发展，是中西方语言测评文化交融与超越的结合点与突破点，这些结合点与突破点为汉语母语测评的民族使命、汉语素养、科学精神与文化融合的有机整合提供了较为具体的路径，为汉语母语测评的超越提供了思考范式，为建构未来汉语母语测评模型指明了方向。

洪堡特曾说："语言和持续不断地进行着的人类思想活动一样，不可能有片刻真正的静止。语言是一个连续发展的过程，它处在每个讲话者的精神力量的影响之下。这便是语言的本性所在。"[①]语言持续发展的本性要求汉语母语测评与时俱进，在保持汉语特性和民族文化特色的基础上，以大器天下的情怀和学术视野，促进先进文化的融合，不断创新汉语母语测评的思想、内容与形式，实现汉语母语测评的持续超越。荀子在《正名》中说："若有王者起，必将有循于旧名，有作于新名。"继承传统，走向融合，努力创新，不断超越，这便是汉语母语测评的未来诉求。

---

① [德]威廉·冯·洪堡特：《论人类语言结构的差异及其对人类精神发展的影响》，姚小平译，商务印书馆2008年版，第190页。

后　记

　　本书成稿时恰逢全国高考改革的热议期。2014年9月3日，国务院印发了《关于深化考试招生制度改革的实施意见》，要求测评改革要"为实现'两个一百年'奋斗目标和中华民族伟大复兴的中国梦提供强有力的人才支撑"，要"践行社会主义核心价值观，深入推进素质教育，培养德智体美全面发展的社会主义建设者和接班人"，汉语母语既是中华民族文化的凝聚，也是传递民族文化、传播社会主义核心价值观的重要工具。母语测评改革在新一轮考试改革中肩负着极其重要的使命。北京市《2014—2016年高考高招改革框架方案》规定，2016年语文总分增加至180分，突显了母语的基础地位与重要价值，但如何考、考什么，才能实现本轮测评改革的战略价值，成了社会各界关注的焦点。

　　在这样的背景下，《汉语母语测评史论》应运而生。本书从历史与文化融合的视角，思考和评析几千年来的母语测评经验和国外语言测评技术对母语测评改革的当代启示，站在民族文化与国家价值的战略选择这一角度，在历史经纬中总结汉语母语测评的得与失，力求拓宽目前的热议视野、提升各种热议视点的高度，为推动母语测评改革、提升母语测评价值贡献自己的心力。

　　汉语母语测评改革关乎民族文化的传承与国家精神的培育，是全民族的一件大事，必须站在民族发展、国家精神与文化安全的战略高度思考汉语母语测评的功能定位与基本使命，由此推进的系列改革才有"汉语"和"母语"价值。但从目前研究看，从这一角度系统思考汉语母语测评改革使命、功能、原则、思路、内容、方法、技术、手段等的成果尚未面世，如何以史为据，站在祖先的肩膀上，突显"汉语"特性与"母语"价值，并在引进西方语言测评技术和运用现代技术手段的过程中建构"汉语母语测评学"，从理论和实践上为汉语母语测评改革提供新的思想与方法支撑，还是一个亟待攻坚的难题。本书是"汉语母语测评学"的前期研究成果，为"汉语母语测评学"的建构提供了史论基础。但汉语母语测评是一个庞大的世界，是文字学、语言学、文章学、文化学、文论学、政治学、社会学、测评学等多个领域的综合体，"汉语母语测评学"的建立不能支离破碎地信口开河，必须兼顾多方面的成果，建构出来的测评理论与实践方略才具有时代价值与历史意义，这些，当是我下一步攻克的重点。

在本书成稿的过程中，得到了四川师范大学科研处、文学院的鼎力支持，在四川师范大学教授刘永康、成都大学教授曾永成、中国修远教育研究院院长唐小平先生的悉心指导下，本书的学理线索与核心观点才逐步得以确立。学校和文学院领导的关怀与鼓励，无数师友、亲朋的指导与帮助，给了我研究的动力与活力，仅以此书献给所有关心、帮助、指导和支持我的人们，并向你们致以最诚挚的敬意和谢意。

梁启超在《清代学术概论》中记录了戴震有关做学问的感慨："学有三难：淹博难，识断难，精审难。"浩繁的史料和古人们的测评智慧，既让我感到"站在巨人肩膀上"的必要，也让我感受到汉语母语测评研究的巨大空间。本书只是这一巨大空间里的一粒微尘，不全面、不精准、不妥当的地方，敬请同行批评指正。